大渡口区行政区划图

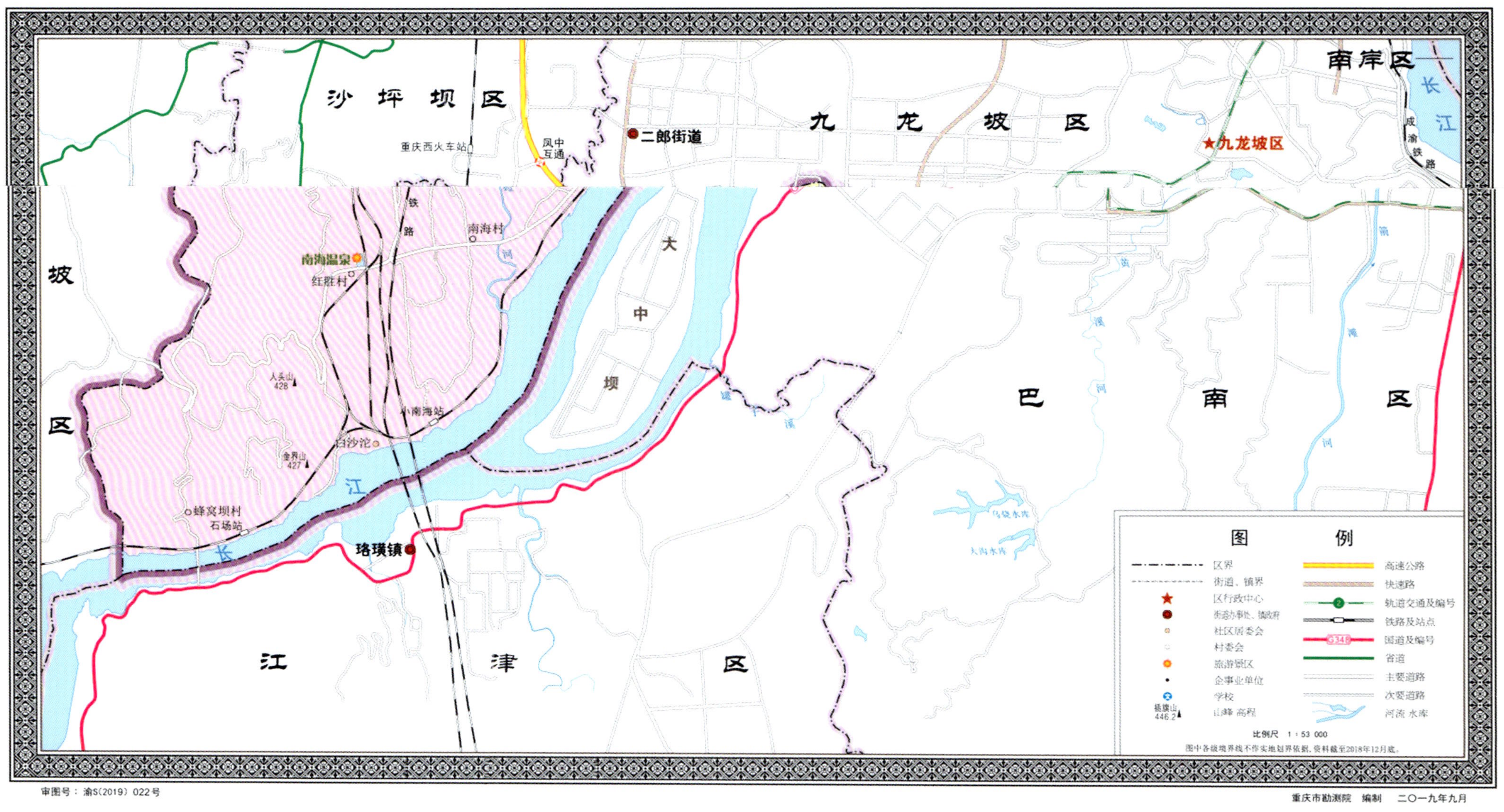

审图号：渝S(2019) 022号

重庆市勘测院 编制 二〇一九年九月

图书在版编目（CIP）数据

大渡口年鉴. 2019 / 重庆市大渡口区人民政府编纂
-- 重庆 : 西南师范大学出版社, 2019.12
ISBN 978-7-5697-0019-0

Ⅰ. ①大… Ⅱ. ①重… Ⅲ. ①大渡口区－2019－年鉴
Ⅳ. ①Z527.193

中国版本图书馆CIP数据核字(2019)第263142号

大渡口年鉴（2019）
DADUKOU NIANJIAN（2019）
重庆市大渡口区人民政府　编纂

责任编辑：张昊越　于诗琦
装帧设计：重庆渝鉴商务信息咨询中心
照　　排：重庆渝鉴商务信息咨询中心
出版发行：西南师范大学出版社
网　址：http://www.xscbs.com
地　址：重庆市北碚区天生路1号
邮　编：400715
电　话：023-68868624
经　　销：新华书店
印　　刷：中雅（重庆）彩色印刷有限公司
幅面尺寸：210mm×285mm
印　　张：17
插　　页：2
字　　数：620千字
版　　次：2019年12月第1版
印　　次：2019年12月第1次印刷
书　　号：ISBN 978-7-5697-0019-0
定　　价：188.00元

大渡口年鉴

DADUKOU YEARBOOK

2019

重庆市大渡口区人民政府 编纂

西南師範大學出版社
国家一级出版社 全国百佳图书出版单位

图书在版编目（CIP）数据

大渡口年鉴. 2019 / 重庆市大渡口区人民政府编纂
-- 重庆 : 西南师范大学出版社, 2019.12
ISBN 978-7-5697-0019-0

Ⅰ. ①大… Ⅱ. ①重… Ⅲ. ①大渡口区－2019－年鉴
Ⅳ. ①Z527.193

中国版本图书馆CIP数据核字(2019)第263142号

大渡口年鉴（2019）
DADUKOU NIANJIAN（2019）
重庆市大渡口区人民政府　编纂

责任编辑：张昊越　于诗琦
装帧设计：重庆渝鉴商务信息咨询中心
照　　排：重庆渝鉴商务信息咨询中心
出版发行：西南师范大学出版社
　　　　网　址：http://www.xscbs.com
　　　　地　址：重庆市北碚区天生路1号
　　　　邮　编：400715
　　　　电　话：023-68868624
经　　销：新华书店
印　　刷：中雅（重庆）彩色印刷有限公司
幅面尺寸：210mm×285mm
印　　张：17
插　　页：2
字　　数：620千字
版　　次：2019年12月第1版
印　　次：2019年12月第1次印刷
书　　号：ISBN 978-7-5697-0019-0
定　　价：188.00元

重庆市大渡口区地方志编纂委员会

名誉主任：王　俊

主　　任：姚　斌

副 主 任：韩瑞碧　李新路　刘　强　曾　健

重庆市大渡口年鉴总编室

总 编 辑：刘　强

副 总 编：曾　健

编　　辑：雷　蕾　李华娟　刘洪君

校　　对：刘　芳　田　甜　金文杰　王昆飞

张志洪

编辑说明

一、《大渡口年鉴》是根据国务院《地方志工作条例》的规定而编纂的大型工具书，是反映大渡口区各年度经济、政治、文化、社会和生态文明建设情况的综合年鉴，由大渡口区政府主办，区地方志办公室承办。

二、年鉴以马列主义、毛泽东思想、邓小平理论、“三个代表”重要思想、科学发展观、习近平新时代中国特色社会主义思想为指导，实事求是地记述大渡口区从自然到社会各方面的历史和现状，突出区域特色和年度特点，使之成为具有存史、资政、教育功能的综合性、资料性著述，为辖区修志积累了重要地情资料。

三、本年鉴所记原则上为2018年度大渡口区域内的人与事。对上部《大渡口年鉴》已有内容，一般不再记载，必要时加以复载；上部《大渡口年鉴》错轶或所言不详事物，可适当拾遗、补缺、纠谬；其余为明事物的来龙去脉和完整性，仅做简要上溯或下延。

四、年鉴取分类编辑法，由部目、分目、条目组成。分特载、概况、政治、法治与军事、经济、城乡建设与环境保护、社会事业、街镇、人物与光荣榜等9个部目，另附大事记、统计资料、文件索引，共12个部目构成，分目用灰色底衬区别，条目标题用黑体方头括号【】显示，个别条目下的二级条目用楷体加黑的方法表示。

五、数字和计量单位。凡统计数字和公元纪年中的年月日数字、世纪年代数字，一律用阿拉伯数字书写，不定数、成语、固定词组中的数字，用汉字书写。年鉴所用稿件、资料由区属各部门和有关单位提供并审核，区地方志办公室承担全书编辑工作，区志编纂委员会审查定稿。统计数据原则上采用统计部门的数据，未纳入统计部门统计范围的，采用主管部门的统计数字。统计数字中不打分节号，小数原则上保留两位。计量单位一律根据国家标准。

六、名录。区四大班子正副职领导和辖区获省部级以上表彰的劳动模范、先进生产者入名录，市派驻机构、区级部门、经济板块管委会的行政正副职领导，街道办事处和镇人民政府的副处级以上党政实职领导，民主党派主委、副主委，人民团体负责人等入名录。

七、年鉴行文采用记叙体、语体文，第三人称，使用规范的简化汉字。对大渡口区，根据语言环境，必要时可用“本区”。人物直书其名，必要时在人名前加职务。机构、政党、群团名称，第一次出现时用全称，以后用规范化简称。年鉴中单用的“区委”，均指中共大渡口区委员会，民主党派区委用简称时，在“区委”前加民主党派简称。

八、撰稿人署名于分目后右下角，加括号表示，以条目先后排序。

本年鉴的编辑出版，得到全区各部门、企事业单位和各级领导的支持与帮助，在此一并致谢！同时，热忱欢迎广大读者提出宝贵意见和建议，以不断提高《大渡口年鉴》的编写质量。

重庆市大渡口区地方志办公室

二〇一九年十一月

数字大渡口

区域面积	102.83平方千米
年末常住人口	35.7万人
地区生产总值	228.1亿元
公共财政预算收入	21.4亿元
公共财政预算支出	35.5亿元
工业增加值	49.6亿元
农业总产值	13715万元
年末银行存款余额	486.4亿元
年末银行贷款余额	655.8亿元
进出口贸易总额	20.4亿元
城镇常住居民人均可支配收入	37443元
农村常住居民人均可支配收入	19847元
新标准空气质量二级以上天数	307天

目　录

大事记

1月

1日　区纪委组成2个专项督察组，由区纪委副书记和区纪委常委带队，对全区所有镇街和46家部门单位节日期间的公车管理情况，以及违规公款吃喝、违规操办婚丧喜庆事宜等情况进行了深入、细致地摸排督查。

3日　区政府在行政中心300人会议厅召开第二次全体会议。姚斌、徐晓勇、刘正光、舒莉、毛伟、钟渝、唐勇等区政府全体在家领导，区政府组成部门、其他部门、各镇街以及市级部门驻区分支机构主要负责人参加会议。区委常委、常务副区长徐晓勇就2018年《大渡口区人民政府工作报告（审议稿）》做了说明。随后进行分组讨论。经过大会审议，原则通过了2018年《大渡口区人民政府工作报告（审议稿）》。

是日　区政协党组中心组（扩大）学习会召开，区政协党组书记、主席张琼，副主席刘安东、袁凯明、邹文炬、周进源、黄万秋、胡军，秘书长李贤敏及区政协各委室负责人、机关全体党员干部参加会议。黄万秋主持会议。与会人员集体学习了《习近平谈治国理政》第二卷中《把新发展理念落到实处》《深入认识经济发展新常态》《推进供给侧结构性改革》等3个章节和中央经济工作会议精神。部分党组中心组成员围绕学习贯彻习近平新时代中国特色社会主义经济思想，结合区情实际、工作职责，交流了学习体会。集体学习了区纪委转发市纪委《关于五起违反中央八项规定精神问题的通报》的通知。

4日　市违整指挥办副主任、市政府督查室督查专员王永兴带领市违整指挥办复核组来区，对2017年违法建筑整治工作进行复核。区违整指挥部指挥长、副区长钟渝对大渡口区2017年违法建筑整治工作做了汇报。

11日　区委书记王俊，区委副书记、区长姚斌，看望慰问了部分老领导，向他们送上了新年的问候和祝福。区委常委、组织部部长江永昌等参加慰问。

是日　召开全区深化国家监察体制改革试点工作转隶干部大会。区委书记王俊出席会议并讲话。区领导陈中举、汪建、江永昌、李荣辰及区纪委机关全体干部、区检察院转隶人员、区纪委各派驻纪检组组长与成员、各镇街纪（工）委书记参加会议。区委副书记陈中举主持会议。

是日　区委书记王俊走访了区法院、区检察院、区公安分局指挥中心、区信访办，向他们宣讲党的十九大精神，并对政法信访安全稳定工作提出了要求。区委常委、政法委书记孟德华，区政府副区长、区公安分局局长刘正光，区政协副主席、区信访办主任杨金胜，区法院院长伍星，区检察院检察长李荣辰等分别参加走访。

12日　政协重庆市大渡口区第九届委员会第二次会议在区行政机关大楼500人会议厅开幕。区政协第九届委员会应到委员166名，实到委员153名，因公因事请假13名，符合规定人数。大会的执行主席是：张琼、刘安东、袁凯明、邹文炬、周进源、黄万秋、杨金胜、胡军、李贤敏。应邀出席大会的有：中共大渡口区委、区人大常委会、区政府的领导以及区法院、区检察院、区人武部的主要领导；区级离退休老领导；驻区大中型企业以及部分驻区金融机构的领导；驻区的市政协委员；区委、区政府有关部、委、办、局的领导；驻区分支机构负责人及区政协机关的退休老干部等。会议首先审议通过了区政协九届二次会议议程。区政协主席张琼代表区政协第九届委员会常务委员会做常务委员会工作报告，区政协副主席周进源代表区政协第九届委员会常务委员会做关于区政协九届一次会议以来提案工作情况的报告。会议由区政协副主席刘安东主持。

是日　区委书记王俊参加了新山村代表团的分组讨论和区政协第一至四组的分组讨论。王俊认真听取了与会代表、委员对政府工作报告、区政协常委会工作报告的讨论，和代表、委员的意见建议，还就大渡口未来发展同大家进行了深入互动交流。

是日　区政协主席张琼分别参加了区政协九届二次会议第四组和第五组的讨论，听取了委员们的建议意见。

13日　重庆市大渡口区第十三届人民代表大会第二次会议在区行政中心500人会议厅开幕。本次会议应到代表171人，实到代表158人，符合法定人数。区委书记王俊，大会执行主席马春、陈中举、江永昌、罗雨、先大友、李青、常永官、罗先德在主席台前排就座。区长姚斌、区政协主席张琼及全体区级在家领导，主席团全体成员，部分离退休老干部在主席台就座。列席本次全体会议的有：区政协九届二次会议的出席人员和列席人员，不是区第十三届人大代表的区政府领导，区政府组成部门负责人，区人民法院院长，区人民检察院检察长，区人大常委会、区级机关有关部门负责人，驻区有关单位负责人。特邀列席本次全体会议的有：有关区领导，区级离退休老领导，区人大常委会离退休干部。旁听本次全体会议的有：部分驻区中央、市属企业、银行、金融等单位负责人，部分辖区工商企业单位负责人。会议由区人大常委会主任马春主持。姚斌代表区人民政府向大会做政府工作报告。

是日　区委副书记、区长姚斌先后参加了八桥代表团及区政协第四组的审议和讨论，认真听取了人大代表和政协委员们提出的建议和意见。

是日　区人大常委会主任马春先后参加了区十三届人大二次会议跳磴、建胜代表团的审议。

14日　中国人民政治协商会议重庆市大渡口区第九届委员会第二次会议闭幕。大会表决通过了关于常委会工作报告的决议和大会决议。本次大会应到委员166名，实到委员152名，因公因事请假14名，符合规定人数。本次大会的执行主席是：张琼、刘安东、袁凯明、邹文炬、周进源、黄万秋、杨金胜、胡军、李贤敏。王俊、姚斌、马春在主席台就座。应邀参加闭幕大会的有区委、区人大常委会、区政府的领导以及区法院、区检察院、区人武部的主要领导；区级离退休老领导；驻区大中型企业以及部分驻区金融机构的领导；驻区的市政协委员；区委、区政府有关部、委、办、局的领导；驻区分支机构负责人及区政协机关的退休老干部等。大会表彰了2017年度优秀政协委员、政协委员“专业服务队”活动先进、精品提案和优秀提案、反映社情民意信息工作先进。通过了中国人民政治协商会议重庆市大渡口区第九届委员会第二次会议关于政协大渡口区第九届委员会常务委员会工作报告的决议，通过了中国人民政治协商会议重庆市大渡口区第九届委员会第二次会议决议。

是日　重庆市大渡口区第十三届人民代表大会第二次会议举行第二次全体会议。会议应到代表171人，实到代表155人，符合法定人数。王俊、姚斌、马春、陈中举、汪建、孟德华、郭诏彬、徐晓勇、王涛、江永昌、先大友、李青、常永官、罗先德、刘正光、舒莉、毛伟、钟渝、唐勇、伍星、李荣辰、郭尔特、刁劲松、王渝海、付绍云、伍平伟、任山玲、刘红、刘乙丁、李瑜、李仁彬、李国英、何高峰、张亮、贺红鹰、曹玮、蒋家文、雷钦平、廖富全在主席台就座。本次全体会议的执行主席，由大会主席团成员罗雨、姚晋川、周均益、刘理国、李泽军、张智勇、毕伟、刘均乾、陈正刚、张远奎10人担任。列席本次全体会议的有：不是区第十三届人大代表的区政府领导，区政府组成部门负责人，区人民法院、区人民检察院负责人，区人大常委会、区级机关及有关部门负责人，驻区有关单位负责人。特别邀请有关区领导参加会议。本次全体会议听取了区人大常委会主任马春所做的大渡口区人大常委会工作报告，区人民法院院长伍星所做的大渡口区人民法院工作报告，区人民检察院检察长李荣辰所做的大渡口区人民检察院工作报告；表决通过了《大会选举办法（草案）》。会议由执行主席罗雨主持。

15日　重庆市大渡口区第十三届人民代表大会第二次会议闭幕。区委书记王俊，大会执行主席马春、陈中举、江永昌、罗雨、先大友、李青、常永官、罗先德在主席台前排就座。区长姚斌、区政协主席张琼等区级领导，主席团全体成员，部分离退休老干部在主席台就座。列席本次会议闭幕式的有：不是区第十三届人大代表的区政府领导，区政府组成部门负责人，区人民法院院长，区人民检察院检察长，区人大常委会、区级机关有关部门负责人，驻区有关单位负责人。特邀列席本次会议闭幕式的有：有关区领导，区级离退休老领导，区人大常委会离退休干部。闭幕式前，举行了大渡口区第十三届人民代表大会第二次会议第三次全体会议。本次会议应到代表171人，实到代表157人，符合法定人数。会议表决通过了总监票员、监票员名单，宣布了总计票员、计票员名单。与会代表通过投票方式，选举出大渡口区出席重庆市第五届人民代表大会代表13名。选举出重庆市大渡口区监察委员会主任汪建。会议还表决通过了《关于大渡口区人民政府工作报告的决议》《关于大渡口区2017年国民经济和社会发展计划执行情况及2018年计划的决议》《关于大渡口区2017年财政预算执行情况和2018年财政预算的决议》《关于大渡口区人大常委会工作报告的决议》《关于大渡口区人民法院工作报告的决议》《关于大渡口区人民检察院工作报告的决议》。闭幕式上，新当选的重庆市大渡口区监察委员会主任汪建与代表见面。随后举行了宪法宣誓仪式，汪建进行了宣誓。

是日　大渡口区监察委员会挂牌成立。区委书记王俊，区委常委、区纪委书记、区监察委员会主任汪建为大渡口区监察委员会挂牌。3名区监察委员会副主任、3名区监察委员会委员，新任命的副主任和委员进行了宪法宣誓。

是日　区第十三届人大常委会第八次会议召开，审议通过有关人事任免事项。区人大常委会主任马春，副主任罗雨、先大友、李青、常永官、罗先德，常委会组成人员参加会议。区委常委、区纪委书记、区监察委员会主任汪建，区政府副区长唐勇，区法院院长伍星，区检察院有关负责人，区人大各专门委员会、常委会各委室、各街镇人大负责人列席会议。马春主持会议。本次常委会的主要议题是听取和审议人事任免有关事项。汪建对提请任命的6名区监察委员会干部做了情况说明。区政府书面报告了关于撤销大渡口区监察局的备案情况。会议以电子表决的方式表决通过了人事任命议案。区人大常委会主任马春向新任命人员颁发了任命书，新任命的国家工作人员进行了宪法宣誓。

18日　区委召开常委（扩大）会议，传达学习习近平总书记“1•5”重要讲话精神和中央、市委近期召开的重要会议精神，贯彻落实党的十九大以来中央、市委重要决策部署，安排部署相关工作。区委书记王俊主持会议并做讲话。姚斌、马春、张琼、陈中举等全体在职区级领导，全体处级以上干部参加会议。会议传达学习了习近平总书记“1•5”重要讲话精神，十九届中纪委二次全会精神，中央经济工作会、中央农村工作会和全市经济工作会、全市金融工作会、市级领导干部会议暨理论学习中心组专题学习会精神。

是日　市第五届人大代表大渡口联系组开展会前集中调研考察，为出席市五届人大一次会议做准备。市人大代表姚斌、马春、林育均、张白杨、汪建、李青、刘红、梅玫、陈强参加了考察活动。区领导徐晓勇、罗雨、先大友、常永官、罗先德、李荣辰及区有关部门负责人参加调研或座谈。

19日　区委书记王俊走访调研了区纪委区监委、区委办、区政府办、区人大机关、区政协机关、区委组织部宣传部统战部政法委等单位，宣讲党的十九大精神，了解工作开展情况。区委常委、区委办主任韩瑞碧陪同。

22日　区政协主席张琼一行来到区敬老院开展“倾情关注民生、爱心传递温暖”活动。区政协委员、市轨道交通集团总经理乐梅，区政协秘书长李贤敏，区民政局、跳磴镇等相关单位负责人参加活动。

是日　区人武部组织民兵应急分队进行战备拉动演练。区人武部部长刘志明、政委邱晓宁参加演练。

24日　区委中心组学习（扩大）会议召开，中国人民大学校长、著名经济学家刘伟来区做《贯彻新发展理念　建设现代化经济体系》专题讲座。区委书记王俊主持会议。姚斌、陈中举等全体在家区级领导，区管处级领导干部，市级部门驻区分支机构主要负责人，部分单位中层干部及企业负责人等共计500人聆听了报告。

30日　由区纪委、区委宣传部主办，重庆九十五中和区文化馆承办的“学懂弄通党的十九大精神”知识竞赛在重庆九十五中佳兆业中学举行。区委常委、宣传部部长郭诏彬参加活动。竞赛分为初赛、决赛两个阶段，题型为必答题和抢答题。全区各直属党组织16支代表队参加了竞赛。

2月

1日　区召开专题会议，传达学习全市“两会”精神。区委书记王俊、区长姚斌、区人大常委会主任马春、区政协主席张琼、区委副书记陈中举等全体在家区级领导出席会议。王俊就贯彻落实全市“两会”精神提出要求，姚斌主持会议并安排部署近期重点工作，马春、张琼分别传达了市五届人大一次会议、市政协五届一次会议相关精神。

2日　大渡口区厅级离退休干部迎春座谈会在区委老干局活动中心多功能厅召开，区委书记王俊、区长姚斌、区人大常委会主任马春、区政协主席张琼、区委副书记陈中举等区领导与区厅级离退休干部一起共迎新春，共谋发展。区领导韩瑞碧、徐晓勇、江永昌等参加座谈会。

是日　区政协召开九届六次常委会。区政协主席张琼，副主席刘安东、袁凯明、邹文炬、黄万秋、胡军，秘书长李贤敏及区政协全体常委参加会议。区政协各委室负责人列席会议。会议由刘安东主持。会议传达了市政协五届一次会议常委会工作报告、市政协五届一次会议提案工作情况报告。

是日　民建大渡口区委召开2017年工作总结表彰会。民建重庆市委专职副主委杨亚丽，民建重庆市委组织处处长刘伟，区委常委、统战部部长王涛，区委统战部常务副部长刘武云出席会议；相关部门负责人及民建区委全体会员参加会议。会议总结回顾了2017年民建区委工作，并对2018年工作进行了安排部署。

3日　在重庆市总工会开展的2017年全市区域性劳动竞赛先进集体和个人的评选活动中，大渡口区人民法院民事速裁庭被授予了“重庆市工人先锋号”的光荣称号。

6日　区长姚斌走进重庆电视台演播室，参加“把党的十九大精神全面落实在重庆大地上——新时代新气象新作为区县负责人系列访谈”栏目录制，就大渡口区学习宣传贯彻党的十九大精神、习近平新时代中国特色社会主义思想，以及新兴产业发展情况做了介绍。

是日　中国人民解放军陆军军医大学、市级相关部门负责人、部分生物医药企业负责人来区纵论发展、共商良策，参加重庆市与陆军军医大学生物医药军民融合示范创新基地（大渡口）建设专家论证会。区长姚斌、陆军军医大学副校长徐迪雄、市发改委副巡视员涂亚雄，区领导徐晓勇、毛伟等出席论证会。区委常委、常务副区长徐晓勇主持会议。

7日　区委常委会2017年度民主生活会召开。会议分两个阶段进行，第一阶段以“认真学习贯彻习近平新时代中国特色社会主义思想，坚定维护以习近平同志为核心的党中央权威和集中统一领导，全面贯彻落实党的十九大各项决策部署”为主题；第二阶段以聚焦“坚决肃清孙政才恶劣影响和薄熙来、王立军思想流毒，大力营造良好政治生态，全力推进重庆各项事业健康发展”为主题。区委书记王俊主持会议并讲话。会后，陈中举主持情况通报会，镇街党（工）委书记，区直机关党组织负责人代表，群团组织代表，民主党派代表，未担任领导职务的“两代表一委员”，村（社区）党组织负责人代表，非公组织等其他基层党组织负责人代表参加了会议。

8日　区政府党组召开2017年度民主生活会。会议分两个阶段进行，第一阶段以“认真学习贯彻习近平同志新时代中国特色社会主义思想，坚定维护以习近平同志为核心的党中央权威和集中统一领导，全面贯彻落实党的十九大各项决策部署”为主题；第二阶段以聚焦“坚决肃清孙政才恶劣影响和薄熙来、王立军思想遗毒，大力营造良好政治生态，全力推进重庆各项事业健康发展”为主题。区政府党组书记、区长姚斌主持会议。

是日　十二届区委第39次常委会会议召开，传达学习了党的十九届二中全会、全国组织部长会议、全国宣传部长会议等会议精神，传达学习了全市组织部长会议、全市宣传部长会议等会议精神，听取了大渡口区人大常委会关于区第十三届人民代表大会第二次会议情况的报告、政协重庆市大渡口区委员会关于区政协九届二次会议情况的报告。区委书记王俊主持会议并讲话。

是日 区委书记王俊、区长姚斌率相关部门负责人前往春运检查点、超市、长途汽车站等地检查安全，副区长唐勇一同检查。

9日 中共大渡口区第十二届纪律检查委员会举行第三次全体会议。本次会议主要任务是：深入学习贯彻习近平新时代中国特色社会主义思想，全面贯彻党的十九大和十九届二中全会精神，认真落实十九届中央纪委二次全会、市委五届三次全会和市纪委五届二次全会工作部署，总结2017年全区纪检监察工作，部署2018年工作任务。王俊、马春、张琼、陈中举等全体在家区级领导，区纪委委员，区管处级领导干部和市级部门驻区分支机构主要负责人参加会议。出席会议的区纪委委员20人，列席42人。区委书记王俊出席全会并做了讲话。区委、区人大常委会、区政府、区政协领导出席会议。有关方面负责人参加了会议。审议通过了汪建代表区纪委常委会所做的《深学笃用习近平新时代中国特色社会主义思想，重整行装再出发，让党的十九大全面从严治党战略部署在大渡口落地生根》工作报告。

是日 在中共大渡口区第十二届纪律检查委员会第三次全体会议第二次会议上，区委常委、区纪委书记、区监察委员会主任汪建代表区纪委常委会向大会做工作报告《深学笃用习近平新时代中国特色社会主义思想，重整行装再出发，让党的十九大全面从严治党战略部署在大渡口落地生根》。区纪委副书记、区监察委员会副主任杨红梅主持会议。大会期间，还分组讨论了区委书记王俊在区纪委十二届三次全会做的讲话、汪建代表区纪委常委会向大会做的工作报告和《区纪委十二届三次全会决议（草案）》，并表决通过了工作报告和全会决议。

12日 区委召开2017年度基层党组织书记抓基层党建述职评议会。区委书记王俊主持会议并讲话。区委副书记、区长姚斌，区人大常委会主任马春，区政协主席张琼，区委副书记陈中举，区委常委等出席会议。市委组织部有关负责人到会指导。会上，区公安分局党委、各镇街党（工）委、区直机关党工委、区委教育工委、区委非公经济和社会组织工委负责人等就抓基层党建工作向区委述职，部分区委常委逐一做点评，会上对参加述职的基层党组织书记进行了评议。区委党建工作领导小组成员单位有关负责人，镇街党（工）委书记、组织委员，区有关单位负责人，部分党代表、人大代表、政协委员，以及部分基层干部和群众代表等参加了会议。

是日 区委宣传部召开会议，传达学习全市宣传部长会议精神。区委常委、宣传部部长郭诏彬，以及全区宣传文化系统相关负责人参加会议。会上，郭诏彬首先就全市宣传部长会议精神做了传达，并要求全区宣传文化系统认真抓好落实。随后，会议还传达学习了全市网信办主任会议和全市文明办主任会议精神。

是日 举行2018年少数民族联谊会新春茶话会，区委常委、统战部部长王涛出席会议并讲话。会议传达学习了党的十九大精神，通报了区少数民族联谊会的工作情况。

是日 区人大常委会副主任李青、副区长舒莉、区政协副主席胡军来到两位百岁老人家中，为他们送去了慰问品以及新春的祝福。

13日 召开区委政法和平安工作会议，深入学习贯彻党的十九大和十九届二中全会精神，认真落实中央和市委政法工作会议部署，总结2017年、安排2018年政法和平安工作。区委书记王俊出席会议并讲话。区长姚斌主持会议。区委常委、政法委书记孟德华代表区委总结了2017年工作，对2018年政法和平安工作做了安排部署。会上还表彰了党的十九大期间维稳安保工作先进集体和个人。区人大常委会主任马春，区政协主席张琼，区委副书记陈中举等在家区级领导参加会议。

是日 区委书记王俊、区长姚斌、区人大常委会主任马春、区政协主席张琼走访慰问驻区部队及重点优抚对象、困难党员、困难群众，向他们送上节日慰问和温馨祝福。区领导陈中举、孟德华、刘志明、先大友、舒莉、邱晓宁参加慰问。

22日 区委书记王俊、区长姚斌、区人大常委会主任马春、区政协主席张琼等全体区级领导，全区各单位机关干部、各镇街干部群众志愿者等700余人参加了义务植树活动。

23日 区委书记王俊主持召开区委中心组第二次集中学习会。会议传达学习了市委常委会2017年度民主生活会有关精神，部分区委中心组成员结合自己的思想实际、工作实际进行了交流发言。姚斌、马春、张琼等全体在家区级领导参加了学习会。

24日 十二届区委第40次常委会会议召开。区委书记王俊主持会议并讲话。会议传达学习了中央全面深化改革领导小组第二次会议、市委全面深化改革领导小组第五次会议精神。会议传达学习了全国统战部长会议、全市统战部长会议精神。会议传达学习了2017年度区县党委书记抓基层党建述职评议会精神。会议审议并原则同意《中共大渡口区委常委会贯彻落实中央八项规定精神实施办法（送审稿）》。会议还研究了其他事项。

26日 区长姚斌前往老重钢五六厂片区进行马路督导办公，一线解决群众关心关注的清扫保洁、断头路、公共设施不完善等热点难点问题。副区长唐勇及有关单位相关负责人参加。

3月

1日 大渡口区人武部党委第一书记任职大会召开，重庆警备区副司令员王美权少将在会上宣读了重庆警备区党委关于王俊任大渡口区人武部党委第一书记的党内任职决定，向王俊颁发任职书，并向王俊赠送了习近平关于国防和军队建设重要思想的有关书籍。区委书记、区人武部党委第一书记王俊，区政府区长姚斌，区人大常委会主任马春，区政协主席张琼，区委副书记陈中举，区委常委、区委办主任韩瑞碧，区委常委、组织部部长江永昌，区人武部部长刘志明，副区长舒莉，区人武部政委邱晓宁出席会议。邱晓宁主持会议。

2日 召开全区党建工作会议，深入学习贯彻党的十九大精神，认真落实全国和全市组织、宣传、统战部长会议要求，总结2017年全区组织、宣传、统战工作，研究部署推进全区党的建设工作。区委书记王俊出席会议并讲话。姚斌、马春、张琼等全体党员区级领导参加会议。区委副书记陈中举主持会议。

是日 元宵节晚上，区委常委、政法委书记孟德华，区政府副区长、区公安分局局长刘正光率领有关单位负责人，检查了全区各烟花爆竹燃放点、重大危险源守护点的安全情况，并探望慰问了坚守在各燃放点的值守人员。

5日 区委2018年巡察工作培训会召开，对区委巡察办全体人员、区委巡察组全体抽调人员进行专题培训。区委常委、区纪委书记、区监委主任、区委巡察工作领导小组常务副组长汪建做开班动员讲话。

7日 市委第一巡视组巡视大渡口区工作动员会召开。会前，市纪委常务副书记、市监委副主任、市委巡视工作领导小组成员陈杰主持召开与大渡口区委书记王俊的见面沟通会，传达了习近平总书记关于巡视工作的重要讲话精神和市委书记陈敏尔关于巡视工作的批示精神。动员会上，陈杰就配合巡视工作提出要求，市委第一巡视组组长彭世斌就即将开展的巡视工作做讲话。王俊主持会议并做表态发言。

8日 区政协主席张琼率队调研重钢总医院，了解医院创建三甲医院及构建医联体具体发展情况，帮助解决相关难题。区政协副主席、区卫计委主任周进源，区政协秘书长李贤敏，重钢总医院、重庆医药集团颐和健康产业有限公司、重庆人和平安大健康管理有限公司等有关负责人参加调研。

9日，区政协召开九届七次常委会。区政协主席张琼主持会议并讲话，副主席刘安东、袁凯明、邹文炬、周进源、杨金胜、胡军，秘书长李贤敏及区政协全体常委出席会议，区政协各委室负责人列席会议。会议审议并通过了《区政协2018年工作要点（送审稿）》《区政协2018年重点工作安排（送审稿）》《区政协2018年主要工作分月安排（送审稿）》。

11日 召开领导干部会议，专题传达学习习近平总书记在参加十三届全国人大一次会议重庆代表团审议时的重要讲话精神，以及市委书记陈敏尔在重庆代表团全体会议上的讲话要求。区委书记王俊主持会议并做讲话。

12日 区人大常委会召开党组（扩大）会议，专题传达学习习近平总书记在重庆代表团重要讲话精神，传达陈敏尔书记在重庆代表团专题学习贯彻习近平总书记重要讲话精神时提出的学习宣传贯彻要求。区人大常委会主任马春，副主任罗雨、先大友、李青、常永官，各委室负责人和机关全体党员干部参加会议。马春主持会议。

是日 区委宣传部召开中心组学习暨支部党员大会，传达学习习近平总书记参加重庆代表团审议时重要讲话精神，传达重庆代表团专题学习贯彻习近平总书记重要讲话精神全体会议和全市领导干部会议精神，以及全区领导干部会议精神。区委常委、宣传部部长郭诏彬以普通党员身份参加了会议。

14日 中共大渡口区委召开双月座谈会，专题传达学习习近平总书记在参加十三届全国人大一次会议重庆代表团审议时的重要讲话精神，听取推动全区高质量发展意见建议。中共大渡口区委书记王俊出席会议并做讲话。中共区级领导陈中举、韩瑞碧、徐晓勇、王涛、罗雨、舒莉、钟渝、唐勇、刘安东，各民主党派区委主委、副主委，区工商联班子负责人等参加会议。中共大渡口区委常委、统战部部长王涛主持会议。陈中举传达了习近平总书记在参加十三届全国人大一次会议重庆代表团审议时的重要讲话精神，传达了陈敏尔书记在重庆代表团专题学习贯彻习近平总书记重要讲话精神时提出的学习宣传贯彻要求。

15日 区委召开常委（扩大）会议，专题传达学习习近平总书记在参加十三届全国人大一次会议重庆代表团审议时的重要讲话精神，传达陈敏尔书记在重庆代表团专题学习贯彻习近平总书记重要讲话精神时提出的学习宣传贯彻要求。区委书记王俊主持会议并做讲话。姚斌、马春、张琼、陈中举等全体区级领导，区级各部门各单位、镇街，市级部门驻区分支机构，辖区部分重点企业和金融机构主要负责人参加会议。

是日 区政协召开党组中心组（扩大）学习会，传达学习习近平总书记在参加十三届全国人大一次会议重庆代表团审议时的重要讲话精神。区政协主席张琼，副主席刘安东、袁凯明、邹文炬、杨金胜，秘书长李贤敏，各委室负责人及机关全体干部参加学习。会议传达学习了习近平总书记参加重庆代表团审议时的重要讲话精神，以及陈敏尔书记在重庆代表团专题学习贯彻习近平总书记重要讲话精神时提出的学习贯彻要求。通报了《关于对有关单位违反会风会纪情况的通报》。

16日 区人大常委会召开党组（扩大）会议，学习贯彻习近平总书记在参加十三届全国人大一次会议重庆代表团审议时的重要讲话精神。区人大常委会党组书记、主任马春，副主任罗雨、先大友、李青、常永官，区人大各专门委员会、常委会各委室负责人及机关全体党员干部参加会议。马春主持会议。会议传达学习了习近平总书记在参加十三届全国人大一次会议重庆代表团审议时的重要讲话精神，传达学习了党的十九届三中全会精神和习近平总书记在中共中央政治局第四次集体学习时的重要讲话精神。会议还学习了《中共中央关于深化党和国家机构改革的决定》。

是日 区政协召开党组中心组（扩大）学习会议。区政协主席张琼，副主席刘安东、邹文炬，秘书长李贤敏，各委室负责人及机关干部参加学习。会议传达学习了习近平总书记在参加十三届全国人大一次会议重庆代表团审议时的重要讲话精神、党的十九届三中全会精神，以及区纪委监委《关于重庆市党风政风监督大数据平台市管领导干部履行全面从严治党主体责任记实系统情况说明的报告》。

22日 十二届区委第43次常委会会议召开，传达学习全市领导干部大会精神。区委书记王俊主持会议并讲话。

是日 区人大常委会召开评议区政府学前教育工作动员会，部署评议学前教育工作。区人大常委会主任马春，副主任罗雨、先大友、李青、常永官，区政府副区长唐勇，评议领导小组全体成员，部分区人大代表，区政府相关部门负责人，各街镇相关负责人，及部分幼儿园负责人共60余人参加会议。马春主持会议。会议通报并印发了《大渡口区人大常委会评议区人民政府学前教育工作的方案》，听取了区教委、区财政局关于学前教育工作有关情况的专题汇报。区人大常委会副主任李青做了评议工作安排部署，区政府副区长唐勇代表区政府做了表态发言。

23 日　区人大常委会主任马春率队先后到九宫庙街道百花社区，跳磴镇南海村、红胜村，跃进村街道，八桥镇民新村调研街镇人大工作。区人大常委会副主任先大友，区人大常委会办公室、人代工委负责人等参加调研。

27 日　市委书记陈敏尔前往大渡口区调研，面对面向基层干部群众宣讲习近平总书记参加重庆代表团审议时的重要讲话精神。副市长陆克华参加调研。市有关部门负责人参加调研。区委书记王俊、区长姚斌、区人大常委会主任马春、区政协主席张琼等区四大班子成员，茄子溪街道党政负责人和各社区负责人，社区居民代表，企业代表等参加调研或座谈会。

28 日　区第十三届人大常委会召开第十五次主任会议。区人大常委会主任马春，副主任罗雨、先大友、常永官参加会议。区委常委、常务副区长徐晓勇，区人大各专门委员会、常委会各委室、区政府办公室、区财政局负责人列席会议。马春主持会议。会议听取了区政府关于存量资金清理及使用情况的报告，确定了区第十三届人大第二次会议代表重点建议，议定了区第十三届人大常委会第九次会议有关事宜。

是日　区政协召开 2018 年反映社情民意信息工作会，区政协副主席杨金胜、秘书长李贤敏，区各民主党派，工商联专干，各镇街、部门特邀信息员，区政协各委室负责人参加会议。

29 日　十二届区委第四轮巡察工作动员部署会召开，安排部署 2018 年首轮巡察工作。区委书记、区委巡察工作领导小组组长王俊，市委第一巡视组副组长许晓出席会议并提工作要求。市委第一巡视组驻大渡口区全体成员，区委巡察工作领导小组领导、区委巡察办全体成员和区委巡察组全体成员参加会议。会上，区委常委、组织部部长，区委巡察工作领导小组副组长江永昌宣读了《关于十二届区委第四轮巡察组授权及任务分工的决定》；区委常委、区纪委书记、区监委主任，区委巡察工作领导小组常务副组长汪建传达了习近平总书记关于巡视工作的重要讲话精神、赵乐际有关要求及陈敏尔批示精神。

是日　区政协召开党组中心组（扩大）学习会议。区政协党组书记、主席张琼，副主席刘安东、邹文炬、周进源、胡军，区政协常委、各界别召集人及机关委室全体干部职工参加会议。邹文炬主持会议。会议传达学习了习近平总书记全国两会期间系列重要讲话精神、全国两会精神及陈敏尔书记视察调研指示要求。

30日　区第十三届人大常委会第九次会议召开。区人大常委会主任马春，副主任罗雨、先大友、常永官，常委会组成人员参加会议。区政府副区长毛伟、钟渝，区监察委、区法院、区检察院有关负责人，区人大各专门委员会、常委会各委室、各街镇人大负责人、部分区人大代表列席会议。区政府办公室、区环保局、区审计局、区财政局、区城市管理局负责人，以及区人大财经委、城环委组成人员列席相关议题。本次会议还邀请了 2 名公民旁听。会议由马春主持。会议首先传达了十三届全国人大一次会议精神、市委书记陈敏尔来区视察调研指示要求。会议听取和审议了区审计局局长龙子武受区政府委托所做的 2017 年审计工作报告反映问题整改落实情况的报告，听取了区人大财政经济委员会主任委员裘苹所做的关于区政府 2017 年审计工作报告反映问题整改落实情况的跟踪调研报告。会议审议通过了《重庆市大渡口区人民代表大会代表建议、批评和意见工作办法》。会议还听取和审议了人事任免有关事项。会议决定接受卢建辉等辞去区第十三届人民代表大会代表职务的请求，并做出了补选区第十三届人民代表大会代表的决定。会议听取和审议了区环保局局长李建华受区政府委托所做的大渡口区环境保护工作情况报告，听取了区人大城乡建设环境保护委员会主任委员李再富所做的关于对区政府环境保护工作情况的调研报告。

是日　大渡口区残疾人联合会第七次代表大会召开，区委书记王俊、区政协主席张琼，市残联党组成员、副理事长张青莉，区委副书记陈中举、副区长舒莉、区政协副主席刘安东，以及残疾人代表、特邀代表，区级部门、群团组织负责人等参加会议。大会听取并审议了区残联第六届主席团工作报告，选举产生了新一届领导机构，选举产生了出席市残联第五次代表大会代表。大会聘请区人大常委会副主任李青、区政协副主席刘安东为名誉主席；舒莉当选为新一届残联主席团主席，李红红当选为新一届执行理事会理事长。

4月

2日 召开区委中心组（扩大）专题学习会，邀请西南政法大学教授、博士生导师龙大轩做题为《坚持依法治国与以德治国相结合》的主题报告。王俊、姚斌、马春、张琼等区级领导，区管处级领导干部，驻区分支机构主要负责人，区法院、区检察院的班子成员等共计400余人参加学习会。区委常委、宣传部部长郭诏彬主持会议。

8日 区委书记王俊率队开展环保现场督查，区人大常委会主任马春、区政协主席张琼，区领导韩瑞碧、钟渝、唐勇等参加督查。

是日 召开区委中心组（扩大）专题学习会，市级宣讲团成员、市委宣传部常务副部长薛竹向全区干部宣讲了习近平总书记全国两会期间系列重要讲话精神。区委书记王俊、区人大常委会主任马春、区政协主席张琼等全体在家区级领导，区管处级领导干部，市级部门驻区分支机构主要负责人，区义渡宣讲团成员、基层理论名嘴等400余人参加会议。

9日 区人大常委会组织市、区、镇三级人大代表开展环保现场督察。区人大常委会主任马春，副主任罗雨、先大友、李青、常永官，部分市、区、镇人大代表参加督察活动。

是日 区政协组织市、区政协委员视察大渡口区长江沿线环境保护工作。区政协主席张琼，副主席刘安东、袁凯明、邹文炬、周进源、胡军，秘书长李贤敏，以及部分市、区政协委员、区政协相关委室负责人参加视察。

是日 区政协召开党组中心组（扩大）学习会，区政协党组书记、主席张琼，副主席刘安东、袁凯明、邹文炬、周进源、胡军，秘书长李贤敏及区政协各委室负责人、机关全体党员干部参加会议。刘安东主持会议。会议传达学习了习近平总书记在审阅中央政治局成员述职报告时的重要要求精神；传达学习了中央全面深化改革委员会第一次会议和市委全面深化改革领导小组会议精神。会议还传达学习了主城片区各区经济运行座谈会及市政府第三次、第四次常务会会议精神；传达了市委书记陈敏尔来区调研指示精神贯彻落实情况；通报了十二届区委前三轮巡查发现的共性问题情况；传达了大渡口区迎接重庆市环保集中督察迎检工作方案。

11日 重庆市第二批环境保护集中督察大渡口区工作动员会召开。重庆市第二批环境保护集中督察组组长何勇通报了督察任务、总体安排和要求，副组长曹巨辉对大渡口区配合做好集中督察协调和保障工作提出要求，区委书记王俊做动员讲话。会议由区长姚斌主持。重庆市第二批环境保护集中督察组全体成员，马春、张琼、陈中举等区领导，区级各部门、各单位、镇街，市级部门驻区分支机构主要负责人等参加会议。

是日 召开区委常委会（扩大）会议，传达学习市委五届四次全会精神。区委书记王俊主持会议并讲话。区委副书记、区长姚斌，区委副书记陈中举，区委常委出席会议。区人大常委会、区政协主要负责人，区人大常委会、区政府、区政协、区法院、区检察院负责人等列席会议。

13日 中国共产党大渡口区第十二届委员会第四次全体会议召开。全会的主要任务是，深入学习贯彻党的十九大精神，以习近平新时代中国特色社会主义思想为指导，全面贯彻习近平总书记视察重庆重要讲话和参加重庆代表团审议时重要讲话精神，认真落实市委五届四次全会部署，坚决肃清孙政才恶劣影响和薄熙来、王立军流毒，加强法治和德治工作，营造风清气正的良好政治生态，推动全面从严治党向纵深发展，不断加强和改进党的领导，团结带领全区干部群众奋力建设“高质量产业之区、高品质宜居之城”。全会由区委常委会主持。区委书记王俊讲话。区委委员、区委候补委员出席会议。党员区级领导干部；非中共党员区级领导；正厅级区级离退休老干部代表；区纪委委员、区委巡察组组长；区人大常委会、区政协内设机构主要负责人，区级各部门、镇街、群团、国有公司主要负责人或主持工作负责人，“四大板块”管委会筹备组、“四大产业”工作组负责人；市级部门、单位驻区分支机构主要负责人；在区市党代表、部分基层区党代表；在区水、电、气、通讯企业及重点企业等单位主要负责人；市级有关投资集团、辖区部分金融主要负责人列席会议。

16日 区人大常委会召开党组（扩大）会议，学习贯彻区委十二届四次全会精神。区人大常委会党组书记、主任马春，副主任罗雨、先大友、李青、常永官，区人大各专门委员会、常委会各委室负责人及机关全体党员干部参加会议。马春主持会议。会议传达学习了区委十二届四次全会精神。

是日 区政协召开党组中心组（扩大）学习会，区政协党组书记、主席张琼，副主席刘安东、袁凯明、邹文炬，秘书长李贤敏及区政协各委室负责人、机关全体党员干部参加会议。邹文炬主持会议。会议传达学习了市委五届四次全会精神；传达学习了区委十二届四次全会精神。会议还集中学习了《中华人民共和国监察法》。

17日 区人大常委会召开对区政府“放管服”改革问题整改情况调研及对部分单位开展专项评议动员会，对此项工作进行安排部署。区人大常委会主任马春，副主任罗雨、先大友、李青、常永官，副区长毛伟，区人大各专门委员会、常委会各委室、各街镇人大负责人，区监察委负责人，区政府有关部门负责人参加会议。会议由马春主持。会议通报了区人大常委会关于对区政府“放管服”改革问题整改情况调研及对部分单位开展专项评议实施方案。常永官就调研及专项评议工作做安排，毛伟代表区政府做表态发言。

19日 召开“四套班子”领导联席会议第1次会议。区委书记王俊主持会议并讲话。姚斌、马春、张琼等全体在家区级领导、区“四套班子”办公室有关负责人、区级有关部门、有关企业主要负责人等参加会议。会议通报了区“四套班子”领导联席会议制度情况，通报了一季度全区经济指标完成情况、重点项目推进情况、招商引资情况。

23日 市第二批环境保护集中督察组组长何勇，总协调人邹渝一行对大渡口区进行现场督察。区领导常永官、钟渝、刘安东，以及区环保局、区经信委、区国土分局、建桥公司、建胜镇、跳磴镇相关负责人参加了现场督察。

是日 由区委宣传部、区教委、区文化委主办，区图书馆、区文化馆总馆、各镇街图书分馆承办的“全面阅读 与法同行——共建书香大渡口”之“4•23世界读书日”暨“4•26世界知识产权日”系列宣传活动在九宫庙步行街风雨舞台举行。区人大常委会副主任李青、区政协副主席胡军参加活动。

25日 市人大内司委主任委员林育均带领调研组来区调研基本医疗保险工作开展情况。调研主要采取座谈会的形式进行，区人大常委会副主任先大友主持的座谈会，副区长舒莉，区人大法制委及相关区级部门负责人等参加座谈会。

是日 市委党校区县人大专工委主任专题培训班来区开展现场教学，实地考察了重庆三峰环境产业集团有限公司和义渡古镇，并召开座谈会，听取区人大专门委员会工作运行情况，交流经验做法。区人大常委会副主任先大友，区人大各专门委员会、常委会各委室负责人参加座谈。

是日 区政协召开九届十七次主席会议，专题协商创建国家食品安全示范城市工作。区政协主席张琼，副主席刘安东、邹文炬、周进源、胡军，秘书长李贤敏参加会议。副区长毛伟应邀参加会议，区政协各委室、区相关部门负责人、各民主党派专职副主委、部分区政协委员列席会议。胡军主持会议。

26日 在区行政中心广场举办了纪念“五一口号”发布70周年系列主题活动启动仪式。全区统一战线代表100余人参加本次活动。区委常委、统战部部长王涛，民盟区委主委胡军，民进区委主委胡桂泉，农工党区委主委周进源出席仪式。

是日 区政协举办2018年第一期文化讲坛，邀请市政协副秘书长、市政协联络委主任余季平主讲“懂政协、会协商、善议政，做合格政协委员”，区政协主席张琼，副主席刘安东、邹文炬、周进源及全体区政协委员和机关干部参加讲坛。

27日 区第十三届人大常委会召开第十六次主任会议。区人大常委会主任马春，副主任罗雨、先大友、李青、常永官参加会议。区委常委、常务副区长徐晓勇，区人大各专门委员会、常委会各委室、区政府办公室、区财政局负责人列席会议。马春主持会议。会议听取了区政府关于2017年重点项目预算绩效评价工作开展情况的报告，还通过了《大渡口区人大常委会关于对〈大渡口区人民政府关于大渡口区环境保护工作情况的报告〉的审议意见》和《大渡口区人大常委会关于对〈大渡口区人民政府关于2017年审计工作报告反映问题整改落实情况的报告〉的审议意见》。

是日 举行区委中心组（扩大）学习会，市纪委副书记、市监委副主任王建东做题为《学习领会习近平总书记监察体制改革重要论述及全面贯彻落实监察法》的报告，王俊、马春、张琼等全体在家区领导，区管处级领导干部，市级部门驻区分支机构主要负责人，区法检两院处级领导干部，区纪检系统、宣传系统、学校、医院等部分干部职工参加学习会。

是日 由区委宣传部、区文化委、区文联、团区委主办，区文化馆、各镇街文化分馆承办的“奋斗幸福•拥抱青春”大渡口区2018年庆“五一”“五四”文艺会演在步行街风雨舞台隆重举行，表演了《盛世华章》《问春》《青春舞曲》《看山看水看中国》《新的天地》《好中国》《占座》《劳动托起中国梦》《太空漫步》《春天的鲜花》等歌舞、杂技、小品节目。

28日 区政协主席张琼率民生服务团来到九宫庙街道厍家坳社区，开展民生服务团见面会。厍家坳社区民生服务团成员，以及厍家坳社区干部、党员、群众代表参加会议。

是日 十二届区委第49次常委会会议召开，传达学习习近平总书记在深入推动长江经济带发展座谈会上的重要讲话和全市领导干部大会精神。区委书记王俊主持会议并讲话。会议还研究了其他事项。

5月

3日 “2018年侨界代表人士智行大渡口”活动在大渡口区开展。来自市侨联、重庆华商会、市侨青会的60余名成员参观了大渡口区重点招商项目，并就发挥侨资侨智侨力助推大渡口建设“高质量产业之区、高品质宜居之城”进行了座谈。区侨办、区投促办、区侨联、建桥公司相关负责人参加活动。市侨联专职副主席陈瑛，区委常委、统战部部长王涛出席活动并讲话。

4日 纪念马克思200周年诞辰大会在人民大会堂举行，中共中央总书记、国家主席、中央军委主席习近平在大会上发表重要讲话。王俊、姚斌、马春、张琼等全体在家区领导，区级各部门、各镇街主要负责人，区人大常委会、区政协各专门委员会和内设机构主要负责人，各人民团体、区属国有企业主要负责人，区纪委常委、区委巡察组各组组长，市级部门驻区分支机构主要负责人，部分金融机构、重点企业负责人等在区机关办公大楼西341会议室集中收听收看。各部门、各镇街等在本单位组织收听收看。

是日 团区委在党群服务中心举行“五四”青年节纪念集会，旨在弘扬“爱国、进步、民主、科学”的五四精神，继承和发扬共青团的优良传统。区人大常委会副主任先大友出席会议。全区各条战线的团员、青年代表60余人参加了会议。

是日 “建桥同心园”启动大会在重庆（大渡口）台湾中小企业产业园举行，区委书记王俊、区长姚斌、区人大常委会主任马春、区政协主席张琼、区委副书记陈中举、民盟市委专职副主委黄燕苹、民建市委专职副主委杨亚丽、民进市委专职副主委黄硕、九三学社市委副主委黄华和民主党派中央代表、民革市委会及农工党中央市委会机关负责人，各民主党派区委主委袁凯明、胡军、李青、胡桂泉、毛伟出席会议，区统一战线相关负责人，同心园智库专家代表，同心园建设协调领导小组及有关部门负责人，建桥园区企业家代表参加会议。区委常委、统战部部长王涛主持会议。会议通报了《大渡口区关于打造“建桥同心园”的实施方案》，宣读了《中共大渡口区委统一战线工作领导小组关于建立“建桥同心园”智库的决定》并颁发聘书。

是日 民建上海金山区委副主委王培光一行30余人来区交流考察。区人大常委会副主任、民建区委主委李青，区委统战部、区投资促进办相关负责人及民建区委相关人员参加当天的交流座谈会。

11日 全区2018年校园文化艺术展演在九宫庙步行街风雨舞台及周边举行。展演以“阳光下成长 筑梦新时代”为主题，分为舞台表演、艺术工作坊展示、书画摄影作品展览和现场绘画四部分，充分展现了中小学生蓬勃向上的精神风貌。区委常委、宣传部部长郭诏彬，区政府副区长唐勇、区政协副主席胡军观看了展演。

17日 由区科委、区科协、团区委主办的2018年大渡口区科技活动周启动仪式在天安数码城举行，本次科技活动周的主题为“科技创新、强国富民”。区委常委、常务副区长徐晓勇，区人大常委会副主任李青，区科委、区科协、春晖路街道、团区委、天安数码城相关负责人，以及各街镇科协、学(协)会、企业园区科协负责人等参加了启动仪式。

是日 区委统一战线工作领导小组2018年第一次会议召开。区委副书记陈中举，区委常委、统战部部长王涛，区政府副区长舒莉参加会议。区委统一战线工作领导小组、区委对台工作领导小组、区委民族宗教工作领导小组成员单位等参加会议。王涛主持会议。会议传达学习了中共中央书记处书记、中央统战部部长尤权来渝调研讲话精神、全市统战工作“争创一流、走在前列”动员会精神、全市对台工作会议精神以及全市民族宗教会议精神。会议审议并原则通过了区委统战部2018年工作要点、大渡口区统战系统港澳台海外统战工作联席会议制度。

是日 区政府副区长钟渝率队对丰收坝水厂饮用水水源地环境保护工作进行了检查。区政府督查室、区环保局、跳磴镇等相关负责人参加检查。

是日 2018年科技活动周暨科技工作者创新创业分享会在天安数码城创业邦空间DEMOSPACE举行。区政协副主席周进源，区科协，区科委，团区委，区企业（园区）科协，各街镇科协、学（协）会负责人以及区优秀科技工作者代表参加活动。

22日 第三届“万步有约”职业人群健走激励大赛大渡口区启动仪式在新山村街道举行。区政协副主席、区卫计委主任周进源参加启动仪式，19个单位的23支参赛队伍代表参加此次活动。

23日 中共大渡口区委召开双月座谈会，通报全区党风廉政建设情况，并听取各民主党派、工商联及无党派人士代表的意见建议。区委常委、区纪委书记、区监委主任汪建出席会议，区委常委、统战部部长王涛主持会议。

是日 区红十字会第十次会员代表大会召开。市红十字会党组成员、秘书长徐伟，赈济部部长岳伦应邀参加会议。区领导韩瑞碧、李青、毛伟、周进源、胡军参加会议。会议听取审议了《大渡口区红十字会第九届理事会工作报告》；审议通过了《关于通过大渡口区红十字会第九届理事会工作报告的决议》；选举产生了区红十字会第十届理事会理事、常务理事，会长、常务副会长、副会长，选举副区长毛伟担任区红十字会第十届理事会会长。

23日 区委常委、统战部部长王涛来到建胜镇回龙桥社区，出席民进大渡口区机关支部的开放式组织生活会，指导机关支部规范化建设工作。民进区委主委胡桂泉，区委统战部、民进区委、建胜镇、民进各支部相关负责人参加会议。

24日 以“预防溺水、从我做起”为主题的2018年重庆市防溺水教育宣传月启动仪式在重庆三十七中举行。全市各区县（自治县）教委（教育局）分管安全工作的负责人、安全稳定办公室负责人、学生代表等近2000人参加活动。副区长唐勇主持启动仪式。

25日 第二十一届中国西部国际投资贸易洽谈会在重庆悦来国际会议中心开幕。大渡口区展位位于N6展厅，重点展示推介了大渡口区“四大支柱产业”和“四大重点板块”，吸引众多客商前来观展洽谈。区长姚斌、副区长舒莉参加相关活动。

是日 召开“博士大渡口行”座谈会。区委常委、组织部部长江永昌，市人力社保局专技处、区人社局相关负责人及有关企业负责人参加会议。

27日 全国集中式饮用水水源地环境保护重庆专项督查第二小组一行对大渡口区丰收坝饮用水水源地保护区就“划、立、治”三项情况进行了巡查，同时对2016—2017年已完成整治的饮用水水源地开展“回头看”督查。区政府副区长刘正光，区环保局、跳磴镇、丰收坝水厂相关负责人参加了现场巡查。

28日 区第十三届人大常委会召开第十七次主任会议。区人大常委会主任马春，副主任罗雨、先大友、李青、常永官、罗先德参加会议。区纪委派驻纪检组、区人大各专门委员会、常委会各委室负责人列席会议。马春主持会议。会议听取了区人大常委会教科文卫工委关于区人大常委会对区政府贯彻《重庆市食品生产加工小作坊和食品摊贩管理条例》情况开展执法检查方案的汇报。听取了区人大法制委关于区人大常委会视察律师队伍建设情况方案的汇报。会议议定了区第十三届人大常委会第十次会议有关事宜。会议还研究了其他事项。

29日 区政协召开党组中心组（扩大）学习会，区政协党组书记、主席张琼，区政协副主席刘安东、袁凯明、邹文炬、周进源、黄万秋、胡军及区政协各委室负责人，机关全体党员干部参加会议。黄万秋主持会议。会议学习了《中共重庆市纪委办公厅关于贯彻落实习近平总书记系列重要指示批示精神坚决纠正形式主义官僚主义问题的通知》；学习了《重庆市调整不适宜担任现职干部实施细则（试行）》；学习了《关于印发2018年基层党建重点工作的通知》；学习了《关于提升基层党组织组织力的十项措施的通知》及《提升基层党组织组织力的十项措施任务分解表》。

30日 全区招商引资专题培训班开班。“四大重点板块”筹备组、“四大支柱产业”工作组、外派驻点招商组、区发改委、区经信委、区科委、区城乡建委、区商务局、区金融办等相关负责人参加培训。区委常委、组织部部长江永昌，副区长舒莉参加活动。

是日 由区委宣传部、区总工会主办的“中国梦•劳动美——学习贯彻习近平新时代中国特色社会主义思想和党的十九大精神”职工演讲比赛在区行政中心举行。市总工会党组成员、副主席鞠飞，区委常委、宣传部部长郭诏彬，区人大常委会副主任、区总工会主席先大友等出席活动。

31日 区爱卫会、区卫计委、春晖路街道、区中医院、春晖社区服务中心联合在大渡口公园前举行了2018年大渡口区无烟日主题宣传活动。

是日 “关爱祖国未来，擦亮未检品牌”——区未成年人权益保护检察监督调研座谈会在区检察院召开。区检察院检察长李荣辰出席会议。区人大法制委、区政府法制办、区政协社法祖统专委会、区文明办、区综治办、区信访办、区教委等相关单位负责人，区检察院各科室负责人参加会议。

6月

1日 区政府廉政工作会暨严肃财经纪律工作会召开。区长姚斌，区委副书记陈中举，区委常委、区纪委书记、区监委主任汪建，区委常委、区委办主任韩瑞碧，区委常委、常务副区长徐晓勇及区政府全体在家领导，区人大、区政协有关领导出席会议。区委各部委、区级各部门、群团组织、区属国有企业主要负责人、分管财务工作负责人，各镇街党政主要负责人、纪委书记、纪工委书记、主管财务分管负责人，“四大板块”管委会筹备组、“四大产业”工作组负责人，区纪委派驻纪检组长，市级部门、单位驻区分支机构负责人参加会议。

是日 区第十三届人大常委会第十次会议召开。区人大常委会主任马春，副主任罗雨、先大友、李青、常永官、罗先德，常委会组成人员参加会议。区政府副区长唐勇，区法院院长伍星，区监察委、区检察院有关负责人，区人大各专门委员会、常委会各委室、各街镇人大负责人，区纪委派驻纪检组、区政府法制办、区教委等单位负责人，部分区人大代表、专家库专家、幼儿园负责人列席会议。马春主持会议。会议首先传达学习了市第五届人大常委会第三次会议精神。会议听取和审议了区政府法制办主任黄永东受区政府委托所做的2017年法治政府建设情况报告，听取了区人大法制委所做的关于区政府法治政府建设情况的调研报告。会议表决通过了《大渡口区人大常委会代表资格审查委员会关于大渡口区第十三届人民代表大会代表补选及代表资格审查情况的报告》，确认王俊等7人的大渡口区第十三届人民代表大会代表资格有效。会议听取和审议了区教委主任杨建明受区政府委托所做的大渡口区学前教育发展情况的报告，听取了区人大教科文卫工委所做的关于区政府学前教育工作情况的调研报告。

是日 区政协召开九届八次常委会，重点协商全区医疗卫生事业发展工作。区政协主席张琼，副主席刘安东、袁凯明、邹文炬、周进源、黄万秋、杨金胜、胡军，秘书长李贤敏，区政协全体常委参加会议。副区长毛伟应邀参加会议。区政协各委室负责人、区各民主党派副主委、相关部门负责人、部分医院代表列席会议。会议由胡军主持。

是日 由区委、区政府主办，区文化委(旅游局)、重庆钓鱼嘴滨江湾区筹备组承办，区文化馆协办的“2018大渡口区首届夏季旅游节”在九宫庙商圈香港城广场开幕。区领导郭诏彬、常永官、唐勇、胡军以及有关部门、各街镇相关负责人参加开幕式。

5日 区长姚斌率队视察部分重点项目，一线解决项目推进中存在的问题。有关部门、街镇、“四大重点板块”管委会筹备组主要负责人及市城投集团、市渝富集团相关负责人参加视察。

是日 区人大常委会专项调研律师队伍建设情况。区人大常委会主任马春，副主任罗雨、先大友、常永官、罗先德，区人大各专门委员会、常委会各委室负责人，部分镇街人大负责人，区司法局负责人及大渡口区律师代表参加调研和座谈。罗先德主持座谈会。

是日 由区委宣传部、区环保局、区教委、团区委主办的“美丽中国，我是行动者”——大渡口区纪念“六五”环境日宣传活动在思源公园统战文化广场举行。

是日 区民防办在九宫庙步行街组织开展了以“居安思危，警钟长鸣”为主题的2018年“6•5”防空警报试鸣放暨防空防灾知识宣传活动。

7日 区人大常委会主任马春在跳磴镇开展“主任走访接待日”活动。区人大常委会办公室、区交委、区农委、区文化委、区民宗侨台办、区国土分局、区规划分局、建桥公司、大晟公司等相关部门负责人，部分跳磴镇的区人大代表和选民代表参加了活动。马春一行首先前往跳磴镇石林村实地察看了道路等有关建设情况，随后召开座谈会，收集代表和选民的意见建议。

8日 区人大常委会在跃进村街道开展2018年度第三次“主任走访接待日”活动，区人大常委会副主任罗先德，区人大常委会法制委负责人、跃进村街道和建胜镇人大常委会主任（主席）、部分区人大代表和选民代表，区民政局、区房管局、区城管局、大晟公司、重钢集团朵力房产司等单位负责人参加了本次走访接待日活动。

是日 区政协2018年度民主评议提案办理工作动员会召开。区政协主席张琼参加会议并讲话。区政协主席会成员、政协办公室、各专委会和区委督查室、区政府督查室负责人及9家提案办理重点单位区经信委、区教委、区城乡建委、区农委、区民政局、区城市管理局、区文化委、区卫计委、区交巡警支队等单位负责人参加动员会。会议由秘书长李贤敏主持。

是日 区残联召开暑期青少年残疾运动员送陪工作会。区政府副区长毛伟，区政府办、区体育局、区残联及各镇街相关负责人参加会议。

11日 区委理论学习中心组举行集体学习会。区委书记王俊主持会议并讲话，马春、张琼、陈中举等全体在家区级领导出席会议。区领导郭诏彬、李青、钟渝分别领学了习近平总书记在十九届中央政治局第五次集体学习时的重要讲话和在中国科学院第十九次院士大会、中国工程院第十四次院士大会开幕式上的重要讲话精神，以及《中共中央办公厅印发〈关于进一步激励广大干部新时代新担当新作为的意见〉的通知》精神。区领导徐晓勇、江永昌，部分部门镇街、村（社区）负责人做交流发言。

是日 大渡口区统一战线“新阶层新经济新使命”访谈活动在兄弟装饰创意工场举行。区委常委、统战部部长王涛，市委统战部相关负责人，全区新的社会阶层联席会议成员单位相关负责人参加活动。五位新的社会阶层代表人士围绕“新阶层新经济新使命”进行了分享，并与150余名来宾进行互动访谈。

13日 区人大常委会召开党组（扩大）会议。区人大常委会主任马春，副主任罗雨、先大友、李青、常永官、罗先德，区纪委派驻纪检组、区人大各专门委员会、常委会各委室负责人和机关全体党员干部参加会议。马春主持会议。会议传达学习了《中共中央办公厅印发〈关于进一步激励广大干部新时代新担当新作为的意见〉的通知》等文件精神，传达学习了全市深入推动长江经济带发展动员大会暨生态环境保护大会的会议精神，会议还传达学习了中央八项规定精神有关要求。

14日 区委常委会召开（扩大）会议，传达学习全市深入推动长江经济带发展动员大会暨生态环境保护大会精神。区委书记王俊主持会议并讲话。区委副书记、区长姚斌传达全市大会精神。区委常委，区人大常委会、区政协主要负责人，区人大常委会、区政府、区政协、区检察院负责人，部分区级部门负责人等参加会议。

15日　区政协召开党组中心组(扩大)学习会议。区政协党组书记、主席张琼，副主席刘安东、袁凯明、邹文炬、黄万秋、胡军，秘书长李贤敏及区政协各委室负责人、机关全体党员干部参加会议。邹文炬主持会议。会议传达学习了全市深入推动长江经济带发展动员大会暨生态环境保护大会精神；学习了市级相关部门落实中央八项规定精神问题解答传达提纲；传达了《关于做好2018年端午节期间作风建设监督执纪问责工作的通知》《关于违反中央八项规定精神问题的通报》等文件精神。

19日　重庆市检察院第五分院与区检察院在钰鑫集团共同开展“‘莎姐’大普法，送法进企业”检察开放日活动。区人大常委会主任马春、区检察院检察长李荣辰出席活动，部分市人大代表、重庆市检察院第五分院、区委统战部、区工商联相关负责人等参加活动。

是日　全区网络安全和信息化工作会议召开。区委书记、区委网络安全和信息化领导小组组长王俊出席会议并讲话。区委副书记、区长、区委网络安全和信息化领导小组副组长姚斌主持会议，区领导陈中举、韩瑞碧、孟德华、郭诏彬、徐晓勇、刘正光出席会议。区委网络安全和信息化领导小组成员单位主要负责人，区级各部门主要负责人，区人大常委会、区政协的有关专门委员会和内设机构主要负责人，各人民团体、区属国有企业主要负责人，各镇街党（工）委主要负责人、宣传员，市级部门驻区分支机构主要负责人，通信公司负责人等参加会议。

是日　全区网络安全和信息化工作会议召开。区委书记、区委网络安全和信息化领导小组组长王俊出席会议并讲话。区委副书记、区长、区委网络安全和信息化领导小组副组长姚斌主持会议，区领导陈中举、韩瑞碧、孟德华、郭诏彬、徐晓勇、刘正光出席会议。

20日　区人大常委会召开评议区政府旅游产业发展工作动员部署会，对此项工作进行安排部署。区人大常委会主任马春，区人大常委会副主任罗雨、先大友、李青、常永官、罗先德，副区长毛伟，区人大各专门委员会、常委会各委室，区政府相关部门、各街镇人大负责人及部分区人大代表参加会议。李青主持会议。

是日　区政协召开九届十九次主席会，对2018年全区河长制工作情况开展调研，就相关工作提出意见建议。区政协主席张琼，区委常委、统战部部长王涛，区政协副主席袁凯明、邹文炬、周进源、黄万秋、胡军等住区市政协委员、区政协主席会成员参加调研，区政协各委室、区级相关部门、街镇负责人等参加活动。

是日　区委书记王俊率队调研滨江板块工作推进情况，并提工作要求。区领导马春、张琼、陈中举、韩瑞碧、徐晓勇、罗雨，相关区级部门、镇街、国有公司，滨江板块管委会筹备组，相关市级部门驻区分支机构，市渝富集团、市地产集团负责人参加调研。

21日　区委书记王俊率队调研建桥园区板块工作推进情况，为推动园区高质量发展把脉支着儿。区领导马春、张琼、陈中举、韩瑞碧、王涛、毛伟、钟渝、袁凯明、周进源、胡军，相关区级部门、镇街、国有公司，建桥园区板块管委会，相关市级单位负责人等参加调研。

22日　召开“四套班子”领导联席会议第2次会议。区委书记王俊主持会议并讲话。姚斌、马春、张琼等全体在家区级领导出席会议。会议听取了区委常委、区政府副区长推进重点难点工作存在问题及建议的汇报。会议还研究了其他有关事宜。区“四套班了”办公室有关负责人、区级有关部门、有关企业主要负责人等参加会议。

是日　全市首个区（县）级网络社会组织联合会——“大渡口区互联网界联合会”正式成立，并召开第一次全体会员大会、第一届理事会全体会议和成立大会。有会员57家，涵盖网络安全、新媒体、大数据等网信领域。区委常委、宣传部部长郭诏彬，市委网信办评论社会处处长、市互联网界联合会秘书长林剑波参加会议。会议审议通过了《大渡口区互联网界联合会章程（草案）》，选举产生了第一届理事会、监事会等领导机构；宣布了大渡口区互联网界联合会第一届理事会会长、副会长、秘书长名单；宣读了《大渡口区互联网界联合会第一届理事会第一次全体会议决议（草案）》及《关于共筑网上网下同心圆助力网络强国建设的倡议》。

25日 区委书记王俊率四大班子调研九宫庙商圈板块工作推进情况，共谋发展良策。区人大常委会主任马春、区政协主席张琼、区委副书记陈中举等参加调研。区领导韩瑞碧、舒莉、黄万秋，相关部门、单位、镇街负责人等参加调研。

26日 区委书记、区总河长王俊率队巡查河长制责任落实情况，深入一线详细了解水资源保护、河库综合治理等工作推进情况。区人大常委会主任马春、区政协主席张琼等参加调研。区领导钟渝，以及相关区级部门、镇街主要负责人参加。

27日 区第十三届人大常委会召开第十八次主任会议，听取区政府关于基础设施推进情况的报告。区人大常委会主任马春主持会议，副主任罗雨、先大友、李青、常永官、罗先德参加会议。副区长钟渝，区纪委派驻纪检组，区人大各专门委员会、常委会各委室，区政府督查室、区城乡建委、区城市管理局负责人等列席会议。会议听取了区政府关于基础设施推进情况的报告，听取了区城市管理局关于区第十三届人大第二次会议代表建议、批评、意见办理情况的报告。会议还通过了区人大常委会对区政府关于2017年度法治政府建设情况报告的审议意见，通过了区人大常委会对区政府关于学前教育工作的评议意见。

28日 区人大常委会组织举办宪法专题学习培训，区人大常委会副主任先大友、李青、常永官、罗先德出席会议，部分驻区市人大代表、全体区第十三届人大代表、区人大常委会机关、各街镇人大干部、区法院、区检察院及政府相关部门负责人参加此次专题学习培训。先大友主持学习培训会。

是日 区委书记、区总河长王俊主持召开全区总河长会议，并强调要对标对表，突出“实干”，全面落实河长制责任。区人大常委会主任马春、区政协主席张琼等参加会议。会议传达学习了2018年第一次市级总河长会议精神；审议了区委办、区政府办《关于进一步健全完善全区河长制组织体系的通知》和《大渡口区全面推行河长制主要任务分解》；通报了上半年河长制工作落实情况、安排部署了下半年的重要工作。副区长钟渝，以及区委督查室、区政府督查室、区河长制责任单位、涉及镇街主要负责人参加会议。

是日 十二届区委第56次常委会会议召开，传达市委常委、市纪委书记、市监委主任陈雍来区调研指示精神。区委书记王俊主持会议并讲话。

是日 区直机关党工委组织开展“不忘初心、牢记使命——为人民服务展示会”，区委常委、宣传部部长郭诏彬出席活动。

29日 在建党97周年之际，王俊前往春晖路街道看望慰问部分困难老党员，为他们送上组织的亲切关怀，并致以节日的诚挚问候。

是日 区人大常委会召开专题会议，听取和审议区政府落实“放管服”改革优化发展环境存在问题整改情况的报告，并对区规划分局、区不动产登记中心、区交巡警支队三个单位开展专项工作评议。区人大常委会主任马春，副主任罗雨、先大友、李青、常永官、罗先德及区人大常委会组成人员，区政府副区长唐勇，区监察委、区法院、区检察院、区人大各专门委员会、常委会各委室、区政府有关部门、各街镇人大负责人及部分区人大代表参加会议。马春主持会议。会议听取了区政府落实“放管服”改革优化发展环境存在问题整改情况的报告；听取了区人大常委会调研组关于区政府落实“放管服”改革优化发展环境存在问题整改情况的调研报告；听取了区规划分局、区不动产登记中心、区交巡警支队推进“放管服”改革情况专项工作报告；听取了区人大常委会各调研小组对区规划分局、区不动产登记中心、区交巡警支队推进“放管服”改革评议调研情况报告。

是日 区政协创办的“文化讲坛”第五期开讲，邀请重庆师范大学音乐学院院长张礼慧教授主讲了《中国古诗词艺术歌曲鉴赏》，旨在提高区政协委员的文化艺术修养和音乐鉴赏能力。区政协主席张琼，副主席刘安东、袁凯明、邹文炬、黄万秋、胡军，秘书长李贤敏，区政协全体机关干部，全体委员参加讲坛。

是日 召开党员干部亲属涉权事项公开工作动

员会，区委副书记陈中举，区委常委、区纪委书记、区监委主任汪建参加会议并讲话，区纪委监委班子成员，全区各部门（单位）、镇街、区属国有企业、驻区分支机构相关负责人，各街镇纪（工）委书记，区纪委各派驻纪检组组长参加会议。

30日，由区委政法委主办、区法院承办的“执行总攻•决战重庆”大型主题宣讲暨集中执行专项行动在步行街举行，区委常委、政法委书记孟德华，区人大常委会副主任罗先德，区政府副区长刘正光，区政协副主席刘安东，区法院院长伍星出席活动，“基本解决执行难”领导小组成员、相关联动单位负责人，市区人大代表、政协委员及律师代表参加活动。

7月

2日　区人大常委会主任马春督办了区第十三届人大第二次会议第54号、210号、7号、73号重点建议。区委常委、常务副区长徐晓勇，提出建议的区人大代表，区人大常委会办公室、区政府办公室、区城乡建委、区民政局、区城市管理局、区文化委、区体育局、区老龄委办、区国土分局、区规划分局负责人参加会议。

3日　区委书记王俊率队调研伏牛溪板块工作推进情况。区人大常委会主任马春、区政协主席张琼等参加调研。区领导徐晓勇、王涛，各民主党派，相关部门、单位、镇街主要负责人等参加调研。

4日　区委统一战线工作领导小组2018年第二次会议召开，区委书记、区委统一战线工作领导小组组长王俊出席会议并提要求。区委副书记陈中举主持会议。会议听取了关于“建桥同心园”工作情况和关于加强合格参政党建设工作情况的汇报；研究解决全区统战工作存在的短板问题。区领导王涛、李青、舒莉、袁凯明、周进源、胡军，以及区委统一战线工作领导小组成员单位负责人等参加会议。

是日　区政协九届二次会议第163号提案《关于实现免费无线网络全覆盖的建议》专题督办会召开。区政协副主席刘安东，区政府督查室，区政协社法祖统专委、区政协提案专委，区经信委、区工商联等负责人参加督办会。

是日　区政协主席张琼带队巡查河长制责任落实情况，深入一线详细了解双石河保护工作推进情况。区政协办公室、区政府督查室、区交委、区环保局、跳磴镇、建桥公司相关负责人参加活动。

5日　新组建的国家税务总局重庆市大渡口区税务局挂牌成立，标志着原重庆市大渡口区国家税务局、原重庆市大渡口区地方税务局自此正式合并。区委常委、常务副区长徐晓勇出席仪式，并为新机构揭牌。

是日　区政协召开专题学习座谈会，区政协党组书记、主席张琼，副主席刘安东、袁凯明、邹文炬、周进源、黄万秋、胡军，秘书长李贤敏及全体机关干部参加会议。

5日　区政协召开九届九次常委会，重点协商全区文化旅游产业发展工作。区政协主席张琼，副主席刘安东、袁凯明、邹文炬、周进源、黄万秋、杨金胜、胡军，秘书长李贤敏，区政协全体常委出席会议。副区长唐勇应邀参加会议。区政协各委室、区相关部门负责人列席会议。会议由周进源主持。

是日　召开创建“全国质量强市示范城市”动员部署会。区委常委、常务副区长徐晓勇，副区长钟渝出席会议。区质监局以及各相关单位负责人和部分企业代表参加会议。

6日　区政协召开政协主席督办重点提案专题会，专题督办区政协九届二次会议第169号重点提案《关于从严落实河长制保持治水长效化的建议》。区政协主席张琼，副区长钟渝，区政协副主席邹文炬，农工党区委主委、区政协副主席周进源，区政府督查室、区政协办公室、区政协提案专委会、农工党区委、区农委、区交委、区环保局等相关单位负责人参加会议。

11日　区人大常委会开展以大数据智能化为引领的创新驱动发展体制机制改革工作专项调研。区人大常委会主任马春，副主任罗雨、先大友、李青、常永官、罗先德，副区长钟渝，区人大各专门委员会、常委会各委室，区政府办公室、区发展改革委、区经济信息委等部门负责人参加调研和座谈。座谈会由李青主持。

是日 区政协召开对口协商会，助推社区治理创新工作。区政协主席张琼，区委常委、常务副区长徐晓勇，区政协副主席刘安东、秘书长李贤敏以及社法祖统专委会、部分区政协委员，相关部门、街镇负责人参加会议。

12日 区政协召开九届三次全体会议大会发言工作布置会暨各界别征求意见会。区政协主席张琼，副主席刘安东、袁凯明、邹文炬、周进源、黄万秋、胡军，秘书长李贤敏，政协各界别召集人、各委室负责人参加会议。袁凯明主持会议。会议传达了全国政协系统党的建设工作座谈会精神；通报了四起违反中央八项规定精神的典型案例；布置了区政协九届三次全体会议大会发言工作，刘安东提出了具体要求；与会人员围绕《关于进一步发挥委员在人民政协工作中主体作用的思考（征求意见稿）》展开讨论，提出了完善修改的建议和意见。

是日 十二届区委常委会第58次会议召开。区委书记王俊主持会议并讲话。会议原文传达学习了习近平总书记在深入推动长江经济带发展座谈会上的重要讲话精神。传达学习了习近平总书记对实施乡村振兴战略的重要指示精神。会议听取了关于全区扫黑除恶专项斗争工作开展情况汇报。会议还研究了其他事项。

13日 召开扫黑除恶专项斗争领导小组第二次推进会。区委常委、政法委书记孟德华，区人大常委会副主任罗先德，区政府副区长刘正光，区政协副主席刘安东，区检察院检察长李荣辰出席会议，区相关职能单位、各镇街扫黑除恶专项斗争工作负责人参加会议。会议通报了全区扫黑除恶专项斗争工作推进落实情况、工作中存在的不足，并就做好下一步工作做了安排部署。

16日 区人大常委会主任会成员对《重庆市河道管理条例》实施及河长制的落实情况进行了检查。区人大常委会主任马春，副主任罗雨、先大友、李青、常永官、罗先德，区政府副区长钟渝，区人大各专门委员会、常委会各委室、区政府办公室、区农委、区发展改革委、区财政局等部门负责人参加调研和座谈。座谈会由常永官主持。

17日 由市委宣传部、市委政法委、市公安局主办的“用热血铸就忠诚、用生命守护平安”——杨雪峰先进事迹报告会在区机关办公大楼500人会议室召开。市委政法委副书记文天平，王俊、姚斌、马春、张琼等区领导，各部门镇街主要负责人，公安民警、干部群众代表等500余人聆听了报告会。

是日 市扫黑除恶专项斗争第五检查指导组检查指导大渡口区工作动员会在区机关办公楼大会议厅召开，市第五检查指导组组长徐鲜华就做好检查指导工作做了讲话，区委书记王俊做了动员讲话，会议由区政府区长姚斌主持。

18日 “北京和盛行科技有限公司 亮丽影像云冲印亚洲总部基地项目”签约仪式在台湾中小企业产业园举行。区委常委、统战部部长王涛，区政协副主席、民革区委主委袁凯明，民革中央两岸青年创新大联盟合作发展部部长王一欣，民革市委联络处处长黄学军等相关人员参加签约。

19日 重庆市第二批环境保护集中督察组向大渡口区委、区政府反馈督察意见。反馈会由姚斌区长主持，何勇组长通报督察意见，王俊书记做表态发言，市环境监察办王邦平副主任，督察组有关人员，区级有关领导及有关部门主要负责人等参加会议。

是日 区委中心组（扩大）学习会召开，中央军委特聘教授、原国防大学战役教研部主任张玉良来区做“我国周边安全形势暨军民融合发展态势”专题讲座。王俊、马春、张琼等全体在家区级领导，区管处级领导干部，驻区分支机构主要负责人，区人民法院、区人民检察院处级干部，区人武部全体干部等共计400人聆听了报告。

23日 “聚焦残疾、点亮人生”1001个微笑故事采编行动暨9958“益童飞扬”关爱夏令营开营仪式举行。农工党市委副主委、合川区副区长吴景明，副区长、区残工委主任舒莉，区政协副主席、农工党区委主委、卫计委主任周进源等参加。

24日 区委常委会召开（扩大）会议，传达学习全市民营经济发展大会精神。区委书记王俊主持会议并讲话。区委副书记、区长姚斌，区委常委，区人大常委会、区政协主要负责人，区人大常委会、区政府、区政协、区法院、区检察院负责人，部分区级部门负责人等参加会议。

是日 召开全区2018年度征兵工作会议。区领导姚斌、邱晓宁、舒莉出席会议。区征兵工作领导小组全体成员、区征兵办公室全体人员、各镇街主要负责人，专武部长、干事，民兵连长等参加了会议。会前，召开了2018年度征兵工作领导小组会议，审议并通过了《关于表彰2017年度征兵工作先进单位和个人的建议》《2018年度征兵工作安排建议》和《2018年度新兵役前训练方案》。会上，传达了《纠治基层征兵“微腐败”十项措施》，宣读了《表彰2017年度征兵工作先进单位和个人》通报，并为获奖单位和个人颁奖。会议总结了大渡口区去年征兵工作情况，认为去年的征兵工作体现出了领导重视，组织有力；广泛宣传，深入发动；严格把关，确保质量；廉洁征兵，风清气正等特点。同时，会议还明确了全年征兵工作的征集任务、对象、条件，时间安排以及需要把握的重点。

25日 十二届区委常委会召开第60次会议。区委书记王俊主持会议并讲话。区委副书记、区长姚斌，区委常委出席会议。区人大常委会、区政协主要负责人，区人大常委会、区政府、区政协、区法院、区检察院负责人，区级有关部门负责人等列席会议。会议原文传达学习了习近平总书记在十九届中央政治局第六次集体学习时的重要讲话精神。会议原文传达学习了习近平总书记在全国组织工作会议上的重要讲话精神。会议传达学习了市委常委会会议精神，听取全区上半年经济运行情况汇报，安排部署下半年经济工作。会议还研究了其他事项。

是日 区政协召开党组中心组（扩大）学习会议。区政协党组书记、主席张琼，副主席袁凯明、邹文炬、周进源、黄万秋、胡军，秘书长李贤敏及区政协机关全体干部参加会议。黄万秋主持会议。会议传达了市政协主席王炯在市政协深入推动长江经济带发展加快建设山清水秀美丽之地委员履职尽责实践活动部署会议上的讲话及市政协《关于深入推动长江经济带发展加快建设山清水秀美丽之地委员履职尽责实践活动方案》。

27日 区第十三届人大常委会召开第十九次主任会议。区人大常委会主任马春，副主任罗雨、先大友、李青、常永官、罗先德参加会议。区纪委派驻纪检组、区人大各专门委员会、常委会各委室负责人列席会议。马春主持会议。会议听取了区人大常委会办公室关于召开区第十三届人大常委会第十一次会议建议方案的汇报，听取了区人大财经委、区人大常委会教科文卫工委关于常委会审议议题准备工作的汇报，议定了区第十三届人大常委会第十一次会议有关事宜。会议听取了区人大法制委关于《大渡口区人大常委会对区政府贯彻〈重庆市道路交通安全条例〉情况开展执法检查的实施方案》的汇报；听取了区人大常委会办公室关于《重庆市大渡口区人民代表大会常务委员会专项视察工作办法》《重庆市大渡口区人民代表大会常务委员会关于加强“人大代表之家”建设的指导意见》等制度修订情况的汇报。会议研究了关于贯彻落实《重庆市人大常委会办公厅关于进一步做好“两联一述”工作通知》的意见；通过了《大渡口区人大常委会关于〈重庆市河道管理条例〉实施情况的自查报告》；通过了《大渡口区人大常委会关于对大渡口区政府〈落实“放管服”改革优化发展环境存在问题整改情况的报告〉的审议意见》及《大渡口区人大常委会关于对大渡口区交巡警支队等三个部门推进“放管服”改革工作情况的评议意见》。

30日 区委书记王俊看望慰问驻区部队官兵、重点优抚对象和交巡警，向他们表示亲切的问候和真诚的感谢。区领导马春、陈中举、邱晓宁、先大友、毛伟参加慰问。

31日 召开“四套班子”领导联席会议第3次会议。区委书记王俊主持会议并讲话。姚斌、马春、陈中举等有关区级领导出席会议。会议听取了上半年全区经济指标完成情况、重点项目推进情况、招商引资工作情况的汇报，听取了大渡口区贯彻落实全市民营经济发展大会精神的汇报，以及有关区领导推进重点难点工作存在的问题及建议，研究部署全区下半年经济工作。区级有关部门、各镇街主要负责人等参加会议。

是日 由区文化委、区文联、区消防支队主办，区文化馆、春晖路街道文化分馆承办的“艺术普及·

军民相约”2018 年庆祝建军 91 周年文艺联欢活动在区消防支队举行。

8 月

2 日　区纪委监委召开区监委派出监察机构工作会。区委常委、区纪委书记、区监委主任汪建，区纪委常委、各部室中心负责人，区委组织部，区监委派出监察室，各镇（街道）党（工）委书记、镇长（主任），镇（街道）纪（工）委书记、副书记和委员参加会议。会议宣读了区监委派出监察室干部任免文件，介绍了 8 名专职干部的任职情况以及镇（街道）纪（工）委书记、副书记作为兼职干部的情况。

7 日　区委常委会召开第 62 次会议，传达学习习近平总书记对推进中央和国家机关党的政治建设做出的重要指示精神、习近平总书记在中央外事工作会议上的重要讲话精神和市委外事工作领导小组会议精神。区委书记王俊主持会议。区委副书记、区长姚斌，区委常委出席会议。区人大常委会、区政协党组主要负责人，区人大常委会、区政府、区政协、区法院、区检察院负责人，有关区级部门负责人等列席会议。

8 日　区委书记王俊率队看望慰问在高温下坚守一线的职工，给他们送去清凉消暑慰问品，代表区委、区政府向全区奋战在高温一线的广大职工表示慰问和感谢。副区长钟渝，区级有关部门负责人等参加看望慰问。

是日　由区体育局、区总工会主办的 2018 大渡口区“全民健身周”系列活动•体彩杯第九套广播体操比赛在区体育馆举行。区人大常委会副主任、区总工会主席先大友，副区长毛伟出席活动。来自全区各镇街、各行业和区级机关，总共 25 支代表队、近 500 名运动员参加了比赛。

9 日　中共大渡口区委召开 2018 年度民主党派、工商联负责人和无党派人士代表暑期谈心会。中共区级领导王俊、张琼、陈中举、韩瑞碧、郭诏彬、王涛、钟渝等出席会议。区各民主党派区委主委、副主委，区工商联主席、副主席，区无党派人士代表，及区级有关部门负责人参加会议。中共区委副书记陈中举主持会议。

13 日　2018 年全区“政银企”合作座谈会召开。会议贯彻落实全市民营经济发展大会精神，聚焦进一步改善金融服务，降低民营企业融资成本，促进政府部门、企业与银行三方沟通交流，携手共赢发展，全力推动民营经济实现高质量新发展。区委书记王俊出席会议并提工作要求。区长姚斌主持会议。区领导马春、张琼、陈中举、汪建、韩瑞碧、徐晓勇、王涛、李青、舒莉、毛伟、钟渝、唐勇、袁凯明、周进源、胡军，以及相关部门单位、民营企业、银行负责人参加会议。

14 日　重庆市高级人民法院党组书记、院长杨临萍赴区法院就“基本解决执行难”、扫黑除恶专项斗争等重点工作的推进情况开展调研，并与法院干警进行了座谈交流。市高法党组成员、副院长孙启福，区委书记王俊，区领导孟德华、伍星等参加调研和座谈。

15 日　南开大学原校长、世界工程组织联合会主席、中国新一代人工智能发展战略研究院执行院长龚克率队来区考察，并就大渡口区人工智能产业发展进行座谈交流。南开大学产业经济研究所所长杜传忠，重庆校友会常务副会长、秘书长胡军等参加考察。区委常委、常务副区长徐晓勇，区人大常委会副主任李青，有关区级部门负责人，部分人工智能产业企业代表等陪同考察或出席座谈会。

16 日　区委常委会召开第 65 次会议，专题听取关于扫黑除恶专项斗争开展的情况汇报。区委书记王俊主持会议。区委常委出席会议。区人大常委会、区政协党组主要负责人，区人大常委会、区政府、区政协、区法院、区检察院有关负责人，有关区级部门负责人等列席会议。

18 日　召开建筑施工安全生产百日攻坚行动动员会，号召全区建设单位、建筑施工企业、监理公司共同努力，从即日起至年底在全区建筑工地开展施工安全百日攻坚行动，坚决杜绝较大及以上安全事故，努力实现建筑工地生产安全事故零死亡目标。区政府副区长唐勇参加会议。

21日 下午，十二届区委第五轮巡察工作动员部署会召开。会议的主要任务是以习近平新时代中国特色社会主义思想和党的十九大精神为指导，学习贯彻习近平总书记关于巡视工作重要论述，结合大渡口区巡察工作实际，安排部署十二届区委第五轮巡察工作。区委书记、区委巡察工作领导小组组长王俊出席会议并讲话。区委常委、组织部部长，区委巡察工作领导小组副组长江永昌宣读了《关于十二届区委第五轮巡察组授权及任务分工的决定》；区委常委、区纪委书记、区监委主任，区委巡察工作领导小组常务副组长汪建传达了赵乐际在贯彻落实《中央巡视工作规划（2018—2022年）》推进会上的讲话精神和陈敏尔在市委常委会听取推进会情况汇报时的讲话精神。区委巡察工作领导小组其他成员，被巡察单位党组织主要负责人和纪检监察组织负责人，有关区级部门负责人，区委巡察办和区委巡察组全体成员参加会议。

是日 区长姚斌率队对全区扫黑除恶专项斗争工作进行督查，副区长、区公安分局局长刘正光及督查组成员参加督查。

22日 区委书记王俊率队到建胜镇群胜村督查扫黑除恶专项斗争工作和后进党组织整顿转化工作。区领导陈中举、江永昌、杨金胜，有关单位负责人等参加督查。

是日 全区巡视整改工作动员会召开，深入贯彻习近平总书记关于巡视工作的重要思想，全面落实市委巡视组巡视整改工作要求，安排部署全区巡视整改工作。区委书记王俊出席会议并讲话。区委副书记、区长姚斌主持会议。马春、陈中举、汪建、韩瑞碧、孟德华、郭诏彬、王涛、江永昌、邱晓宁等区领导，区管处级领导干部，市级部门驻区分支机构主要负责人，部分村（社区）党组织负责人代表等参加会议。

是日 区委常委会召开第66次会议。区委书记王俊主持会议并讲话。区委副书记、区长姚斌，区委常委出席会议。区人大常委会党组主要负责人，区人大常委会、区政府、区政协、区法院、区检察院有关负责人，区级有关部门负责人等列席会议。

23日 区纪检监察系统落实市委第一巡视组巡视反馈意见整改工作动员会召开，深入贯彻习近平总书记关于巡视工作的重要思想，全面落实市委巡视组巡视整改工作要求和全区巡视整改工作动员会精神，安排布置全区纪检监察系统巡视整改工作，推动全区纪检监察工作实现高质量发展。会议传达了市委书记陈敏尔在听取五届市委第二轮巡视情况汇报时的讲话精神，传达了区委书记王俊在全区巡视整改工作动员会上的讲话精神。区委常委、区纪委书记、区监委主任汪建出席会议并讲话。区纪委监委机关全体干部；区纪委派驻纪检组、区监委派出监察室全体干部；区委巡察办（组）全体人员；各镇街纪（工）委专职纪检监察干部；驻区分支机构纪检监察组织负责人；区法院、区检察院、区公安分局、区审计局纪检监察组织负责人参加会议。

是日 区纪委常委会（扩大）会议暨扫黑除恶专项斗争监督执纪问责工作推进会召开，贯彻落实中央关于开展扫黑除恶专项斗争的决策部署、市委工作要求和全市纪检监察机关扫黑除恶专项斗争监督执纪问责工作情况座谈会会议精神，强化政治担当，履行好纪委监委的职能职责，坚决清除黑恶势力“保护伞”。会议进行了扫黑除恶专项斗争工作培训，再次传达学习了扫黑除恶专项斗争工作相关知识。区委常委、区纪委书记、区监委主任汪建出席会议并讲话。区纪委监委机关全体干部；区纪委派驻纪检组、区监委派出监察室全体干部；区委巡察办（组）全体人员；各镇街纪（工）委专职纪检监察干部；驻区分支机构纪检监察组织负责人；驻区国有企业纪检监察组织负责人；区法院、区检察院、区公安分局、区审计局纪检监察组织负责人参加会议。

24日 由市残联、区政府主办，区残联、区老龄委办承办的以“残疾预防，从我做起”为主题的第二次全国“残疾预防日”宣传教育活动暨重庆市精准残疾预防康复研究中心授牌仪式在“爱心惠残众创空间”举行。市残联副理事长雷建平，区政协副主席、区卫计委主任周进源，区级相关部门、各镇街负责人、老年人及残疾人代表共计60余人参加活动。

28日 召开第四次全国经济普查动员会。区委常委、常务副区长、区第四次全国经济普查领导小组组长徐晓勇出席会议。区第四次全国经济普查领导小组成员，各镇街相关负责人参加会议。

是日 区总工会召开2018年金秋助学活动座谈会，区人大常委会副主任、区总工会主席先大友，副区长舒莉出席座谈会，大渡口区受助学生、部分学生家长和基层工会代表参会。会上，2名学生代表，2名家长代表做了发言。经过基层申请、公示、复核，确定2018年金秋助学活动资助对象19人。其中大学新生7人，资助标准每人8000元；在读大学生11人，资助标准每人5000元；中职生1人，资助标准每人3000元，共计发放助学金11.4万元。

29日 区第十三届人大常委会召开第二十次主任会议。区人大常委会主任马春，副主任罗雨、先大友、李青、常永官、罗先德参加会议。副区长舒莉，区人大各专门委员会、常委会各委室、区政府办公室、区发展改革委、区经济信息委、区科委、区投资促进办负责人列席会议。马春主持会议。会议首先听取了区政府关于新兴产业培育发展情况的报告。会议还通过了区人大常委会对区政府关于2018年1至6月国民经济和社会发展计划执行情况报告、财政预算执行情况报告的审议意见，通过了区人大常委会对区政府关于旅游产业发展工作情况的评议意见。

是日 召开扫黑除恶专项斗争领导小组第五次推进会，贯彻落实电视电话会议精神，安排部署全区迎接中央扫黑除恶督导工作。区委副书记、区长姚斌出席会议并讲话。马春、张琼等区级领导，区扫黑除恶专项斗争领导小组成员单位负责人，有关部门、各镇街负责人等参加会议。区委常委、政法委书记孟德华主持会议。

是日 由区人武部、团区委举办的2018年度预定新兵赠书仪式在重庆旅游学校举行。区委常委、区征兵工作领导小组副组长、区人武部政委邱晓宁出席仪式。

30日 区人大常委会对区政府贯彻实施《重庆市道路交通安全条例》（以下简称《条例》）情况开展执法检查。区人大常委会主任马春，副主任罗雨、先大友、李青、常永官、罗先德，区政府副区长钟渝，执法检查组成员及区政府有关部门负责人参加活动。区人大常委会执法检查组先后实地视察了跃进路交通管理情况和区交巡警支队指挥中心的智能交通建设管理情况，并召开座谈会，听取了区政府关于贯彻实施《条例》情况的报告和区人大常委会执法检查组的调研报告。

是日 区政协召开党组中心组（扩大）学习会议，区政协党组书记、主席张琼，副主席刘安东、袁凯明、邹文炬、黄万秋、胡军及区政协各委室负责人、全体机关干部参加会议。邹文炬主持会议。会议专题学习了习近平总书记在2015年全国党校工作会上的重要讲话、习近平总书记同团中央新一届领导班子成员集体谈话时的重要讲话和《中国共产党纪律处分条例》。

31日 区长姚斌督办了区政协九届二次会议第081号重点提案《关于进一步优化我区环境治理体系的建议》。区政协主席张琼，副主席邹文炬，区政协秘书长李贤敏，以及提案主办单位、协办单位有关负责人等参加了专题督办会。

是日 区政协召开九届二十次主席会，专题通报2018年全区公检法司工作。区政协主席张琼，副主席刘安东、袁凯明、邹文炬、周进源、黄万秋、胡军参加会议。区政府副区长、区公安分局局长刘正光、区法院院长伍星应邀参加会议，区政协各委室、区相关单位负责人，区各民主党派副主委和部分区政协委员列席会议。刘安东主持会议。会上，区公安分局、区检察院、区法院、区司法局负责人依次通报工作情况。区政协政法祖统专委会结合前期走访调研提出意见建议，区政协主席会成员等与会人员纷纷建言献策。

9月

3日 区长姚斌率队举行重点项目现场推进会，并对项目推进过程中存在的问题进行了梳理和协调。区委常委、常务副区长徐晓勇及相关部门、镇街负责人参加。

4日 召开区“四套班子”领导联席会议第4次会议。区委书记王俊主持会议并讲话。姚斌、马春、张琼、陈中举等区级领导出席会议。会议听取了有关区领导近期推进重点难点工作存在问题及建议的汇报，听取了“四大重点板块”建设及固定资产投资、重点项目、招商引资工作推进情况的汇报，研究部署当前重点工作。区级有关部门、各镇街主要负责人等参加会议。

是日 区政协九届二次会议第114号重点提案《关于打通交通大动脉加快融入重庆西客站经济圈的建议》专题督办会召开。区委常委、常务副区长徐晓勇，区政协副主席邹文炬，区政府督查室、区政协提案专委会、民革区委、区城乡建委、大晟公司相关负责人参加督办会。

5日 区委常委会召开第67次会议。区委书记王俊主持会议。区委常委出席会议。区人大常委会、区政协党组主要负责人，区人大常委会、区政府、区政协、区法院、区检察院有关负责人，有关区级部门负责人等列席会议。会议学习贯彻了习近平总书记在全国宣传思想工作会议上的重要讲话精神。

6日 召开扫黑除恶专项斗争宣传工作推进会，总结通报前阶段工作，研究部署下一步工作。区委常委、宣传部部长郭诏彬主持会议并讲话。区级有关部门、各镇街有关负责人等参加会议。

是日 全区宣传思想战线召开会议，传达学习贯彻习近平总书记在全国宣传思想工作会议上的重要讲话精神。区委常委、宣传部部长郭诏彬，全区宣传思想战线广大干部职工参加会议。

10日 区委书记王俊率队看望慰问部分教师和教育工作者。

是日 召开扫黑除恶专项斗争调度会，对前阶段工作开展情况进行临时抽查，了解工作推进情况，查找存在的问题及不足，安排部署下一阶段重点工作。区委书记王俊出席会议并讲话。区领导汪建、孟德华、郭诏彬、刘正光、伍星、李荣辰，区扫黑除恶专项斗争领导小组成员单位、各镇街负责人等参加会议。跳磴镇、建胜镇、区扫黑办、区纪委监委先后汇报了扫黑除恶专项斗争工作的推进情况。随后，与会区领导进行点评，并就分管工作做具体安排。

11日 区第十三届人大常委会召开第二十一次主任会议。区人大常委会主任马春，副主任罗雨、李青、常永官、罗先德参加会议。区政府副区长唐勇，区人大各专门委员会、常委会各委室、区政府办公室、区司法局负责人列席会议。马春主持会议。会议听取了区政府关于第七个五年法治宣传教育工作推进情况的报告，听取了区人大法制委关于《大渡口区人大常委会关于进一步推进第七个五年法治宣传教育的决议（草案）》有关情况的报告。

是日 召开系列专题会议第一次会议“高品质宜居之城”建设工作推进会，主要聚焦乡村振兴、基础设施建设提升、保障和改善民生等3项行动计划，对重点工作进行安排部署和推动落实。区委书记王俊，区委副书记、区长姚斌，区人大常委会主任马春，区政协主席张琼，区委副书记陈中举等区级领导出席会议。姚斌安排部署了城市品质提升有关工作，陈中举安排部署了乡村振兴有关工作。区级各部门、各镇街主要负责人，区人大常委会、区政协各委室主要负责人，各人民团体、区属国有企业主要负责人，“四大重点板块”管委会筹备组、“四大支柱产业”工作组主要负责人，市级部门驻区分支机构主要负责人等参加会议。

是日 全区纪检监察系统警示教育大会召开，区委常委、区纪委书记、区监委主任汪建参会并提要求。会议传达了全区扫黑除恶专项斗争调度会精神；传达学习了市纪委办公厅《关于以陶志刚案为鉴开展专题警示教育的通知》、市纪委监委对陶志刚的处理决定。区纪委监委机关全体干部，各派驻纪检组，各派出监察室，各镇街纪（工）委，各驻区分支机构纪委、纪检组，区审计局纪检组、区法院纪检组、区检察院纪检组，以及驻区国企纪检监察组织等相关人员参加会议。

12日 区委常委会召开第68次会议，学习贯彻习近平总书记在推进“一带一路”建设工作5周年座谈会上的重要讲话精神。区委书记王俊主持会议。区委副书记、区长姚斌，区委常委出席会议。区人大常委会、区政协党组主要负责人，区人大常委会、区政府、区政协、区法院、区检察院有关负责人等列席会议。

是日 全国集中式饮用水水源地环境保护第二轮专项督查第16组来区，对丰收坝饮用水水源地的环境问题整改情况进行督查。副区长钟渝陪同现场督查，区政府督查室、区环保局、区交委、区农委、跳磴镇、丰收坝水厂负责人等参加督查。

是日 区政协主席、九宫庙街道马桑溪社区民生服务团团长张琼率队到马桑溪社区参加民生服务团接访活动，与基层群众开展座谈，听民声、访民情、解民忧。民生服务团相关负责人向居民代表们介绍了全区当前发展的目标和重点，总结了社区近期的工作。

13 日 区政协召开深入推动长江经济带发展加快建设山清水秀美丽之地委员履职尽责实践活动工作部署会（以下简称“委员履职尽责实践活动”）。区政协主席张琼，副主席刘安东、袁凯明、邹文炬、周进源、黄万秋、杨金胜、胡军，秘书长李贤敏，住区市政协委员、区政协全体委员、各民主党派专职副主委、区政协全体机关干部参加会议。会议由刘安东主持。

是日 区政协副主席邹文炬率部分区政协委员和区政协办公室、区政协提案专委会、区委督查室、区政府督查室相关负责人一行，对区城市管理局 2018 年度的提案办理工作开展了民主评议。

14 日 由农工党大渡口区委、万家燕集团联合开展的以“共绘同心圆共建家乡美”为主题的“五进五关爱”之“骨健中国行”公益活动在九宫庙步行街举行。区政协副主席、区卫计委主任周进源参加活动。

15 日 中央扫黑除恶第 9 督导组组长邱学强率队来区开展督导工作，主持召开工作汇报会，并深入区人民检察院、建胜镇回龙桥社区、茄子溪街道开展实地督导，听取基层干部群众意见建议。重庆市委常委、政法委书记、市扫黑除恶专项斗争领导小组组长刘强，大渡口区委书记王俊、区长姚斌参加活动。中央扫黑除恶第 9 督导组部分成员，市检察院有关负责人，区扫黑除恶专项斗争领导小组有关负责人等参加活动。

17 日 由市文明办副主任王茵带队的市“七五”普法中期检查组第一组来到大渡口，通过听取汇报、实地检查、查阅资料、召开座谈会、开展问卷调查、反馈意见等形式，对大渡口区“七五”普法工作进行检查。区委常委、宣传部部长郭诏彬及区委宣传部、区司法局、区检察院等相关部门负责人陪同。

18 日 区委常委会 2018 年专题民主生活会召开，市纪委监委有关人员参加了会议。本次民主生活会以“深入学习贯彻习近平新时代中国特色社会主义思想和习近平总书记关于巡视工作的重要论述，认真抓好市委巡视反馈意见整改工作，坚决肃清孙政才恶劣影响和薄熙来、王立军流毒，积极营造良好的政治生态”为主题。会议集中学习了有关文件精神，区委书记王俊代表区委常委会班子进行了对照检查，深刻查摆班子存在的突出问题，提出下一步整改方向和主要措施。常委会班子成员逐一进行了个人对照检查发言，讨论了《中共大渡口区委常委会班子 2018 年专题民主生活会整改方案（讨论稿）》。区人大常委会、区政协主要负责人做了发言。王俊主持会议并讲话。

是日 2018 年厅级离退休干部半年情况通报会召开。区委书记王俊、区长姚斌、区人大常委会主任马春、区政协主席张琼、区委副书记陈中举等区领导与区厅级离退休干部座谈，畅谈发展，共话未来。区领导汪建、韩瑞碧、徐晓勇、江永昌等参加座谈会。姚斌通报了全区 2018 年上半年经济社会发展情况；汪建通报了全面从严治党情况。

19 日 区委常委会召开第 69 次会议，学习贯彻市委第五次人大工作会议精神。区委书记王俊主持会议。区委副书记、区长姚斌，区委常委出席会议。区人大常委会、区政协党组主要负责人，区人大常委会、区政府、区政协、区法院、区检察院有关负责人等列席会议。

是日 召开全区民营经济发展大会，区委书记王俊出席会议并讲话。区委副书记、区长姚斌主持会议，区人大常委会主任马春，区政协主席张琼等全体在家区级领导参加会议。区非公有制经济工作联席会成员单位及相关部门主要负责人、镇街党政主要负责人及统战委员、“四大重点板块”管委会筹备组和“四大支柱产业”工作组主要负责人、市级部门驻区分支机构主要负责人，部分民营企业及商、协会主要负责人，以及金融机构、水电气讯企业等参加会议。

是日 区第十三届人大常委会召开第二十二次

主任会议。区人大常委会主任马春，副主任罗雨、李青、常永官、罗先德参加会议。区政府副区长刘正光，区人大各专门委员会、常委会各委室、区公安分局负责人列席会议。马春主持会议。会议听取了区公安分局关于经济犯罪侦查工作开展情况的报告，对大渡口区经济犯罪侦查工作给予了肯定。会议议定了区第十三届人大常委会第十二会议有关事宜。会议还通过了其他事项。

20日 召开全区组织工作会议，区委书记王俊出席会议并讲话。他强调，要深入学习贯彻习近平总书记关于党的建设和组织工作重要思想，认真贯彻新时代党的组织路线，全面落实全国、全市组织工作会议各项要求，推动全区党的建设和组织工作再上新台阶，为加快“高质量产业之区、高品质宜居之城”建设提供坚强政治保证和组织保证。区领导陈中举、汪建、韩瑞碧、郭诏彬出席会议。区委常委、组织部部长江永昌主持会议。

是日 区政协主席张琼率队在双石河开展现场巡查办公会。区政协办公室、区交委、区农委、区环保局、跳磴镇、建桥公司相关负责人参加。

21日 2018年大渡口区三季度项目集中开工仪式在建桥C区隆重举行。此次集中开工项目共有18个，计划总投资约92亿元。市政府副市长潘毅琴出席开工仪式。参加开工仪式的领导有：市政府副秘书长王余果，区委书记王俊、区长姚斌、区人大常委会主任马春、区政协主席张琼、区委副书记陈中举等。姚斌主持开工仪式。

25日 区第十三届人大常委会第十二次会议召开。区人大常委会主任马春，副主任罗雨、先大友、李青、常永官、罗先德，常委会组成人员参加会议。区委常委、常务副区长徐晓勇，副区长舒莉，区法院院长伍星，区检察院检察长李荣辰，区监察委有关负责人，区纪委派驻纪检组、区人大各专门委员会、常委会各委室、各镇街人大负责人、部分区人大代表列席会议。区政府办公室、区政府督查室、区财政局、区审计局、区司法局及参加专题询问的应询部门负责人列席相关议题。会议传达学习了市委第五次人大工作会议精神。会议听取和审议了区政府关于区第十三届人大第二次会议代表建议、批评、意见办理情况的报告，听取了区人大常委会人代工委关于区第十三届人大第二次会议代表建议、批评和意见办理情况的调研报告，并开展了满意度测评。会议听取和审议了区政府关于第七个五年法治宣传教育推进情况的报告、区人大常委会主任会议关于提请审议《重庆市大渡口区人民代表大会常务委员会关于进一步推进第七个五年法治宣传教育的决议（草案）》的议案，表决通过了《重庆市大渡口区人民代表大会常务委员会关于进一步推进第七个五年法治宣传教育的决议》。会议听取和审议了区政府关于2017年大渡口区财政决算、2017年度区级预算执行及其他财政收支的审计工作报告，听取了区人大财经委对2017年大渡口区财政决算（草案）审查结果的报告，表决通过了《重庆市大渡口区人民代表大会常务委员会关于批准2017年大渡口区财政决算的决议》。会议听取和审议了区人大常委会执法检查组关于《重庆市道路交通安全条例》贯彻情况的检查报告。会议表决通过了有关人事任免事项，马春颁发了任命书，新任命的国家工作人员进行了宪法宣誓。会议结合对区政府财政决算的审查开展了专题询问。

26日 召开全区警示教育大会暨十二届区委前三轮巡察整改工作集体约谈会。区委书记王俊，区委副书记、区长姚斌，区委副书记陈中举，区委常委、区纪委书记、区监委主任汪建，区委常委、组织部部长江永昌出席会议。陈中举主持会议。

是日 区政协召开九届二十一次主席会，专题通报2018年全区财政预算执行情况，区政协主席张琼，副主席刘安东、袁凯明、邹文炬、周进源、胡军，秘书长李贤敏参加会议。区委常委、常务副区长徐晓勇应邀参加会议，区级相关部门、各委室负责人等列席会议。邹文炬主持会议。

是日 召开2018年全区文艺创作规划座谈会。区委常委、宣传部部长郭诏彬出席座谈会并讲话。

是日 召开退役军人和其他优抚对象信息采集工作动员会。副区长舒莉出席动员会并讲话。区政府办公室、区人力社保局、区民政局等相关部门、各街镇工作人员参加动员会。

27日 区委中心组（扩大）学习会召开，重庆工商大学副教授及硕士生导师、清华大学经济管理学院金融硕士兼职导师王韧来区做“国内外经济金融形势分析与金融风险防控”专题讲座。张琼、陈中举等全体在家区级领导，区管处级领导干部，市级部门驻区分支机构主要负责人，区法院、区检察院处级干部，驻区金融单位相关负责人等400余人聆听了报告。

28日　区委书记王俊督办区政协九届二次会议第255号重点提案《关于职业教育加强政校企三方联动，助力区域经济建设发展的建议》。区政协主席张琼，区领导毛伟、邹文炬，提案主办单位、协办单位负责人等参加活动。

是日　区政协召开政协副主席督办重点提案专题会，专题督办区政协九届二次会议第043号重点提案《关于完善周边配套达成重庆工博园局部开放的建议》。区政协副主席袁凯明，区政协委员联络委、民盟区委、区政府督查室以及提案主协办单位区文化委、区交委、区投促办相关负责人参加会议。

29日　区政协主席张琼带队开展第一界别联组活动，组织委员视察长江大渡口段沿线经济建设工作。区政协副主席刘安东、秘书长李贤敏以及第一界别联组委员、区政协相关委室、区交委、区农委负责人参加视察。

30日　区委书记王俊、区长姚斌分别带队开展节前安全综合检查，并对节日期间的安全工作提出要求。区委常委、区委办公室主任韩瑞碧，区委常委、常务副区长徐晓勇，以及区相关单位负责人参加检查。

是日　召开落实长江经济带发展战略暨生态文明建设工作推进会。区委书记王俊，区委副书记、区长姚斌，区人大常委会主任马春，区政协主席张琼等区领导出席会议。姚斌主持会议。区城乡建委、建桥公司、跳磴镇、茄子溪街道负责人做交流发言。区级相关部门、各镇街、相关企业负责人等参加会议。

是日　大渡口区烈士纪念活动在重钢护厂烈士陵园举行。区委副书记陈中举、区人大常委会副主任李青、副区长毛伟、区政协副主席刘安东，区人武部部长程超旗，区机关干部、公安干警、驻区部队官兵、教师、学生、劳模以及社会各界代表参加活动。

10月

10日　召开全区旅游发展大会。区委书记王俊出席会议并讲话。区委副书记、区长姚斌主持会议并做工作部署，区人大常委会主任马春，区政协主席张琼，区委常委，区人大常委会、区政府、区政协有关负责人，区法院、区检察院主要负责人出席会议。区委各部委、区级各部门和单位主要负责人，区人大常委会、区政协专门委员会和内设机构主要负责人，各人民团体、区属国有企业主要负责人，各镇街党政主要负责人，“四大重点板块”管委会筹备组和“四大支柱产业”工作组主要负责人，市级部门驻区分支机构主要负责人，金融机构、重点企业代表，大渡口区旅游界代表等参加会议。

是日　区政协副主席袁凯明率部分区政协委员和区政协办公室、区政协提案专委会、区政协委员联络委相关负责人一行，先后对区卫计委、区农委2018年度的提案办理工作开展了民主评议。

11日　大渡口区2018年第2期处级领导干部培训班、大渡口区2018年第2期科级领导干部培训班、大渡口区2018年生态环保产业发展专题培训班、大渡口区2018年生物医药产业发展专题培训班开班。区委书记王俊以《以党的十九大精神为指引，全力建设“高质量产业之区、高品质宜居之城”》为题，为参训干部上了一堂生动精彩的党课。区委副书记陈中举主持学习会。区委常委、区委办公室主任韩瑞碧，区委常委、组织部部长江永昌等参加了学习会。

12日　区政协主席张琼开展走访民营企业活动，认真了解企业生产经营等情况，协调企业在发展中需要解决的问题。区政协、区工商联、区经信委、区科委等相关部门负责人参加了此次活动。

15日　开展2018年度领导干部“军事日”活动。区委书记王俊、区人大常委会主任马春、区政协主席张琼等全体在家区级领导，各镇街党（工）委主要负责人等参加活动。

是日　重庆亮丽影像有限公司开业典礼在区台湾中小企业产业园举行。区政府副区长舒莉，区政协副主席袁凯明及相关部门负责人参加此次活动。

17日　区政协召开党组中心组(扩大)学习会议，区政协党组书记、主席张琼，副主席刘安东、袁凯明、黄万秋及区政协各委室负责人、全体机关干部参加会议。刘安东主持会议。会议专题学习了习近平总书记在全国教育大会上的讲话精神；学习了中共中央办公厅《关于加强新时代人民政协党的建设工作的若干意见》；传达了全国政协“习近平总书记关于加强和改进人民政协工作的重要思想”理论研讨会会议精神。

是日　由区委宣传部、区文化委、区文联、区体育局主办，区文化馆及各分馆承办的“欢跃四季，舞动巴渝”重庆市广场舞展演大渡口区选拔赛在步行街风雨广场举行。

18日　区委常委会召开第72次会议。区委书记王俊主持会议。区委常委出席会议。区人大常委会、区政协党组主要负责人，区人大常委会、区政府、区政协、区法院、区检察院有关负责人，有关区级部门负责人等列席会议。会议学习贯彻习近平总书记在中央政治局第八次集体学习时的重要讲话精神和陈敏尔在市委理论学习中心组专题学习会上的讲话精神。

19日　区人大常委会召开《重庆市食品生产加工小作坊和食品摊贩管理条例》执法检查工作布置会。区人大常委会副主任李青、罗先德，区政府副区长毛伟，区人大各委室、执法检查调研组成员、区政府办、区食药监分局、区城市管理局、区卫生计生委、区工商分局、区商委及各镇街分管领导，部分农副产品综合市场和食品加工小作坊业主代表参加会议。会议布置了区人大常委会关于对区政府贯彻《重庆市食品生产加工小作坊和食品摊贩管理条例》情况开展执法检查工作；邀请专家对《重庆市食品生产加工小作坊和食品摊贩管理条例》进行了辅导学习。

是日　区政协举行第三期文化讲坛，邀请市政协提案委专职副主任来江域就如何高质量地撰写提案进行了专题授课。区政协主席张琼，副主席刘安东、袁凯明、周进源、黄万秋，全体区政协委员、区各民主党派专职副主委和专职干部以及政协机关全体干部参加了学习。

22日　区政协副主席刘安东率区政协社法祖统专委会、部分委员代表一行，对区民政局2018年提案办理工作开展民主评议。

23日　区“四套班子”领导联席会议第5次会议召开。区委书记王俊主持会议。区委副书记、区长姚斌，区人大常委会主任马春，区政协主席张琼等有关区级领导出席会议。会议听取了“四大重点板块”推进重点难点工作存在问题及建议的汇报、前三季度全区经济指标及2018年市对区政绩考核经济社会发展指标完成情况汇报和全区对外交通研究情况汇报。区级有关部门、各镇街主要负责人等参加会议。

24日　全国人大代表，九三学社中央常委、社会服务部部长徐国权率队来区支持统一战线“建桥同心园”建设，就“同心•智力行”教育结对帮扶工作、大数据智能化产业情况等开展调研。大渡口区委书记王俊，区委副书记、区长姚斌参加座谈。全国政协委员、九三学社中央委员、清华大学天工智能计算研究院联席院长、北京搜狗科技发展有限公司首席执行官王小川参加调研。九三学社重庆市委专职副主委杨开奎，九三学社大渡口区委主委、大渡口区副区长毛伟等陪同调研。

是日　区政协开展“聚焦‘两高’展作为、政协履职有担当”主题演讲活动。区政协主席张琼出席活动并讲话，副主席刘安东、袁凯明、邹文炬、黄万秋、胡军，秘书长李贤敏，各界别代表以及区政协机关全体干部参加活动。

是日　全国统战宣传工作负责人培训班赴茄子溪中学开展学习观摩。中央统战部宣传办主任高飞，市委统战部副部长李电，区委常委、统战部部长王涛参加活动。

是日　区检察院、区工商联、区司法局在龙文钢材市场联合举行了“莎姐大普法，送法进企业，服务民营经济”系列活动启动仪式暨大渡口区人民检察院“莎姐大普法‘四百工程’，送法进企业”检察开放日活动。区检察院检察长李荣辰出席活动，部分市、区人大代表、政协委员，区检察院、区工商联、区司法局等相关负责人参加活动。

25日　区政协召开九届二十二次主席会，听取了全区大数据智能化和大健康生物医药产业发展情况的通报，并对相关产业发展情况进行了视察，就推动工作提出意见建议。区政协主席张琼，区政协副主席刘安东、袁凯明、邹文炬、黄万秋、胡军，秘书长李贤敏出席会议，区政府副区长毛伟应邀参加会议。区政协各委室、区级相关部门负责人，各民主党派区委副主委列席会议。黄万秋主持会议。

是日 区委理论中心组（扩大）学习会召开，文化和旅游部党组成员、故宫博物院院长单霁翔以“坚定文化自信，做中华传统文化的忠实守望者”为题做专题讲座。

是日 区人大常委会在春晖路街道开展2018年度第五次“主任走访接待日”活动。区人大常委会副主任李青，区人大常委会教科文卫工委、春晖路街道人大工委、区城市管理局、区交巡警支队等单位负责人，以及春晖路街道部分区人大代表、选民代表参加活动。

26日 区第十三届人大常委会召开第二十三次主任会议。区人大常委会主任马春，副主任罗雨、李青、常永官、罗先德参加会议。区政府常务副区长徐晓勇，区检察院检察长李荣辰，区人大各专门委员会、常委会各委室、区政府办公室、区财政局、区国资办负责人列席会议。马春主持会议。会议听取了区政府关于区属国有企业国有资产管理情况的报告，听取了区检察院关于开展公益诉讼工作情况的报告，议定了区第十三届人大常委会第十三次会议有关事宜。会议通过了区人大常委会对区政府关于区十三届人大第二次会议代表建议、批评和意见办理情况报告、2017年度大渡口区财政决算报告、2017年度区级预算执行及其他财政收支的审计工作报告及财政决算专题询问情况的审议意见，通过了区人大常委会关于对区政府贯彻执行《重庆市道路交通安全条例》情况的审议意见。

29日 中残联党组成员、副理事长相自成一行来到区调研基层残联组织建设工作，市残联党组书记、理事长黎德龙，区委副书记陈中举，区政府副区长舒莉及市残联、区残联相关负责人陪同调研。

30日 召开全区宣传思想工作会议，区委书记王俊出席会议并讲话。区领导汪建、韩瑞碧、郭诏彬、江永昌、罗雨、钟渝、邹文炬出席。区委常委、宣传部部长郭诏彬主持会议。各镇街党（工）委，区委各部委，区级各部门党（工）委（组），各人民团体，区属国有企业党组织，“四大重点板块”管委会筹备组，市级部门驻区分支机构主要负责人和分管宣传文化工作负责人；全区公办学校、公立医院党组织主要负责人；区委宣传部、区文化委、区新闻中心全体科级以上干部参加会议。

是日 由区禁毒委、区教委主办的大渡口区2018年秋季学季毒品预防进校园集中宣传活动在旅游学校举行。区政府副区长、区禁毒委主任、区公安分局局长刘正光，区委宣传部、区教委、团区委相关负责人，以及来自全区各中小学、职业学校的师生代表、区禁毒委成员单位代表参加活动。

31日 十二届区委第六轮巡察暨扶贫帮困专项巡察工作动员部署会召开。区委书记、区委巡察工作领导小组组长王俊出席会议并讲话。区委常委、区纪委书记、区监委主任，区委巡察工作领导小组常务副组长汪建传达了中央及市委有关巡视巡察、脱贫攻坚工作的新精神新部署新要求；区委常委、组织部部长，区委巡察工作领导小组副组长江永昌宣读了《关于十二届区委第六轮巡察暨扶贫帮困专项巡察组授权及任务分工的决定》。

是日 全区精准扶贫帮困工作专题会召开，区委书记王俊出席会议并讲话。他强调，要深学笃用习近平总书记扶贫重要论述，高质量抓实抓好精准扶贫帮困工作。区委副书记、区长姚斌安排部署工作，区领导马春、张琼、陈中举、李青、舒莉、刘安东及相关区级部门、各镇街主要负责人参加会议。

11月

1日 全区防范化解重大风险工作会召开。区委书记王俊出席会议并讲话。区委副书记、区长姚斌主持会议。区领导马春、张琼、孟德华、郭诏彬、徐晓勇、刘正光参加会议。区级各部门、各人民团体、市级部门驻区分支机构、“四大重点板块”管委会筹备组、区属国有企业主要负责人，各镇街主要领导及政法书记参加会议。

是日 区政协党组中心组（扩大）学习会召开，

区政协党组书记、主席张琼，副主席刘安东、袁凯明、邹文炬、周进源、黄万秋、胡军及区政协各委室负责人、机关全体党员干部参加会议。邹文炬主持会议。

是日 全区2018年度“党建带团建”专题培训班开班仪式在机关大楼300人会议室举行。团市委书记张继军，区委副书记陈中举出席开班仪式。全区各直属团组织分管负责人及团组织负责人、部分基层团组织负责人等共计110余人参加开班仪式。

是日 区委组织部、区卫计委召开全区加强公立医院党的建设工作会，区委常委、区委组织部部长江永昌出席会议并讲话。区政协副主席、区卫计委主任周进源，区卫计委全体干部职工，重钢总医院、长征医院党组织相关负责人，区内医疗卫生单位基层党组织书记、党务工作者和部分党员代表参加会议。区卫计委相关负责人就《关于加强全区公立医院党的建设工作的实施意见》做说明，并宣读了《关于成立大渡口区医院党建工作指导委员会的通知》。

2日 全区纪检监察干部警示教育大会召开，区委常委、区纪委书记、区监委主任汪建参会并讲话。会议首先传达学习了市委办公厅关于《在全市开展“以案说纪、以案说法、以案说德”警示教育的实施意见》等文件精神，然后集中观看了武隆区政协原党组书记、主席张晓江案件警示录《五毒俱全破法纪、歧途末日终自毁》，九龙坡区系列贪腐案件剖析《蜕变的初心》专题片。

是日 区政协九届十一次常委会召开，重点通报区政协九届二次会议以来提案办理情况，区政协主席张琼出席会议并讲话。区委常委、区政府常务副区长徐晓勇，区政协副主席刘安东、袁凯明、邹文炬、周进源、黄万秋、胡军，秘书长李贤敏，区委督查室，区政府督查室，区政协各委室、各民主党派副主委，提案办理重点单位等相关负责人参加会议。邹文炬主持会议。

5日 区委常委会召开扩大会议，传达学习习近平总书记在民营企业座谈会上的重要讲话精神，学习贯彻总书记在中央政治局会议和中央政治局第九次集体学习时的重要讲话精神，贯彻落实市委常委会会议部署，研究全区下一步重点工作。区委书记王俊主持会议并讲话。区委副书记、区长姚斌，区委副书记陈中举，区委常委出席会议。区人大常委会、区政协党组主要负责人，区人大常委会、区政府、区政协、区法院有关负责人列席会议。

6日 召开2018年四季度安全生产工作会，区长姚斌，区委常委、常务副区长徐晓勇出席会议，各镇街、区政府安委会成员单位、辖区重点企业负责人参加会议。徐晓勇主持会议。区政府安委会通报了全区安全生产形势，分析了当前安全生产工作存在的问题，并提出了下一步工作建议。与会人员观看了市政府安委会拍摄的安全生产警示片。

7日 2018年全市民兵应急力量军地联考联评举行，大渡口区等13个区（县）军地联合指挥所带民兵应急连参考。区委书记王俊，区委副书记、区长姚斌，区委常委、区人武部政委邱晓宁，副区长舒莉，区人武部部长程超旗等出席，大渡口区有100余名民兵参考。

8日 中国致公党重庆市大渡口区支部成立大会召开。市政协副主席、致公党重庆市委主委张玲，中共大渡口区委书记王俊，区人大常委会主任马春，区政协主席张琼，中共大渡口区委副书记陈中举，区政府副区长钟渝，区政协副主席袁凯明，市欧美同学会秘书长、市委统战部党派处处长范文佳等出席会议。中国致公党重庆市委秘书长兼组织处处长潘为民主持会议。大会宣读了致公党重庆市委《关于成立致公党重庆市大渡口区支部的决定》；通过了《选举办法》，选举产生出致公党重庆市大渡口区支部第一届委员会；徐鹏当选为致公党重庆市大渡口区支部主任委员。区各民主党派、工商联、知联会负责人，区级有关部门负责人，及致公党各区级组织负责人等参加会议。

是日 区政协主席张琼率队走访两家重点微型企业，了解企业发展实际，帮助企业排忧解难。区政协秘书长李贤敏，区经信委、区文化委、区金融办、区税务局、区工商分局等有关部门负责人参加走访。

是日 由市体育局主办，区教委、区体育局联合承办，重庆创翔体育产业有限公司协办的“2018年全国青少年体育冬令营（重庆站）暨2018年大渡口区首届中小学生定向越野冬令营”，在大渡口森林公园举行。来自全区的34所学校的212名运动员参加了比赛。

11日 重庆国际复合材料股份有限公司（CPIC）

院士专家工作站揭牌启动仪式在大渡口本部举行。中国工程院院士、武汉理工大学首席教授张联盟，区委常委、常务副区长徐晓勇，区委组织部、区网信办、区科协以及CPIC等相关负责人出席启动仪式。

12日 全区民营企业座谈会暨走访服务民营企业动员会在区机关办公大楼300人会议厅召开，区委书记王俊、区人大常委会主任马春、区政协主席张琼等全体在家区领导出席会议，区委副书记陈中举主持会议。区级有关部门、各镇街主要负责人，市级有关部门驻区分支机构主要负责人，民营企业家代表和驻区金融机构代表参加座谈会。

15日 召开全区党建工作联席会。区委书记王俊出席会议并讲话。区领导陈中举、汪建、郭诏彬、王涛、江永昌参加会议。区委副书记陈中举主持会议。

是日 区委理论学习中心组（扩大）集中学习会召开。区委书记王俊主持会议并讲话。马春、张琼、陈中举等全体在家区级领导出席会议。会议学习了习近平总书记在十九届中央政治局第八次集体学习时的重要讲话精神，学习了新修订的《中国共产党纪律处分条例》（以下简称《条例》），学习了中央、市委关于加强和改进保密工作的要求，学习了习近平总书记关于宗教工作的重要论述，学习了中央、市委关于巡视巡察相关工作的文件精神等内容。区委各部委、区级各部门主要负责人，区人大常委会、区政协专门委员会和内设机构主要负责人，各人民团体、区属国有企业主要负责人，各镇街党政主要负责人，“四大重点板块”管委会筹备组和“四大支柱产业”工作组主要负责人，市级部门驻区分支机构主要负责人参加会议。

16日 由区委宣传部、区文化委、茄子溪街道主办，区文化馆、茄子溪街道文化分馆承办的“庆祝改革开放40周年暨第二届区文化馆总分馆成果展演季第二场茄子溪街道文化分馆专场”在九宫庙步行街风雨舞台举行。区委常委、宣传部部长郭诏彬等观看了演出。

19日 区人大常委会开展《重庆市食品生产加工小作坊和食品摊贩管理条例》执法检查。区人大常委会主任马春，副主任罗雨、李青、常永官、罗先德，区政府副区长毛伟，区人大常委会执法检查组成员，区人大各专门委员会、区人大常委会各委室、区政府相关部门及各街镇人大负责人参加了集中视察或座谈。

21日 区委理论学习中心组学习会召开，学习贯彻习近平总书记在首届中国国际进口博览会开幕式和同全国总工会、全国妇联新一届领导班子成员集体谈话时的重要讲话精神，学习贯彻纪念毛泽东批示学习推广“枫桥经验”55周年暨习近平总书记指示坚持发展“枫桥经验”15周年大会精神。区委书记王俊主持会议并讲话。区委副书记、区长姚斌，区人大常委会主任马春，区政协主席张琼，区委副书记陈中举，区委常委，区人大常委会、区政府、区政协有关负责人，区法院、区检察院主要负责人参加学习会。区有关部门、镇街、人民团体负责人参加会议。

是日 区十三届人大常委会召开第二十四次主任会议。区人大常委会主任马春，副主任罗雨、先大友、李青、常永官、罗先德参加会议。区政府副区长唐勇，区人大各专门委员会、常委会各委室，区政府办公室、区发展改革委、区城乡建委等有关部门负责人列席会议。马春主持会议。会议听取了区政府关于“三大攻坚战”和“八项行动计划”推进情况的报告，听取了区政府关于2018—2020年棚户区改造工作情况的报告，会议还议定了区十三届人大常委会第十三会议有关事宜。

是日 区政协举行“主席接待委员日”活动，来自工商联、经济等界别的委员围绕习近平总书记在民营企业座谈会上的重要讲话，就如何发展壮大大渡口区民营经济各抒己见，建言献策。区政协主席张琼、副主席黄万秋参加会议并与委员座谈交流。

是日 由团区委主办的“大渡口区首届中学中职学生会干部风采大赛”在旅游学校举行。13名来自全区各中学中职学校的学生会干部同台竞技，充分展现了新时代青年团员的风采。

22日 区政协召开九届三次全会提案征集工作会。区政协主席张琼，区政协副主席刘安东、袁凯明、邹文炬、黄万秋、胡军出席会议，区政协各专委会负责人及区政协各界别召集人，区委督查室、区政府督查室负责人参加会议，秘书长李贤敏主持会议。

23日 中共大渡口区委召开双月座谈会，听取各民主党派区委会、区工商联及区知联会2018年“党委出题、党派调研”成果汇报。中共大渡口区委常委、区政府常务副区长徐晓勇出席会议，中共大渡口区委常委、统战部部长王涛主持会议。

26日 区委理论学习中心组举行学习会，学习贯彻习近平总书记在国家综合性消防救援队伍授旗仪式上的训词精神，学习贯彻市委第五次政协工作会议精神及《中共重庆市委关于加强和改进新时代人民政协工作的意见》《关于加强新时代人民政协党的建设工作的实施意见》精神。区委书记王俊主持会议并讲话。姚斌、张琼等区领导参加学习会。

是日 区十三届人大常委会第十三次会议召开。区人大常委会主任马春，副主任罗雨、先大友、李青、常永官、罗先德，常委会组成人员参加会议。区委常委、区政府常务副区长徐晓勇，区法院院长伍星，区监察委、区检察院有关负责人，区纪委派驻纪检组、区人大各专门委员会、常委会各委室、各街镇人大负责人，区政府办公室、区发展改革委、区财政局、区教委等单位负责人，部分区人大代表列席会议。马春主持会议。会议听取和审议了区政府关于“十三五”规划纲要实施情况中期评估的报告，听取了区人大财经委关于区政府“十三五”规划纲要实施情况中期评估的调研报告。会议听取和审议了区政府关于2018年重点民生实事办理情况的报告，听取了区人大常委会教科文卫工委关于区政府2018年重点民生实事办理情况的调研报告，并开展了满意度测评。会议听取和审议了区政府关于学前教育工作评议意见整改情况的报告，听取了区人大常委会教科文卫工委关于区政府学前教育工作评议意见整改情况的调研报告，并开展了满意度测评。会议听取和审议了区法院关于刑事审判工作情况的报告，听取了区人大法制委关于区法院刑事审判工作情况的调研报告。会议批准了大渡口区2018年国民经济和社会发展计划报告中国有土地上房屋征收项目调整方案和2018年区级财政预算调整方案；审议通过了《重庆市大渡口区人民代表大会常务委员会讨论决定重大事项的规定》《重庆市大渡口区宪法宣誓实施办法》。会议听取和审议了区人大常委会执法检查组关于《重庆市食品生产加工小作坊和食品摊贩管理条例》贯彻情况的检查报告。会议表决通过了有关人事任免事项，马春颁发了任命书，新任命的国家工作人员进行了宪法宣誓。

27日 召开大渡口区知识分子“弘扬爱国奋斗精神、建功立业新时代”活动动员部署会。区委书记王俊出席会议并讲话。区委副书记、区长姚斌，区人大常委会主任马春，区政协主席张琼等区领导出席，区委副书记陈中举主持会议。

是日 召开2018年医改领导小组会议。区长姚斌，区委常委、常务副区长徐晓勇，副区长毛伟出席会议，区医改领导小组各成员单位有关负责人参加会议。徐晓勇主持会议。传达了全国、全市医改工作会议精神，听取了区卫计委、区财政局、区人社局、区人民医院、重钢总医院关于公立医院改革、医联体建设（医共体）、三医联动、家庭医生签约、加强医疗卫生行业综合监管、智慧医疗等相关工作的情况汇报。

是日 “渝创渝新产业振兴”2018年长江经济带青年创新创业大赛决赛在大渡口区举行，区委常委、统战部部长王涛，共青团重庆市委党组成员、副书记胡栋，重庆市就业服务管理局等相关部门负责人出席活动。

28日 市委常委、重庆警备区司令员、市委军民融合发展委员会副主任韩志凯到区调研军民融合协同创新，宣讲习近平总书记重要讲话精神和全市民营企业座谈会精神。市委军民融合办常务副主任陈速、市科技局局长许洪斌、重庆警备区办公室主任韩志明、市经济信息委总工程师赵刚等参加调研。区委书记王俊，区委副书记、区长姚斌，区委常委、区人武部政委邱晓宁，副区长舒莉陪同调研或参加座谈会。区级有关部门负责人，军民融合发展企业负责人等参加座谈会。

是日 大渡口区与重庆化医控股（集团）签订战略合作协议。区委副书记、区长姚斌，区委常委、常务副区长徐晓勇，副区长毛伟，重庆化医集团董事长王平、重庆医药（控股）集团董事长刘绍云等化医集团相关负责人等出席签约仪式。

是日 区政协开展提案办理“回头看”活动，对075号提案《关于提升心湖公园品质打造双山靓丽名片的建议》和092号提案《关于老旧城区交通综合治理的建议》进行现场视察。区政协主席张琼，区政府副区长钟渝，区政协副主席刘安东、袁凯明、邹文炬、周进源、黄万秋、胡军，区政协常委会全体成员，区政府督查室、区政协各委室、区城市管理局、跃进村街道和区公安分局交巡警支队相关负责人参加了活动。

29日 市委常委、政法委书记刘强赴大渡口走访服务民营企业，深入一线宣讲政策，了解情况，听取意见，并现场提建议、出对策，协调市、区相关部门共同解决民营企业发展中的实际困难和问题。

30日 重庆市大渡口区新的社会阶层专业人士联合会、重庆市大渡口区欧美同学会（重庆市大渡口区留学人员联谊会）分别召开了第一次会员大会，并共同举办了区新专联、区欧美同学会成立大会。市委统战部副部长、市政府文史馆党组书记李长明，区委副书记陈中举，区委常委、统战部部长王涛出席了成立大会。在会员大会上，区新专联、区欧美同学会全体会员分别审议通过了章程草案、选举办法及候选人建议名单，并选举产生了区新专联、区欧美同学会第一届理事会会长、副会长、秘书长和理事。

是日 区政协召开九届二十三次主席会，专题通报全区“放管服”改革工作情况，通报2018年区政协民主评议提案办理单位工作情况。区政协主席张琼，副主席刘安东、袁凯明、邹文炬、周进源、黄万秋、胡军，秘书长李贤敏出席会议，区政府副区长毛伟，以及区政协各委室、区级各相关部门、各民主党派专职副主委参加会议。会议由刘安东主持。

12月

3日 由区委统战部、区工商联、区委非公经济工委主办的全区非公经济人士理想信念报告会在区行政中心举行。区委常委、统战部部长王涛，及来自全区的130余名非公经济人士代表参加活动。

是日 由区残联主办，区肢残协会、智力残疾人及亲友协会共同承办的纪念第27个国际残疾人日暨无障碍体验活动在大渡口古镇开展。来自全区近200名重度肢体残疾人及亲友、智力残疾人参加了此次活动。

4日 召开区委第五次人大工作会议。区委书记王俊出席会议并讲话。区委副书记、区长姚斌主持会议。区人大常委会主任马春发言。区领导张琼、陈中举，区委常委，区人大常委会副主任，区政府副区长，区法院院长、区检察院检察长参加会议。会上，区委印发了《关于加强和改进新时代人大工作的意见》《关于健全人大讨论决定重大事项制度、区政府重大决策出台前向区人大报告的实施意见》。区人大及其常委会专门委员会和内设机构、区政协办公室和区级有关部门、人民团体、区属国有企业主要负责人；各镇街党、政、人大负责人；市级部门驻区分支机构主要负责人；部分市区人大代表参加了会议。

5日 区委理论学习中心组举行专题学习会，学习贯彻习近平总书记在中央政治局会议、中央政治局第十次集体学习时的重要讲话精神，学习贯彻中央全面深化改革委员会第五次会议和市委全面深化改革委员会第二次会议精神，学习贯彻市纪委监委《关于五起形式主义、官僚主义典型案例的通报》精神。区委书记王俊主持会议并讲话。区委副书记、区长姚斌，区人大常委会主任马春，区政协主席张琼，区委副书记陈中举，区委常委参加专题学习会。区人大常委会、区政府、区政协有关负责人，区法院、区检察院主要负责人参加。

6日 大渡口青年联合会第三届委员会第一次全体会议在区300人会议厅召开，区青联全体委员参加本次大会。团市委党组成员、副书记、市青联主席叶力娜，区委副书记陈中举出席会议。在大会开始之前，全体委员听取了大会筹备工作报告，通过大会议程（草案）、大会主席团成员（草案）以及秘书长名单（草案）。大会听取了区青联第二届委员会常务委员会工作报告，选举产生了区青联第三届委员会主席、副主席和常务委员，通过了区青联三届一次全会关于二届常委会工作报告的决议（草案）。

是日 区委理论学习中心组召开(扩大)学习会，邀请市委宣讲团成员、市直机关工委常务副书记张国忠来区做专题宣讲。王俊、姚斌、马春、张琼等全体在家区级领导，区管处级领导干部，市级部门驻区分支机构主要负责人，区法院、区检察院处级干部，区民营企业、驻区金融单位代表等400余人听取了报告。

7日 区人大常委会机关在职党支部开展“榜样的力量”主题党日活动。区人大常委会党组书记、主任马春，副主任罗雨、先大友、常永官、罗先德，区人大机关全体党员干部及部分退休党员参加活动。活动还邀请了区直机关党工委相关负责人参加。

12日 中国共产党大渡口区第十二届委员会第五次全体会议召开。全会的主题是，认真贯彻习近平总书记关于深化党和国家机构改革的重要论述，全面落实党的十九届三中全会和市委五届五次全会精神，研究大渡口区机构改革工作。全会由区委常委会主持。区委书记王俊讲话。全会认真贯彻习近平总书记关于深化党和国家机构改革的重要论述，审议通过《大渡口区机构改革方案（送审稿）》和全会决议，同意将《方案（送审稿）》上报市委审批。区委副书记、区长姚斌做说明。区委委员、候补委员出席会议。部分不是区委委员、候补委员的区领导人，区纪委副书记等列席会议。

18日 庆祝改革开放40周年大会在人民大会堂隆重举行，中共中央总书记、国家主席、中央军委主席习近平在大会上发表重要讲话。区委书记王俊，区委副书记、区长姚斌，区人大常委会主任马春，区政协主席张琼，区委副书记陈中举等全体在家区领导在区机关办公大楼西341会议室集中收看了大会盛况。集中收看庆祝大会的还有，区委、区政府工作部门主要负责人，区人大常委会、区政协的专门委员会和内设机构主要负责人，各人民团体、区属国有企业主要负责人；各镇街党政主要负责人；“四大重点板块”管委会筹备组和“四大支柱产业”工作组主要负责人；市级部门驻区分支机构主要负责人等。

是日 区委第五次政协工作会在300人会议厅召开，区委书记王俊、区长姚斌、区人大常委会主任马春、区政协主席张琼、区委副书记陈中举等全体在家区级领导，以及区政协常委会组成人员和各界别负责人、区级相关部门负责人等参加了此次会议。姚斌主持会议。

19日 区委理论学习中心组举行专题学习会，学习贯彻习近平总书记在庆祝改革开放40周年大会上的重要讲话精神，学习贯彻习近平总书记在中央政治局会议、中央政治局第十一次集体学习时的重要讲话精神和在第五个国家宪法日之际的重要指示精神，学习贯彻推动长江经济带发展领导小组会议精神。区委书记王俊主持会议并讲话。区委副书记、区长姚斌，区人大常委会主任马春，区政协主席张琼，区委副书记陈中举，区委常委参加专题学习会。区人大常委会、区政府、区政协有关负责人，区法院、区检察院主要负责人参加。区级有关部门单位负责人参加会议。

是日 区十三届人大常委会召开第二十六次主任会议。区人大常委会主任马春，副主任罗雨、先大友、李青、常永官、罗先德参加会议。区人大各专门委员会、常委会各委室负责人列席会议。马春主持会议。会议议定了区十三届人大常委会第十四次会议有关事宜，讨论了区十三届人大第三次会议有关事项。会议听取了区人大常委会人代工委关于2018年度优秀代表建议评选表彰方案的汇报，会议决定在区十三届人大第三次会议期间对2018年度优秀代表建议进行通报表彰。会议听取了区人大各专门委员会、常委会各委室2018年工作总结及2019年工作思路。会议还通过了其他事项。

20日 区政协开展监督性视察活动，对区2018年重点项目建设情况和民生实事办理情况进行视察。区政协主席张琼，副主席袁凯明、邹文炬、周进源、胡军，秘书长李贤敏以及住区市政协委员参加视察。区政府副区长舒莉应邀参加视察。

是日 由区委宣传部、区文化委、区教委、区文联主办，区文化馆、各个街镇文化分馆、区育才小学、区书法家协会承办的“深入生活·扎根人民”群众书法艺术节开幕式暨现场书法创作大赛在育才小学（双山校区）举行，吸引了广大书法爱好者来到现场进行书法创作比拼。区委常委、宣传部部长郭诏彬，区人大常委会副主任李青等出席开幕式。

25日 区“四套班子”领导联席会议第6次会议召开。区委书记王俊主持会议。区委副书记、区长姚斌，区人大常委会主任马春，区政协主席张琼等有关区级领导出席会议。会议听取了大渡口区贯彻落实习近平总书记对重庆所做重要讲话和系列重要指示批示精神的汇报、推进重点难点工作存在问题及建议的汇报和推动落实乡村振兴战略的汇报。区级有关部门、各镇街主要负责人等参加会议。

26日 区委常委会召开第83次会议。区委书记王俊主持会议。区委副书记、区长姚斌，区委常委出席会议。区人大常委会、区政协党组主要负责人，区人大常委会、区政府、区政协、区法院、区检察院负责人，有关区级部门负责人等列席会议。会议学习贯彻中央经济工作会议和市委常委会12月22日会议、全市传达学习中央经济工作会议精神。区有关部门负责人列席会议。

27日　区政协召开九届二十五次主席会。会议审议了区政协九届三次会议相关事宜；讨论了区政协第九届委员会常务委员会工作报告（讨论稿）；讨论了区政协第九届委员会常务委员会关于区政协九届二次会议以来提案工作情况的报告（讨论稿）；审议了2018年度优秀政协委员通报表扬方案（送审稿）；审议了2018年度区政协优秀提案通报表扬方案（送审稿）；审议通过了2018年度区政协反映社情民意工作先进集体和先进个人的通报表扬方案（送审稿）。会议还书面通报了区政协2019年工作要点（征求意见稿）。

是日　区第十三届人大常委会第十四次会议召开。区人大常委会主任马春，副主任罗雨、先大友、李青、常永官、罗先德参加会议。区政府副区长毛伟，区法院院长伍星，区监察委、区检察院相关负责人，区纪委派驻纪检组、区人大各专门委员会、常委会各委室、区政府办公室、区财政局及各街镇人大负责人列席会议。马春主持会议。会议听取和审议了区政府关于2018年区级财政预算调整方案（草案）报告的议案，听取了区人大财经委对区政府2018年区级财政预算调整方案（草案）审查结果的报告，表决通过了《重庆市大渡口区人民代表大会常务委员会关于批准2018年大渡口区财政预算调整方案的决议》。会议听取审议了区第十三届人民代表大会第三次会议有关事项。会议决定，重庆市大渡口区第十三届人民代表大会第三次会议于2019年1月22日至24日召开，会期三天。会议同意将《大渡口区第十三届人民代表大会第三次会议主席团成员和秘书长等名单（草案）》《大渡口区人民代表大会常务委员会工作报告（草案）》提交区第十三届人民代表大会第三次会议审议。会议表决通过了有关人事任免事项，马春颁发了任命书，新任命的国家工作人员进行了宪法宣誓。

28日　区政协召开九届十二次常委会。会议审议通过了区政协九届三次会议相关事宜；审议通过了区政协第九届委员会常务委员会工作报告（草案）；审议通过了区政协第九届委员会常务委员会关于区政协九届二次会议以来提案工作情况的报告（草案）；审议通过了2018年度优秀政协委员通报表扬方案（送审稿）；审议通过了2018年度区政协优秀提案通报表扬方案（送审稿）。会议还书面通报了区政协2019年工作要点（征求意见稿）；书面通报了区政协各委室2018年工作总结和2019年工作要点。传达学习了习近平总书记近期关于人民政协工作的重要讲话精神及相关会议精神。

是日　召开区委理论学习中心组（扩大）学习会暨全区“以案四说”警示教育大会。区委书记王俊主持会议并讲话。姚斌、马春、张琼、陈中举等全体在家区级领导参加会议。与会人员集体观看警示教育片《警钟长鸣》《迟来的悔悟》。区委常委汪建、孟德华、郭诏彬、江永昌，分别聚焦“纪、法、德、责”做了专题报告。

29日　在元旦节即将到来之际，区委书记王俊、区长姚斌，分别带队开展节前安全综合检查，确保全区群众欢乐过节、平安过节。区领导韩瑞碧、孟德华、徐晓勇、毛伟参加检查。

是日　共青团重庆市大渡口区第十三次代表大会在区行政中心500人会议厅召开。大会审议并通过了黄宗华代表共青团十二届大渡口区委员会所做的题为《高举团旗跟党走奋力建功新时代为加快建设“高质量产业之区、高品质宜居之城”贡献青春力量》的工作报告。区领导王俊、姚斌、马春、张琼、陈中举、孟德华、江永昌、先大友、舒莉出席会议。来自全区文教、卫生、机关、农村、企业等各条战线的117名团员代表参加会议。

是日　区政协召开党组中心组（扩大）学习会议暨机关党支部主题党日活动。区政协党组书记、主席张琼，副主席刘安东、袁凯明、邹文炬、周进源、黄万秋、胡军，秘书长李贤敏及区政协各委室负责人、机关全体党员干部参加会议。黄万秋主持会议。

是日　按照有关部署，全区消防救援支队迎旗授衔和换装仪式在300人会议厅举行。区委书记王俊、区长姚斌出席仪式。区级有关部门负责人、区消防救援支队机关全体指战员、基层中队消防救援人员代表参加仪式。区委常委、常务副区长徐晓勇主持。

特　　载

重庆市大渡口区人民政府工作报告

——2019 年 1 月 22 日在重庆市大渡口区第十三届人民代表大会第三次会议上
重庆市大渡口区人民政府区长姚斌

各位代表：

我代表重庆市大渡口区人民政府向大会报告工作，请予审议，并请各位政协委员提出意见。

一、2018 年工作回顾

2018 年，是全面贯彻党的十九大精神的开局之年，是改革开放 40 周年。我们以习近平新时代中国特色社会主义思想为指导，深入贯彻党的十九大精神，认真落实习近平总书记对重庆提出的“两点”定位、“两地”“两高”目标和营造良好政治生态、做到“四个扎实”的重要指示要求，在市委、市政府和区委的坚强领导下，在区人大及其常委会、区政协的监督支持下，坚持稳中求进工作总基调，打好“三大攻坚战”、落实“八项行动计划”，努力建设“高质量产业之区、高品质宜居之城”，全区经济社会发展大局总体稳定。

据统计，全年实现地区生产总值 228 亿元，同比增长（下同） 27%；规上工业增加值下降 99%；全社会研发经费支出占地区生产总值比重达到 2.4%；固定资产投资增长 9.5%；社会消费品零售 总额增长 2.6%；一般公共预算收入 21.4 亿元，增长 10.6%。全区居民人均可支配收入 3.7 万元，增长 8%；城镇登记失业率为 2.3%。

一年来，我们主要做了以下工作：

（一）不断深化改革创新，发展动力持续增强。扎实推进“三去一降一补”，有效去除商业商务用房库存 12.83 万平方米，政策性减税 7.9 亿元、降低企业社保费用 2.9 亿元。深化“放管服” 改革和商事制度改革，落实企业登记全程电子化，健全建设项目并联审批机制。全面落实“涉企减负 30 条”，市场主体新增 4879 户、总量超过 2.7 万户，民营经济增加值增长 2%。引导金融机构支持实体经济发展，三峰环境上市按计划顺利推进，6 家企业挂牌重庆股份转让中心。组织 29 家企业参与直接购电，降低电费支出。成立区级招商公司，健全招商引资工作机制，引进重点项目 13 个，实际利用内资 65.4 亿元、外资 2558 万美元。实施农村“三变”改革，金鳌村纳入全市试点。新增市级院士专家工作站 1 个、国家级博士后工作站 1 个、市级博士后工作站 5 个。西南医院生物科技园纳入全市军民融合重点项目。新认定国家高新技术企业 20 家、科技型企业 54 家，市级高新技术产品 93 个，万人发明专利拥有量达到 18.06 件。“暖羚”“牛羚”企业达到 12 家。

（二）积极调整产业结构，发展质量稳步提升。狠抓新兴产业重点项目建设。海康威视一期建成投用、二期启动建设，天安云谷二期基本建成。启动环保装备集中制造中心、产品展示交易平台建设。重庆精准医疗产业技术研究院正式运营，中元汇吉、迪安诊断、亚中生物等企业加快发展。全区大数据智能化、生态环保、大健康生物医药等新兴产业规上营业收入达到87亿元，文化产业增加值突破7亿元，旅游消费总额达到6亿元，四大支柱产业增加值占地区生产总值比重达到22%。推动传统产业“两化融合”。落实补助资金5605万元，支持国际复合、秋田齿轮等17家企业实施智能化技改，建成1家智能工厂。2家企业入选全市工业互联网试点示范。积极创建全国质量强市（区）示范城市。 建桥育成中心基本建成，红九九、聚能冶金等项目启动建设。推动九宫庙商圈产业融合发展，台湾中小企业产业园、微企梦工场等产业载体集聚效应初步显现。华润万象汇、蓝光中央广场加快建设。万达广场主体完工，居然之家顺利落户。

（三）加快建设基础设施，城市提升取得实效。完成规划全覆盖“一张图”和综合交通规划编制，开展钓鱼嘴、老重钢等重点区域城市设计。新建改造城乡道路18千米。大滨路三期、伏牛大道北段、大滨路二期南端隧道通车，二纵线华岩至跳磴段、白居寺长江大桥、中顺大道加快建设，三纵线五台山至双山段启动改造，“七纵七横”骨架路网初步成型。轨道交通5号线、江跳线加快推进。新增、优化公交线路3条。完成农村征地1900亩、国有土地上房屋征收18万平方米，出让土地413亩。完成房地产开发投资169亿元、增长15%。启动新一轮棚户区改造，完成1950户。积极推行“五长制”，深入推进“马路办公”，强化市容环境综合执法。完成4座隧道、12座桥梁美化提升工程。开工建设人行天桥等过街设施4座、公共停车设施4座，新增停车位5221个。坚决遏制新增违法建筑，整治存量违法建筑85万平方米。实施“增绿添园”项目16个，新增城市绿地40万平方米。

（四）用心守护绿水青山，城乡环境不断改善。深入开展“五大环保行动”。加强大气污染联防联控，全年空气质量优良天数达到307天，增加24天，PM2.5浓度下降21.3%。坚持三级河长定期巡河，全面关闭区内长江沿线砂石码头、取缔餐饮船舶，长江出境水质不低于入境水质，丰收坝水厂水质达标率保持100%。 建桥C区污水处理厂、大九污水处理厂二期建成投用，新建改造雨污管网20千米。新增绿色建筑370万平方米、市级安静小区1个。完成土壤治理修复24万立方米，中梁山废弃矿山覆土复绿150亩。开展生活垃圾强制分类试点。持续抓好中央、市级环保督察反馈问题整改落实。狠抓农村“大棚房”和“四山”范围违法建筑整治，整改违规占用耕地23亩，全面完成耕地和基本农田保护目标任务，全区森林覆盖率保持34%。实施农村人居环境治理，实现行政村生活垃圾有效治理全覆盖，改造农村卫生厕所544户。

（五）全面发展社会事业，民生福祉日益增进。双山实验小学、公民小学建成投用，增加学位3240个。启动民族中学和庹家坳小学改扩建。新增公办幼儿园8所、普惠园6所，公办园幼儿人数占比达到30%，普惠率达到60%。启动区图书馆改造。区内企业筹拍电影《最后的棒棒》在全国公映。深化医药卫生体制改革， 推动医联体建设，实施分级诊疗，家庭医生签约服务9万人。区人民医院综合楼开工建设。打造社区体育文化公园2个，新增社区健身场所10处，举办体育赛事20余场次。新增社工室6个。城乡低保保障2520人、医疗救助14327人次。改造残疾人家庭无障碍设施101户。3792名困难群众纳入“惠民济困”保险保障。 16件重点民生实事基本完成，新增“老吾老”项目4个、公共直饮水点19个，完成3007户老旧小区居民饮水提质。全力助推忠县脱贫攻坚，落实帮扶资金932万元。完成第二次全国地名普查任务，有序推进第四次全国经济普查工作。同时，统筹做好双拥共建、优抚安置、国防教育、粮食安全、机关事务、人防、民宗、侨务、档案、史志、老龄、青少年、妇女儿童、文联、科普等工作。

（六）有效防范矛盾风险，社会大局保持稳定。开展“扫黑除恶”专项斗争。集中整治成品油和冷冻食品非法储存运输经营行为，持续保持高压态势。加快信息化、立体化社会治安防控体系建设，整合联网监控镜头1.2万个。全区治安形势持续向好，刑事案件逐年下降，连续9年命案破案率100%。强化政府债务限额管理和风险防控，平均融资成本控制在3.52%。全年无新增非法金融案件。严格落实安全生产主体责任和“一岗双责”，未发生较大及以上生产安全事故。完成国家食品安全示范城市创建中期评估。法律宣传主题行动和消防网格化经验全市推广。进一步夯实应急管理基层基础，强化突发事件风险管理。学习推广新时代“枫桥经验”，积极探索群众工作新模式。推进信访工作法治化，矛盾纠纷多元化解机制进一步完善。

（七）着力强化政治意识，政府建设再上台阶。深入推进全面从严治党，坚决肃清孙政才恶劣影响和薄熙来、王立军流毒，政府党建水平进一步提升。抓好抓实巡视反馈问题整改，严格对标中央八项规定精神，持续纠治“四风”问题。主动接受人大和政协监督，办理人大代表建议227件、政协提案239件。全力助推监察体制改革。区政府负责人积极出庭应诉，真诚接受司法监督。依法办理行政复议65件。完成“十三五”规划中期评估。深化政务改革，编制便民服务“四办”清单，行政审批平均办理时限下降52%。强化“两法”衔接，实现重大行政处罚法制、检察“双重备案”。严格执行财经纪律，加强预算执行监督。强化审计监督、财政评审，审减资金1亿元。狠抓政府执行力建设，努力营造新时代新担当新作为的良好氛围。

各位代表！刚刚过去的2018年，是大渡口转型发展历程中艰难而不平凡的一年。在区委的坚强领导下，全区干部群众团结一致、克难攻坚，奋力跨过了新时代的起跑线。这一年，我们厘清发展思路，聚焦四大支柱产业，实施四大品质工程，打造四大重点板块，千方百计抓项目、促投资、稳增长，迈出了建设“高质量产业之区、高品质宜居之城”的新步伐。这一年，我们把握转型契机，在全力以赴“止滑促增”的同时，主动转方式、调结构、增效益，全区规上工业企业利润增长2%，战略性新兴产业产值增 长16.1%，区级税收收入增长12.8%，经济运行质量在逆境中逐步提高。这一年，我们坚持顺势而为，加快城市新区开发建设，商品房新开工260万平方米、销售192万平方米，分别增长25%和6.7%，规模创历史新高，有力地支撑了当期经济发展和财税增收。 这一年，我们致力民生改善，新增城镇就业1.3万人，动态消除零就业家庭，城乡居民基本养老、基本医疗保险覆盖率巩固在95%以上，落实加快学前教育发展等惠民措施，实实在在改善了群众生活。

艰难困苦，玉汝于成；一分耕耘，一分收获。这些成绩的取得，离不开市委、市政府和区委的正确领导，离不开区人大及其常委会和区政协的监督支持，更离不开全体大渡口人的共同奋斗。在此，我谨代表区人民政府，向参与大渡口建设和发展的全区干部群众，向大力支持我们工作的人大代表、政协委员、老同志和各民主党派、工商联、无党派人士、各人民团体，驻区部队官兵和公安民警，市级投资集团和在区企业，向所有关心支持大渡口经济社会发展的同志们、朋友们和社会各界，表示衷心的感谢并致以崇高的敬意！

在肯定成绩的同时，我们也清醒地认识到，2018年政府工作仍然存在诸多问题和不足：一是面对经济增长放缓、重大项目落户难等现实问题，办法不多、措施不力，地区生产总值、规上工业增加值、社会消费品零售总额等指标未实现计划目标。二是城市开发建设统筹协调力度不够，大滨路与九滨路连接道等出区通道项目未按计划开工，土地供应只完成了计划的三分之一。三是社会建设和公共服务水平同群众期待还有较大差距，部分新城区公建配套滞后、老城区优质服务能力不足等问题突出。四是政府执行力仍不能适应新时代发展要求，官僚主义、形式主义痼疾尚未根除，“等靠要”“翻本本”等问题依然存在，加重了基层负担、影响了发展环境。对于以上问题，区政府将不回避、不掩饰，深刻反省、认真整改，努力把各项工作做得更好更扎实。

二、2019年政府工作安排

2019年，是新中国成立70周年，是全面建成小康社会关键之年。区政府工作的总体要求是：以习近平新时代中国特色社会主义思想为指导，全面贯彻党的十九大和十九届二中、三中全会精神，深入学习贯彻中央、全市、全区经济工作会议精神，紧紧围绕习近平总书记对重庆提出的“两点”定位、“两地”“两高”目标和营造良好政治生态、做到“四个扎实”的重要指示要求，统筹推进“五位一体”总体布局和协调推进“四个全面”战略布局，坚持稳中求进工作总基调，坚持新发展理念，坚持推动高质量发展，坚持以供给侧结构性改革为主线，坚持深化市场化改革、扩大高水平开放，持续打好“三大攻坚战”和实施“八项行动计划”，统筹推进稳增长、促改革、调结构、惠民生、防风险工作，进一步稳就业、稳金融、稳外贸、稳外资、稳投资、稳预期，全力建设“高质量产业之区、高品质宜居之城”，增强人民群众获 得感、幸福感、安全感，持续营造风清气正的良好政治生态，保持经济持续健康发展和社会大局稳定，为全面建成小康社会收官打下决定性基础，以优异成绩庆祝中华人民共和国成立70周年。

2019年经济社会发展主要预期目标是：地区生产总值增长3%，规上工业增加值增长3%，规上工业企业利润增长5%，四大支柱产业增加值占地区生产总值比重达到25%，全社会研发经费支出占地区生产总值比重达到2.5%以上，固定资产投资增长6%，社会消费品零售总额增长3%，一般公共预算收入增长6%，全区居民人均可支配收入增长6%以上，城镇登记失业率控制在3.7%以内。单位生产总值能耗、主要污染物排放等约束性指标完成市级下达任务。上述预期目标，综合考虑了当前外部环境，充分结合了大渡口实际，既体现了“总体上以稳为主”，坚持底线思维、积极稳定预期，又为深化供给侧结构性改革、提高发展质量预留了空间，符合中央、全市、全区经济工作会议精神。

当前，大渡口区仍处于逆水行舟、负重前行的关键时期，面对各种困难和挑战，我们一定要进一步解放思想、深化改革，突出以发展为第一要务，坚定信心、迎难而上，奋力实现三个方面的新作为：一是聚精会神提振实体经济，积极推动制造业改造升级，强化招商引资，做优营商环境，充分释放微观主体活力，力求在壮大支柱产业、提升发展质量上有所作为；二是全面系统推进城市发展，强化市区联动、区域协同、资源整合，加快打通出区通道、完善骨干路网，实施城市提升计划、完善公共配套建设，以“产城融合”思路高标准打造重点板块，力求在提高城市价值、创造品质生活上有所作为；三是统筹兼顾提升治理能力，引导规范社会力量参与公共服务供给，防范化解征地征收、房地产等领域矛盾风险，发扬新时代“枫桥经验”，完善城乡社区治理，力求在深化共建共享、实现平安善治上有所作为。为实现全年经济社会发展目标，区政府将重点做好以下工作：

（一）全面深化改革开放创新。以改革破除瓶颈障碍、以开放汇聚资源要素、以创新引领产业升级，因势利导、主动作为，不断增强市场主体活力和发展内生动力。

提升改革实效。全面完成区委确定的重点改革专项。坚持供给侧结构性改革为主线不动摇，围绕“巩固、增强、提升、畅通”狠下功夫，扎实开展“五清”专项行动，重点推进商业商务用房去库存。持续深化“放管服”改革，融入“全渝通办”，优化政务环境。全面落实国务院减税降负和市级“涉企减负30条”“支持实体经济企业18条”等政策措施，扎实开展走访服务民营企业活动，构建亲清新型政商关系，力促全区民营经济增加值增长3%、市场主体数量净增长6%。深化区属国有企业分类整合，强化国有资本在支柱产业发展和重点板块建设上的支撑。深化重点项目“六个一批”调度，确保计划完成率超过80%。

扩大开放合作。认真落实“一带一路”和长江经济带发展战略，积极对接重庆自贸区、中新互联互通示范项目，积极融入重庆高新区“一区多园”发展，服务全市内陆开放高地建设。进一步做实“专业招商、公司运作、板块承接、全区联动”工作格局，深化招商公司市场化运作，完善配套政策、优化决策机制、提升服务质量，力争引进重点项目16个以上，实际利用内、外资完成市级下达任务。大力开展国际产能合作，支持中冶建工、国际复合等企业以“一带一路”地区为重点拓展海外业务，力争外贸进出口总额增长6%。深入实施军民融合发展行动计划，培育壮大生物医药等军民融合产业，支持长征重工、中石化润滑油等优势企业拓展军品市场。

强化创新驱动。深入实施以大数据智能化为引领的创新驱动发展行动计划，推进产学研深度融合，推动传统制造业企业主动调整供给结构、延伸产业链条、增加综合效益。加快“两化融合”步伐，实施智能制造工程，支持15家企业实施智能化改造。进一步优化创新创业生态，提升天安众创空间等孵化平台实效。发挥政策性资金引导作用，鼓励企业加大研发投入。深入实施科教兴区和人才强区行动计划，落实高层次人才“一站式”服务，重点引进一批科技领军人才和高水平创新团队。力争新认定国家高新技术企业10家以上、科技型企业50家以上。

（二）稳步提升经济发展质量。突出重点板块主战场地位，抓项目、稳存量、扩增量，巩固实体经济基本面，推动产业结构优化、新旧动能转换，让经济运行质量更好、效益更高。

加快建桥园区转型升级步伐。推动建桥园区深度融入全市高新技术产业发展大格局。聚焦发展新兴产业，力促国家环保产业（重庆）总部基地开工，中荷环保制造落地，推动三峰环境上市，加快海康威视二期、建桥生物医药产业基地建设，力争全区大数据智能化、生态环保、大健康生物医药等新兴产业规上营业收入突破100亿元。加快建桥A区与周边城区互动融合，打造多功能综合性产业新城。提速建桥C区开发建设，加快红九九、禄苑西南基地等项目建设，确保升光印务、嘉威啤酒等项目竣工投产。新建产业楼宇13万平方米、配套蓝领公寓6万平方米。推动建桥C区拓展规划修编，加快完善市政道路、能源管网等基础配套，进一步夯实产业平台、提升承载能力、拓展发展空间。

繁荣商圈经济带动服务业发展。提速华润万象汇建设，确保蓝光中央广场开业，力促天安云谷二期建成投用、三期实现开工。推动九宫庙商圈业态升级，引进培育主题式、体验式等新兴服务业项目10个以上，促进消费需求拓展提升。加快台湾中小企业产业园、微企梦工场等产业平台提质增效。提速城市新区商业发展， 实现万达广场、居然之家开业运营。支持传统商贸企业做优做精。

加快发展社区生活性服务业和设计、咨询、法律等生产性服务业。

推动钓鱼嘴滨江湾区、伏牛溪板块文体旅产业融合发展。用好滨江、沿轨“两轴”资源，提速城市开发，加快文化、体育、旅游、康养产业融合集聚发展。启动钓鱼嘴半岛规划建设。力促重庆工业博物馆建成开放，支持艺度创微企亮园提质升级。启动伏牛溪生态景观工程和李雪芮羽毛球训练中心建设，加快打造伏牛溪宜居宜养特色小镇。力争全区文化产业增加值占地区生产总 值比重达到3.3%，旅游消费总额增长10%以上。

（三）科学统筹城市开发建设。贯彻“一尊重五统筹”要求，坚持城市开发与品质提升并重，强化基建引领、完善功能配套、美化城市颜值，加快建设宜居宜业幸福家园。

完善基础设施。深入实施基础设施提升行动计划。加快打通出区通道，继续推进轨道交通江跳线、白居寺长江大桥、中顺大道建设和三纵线五台山至双山段、金家湾立交改造，力促轨道交通18号线、大滨路二期、大滨路与九滨路连接道实现开工。完善钓鱼嘴、伏牛溪等片区路网，健全刚性约束机制，确保城市新区开发与公共配套同步建设。坚持公共交通优先发展，加快西城大道公交枢纽站场建设，优化公共交通换乘接驳能力。完善能源基建配套，加快建设陈家坝变电站，启动翠湖变电站扩容改造，新建扩建配气站2个。

提速城市开发。严格执行城乡法定规划，启动新一轮国土空间规划编制，做好滨江湾区、伏牛溪等片区城市设计，塑造特色鲜明的城市风貌。强化与市级投资集团协调联动，加快储备土地整治供应，完成国有土地上房屋征收20万平方米、农村征地1900亩，出让土地1300亩。围绕“产城融合”发展，积极推进四大重点板块开发建设，确保完成投资210亿元以上。坚持房住不炒， 稳定市场预期，促进房地产市场平稳健康发展。全年新开工建设商品房220万平方米，力争销售商品房190万平方米。坚持旧城改造和新城建设并重，实施棚户区改造1780户。

提升城市品质。全面实施城市提升工程，着力推进“大城细管、大城智管、大城众管”。完成“增绿添园”项目10个、绿化改造10万平方米、灯饰提升项目7个。以农贸市场、背街小巷等为重点，深入推进城市综合管理“五长制”。加快推进钓鱼嘴垃圾中转站建设，积极推行生活垃圾强制分类。改造人、车行道15万平方米。加大老旧社区人居环境整治力度。坚决遏制新增违法建筑，整治存量违法建筑55万平方米。新建公共停车场2座、人行天桥2座，新建改造公厕27座。深入实施智能交通二期工程和主城区交通缓堵项目，提高交通通行效率。统筹做好各类小区物业管理指导，完善保障性住房建设管理及综合配套。

（四）致力构建生态宜居环境。牢固树立和践行生态文明理念，深入实施生态优先绿色发展行动计划，推进产业生态化、生态产业化，实现生态优势向发展动能转化，让“绿水青山”成为“金山银山”。

狠抓环境污染治理。坚决打好污染防治攻坚战。深入开展环保“五大行动”。强化大气污染防治，全年空气质量优良以上天数稳定在300天以上。健全河长制、湖长制长效管理，持续巩固重点流域和湖库整治成果，积极推进“海绵城市”建设，确保“两江四岸”综合整治和跳磴河“清水绿岸”治理取得积极进展。继续抓好中央、市级环保督察反馈问题整改，切实解决环境突出问题。加快伏牛溪污水处理厂前期工作，建成建桥B区污水处理厂，新建改造雨污管网22千米，城镇生活污水集中处理率保持97%以上。创建土壤污染治理修复和综合防治示范区。持续开展全国第二次污染源普查。

健全生态监管机制。全面落实重点生态功能区产业准入负面清单制度，严格限制“两高一资”项目，

让生态红线成为不可触碰的“高压线”。落实全民所有自然资源资产管理和生态监管体制改革。深入推进“四山”范围违法建筑整治。加强自然资源环境承载能力监测预警，严格执行生态环境损害责任追究制度。开 展重点用能单位“百千万”行动，鼓励循环型工业经济发展，加快构建创新绿色循环发展产业体系。

建设生态美丽乡村。精准落实“五个振兴”要求，深入实施乡村振兴行动计划，加快推动跳磴城乡融合示范点建设。补齐农村基础设施短板，新建改造金沙路等农村公路 20 千米，解决金鳌山等片区群众出行难题。持续推进农村“三变”改革试点，做精乡村旅游、培育特色农业，多渠道促进农民增收。扎实推进农村无害化卫生厕所建设，巩固行政村生活垃圾有效治理全覆盖成果，持续改善农村人居环境。加强农村基层组织和乡村文明建设。

（五）不断增进社会民生福祉。始终把人民对美好生活的向往作为奋斗目标，深入实施保障和改善民生行动计划，持续办好民生实事，让全区人民看到新变化、增添新便利、获得新实惠。

优化公共服务。加快教育基础建设，启动八桥明德学校等 5 所学校建设，实施茄子溪中学等改扩建工程。进一步提高公办园幼儿人数占比和普惠率。深化职业教育产教融合。积极创建区教师进修学院。加快推动重钢总医院创建三级医院，确保区人民医院综合楼建成投用，启动双山社区卫生服务中心建设，完善医疗 卫生服务体系。深入开展文化惠民活动，加强文艺精品创作。加快城市体育文化公园和健身步道建设，办好李雪芮杯羽毛球公开赛等品牌赛事，大力倡导全民健身。依法实施第十一届村、居民委员会换届选举，落实社区公共服务用房保障政策。

强化民生保障。坚决打好精准扶贫帮困攻坚战。加大临时救助、医疗救助力度，做好支出型困难家庭救助，加强特困人员供养。继续抓好对口支援忠县有关工作。加强就业培训和创业扶持， 新增城镇就业 8000 人以上。进一步扩大养老、医疗保险覆盖面，城乡居民基本养老保险和基本医疗保险参保率保持在 95% 以上。新建 6 个社区养老服务站，创建 2 个市级示范社区养老服务中心， 开展长期护理保险制度试点。力促市残疾人康复中心开工建设。 健全退役军人事务工作体系，做好优抚安置、国防教育、双拥共建工作，共同谱写军政军民团结新篇章。

筑牢安全防线。坚决打好防范化解重大风险攻坚战。加强金融薄弱环节监管，协调金融机构支持实体经济发展。全力化存量、控增量、优结构，严格规范政府融资举债行为。深入推进“扫黑除恶”专项斗争，进一步加大对成品油、冷冻食品非法储存运输经营的整治力度。加快实施“雪亮工程”，强化社会治安防控体系建设，严厉打击违法犯罪活动，确保全区治安形势总体向好。全面落实安全稳定“一岗双责”，扎实做好信访稳定工作，认真落实矛盾纠纷多元化解机制。统筹强化消防、交通、金融、粮食、食品药品和网络信息等领域安全工作。进一步提高政府应急管理水平。

同时，我们还将继续推进第四次全国经济普查和全国质量强市（区）示范城市创建。扎实做好机关事务、人防、民宗、侨务、老龄、青少年、妇女儿童、文联、科普等工作。

三、建设人民满意政府

为人民服务，让人民满意，是人民政府矢志不渝的追求。面对繁重艰巨的改革发展任务，区政府系统务必把政治建设放在首位，以“刀刃向内革命”的勇气推动自身改革，提升行政治理能力，努力建设人民满意的法治政府、廉洁政府和服务型政府。

（一）提高政治站位，全面从严治政。切实把全面从严治党要求贯彻到从严治政全过程，树牢“四个意识”，坚定“四个自信”，坚决做到“两个维护”，坚决肃清孙政才恶劣影响和薄熙来、王立军流毒，更扎实地抓好中央、市委和区委的各项决策部署的贯彻落实。严格落实中央八项规定精神，驰之不息纠治“四 风”问题。认真开展“不忘初心、牢记使命”主题教育。从严控制“三公”经费支出，坚决摒除特权思想、特权现象。严防官僚主义、形式主义反弹回潮，切实减轻基层一线工作负担。严格落实全面从严治党主体责任，进一步扎紧制度笼子，健全工程建设、政府采购等重点领域监管机制，强化预算管理和审计监督。

（二）坚守法治精神，严格依法行政。结合机构改革任务安排，进一步推进政府机构、职能、权限、责任法定化，将政府工作全面纳入法治轨道。严格落实重大行政决策程序制度。健全行政规范性文件管理机制。坚决执行人大及其常委会决议决定，积极支持人民政协履行职责，自觉接受人大监督、政协监督、监察监督、司法监督和社会监督。深化综合行政执法改革，推动市场监管“双随机一公开”流程整合，严格规范公正文明执法。落实“谁执法谁普法”责任制，切实提高执法人员运用法治思维和法治方式解决问题、化解矛盾的能力。

（三）深化政务改革，提升服务水平。按照全市统一部署，扎实做好机构改革各项工作，确保无缝衔接、平稳有序。稳步推进公共服务领域改革，切实推动政府职能转向减审批、强监管、优服务，促进市场公平竞争。巩固行政许可标准化建设成果，持续推进审批流程优化和再造。完成区行政服务中心迁建扩容，提升“三集中、三到位”水平，逐步探索“一窗受理、综合办理” 新机制。积极推进“互联网＋政务服务”，提高跨部门政务协同能力，建成公共服务信息化三级平台体系，让信息多跑路、让群众少跑腿。

（四）强化担当作为，提高行政效能。从政府工作报告任务分解入手，全面实行清单化管理、项目化落实，让“挂图作战、打表推进”成为工作常态。健全执行决策部署和落实重点工作的责任倒逼机制，坚决整治各种不作为、慢作为、乱作为问题。强化督查工作清单式管理，坚决防止运动式轮番检查。深化行政执行力建设，健全容错纠错和正向激励机制，鼓励创造性贯彻落实，让真正干事的干部放下包袱、轻装上阵，以高效务实的政风引领 社风民风，把大渡口建设成干事创业的上善之地。

各位代表！“新时代是干出来的”，追梦人必须努力奔跑。让我们更加紧密地团结在以习近平同志为核心的党中央周围，在市委、市政府和区委的坚强领导下，只争朝夕、奋力拼搏，加快建设“高质量产业之区、高品质宜居之城”，以优异成绩向新中国成立 70 周年献礼！

区第十三届人大三次会议秘书处
2019 年 1 月 21 日印制

概 况

概 述

【概况】 清道光年间，在巴县长江北岸马桑溪设义渡，渡口规模为沿江数十里之首，人称“大渡口”。大渡口区位于重庆市主城区西南部，长江北水岸，在东经 106° 23'23" ～ 106° 31'42"、北纬 29° 20'4" ～ 29° 30' 之间，南北长 17.25 千米，东西宽 13.75 千米，辖区面积 102.83 平方千米。东南与巴南区花溪镇、鱼洞镇、江津区珞璜镇隔江相望，东北、西南与九龙坡区九龙、中梁山、铜罐驿、陶家、石板、华岩镇毗邻接壤。1965 年，经四川省人民政府批准，设置重庆市大渡口工业区，辖新山村、跃进村、九宫庙街道，面积 4.9 平方千米，人口 8.5 万人。1968 年 10 月 14 日改称重庆市大渡口区。1995 年 3 月，经国务院批准，将九龙坡区茄子溪街道和八桥镇、建胜镇及巴南区跳磴镇划归大渡口区行政管辖范围，辖区面积增至 102.83 平方千米，人口 20.45 万人。2000 年，区政府决定建胜镇和茄子溪街道办事处合署办公。2002 年 1 月增设春晖路街道，与八桥镇合署办公。2010 年，春晖路街道办事处与八桥镇分设，茄子溪街道办事处与建胜镇分设。2015 年，大渡口区辖五个街道和三个镇，五个街道分别为新山村、九宫庙、跃进村、春晖路和茄子溪街道；三个镇为八桥、建胜和跳磴镇，区政府驻新山村街道。

大渡口历史悠久，文化沉淀厚重。距今 2 万多年前的马王场旧石器时代遗址、杨家嘴新石器时代遗址，见证了重庆市主城区早期人类的活动遗迹。小南海“龟亭”展现了古巴人交易市场的繁荣。九宫庙、石林寺、白居寺、金鳌寺、马王场、义渡古镇、“气死莫告状碑”镌刻了大渡口的城市记忆。义渡文化、抗战文化、钢城文化传承了大渡口的历史文脉。

2018 年，全区有户籍人口为 26.9 万人，比上年增加 2609 人，其中：男性 13.2 万人，女性 13.7 万人。全年出生人口 2715 人，出生率为 7.84‰；死亡人口 1740 人，死亡率为 6.93‰；人口自然增长率为 0.91‰。全区常住人口 35.7 万人，其中：城镇人口 34.83 万人，城镇化率 97.56%，比上年提高 0.15 个百分点。

区域地势平坦，资源丰富，以装备制造、新型材料、食品医药、冶金建材、汽车、摩托车、电子信息为主。区内基础设施完善，有全市规模最大、技术先进的仓储设施，有全国首个国家级服务业标准化示范园区——建桥工业园区，有中冶建工、长征重工、国际复合、中石化、中船重工、中交集团等大中型企业，产业基础优势日益显现，成为国家级质量兴区先进区县，连续多年被评为“重庆市工业十强区县”。交通网络密集，通信便捷，基础设施完备，成渝、川黔、襄渝 3 条铁路干线交汇，有火车站 6 个，铁路专线 7 条；区域内有 7 纵 7 横城市主干道，210 国道、重庆市内环上界高速路，马桑溪长江大桥，鱼洞长江大桥，城市快速干道陈庹路和轻轨二号线纵贯全境；水运条件良好，有长江岸线 30 余千米和水运码头 6 个。

【自然资源】 土壤。大渡口区境内的基岩属于侏罗纪的砂页岩层，只有西部沿中梁山脉东翼少部分三叠系的砂岩、石灰岩裸露。土壤大多由基岩风化发育而成，主要有紫色土、水稻土和黄壤，长江干流沿岸尚有少量由河流冲积物发育面的冲积土。

植被。大渡口区的森林植被属于亚热带常绿阔叶林。自然植被由常绿阔叶林、针阔混交林和竹林组；人工植被主要由马尾松和柏木纯林组成。主要的植被类型有：以香樟—细叶冬青—枸杞为主常绿阔叶林；以马尾松—杜鹃—铁芒萁为主的马尾松林；以柏木—黄荆—白茅为主的柏木林。林场由于紧邻工矿业区、山体破碎、人口密度大及历史原因，原生植被多被次生针叶林取代，物种丰富程度降低。据调查，林场现有维管植物147科530属860种，其中蕨类植物22科41属75种；裸子植物7科9属9种；被子植物118科480属；有国家重点保护的珍稀濒危植物10种。林场现有组成树种中，针叶树种以马尾松柏木为主；阔叶树有香樟、栎类、千丈、刺桐、桉树、刺槐、黄葛树、泡桐等，经济林树种主要有柑橘、樱桃、桃、李、枇杷、花椒等；竹类有慈竹、硬头黄、孝顺竹等；灌木树种有黄荆、马桑、白荆条等；草本植物有蕨类、南天竹、白茅根等。

野生动植物。境内原生植被已被破坏，有森林植被是多年封育而成的多代散生萌芽残次林，马尾松、柏木群系；林内野生动物资源较少。

湿地。大渡口区境内长江流域、跳磴河、伏牛溪湿地1280.5公顷， 均为一般湿地。

【地理环境】 大渡口区位于重庆市主城区西南部，长江北水岸，在东经106° 23'23" ～ 106° 31'42"、北纬29° 20'4" ～ 29° 30'之间，南北长17.25千米，东西宽13.75千米，面积102.83 平方千米，其中总耕地面积2335公顷。东南与巴南区花溪镇、鱼洞镇及江津区珞璜镇隔江相望，东北、西南与九龙坡区九龙、中梁山、铜罐驿、陶家、石板、华岩镇毗邻接壤。辖区地形西北高，东南低，境内最高点为跳磴镇西部的新合村（中梁山脉），最高海拔693米；最低点为重钢厂区落中子河口，海拔高度171米，高差522米。大部分地域属海拔250 ～ 300米之间的浅丘陵和河流阶地。

大渡口区自然环境优美，北有双山，两峰并峙，翠黛平分，南有长江，蜿蜒萦绕，浩浩东去。大渡口区所辖地域属川东南弧形帚状构造带弧南段，属亚热带季风性湿润气候，年平均气温在18.7℃，冬季最低气温平均在6 ～ 8℃，夏季平均气温在27 ～ 29℃，常年日照总时数1000 ～ 1200小时，冬暖夏热，无霜期长、雨量充沛，常年降雨量1000 ～ 1400毫米。辖区河流属长江水系。流经大渡口区的河流主要有长江及其支流跳磴河、伏牛溪、桃花溪、葛老溪。过境水资源量2805亿立方米，实际利用量8911万立方米，多年平均地表水资源量4390万立方米。

区内土壤肥沃，农耕地主要有水稻土、冲积土、紫色土，土壤大多都富含钾、钙、镁等矿物养分，理化性质好，适合种植粮食、油料和蔬菜作物。境内查明矿产10余种，主要有石灰石、白云岩、耐火黏土、泥岩、砂岩、河沙及煤等。主要自然灾害有：旱灾、洪灾、寒潮、酸雨。

2018年，全区空气质量在Ⅱ级以上天数307天，城区环境噪声平均值52.7分贝，道路交通噪声平均值65.4分贝，饮用水源水质达标率和地面水水质达标率均为100%。

国民经济

【概况】 2018年，大渡口区国民经济实现平稳健康发展，综合经济实力进一步增强。全区实现地区生产总值228.1亿元，比上年同比增长2.7%（下同）；其中：第一产业增加值1.0亿元，下降1.0%；第二产业增加值76.8亿元，下降3.4%；第三产业增加值150.3亿元，增长6.2%。第一产业增加值占全区地区生产总值的比重为0.4%，下降0.4个百分点；第二产业增加值比重为33.7%，下降5.2个百分点；第三产业增加值比重为65.9%，提高5.6个百分点。按年平均常住人口计算，全区人均地区生产总值64072元。

【农业和农村经济】 2018年，全区实现农业总产值13715万元，比上年增长2.1%；其中：农业产值9295万元，下降0.4%；林业产值2780万元，增长14.6%；牧业产值182万元，下降13.2%；渔业产值450万元，下降10.1%；农林牧渔服务业产值1007万元，增长4.6%。全区蔬菜播种面积为0.97万亩，蔬菜总产量1.65万吨；生猪出栏79头；山羊出栏271头；家禽出栏0.59万只。农村常住居民人均可支配收入19487元，比上年增长8.2%。

【工业和建筑业经济】 2018年，全区实现工业增加值49.6亿元，同比下降8.0%。其中：规模以上工业增加值下降9.9%；规模以上工业总产值同比下降2.0%，出口交货值同比下降25.5%，营业收入同比增长 2.9%，营业成本同比增长 4.6%。

分行业看，行业发展呈现不同趋势，非金属矿物业受市场变暖影响，同比增长 0.4%；计算机通信和其他电子设备制造业受龙头企业强势带动，同比增长 71.8%；石油煤炭及其他燃料加工业表现稳定，同比增长 2.6%；专用设备制造业同比下降 14.0%；铁路船舶航空航天和其他运输设备制造业受全国汽车、摩托车销量下降影响，同比下降 25.8%；食品制造业同比下降 0.8%。

分产品看，传统产品呈普遍下滑态势，商品混凝土、硅酸盐水泥熟料、水泥分别下降 42.2%、7.3%、7.9%。新兴产品发展态势普遍表现优于传统产品，玻璃纤维纱、数字激光音视盘机、卫星导航定位接收机分别同比增长 14.4%、59.6%、335.4%。

2018 年，全区建筑业实现增加值 27.2 亿元，比上年增长 7.1%；建筑业企业全年完成总产值 179.2 亿元，下降 5.9%；建筑企业签订合同额 659.9 亿元，同比增长 17.9 %。其中，本年新签订合同额 347.4 亿元，增长 8.8 %。

【第三产业】 第三产业比重持续提高，对经济增长的拉动作用不断增强。2018 年，全区交通运输、仓储和邮政业实现增加值 13.0 亿元，增长 4.2%；完成邮政业务总量 5464 万元，比上年增长 4.4%。接待国内旅游人数 487.6 万人次，比上年增长 7.8%。2018 年，全区实现社会消费品零售总额比上年增长 2.6%。从商品销售情况看，全区批发和零售业实现增加值 20.1 亿元，增长 7.1%，住宿和餐饮业增加值 7.4 亿元，增长 2.3%。2018 年，全区有金融机构 40 家，其中：银行 21 家，小额贷款公司 6 家，担保公司 1 家，基金公司 7 家，保险公司 3 家，证券机构 2 家。有存贷业务的 27 家金融机构年末人民币各项存款余额为 486.4 亿元，增长 15.7%；各项贷款余额为 655.8 亿元，增长 24.7%。金融业实现增加值 27.8 亿元，下降 0.4%。

【固定资产投资和城市建设】 2018 年，全区固定资产投资完成 204.1 亿元，比上年增长 9.5%。按投资用途分，基础设施投资 21.4 亿元，同比下降 7.1%；工业投资 14.6 亿元，同比增长 2.1%；房地产开发投资 169.0 亿元，增长 15.1%。按板块投资完成分，四大板块完成投资 201.3 亿元，占全区投资的 98.6%，板块之外完成 2.8 亿元。四大板块中滨江湾区板块完成 56.6 亿元、九宫庙商圈板块完成 15.4 亿元、伏牛溪板块完成 63.2 亿元、建桥园区板块完成 66.1 亿元。城市环境不断优化，功能品质稳步提升。基础设施建设加快，轨道五号线一期、轨道交通五号线延长线（江跳线）顺利推进；金家湾立交改造工程、白居寺长江大桥等 8 个项目开工建设，南大干道、大滨路三期、重钢片区滨江路南端隧道等 8 个项目建成投用，新建改造城乡道路 18 千米，建成区路网密度达 5.04 千米 / 平方千米；完善公交组织网络，新增、优化公交线路 3 条，新建公交停车港湾 4 个，完成商圈交通优化，布局共享单车网点 245 个，居民出行更加便畅。推进城市基础配套建设，建桥 C 区污水处理厂、镁桥变电站建成投用，丰收坝水厂二期扩建顺利推进，新建改造雨污管网 20 千米。城市管理更加精细，积极推行“五长制”，深入推进“马路办公”，完成 4 座隧道、12 座桥梁美化提升工程，开工建设过街通道 4 座、公共停车设施 4 座，新增停车位 5221 个。启动新一轮棚户区改造，全年完成棚户区改造 1950 户，完成国有土地上房屋征收 18 万平方米，完成农村征地 1900 亩，完成土地出让 413 亩。房地产投资实现较快增长，全年完成 169 亿元、增长 15%，商品房新开工 260 万平方米、销售 192.1 万平方米，分别增长 25%、6.7%。

社会发展

【社会事业】 2018 年，全区有各类学校 113 所。各类学校教职工 4811 人，其中：专任教师 3699 人。各类学校招生人数 16298 人，在校生 54338 人，毕业生 13254 人。2189 人参加高考，2015 人被各类大专院校录取。中小学学校占地面积 69.1 万平方米，校舍建筑面积 68 万平方米。全区受理 1178 项专利申请，其中：发明 315 项，实用新型 803 项，外观设计 60 项。848 项专利获得授权，其中：发明 130 项，实用新型 647 项，外观设计 71 项。全区 219 家企业获得质量管理体系认证，其中：15 家企业拥有当年认证的重庆名牌产品 23 个。全区文化事业投入 2203.5 万元，年末拥有“三馆一站”公共文化设施建设面积 2.40 万平方米，公共图书馆藏书 27.5 万册。2018年末，全区有医院（卫生院）24个，其中：综合医院19个，专科医院3个。妇幼保健站1个，疾病预防控制中心1个。卫生机构床位3004张。卫生技术人员3845人，其中：执业医师975人，执业（助理）医师1125人，注册护师（护士）1464人，药剂人员176人，检验人员105人。医院实现营业收入8.2亿元。全区传染病发病率266.76/10万，计划免疫接种率98.41%，孕产妇住院分娩率100%，5岁以下儿童死亡率5.7‰。

【对外开放】 2018年，全区实现外贸进出口总额20.4亿元，比上年增长13.1%。其中：出口12.9亿元，增长8.3%；进口7.5亿元，增长22.5%。实际利用外资总额2259万美元，比上年下降90.9%。

【人民生活和社会保障】 2018年，全区城镇常住居民人均可支配收入37443元，比上年增长8.2%；农村常住居民人均可支配收入19847元，增长8.2%。城镇常住居民人均生活消费支出26279元，增长3.6%；农村常住居民人均消费支出17435元，增长13.4%。全区城镇常住居民恩格尔系数为30.8%，农村常住居民恩格尔系数为36.8%。年末全区参加基本养老保险人数20.9万人，其中：参加城镇职工基本养老保险人数14.4万人，增长2.0%；参加城乡居民社会养老保险人数1.0万人，增长18.34%。参加基本医疗保险人数28.6万人，增长5.9%，其中：参加城镇职工基本医疗保险人数14.8万人，增长2.3%；参加城乡居民医疗保险人数14万人，增长10.0%。全年城镇新增就业13044人，期末实有城镇登记失业人数1873人，城镇登记失业率2.3%。全年为2.8万人次的城市居民和0.3万人次的农村居民分别发放最低生活保障金1678.4万元和160.7万元。

（区发改委）

政　　治

中共大渡口区委员会

概　述

【概况】 2018年，中共大渡口区委以习近平新时代中国特色社会主义思想为指导，深入贯彻党的十九大和十九届二中、三中全会精神，认真落实习近平总书记对重庆提出的“两点”定位、“两地”“两高”目标和营造良好政治生态、做到“四个扎实”的重要指示要求，全面加强党的建设，全力打好“三大攻坚战”、落实“八项行动计划”“高质量产业之区、高品质宜居之城”建设取得积极进展。

严格落实管党治党政治责任，全面从严治党向纵深发展。坚持把维护党中央的集中统一领导作为最高政治原则，把维护习近平总书记核心地位作为第一位政治要求。区委常委会组织全体区级领导及时全面学习贯彻习近平总书记重要讲话精神和中央、市委决策部署142次，指导各级党（工）委（组）开展学习1400余次，树牢“四个意识”，做到“两个维护”。坚决肃清孙政才恶劣影响和薄熙来、王立军流毒，纠正“翻页”心态，全区政治生态持续向好。扎实推进市委巡视反馈意见整改落实，制订“1+3”整改方案，细化120条整改措施，整改取得阶段性成效。严格执行请示报告制度，向市委报告事项85次。全面加强基层组织建设，制订提升基层党组织组织力10项措施，研发推广运用基层党建智慧云服务平台。严格落实新时期好干部标准，研究制订激励广大干部新时代新担当新作为的25项措施，全力打造高素质干部队伍。大力支持纪检监察体制改革，完成派出监察机构、派驻监察机构、纪委监委机关内设机构改革。持之以恒正风肃纪，出台区委常委会贯彻落实中央八项规定精神实施办法，持续开展违规吃喝问题、违规发放津补贴问题等专项整治，对窗口服务单位形式主义、官僚主义等问题进行专项督查。坚决遏制腐败蔓延势头，从严查处领导干部违纪违法和发生在重点领域、关键环节的腐败案件，深挖彻查群众身边的黑恶腐败问题及其“保护伞”，严厉整治侵害群众利益的不正之风和腐败问题。

聚焦“两高”建设，推动经济高质量发展。全面贯彻习近平总书记视察重庆和参加重庆代表团审议时重要讲话精神，提出全力建设“高质量产业之区、高品质宜居之城”目标定位，大力培育发展大数据智能化、生态环保、大健康生物医药、文化休闲旅游“四大支柱产业”，重点建设钓鱼嘴滨江湾区、九宫庙商圈、伏牛溪片区、建桥园区“四大重点板块”。组建“四大重点板块”管委会筹备组，成立四个产业工作组，设置京、沪、深三个外派招商组，建立“4+4+3”工作推进和招商引资体制机制。“四大支柱产业”发展势头良好，增加值占GDP比重22%。持续推进“三去一降一补”，全面落实国家结构性减税、市级新涉企减负30条等政策，落实政策性减税7.9亿元，减轻社保费用2.9亿元。鼓励引导企业投入研发费用超过10亿元，万人发明专利拥有量18.06件。着力推进“留白增绿增添公共设施”，完成规划全覆盖“一张图”，开展钓鱼嘴、老重钢等重点区域城市设计。深入落实“五长制”，全面推行“马路办公”，不断加强城市智能化精细化管理。坚决打好污染防治攻坚战，持续抓好中央、市级环保督察反馈问题整改落实，扎实开展环保“五大行动”，加强长江岸线资源保护，空气质量优良天数增加24天。深挖大渡口历史人文内涵，提炼“上善之地、大德之城”城市精神。

纵深推进改革，发展动力不断增强。深入学习贯彻习近平总书记在庆祝改革开放40周年大会上的重要讲话精神，认真落实中央和市委、市政府改革部署，区委常委会研究改革工作33次，涉及53个改革议题，召开区委深改委（深改组）会议8次，审定改革方案27个。制订并实施年度重点改革项目计划，结合实际推出改革措施157项，项目化、事项化、清单化推进改革，把改革工作和重点改革项目督察结果纳入年度综合目标考核，推动改革落实落地。坚持一把手抓改革、改革抓一把手，建立专项小组组长和部门主要负责人向区委深改委汇报改革进展制度、专项小组办公室联席会议和改革信息工作会议制度，层层压实责任，确保取得实效。对标对表中央部署和市委要求，召开区委十二届五次全会专题部署推动机构改革，理顺优化党政部门职能职责，提高效率效能，在全市率先成立区县级退役军人事务局。

补短板强弱项，发展环境得到明显改善。针对发展中存在的社会矛盾和历史遗留问题，区委常委会定期听取情况汇报，每月召开“四套班子”领导联席会，研究解决经济运行、重点项目推进、招商引资等工作存在的难点问题，一批历史遗留问题有力有序化解。主动向上汇报，争取市委、市政府实施伏牛溪油库搬迁。推动出区通道不畅等制约发展的难题加快解决，建成南大干道，打通重钢片区北向通道，三纵线五台山至双山段启动改造，大滨路与九滨路连接道进行初步设计审查，区内征收工作全部完成。深化“放管服”改革和商事制度改革，主动融入“全渝通办”大局，完善权力清单、责任清单、市场准入负面清单，建立“马上办网上办就近办一次办”清单，行政审批平均时限缩短52%。认真贯彻习近平总书记在民营企业座谈会上的重要讲话精神，区领导带头对230家规上民营企业全覆盖走访、精准服务，大力支持民营经济加快发展。

保障和改善民生，群众满意度不断提高。全面实施以需求为导向的保障和改善民生行动计划，精准承接10项市级民生实事，梳理追加6项区级民生实事，并对标对表进一步细化为60个子项，实行项目化、清单化、精细化管理。充分发挥镇街贴近群众工作优势，探索实施135项镇街微型民生实事项目，进一步织密民生保障网。打好精准扶贫帮困攻坚战，重点实施就业、医疗、教育、住房、基本生活等5大专项保障任务。全力助推忠县脱贫攻坚，落实帮扶资金932万元。坚持财政资金保民生、保运转，民生领域支出占一般公共预算支出比例达80%左右。实施棚户区改造，完成1950户。加快公园、公厕、立体停车楼等城市配套建设。优先发展教育事业，加快学前教育普惠性发展，推动义务教育优质均衡发展，公办幼儿园人数占比达30%、普惠率达60%。坚持就业优先政策，提供全方位公共就业服务，城镇登记失业率为2.3%。城乡养老、医疗保险覆盖率巩固在95%以上。

深化平安建设，社会大局持续安全稳定。深入开展扫黑除恶专项斗争，制订《扫黑除恶专项斗争工作方案》等文件15个，加大线索摸排和核查力度，完善重大黑恶势力犯罪案件会商机制和挂牌督办机制，圆满完成迎接扫黑除恶中央督导组督导检查，制订反馈意见问题整改落实方案，认真抓好整改。加强社会治安综合防控，刑事案件逐年下降。稳妥处置“10•1”火险事故，将成品油、冷冻肉品非法储存运输销售纳入扫黑除恶专项斗争，向市委、市政府提出开展全市统一行动的建议得到采纳。扎实推进依法治区建设，统筹开展法治德治工作，加大全民普法力度，营造浓厚法治氛围。深入研判全区安全稳定形势，开展交通、信访等9大领域乱象治理，社会环境得到有效净化。强化涉罪未成年人关爱帮扶，持续打造“莎姐”品牌，全国人大、全国政协、最高检等来区专题调研。切实抓好食品药品监管、灾害防控等工作。加大安全生产监管力度，严格落实安全生产主体责任和“一岗双责”，未发生较大及以上事故。实施矛盾纠纷多元化解，推动调解、行政裁决等有机衔接，调解案件3774件。推进重点领域、重点群体、重点问题、重点人员矛盾纠纷化解攻坚行动。

【区委十二届四次全会】 4月13日，召开中国共产党大渡口区第十二届委员会第四次全体会议，区委常委会主持会议。全会深入学习贯彻党的十九大精神，以习近平新时代中国特色社会主义思想为指引，全面贯彻习近平总书记视察重庆重要讲话和参加重庆代表团审议时重要讲话精神，认真落实市委五届四次全会部署，听取讨论了王俊代表区委常委会所做的讲话，研究部署了营造良好政治生态、加强法治和德治、建设“高质量产业之区、高品质宜居之城”的工作，审议通过了《中共大渡口区委关于营造良好政治生态的意见》《中共大渡口区委关于加强法治和德治工作的实施意见》和《中共大渡口区委关于全力建设“高质量产业之区、高品质宜居之城”的决定》。

全会指出，政治生态是一个地方政治生活现状和政治发展环境的集中反映，是党风、政风和社会风气的综合体现。营造良好政治生态，是旗帜鲜明讲政治、坚决维护党中央权威和集中统一领导的政治要求，是持之以恒正风肃纪、推动全面从严治党向纵深发展的迫切需要，是锻造优良党风政风、确保改革发展目标顺利实现的重要保障。要深刻认识营造良好政治生态的重大意义，在前一阶段的工作基础上，以滚石上山的劲头，不断把政治生态建设引向深入，推动大渡口政治生态持续向好、整体向好，形成一切行动听以习近平同志为核心的党中央指挥、自觉向党中央和总书记看齐的良好政治氛围，形成各级党组织坚强有力奋发有为、各级领导干部忠诚担当干净干事、广大干部群众团结一致沉心静气的良好政治局面，形成全区党风政风民风全面好转、整个社会正气充盈的良好政治环境，为全区改革发展提供坚强有力的政治保证、思想保证和组织保证。

全会强调，营造良好政治生态，首先要从政治上认识，从政治上落实，首要的是要牢固树立“四个意识”。要把政治建设摆在首位，坚决维护以习近平同志为核心的党中央权威和集中统一领导，深学笃用习近平新时代中国特色社会主义思想，不折不扣贯彻落实党中央决策部署，确保各级党组织和广大党员干部一切行动听党中央指挥、向总书记看齐，确保所有工作部署都以贯彻中央精神为前提，确保各项事业沿着总书记指引的正确方向前进。营造良好政治生态，必须做好净化工作，坚决清除政治污染。要坚决肃清孙政才恶劣影响和薄熙来、王立军流毒，深刻认识肃清工作的重要性紧迫性，客观看待肃清工作的艰巨性复杂性，切实增强肃清工作的针对性有效性，发挥领导干部带头肃清的示范性斗争性，加强教育引导，注重破立并举，抓住“关键少数”，确保全面彻底干净肃清。营造良好政治生态，要抓住党内政治生活这项基础性工作。要持之以恒正风肃纪，树立正确选人用人导向，用好组织生活这个经常性手段，不断增强党内政治生活的政治性时代性原则性战斗性，真正让党内政治生活严起来、实起来、活起来。

全会强调，加强法治和德治建设对营造良好政治生态至关重要。要紧紧围绕习近平总书记“法安天下、德润人心”的要求，坚持法治反对人治，既讲法治又讲德治，把法律和道德的力量、法治和德治的功能结合起来，把自律和他律结合起来。要大力加强法治建设，持续增强法治意识，深入推进依法行政，严格执法公正司法，领导干部要带头尊法学法守法用法。要大力加强德治建设，用理想信念和中国梦凝聚力量，用社会主义核心价值观引领风尚，用优秀传统文化和人文精神滋养心灵。要大力加强政德建设，坚定理想信念，强化宗旨意识，严格约束自己的操守和行为，做到明大德、守公德、严私德。要努力营造遵法守法、崇德向善的社会氛围，为营造良好政治生态提供有力保障。

全会强调，营造良好政治生态是为了推动各项事业发展，坚决肃清是为了坚定前行。要紧紧围绕总书记“两点”定位、“两地”“两高”目标和“四个扎实”要求，狠抓兑现落实，让既定的行动纲领、战略决策、工作部署兑现，推动大渡口各项工作迈上新台阶。要把思想统一到区委决策部署上来，把力量凝聚到新的发展要求上来，全力建设“高质量产业之区、高品质宜居之城”。要大力培育支柱产业，重点发展大数据智能化、生态环保、大健康生物医药、文化休闲旅游“四大支柱产业”；要着力提升宜居品质，坚持新老城区并重、规划建设管理协同，着力留白、增绿、增添公共设施，努力把城市做精；要突出重点板块建设，着力打造滨江、九宫庙商圈、伏牛溪、建桥园区“四大重点板块”，集中资源、集中力量突破攻坚；要优化工作推进机制，聚焦目标，凝聚力量，努力把“高质量产业之区、高品质宜居之城”建设目标任务推进好、完成好、实现好。

全会强调，要始终保持良好精神状态抓兑现落实。要团结一致、沉心静气，保持定力，树立正确政绩观，以“功成不必在我”的境界，把身心扑在事业上，把精力放在工作上，把方方面面的心气凝聚起来、力量汇集起来，做到想一件、干一件、成一件。要强化“四抓四劲”做工作，求真务实、真抓实干，把握规律、掌握方法，精准施策、精准发力，以真抓实劲、敢抓狠劲、善抓巧劲、常抓韧劲推动各项事业发展。要抓住工作关键环节，统筹抓好部署、协调、督查、评估等工作，以抓铁有痕、踏石留印、钉钉子的精神一抓到底。

全会号召，全区各级党组织和广大党员干部群众要更加紧密地团结在以习近平同志为核心的党中央周围，深学笃用习近平新时代中国特色社会主义思想，不忘初心、牢记使命，团结一致、沉心静气，锐意进取、真抓实干，全力营造风清气正的良好政治生态，奋力建设“高质量产业之区、高品质宜居之城”，推动大渡口各项事业不断迈上新台阶。

【区委十二届五次全会】 12 月 12 日，召开中国共产党大渡口区第十二届委员会第五次全体会议，区委常委会主持会议。全会主题是以习近平新时代中国特色社会主义思想为指导，认真贯彻习近平总书记关于深化党和国家机构改革的重要论述，全面落实党的十九届三中全会和市委五届五次全会精神，研究讨论大渡口区机构改革工作。全会审议通过了《大渡口区机构改革方案（送审稿）》。区委书记王俊做了讲话。区委副书记、区政府区长姚斌代表区委常委会对机构改革方案做了说明。

全会指出，深化党和国家机构改革，是以习近平同志为核心的党中央从党和国家事业发展全局高度做出的重大政治决策，是推进党和国家治理体系和治理能力现代化的一场深刻变革。地方机构改革是深化党和国家机构改革的重要内容，要以习近平新时代中国特色社会主义思想为指导，全面贯彻落实党中央决策部署和市委工作要求，把坚持和加强党的全面领导贯穿始终，把践行以人民为中心的发展思想贯穿始终，把坚持社会主义市场经济改革方向贯穿始终，把坚持优化协同高效的原则贯穿始终，把坚持在党中央统一领导下发挥地方积极性贯穿始终，把坚持以法治方式推进改革贯穿始终，确保机构改革沿着总书记指引的方向前进。

会议强调，机构改革工作政治性、政策性强，要以加强党的全面领导为统领，以国家治理体系和治理能力现代化为导向，以推进机构职能优化协同高效为着力点，调整优化党政机构设置和职能配置，深入推进转职能、转方式、转作风，切实提高效率效能，积极构建系统完备、科学规范、运行高效的机构职能体系，为加快建设“高质量产业之区、高品质宜居之城”提供有力的制度保障。

全会决定，同意将《大渡口区机构改革方案（送审稿）》按程序报请市委审批，批准后抓紧组织实施。

督查工作

【聚焦重点难点热点工作】 制订全区督查重点工作计划，围绕上级决策部署、区委中心工作和热点难点问题，重点开展习近平总书记对重庆所做重要讲话和系列重要指示批示精神“回头看”、中央八项规定精神贯彻落实、陈敏尔书记来区宣讲习近平总书记重要讲话精神时指示要求贯彻落实、市委巡视反馈意见整改落实、区委十二届四次全会精神贯彻落实等专项督查，联合开展作风建设、环境保护、防汛地灾、安全稳定、长江沿线环境整治、重点矛盾问题化解稳控等督查调研，制发督查通报、督查专报 37 期，完成《关于完善社区干部成长和激励机制的思考》等调研报告 3 篇。

【制度建设】 牵头出台《区委、区政府关于加强新形势下督促检查工作的实施意见》，健全任务分解、回访调研、领导带队督查、批示件办理、联合督查、调研督查、决策落实情况报告、核查复核、督查通报、督促整改、警示函、“红黄牌”督办、主办单位评价协办单位等 12 项督促检查制度及操作办法，为全区开展督促检查工作提供制度保障和行动指南。

【督查检查考核事项清理】 贯彻中央和市委、市政府关于统筹规范督查检查考核工作的要求，全面清理全区督查检查考核项目，严格执行年度计划和审批报备制度。通过清理，督查检查考核事项由 106 项压缩为 24 项，压缩率 77.4%，减轻基层迎检迎考负担。

【督查频率】 建立并完善区委重要会议议定事项、区委领导交办事项“大数据库”，变“季度督查”为“及时督办”，加快工作节奏，推动办结落实，全年督办区委主要领导批示指示事项 106 项，区委常委会会议议定事项 165 项，区“四套班子”领导联席会议议定事项 103 项。

【联动督查】 组建生态环境工作组，谋划开展生态环保领域重点督查工作，围绕河长制及环境保护责任落实情况、环境质量改善情况、突出环境问题整治情况等，对蓝天行动、长江直排口整治、华福路市容环境整治等重难点问题开展明察暗访265次，形成《生态环境督查专报》19期，推动中央环保督察、市环保督察反馈问题整改，蓝天行动取得明显成效，辖区生态环境质量持续改善。

政策研究

【以文辅政】 牵头承办区委十二届四次、五次全会，制订出台《中共大渡口区委关于全力建设“高质量产业之区、高品质宜居之城”的决定》。召开“四套班子”领导联席会6次、区委常委会会议47次，及时编发会议纪要，每月开展专项督查，推动区委决策部署落地落实。全年撰写市委巡视整改落实、扫黑除恶专项斗争、常委会班子民主生活会、“3+8”系列专题会议等重要讲话稿、重要报告、汇报材料70余篇。落实市委“兴调研转作风促落实”行动要求，全年研究确定区领导集中调研课题28个，各单位重点调研课题100余个，牵头完成课题调研4篇，全年编发《信息专报》8期，《调研与思考》13期。

【深化改革】 结合中央和市级改革重要任务，统筹推进经济、政治、文化、社会和生态文明建设各领域改革。落实党政主要负责人亲自抓改革要求，坚持问题导向、目标导向、结果导向，全年召开区委全面深化改革领导小组会议6次，专题研究全面推行河长制等重点改革任务，审议通过《关于在大渡口区做大做亮“莎姐”品牌的实施方案》等15个改革方案。制订并实施年度重点改革项目计划，推进改革工作项目化、事项化、清单化实施。完善督察机制，区领导牵头开展改革相关督察200余次，推动落实区级重点改革项目157项。

【依法治区】 贯彻党的十九大精神和习近平总书记关于全面依法治国的重要论述特别是参加重庆代表团审议时的重要讲话精神，召开区委十二届四次全会，审议通过《关于加强法治和德治工作的实施意见》，统筹推进5个方面18项法治德治工作。落实党政主要负责人履行推进法治建设第一责任人职责规定，区委常委会带头学习《中华人民共和国宪法》《中华人民共和国监察法》等法律法规，及时研究法治工作，定期听取部门、镇街主要负责人履职情况汇报，推动责任落实、工作落地。强化宪法学习宣传贯彻实施，精心开展“致敬宪法”宪法日主题活动。加强党内法规制度建设，建立法律顾问和公职律师制度，将合法性审查作为区委重大决策、重要文件的必经程序，备案文件合法合规率100%。加快法治政府建设，推行行政执法“三项制度”，规范权力运行。深化司法体制改革，司法质量、效率和公信力不断增强。加大全民普法力度，持续做大做亮“莎姐”品牌，唐帅律师获评CCTV2018年度法治人物。

保密工作

【保密教育】 抓住领导干部、公务人员、涉密人员等关键少数和重点群体，通过专题辅导、业务培训等形式，强化保密“两识”教育，普及保密常识和保密防范技能。区委常委、区委办公室主任、区委保密委主任韩瑞碧在区委中心组、党校主体班、公务员任职培训、党政机关办公室主任培训会开展保密知识宣讲。区国家保密局到机关单位开展保密讲座3场，在大渡口公园和步行街开展普及保密法知识活动2场，投入资金10万余元，设计制作笔记本、纸杯、玻璃杯、雨伞、毛巾等保密宣传品，拓展保密宣传空间，提升保密意识和保密常识。

【保密管理】 针对保密工作的短板问题，采取措施强化“三大管理”，开展党政办公室主任培训1次、保密业务专题培训2次，针对新形势开展岗位、人员等级确定工作，强化保密专项管理。

加强涉外保密管理，联合区外办、区委组织部、区人力社保局、区公安分局等单位，对机关单位和领导干部、涉密人员涉外活动开展保密提醒，有序做好涉外保密管理；加强重点区域和重点领域保密检查，堵塞失泄密漏洞；加强国家统一考试、重大涉密会议活动保障，对高考、中考、成人高考、教师资格考试、自学考试、公务员事业人员招录等开展全程保密检查、监督，服务保障涉密会议30余场；加强涉密审批工作。

【保密检查】 定期或不定期开展以涉密文件管理、计算机网络管理等为重点内容的保密检查，查找各单位存在的薄弱环节和管理漏洞。全年完成市保密局部署检查任务 10 次，对区内 26 家机关单位开展保密检查，检查电脑 76 台，检查发现问题 100 余个，对检查出的问题全部限期整改并跟踪督办，确保检查出的失泄密隐患得到清除。

（区委办）

组 织 工 作

【概况】 2018 年，全区组织工作以学习贯彻习近平新时代中国特色社会主义思想和党的十九大精神为主线，深入学习习近平总书记关于党的建设和组织工作重要思想，认真落实全国、全市组织工作会议精神，坚持问题导向，在加强党的政治建设、抓好重点专项工作、强化组织体系建设、建设高素质干部队伍、激发人才创新创业活力、大力发现培养选拔优秀年轻干部等方面进行探索。市委常委、组织部部长胡文容到区调研基层党建和人才工作时予以肯定，并对全区干部、人才工作的探索研究成果做出批示，“请陈全、如元、继华、康骞同志阅。有些内容很有开拓性，要注意学习借鉴、推广”。中组部人才局副局长牛伟宏到区调研人才工作。干部人事制度改革工作在市委党的建设制度改革专项小组会议上做专题汇报。中央办公厅《专报》《人民日报》、新华社《国内动态清样》、中组部党建读物出版社、中组部大组工网、市委办公厅《信息专报》和《每日要情》《重庆日报》、市委组织部《组工信息》等刊载信息 20 篇次。

【政治建设】 持续抓好党的十九大精神学习贯彻落实。严格落实党的十九大精神专题学习培训计划，指导督促各基层党组织通过专题辅导、专题党课、收看专题节目等方式，扎实开展专题学习培训，全面完成培训任务，每名党员学习培训均不少于 16 学时。举办党外代表人士学习贯彻习近平新时代中国特色社会主义思想培训班 1 期，培训 63 人。结合“两学一做”学习教育常态化制度化，把习近平新时代中国特色社会主义思想、党的十九大精神和党章党规等纳入基层党组织组织生活必学内容，依托各党支部，通过“三会一课”、支部主题党日、院坝会、背包入户等形式，开展各级各类学习讨论 8100 余场次。强化督促指导，围绕学习培训计划是否制订、主题是否突出、专题培训是否认真开展等重点内容，先后 3 次电话抽查、实地调研、督促整改。

严肃党内政治生活。围绕深入学习习近平新时代中国特色社会主义思想和全面彻底干净肃清孙政才恶劣影响和薄熙来、王立军流毒两个阶段主题，区委常委会班子带头，召开区委常委会班子民主生活会。组建 10 个督导组，由区委常委担任组长，靠前指导 63 个区管领导班子民主生活会，区纪委、区委组织部全覆盖督导，确保民主生活会达到效果。

召开组织生活会和开展民主评议党员工作。全区 556 个党支部按时召开专题组织生活会，查找整改问题 2011 个。以党支部为单位，结合岗位职责开展党员民主评议，评议结果优秀 3242 人，不合格 3 人，给予组织处理 2 人，开除党籍 1 人。严格落实双重组织生活制度，党员领导干部均以普通党员身份参加了所在党支部组织生活。

推动基层党组织组织生活经常认真严肃。严格落实基层党组织五项基本措施和五项基本规范，对组织生活开展情况实行“月监控”和“季调研”，1 月，组织生活网络监督系统首次实现“零通报”。全年已实地调研 121 个基层党组织落实“三会一课”等基础党务工作情况，指导整改问题 210 余个，43 个基层党组织获评优质组织生活党支部。

履行组织工作领域的意识形态工作责任。严格落实中央办公厅《党委（党组）意识形态工作责任制实施办法》要求，印发《关于在组织工作中切实履行意识形态工作责任的意见》，提出扎实开展党的十九大精神培训、强化干部理论教育和党性教育、加大人才政治引领和政治吸纳力度等 7 项具体举措，进一步压实组织工作中的意识形态工作责任。

【专项重点工作】 学习贯彻全国、全市组织工作会议精神。通过部务会、支部主题党日、干部职工会等，组织部机关干部开展自学和集中学习，分干部人才、基层党建、党群服务 3 个板块，开展专题研讨，从突出加强政治思想建设、加强组织体系建设、建设高素质干部队伍等 9 个方面着力，提出 96 条落实措施。

持续推进扫黑除恶专项斗争。将开展扫黑除恶专项斗争作为重要政治任务，传达学习习近平总书记关于扫黑除恶专项斗争工作重要指示精神和中央、市委、区委有关工作要求 30 余次，召开部务会、扫黑除恶领导小组会专题研究相关议题26个，发放《致全市党员干部的倡议书》1.7万余份，利用基层党建智慧云服务平台推送短信3.4万余条。持续整顿后进党组织，11个后进党组织“一支一策”制订整改方案，开展整顿工作“回头看”，全面完成后进整改。全面考察、深入研判有劣迹前科的村社区干部，清理不适宜留任人员48人。严格落实《重庆市村（社区）干部及人选资格审查和处理协作机制的通知》精神，会同纪委监委、公安、信访等相关部门建立联审机制，推行村社区干部任前联审、任职报备、变动报告、台账管理制度，对17名村（社区）干部实行了任前联审，对1名社区干部做出了暂缓任用的建议。强化反馈问题整改落实，根据市委组织部关于印发《中央扫黑除恶第9督导组第一次工作通报对接会反馈问题整改方案》的通知要求，切实抓好中央、市委督导组反馈6个方面问题的整改落实，按照《重庆市扫黑除恶专项斗争第五检查指导组向大渡口区反馈情况的整改方案》要求，针对反馈的少数单位政治站位不高、宣传氛围不浓厚等问题，逐一制订整改措施，限期完成整改。防止宗教邪教在基层蔓延，督促全区各基层党组织组织党员学习习近平总书记关于宗教工作的重要论述，通过院坝会、进家入户等多种方式，开展普法宣传，组织精神文化活动，发动党员群众运用基层党建智慧云服务平台，发现有关情况及时进行上报，做到早发现早处置。

抓好市委巡视反馈意见整改落实工作。逐项梳理需要整改的问题29个，已整改完成26个。针对肃清孙政才恶劣影响和薄熙来、王立军流毒流于形式的问题，区委常委会班子召开了专题民主生活会，深入查找问题，制订整改措施；全区各基层党组织利用支部主题党日，组织开展了专题学习、集中讨论、专题党课；区委党校、行政学校把深入总结反思孙政才严重违纪案和“薄、王”案件教训作为党员干部培训的重要内容，开设了专题课程。针对党内政治生活不正常不严肃的问题，督促各区管领导班子认真学习并严格落实《关于新形势下党内政治生活的若干准则》等制度规定，严肃党内政治生活。针对选人用人不守规矩、不讲程序的问题，坚持党管干部原则，注重从全区层面统筹考虑干部选拔任用工作，规范干部任免酝酿、动议和讨论决定程序，严格执行“凡提四必”。针对机关党建“灯下黑”、基层组织生活不健全和部分党员失教失管等问题，明确将机关党建工作纳入基层党组织书记抓基层党建工作述职评议范围，拟订了有关落实党员干部谈心谈话的制度措施，印发了《关于建立健全城中村党组织作用发挥十六项工作机制的通知》《关于进一步加强重钢等市属国有企业退休人员党员教育管理的六项措施》等制度措施。针对区“民生服务团”流于形式的问题，坚持按季度开展满意度统计调查，建立“双台账”和“工作提醒”机制，向34名民生服务团团长发送工作提醒，促进民生服务团作用的发挥。常态化开展民生走访和民生实事的办理，召开年度工作推进会，利用基层党建智慧云服务平台，合理分配走访任务。

抓好选人用人巡视检查反馈意见整改落实工作。选人用人专项检查反馈问题整改完成17个。针对党的领导弱化、干部选拔任用统筹谋划不够、随意性较大的问题，坚持党管干部原则，严格执行《干部选拔任用工作条例》，深化对干部的日常了解，注重党外干部培养储备的长远规划，结合优秀干部发现调研，加大对优秀年轻党外干部的发现培养和配备力度。针对执行民主集中制不到位的问题，严格执行干部任免议事规则和决策程序，干部选拔任用酝酿环节全程纪实。针对执行选人用人程序不规范的问题，严格选人用人程序，健全完善干部监督信息联系通报机制。针对干部选拔任用纪实不翔实不规范的问题，加强干部工作规范管理和过程控制，修订完善了干部选拔任用工作纪实材料清单。针对政策把握不准的问题，将干部选拔任用工作中需要书面报告的8类情形和需征求意见的10类情形录入干部工作信息系统，在干部调整前安排专人进行比对。针对部分干部到企业任职不规范的问题，对区属国有企业任职的干部进行全面清理，全区国有企业区管干部已全部规范任职。针对下属单位选人用人工作指导监督不到位的问题，结合区委巡察工作开展选人用人专项检查，印发《关于进一步加强组织人事干部队伍管理的通知》，开展全区组织人事工作专题培训。针对存在不担当不作为的问题，印发《关于进一步激励广大干部新时代新担当新作为的二十五项措施》，激励干部担当作为。

抓好专项重点工作的督促检查。把扫黑除恶专项斗争和市委巡视反馈意见整改落实工作开展情况纳入基层党建工作季度调研，向全区各基层党组织下发《工作提醒》，组成4个专项调研组，深入全区29个部门、8个镇街开展专项调研，通报调研情况，对存在问题及时予以指导整改。

【干部队伍建设】 提振干部干事创业精气神。落实中央办公厅《关于进一步激励广大干部新时代新担当新作为的意见》和市委办公厅《关于进一步激励广大干部新时代新担当新作为的实施意见》，印发《关于进一步激励广大干部新时代新担当新作为的二十五项措施》，从教育培养、表扬激励、考核鞭策、关心关爱、容错纠错和澄清保护、强化不担当不作为干部处理以及营造干部干事创业氛围等7个方面，提出25项具体措施，督促有关责任单位及时出台配套措施，定期报告工作推进情况，旗帜鲜明地为敢于担当、踏实做事、不谋私利的干部撑腰鼓劲。制订《激励广大干部新时代新担当新作为宣传工作方案》，下发《关于推荐新时代新担当新作为先进典型的通知》，面向全区各镇街部门单位征集新时代新担当新作为先进典型干部事迹，确定10名人选进行集中宣传。严格按照《中共中央办公厅印发〈关于适应新时代要求大力发现培养选拔优秀年轻干部的意见〉的通知》和《中共重庆市委办公厅印发〈关于适应新时代要求大力发现培养选拔优秀年轻干部的实施意见〉的通知》要求，印发《关于适应新时代要求大力发现培养选拔优秀年轻干部的实施意见》，重点围绕广开进贤之路、突出政治历练和实践磨炼、完善适时使用机制、从严从实监督管理、强化组织保障等5个方面，提出拓宽发现视野、改进人选产生方式、动态管理年轻干部信息库等16项具体举措，推进发现选拔培养年轻干部工作。落实《中共重庆市委组织部转发〈中共中央组织部关于认真做好关心关怀干部心理健康有关工作的通知〉的通知》要求，制订《大渡口区关心关怀干部心理健康具体措施及任务分工》，从正确看待和科学认知干部心理健康问题、加强干部心理健康教育培训、落实和完善体检制度、建立健全干部心理疏导和干预机制、重视干部心理健康和心理素质情况考察考核、加强干部政治思想工作、落实干部关心关爱措施、切实抓好工作落实等8个方面提出了积极开展正面宣传、常规开设心理健康课程、定期举办心理健康讲座等16项具体举措，加大干部心理健康的关心关怀力度。

开展考核调研。结合区管领导班子和领导干部年度考核，抽调18人组成3个考核调研组，在全区开展区管领导班子运行情况调研、区管领导干部人岗相适情况调研、优秀干部发现调研和区管领导干部离任回访。通过近两个月的考核调研，走访区管领导班子（含区管学校和医院）65个，谈话调研1758人次，形成调研报告213份，分“好”“较好”“一般”“较差”“差”5个等次对区管领导班子进行了评价，梳理区管领导存在的问题140项，提出工作建议145条，结合年度考核结果向有关单位进行了反馈；对334名区管领导干部（含离任干部）进行了岗位匹配度分析和精准画像，逐一提出使用及培养建议；发现并储备表现较为优秀的干部198人，其中区管正职干部38人，区管副职干部55人，科级及以下干部105人。配合区目标考核办完成2017年度综合目标考核工作，26个单位获评年度考核先进集体，5个单位予以通报表扬，96名干部被评为优秀，2名干部被评为不称职，1名干部不定等次。成立调研小组，对滨江湾区板块管委会筹备组、九宫庙商圈板块管委会筹备组、伏牛溪板块管委会筹备组的工作开展情况和干部履职情况进行调研。

从严从实监督管理干部。出台《关于进一步加强党员干部谈心谈话工作的实施意见（试行）》，从明确对象主体、规范内容方式、强化结果运用、加强督促指导4个方面，切实加强党员干部谈心谈话工作。结合十二届区委巡察工作开展，对区直机关党工委、团区委、区城乡建委、区商务局、建胜镇、九宫庙街道等11个单位进行选人用人专项检查，督促有关单位对检查发现的问题限期整改落实。规范干部选拔任用程序，干部选拔任用工作纪实材料清单由77个调整为87个，纪实材料模板由66个调整为79个。开展领导干部个人有关事项填报工作，编印《领导干部个人有关事项填报指南》，梳理13项易误报漏报和易混淆情形，分层分类举办6场专题培训，全员培训应填报对象481人，指导填报不规范的40个单位120余名干部按要求进行了补充填报，49名区管领导干部主动书面报告“家事”实时变动情况。开展领导干部个人有关事项报告抽查核实，抽查核实135名区管领导干部个人有关事项报告信息，31人被批评教育，6人做出书面检查，8人被书面诫勉，在干部选任中“放下”3名不如实报告个人有关事项的干部。严格执行监督信息联系通报制度，通报监督信息42件，涉及区管单位15个，科级及以上干部40名，相关监督信息全部纳入干部工作信息管理系统管理。落实《重庆市调整不适宜担任现职干部实施细则》，印发具体工作方案，编制工作流程图，细化7个工作步骤。严格执行有关纪律规定，对5名原区管单位主要负责人、9名现职区管领导干部分别开展了离任经济责任审计和任中经济责任审计，清理规范不符合规定在社会团体兼职干部7名，违规在企业兼职干部5名，全部整改落实到位。

强化干部教育培养。把学习贯彻习近平新时代中国特色社会主义思想、党的十九大精神以及市、区重要会议精神纳入各主体班次的重点必修内容。持续抓好干部政德建设，继续将意识形态、法治建设、保密纪律等内容纳入干部主体班培训安排，把政德教育作为党委（党组）中心组学习、党员干部培训的必修课。突出加强党性教育，召开党性教育专题座谈会，广泛区委党校教师、基层党组织书记、基层党员意见建议，提出制订党性教育大纲、建立党性教育专家库、开展优秀党课遴选等具体举措。聘请10余位党史党建专家学者来区开设党性教育专题讲座，全年举办党性教育专题讲座50余场。提高主体班培训针对性，围绕全区发展思路和战略目标，牵头举办主体班4期，调训处科级领导干部116人次。精心制订专题班培训计划，围绕“四大支柱产业”“四大重点板块”发展所需，在中国科技大学、浙江大学、北京大学等国内外知名高校先后举办大数据与智能制造专题培训班、文化创意与文化旅游产业、生态环保产业发展、生物医药制造与产业发展等专题培训班4期，调训处科级领导干部92人次。改进培训方式，按培训主题打破层级职级调训学员，探索建立培训成果转化跟踪回访制度。严格培训纪律，加强学风建设，印发《学员管理制度》，要求每名学员签订《干部参训自律责任书》，每个培训班次均由区委组织部选派跟班员、区纪委选派监督员全程参与。全区1100余名公务员（参含照公务员法管理人员）按时完成重庆市干部网络学院学习任务。分批次选派优秀干部到“四大支柱产业”“四大重点板块”、巡视巡察等重点一线实践锻炼。全年选派31人到重点板块管委会筹备组工作，9人参加驻点招商，25人次到区委巡察办工作，选派5人到忠县挂职。

常态化开展干部选拔任用和考察审查工作。统筹干部选拔任用工作，全年调整干部75人次，提拔干部18人，进一步使用干部1人。开展镇处级非领导职务清理工作，按程序免去3个镇、7人的副调研员职务，按程序晋升处级非领导职务干部21人。按照市委组织部统一安排，完成全区出席市第五届人大代表候选人建议人选的提名推荐、考察审查等相关工作，配合区人大常委会完成了7名区人大代表补选人选的提名推荐和考察审查，完成团区委、区红十字会、区残联换届人选提名和考察审查工作。接收2018年选调生5人。

开展机构改革相关工作。按照中央和市委要求，在区委统一领导下，会同区改革办、区编办等机构改革相关单位，对机构改革涉及的部门领导班子调整配备、区管干部消化安排等相关事宜进行了提前谋划。印发《关于开展区级机构改革层层谈话的通知》，对涉及机构改革部门的干部，重点是撤并部门的干部，由区委、区政府分管领导和部门领导在区委全会审议机构改革方案并报送市委后2天内和市委批复机构改革方案后2天内，组织开展层层谈话，推动形成机构改革的思想自觉和行动自觉。按照全市统一要求，稳妥有序推进干部调整配备工作，及时为退役军人事务局配备干部，推动退役军人工作的及时开展。安置副团职军转干部和随军家属各1名。

推进组织人事干部队伍建设。贯彻《干部选拔任用工作条例》等规定，印发《关于进一步加强组织人事干部队伍管理的通知》，明确提出着力选优配强、加强管理监督、提升专业水平、强化责任落实等4项具体举措，加强和改进全区组织人事工作。印发《关于建立全区干部考察考核工作人才库的通知》，建立全区干部考察考核工作库，明确推荐范围、推荐条件、推荐名额、推荐方式、工作库管理使用要求、具体工作安排等，2018年，库内已有干部考察考核工作人才45人。组织开展全区组织人事工作暨干部考察考核专题培训，重点围绕干部选拔任用、干部考察考核评价、公务员考核管理、基础党务、事业单位人事管理等内容，全覆盖培训全区各镇街各部门各单位组织人事工作分管领导及工作人员、干部考察考核人才库人员120余人。

【人才队伍建设】 制订人才政策。落实《重庆市科教兴市和人才强市行动计划（2018—2020

年）》，召开人才代表、用人主体、人才管理和服务部门等3场调研座谈会，按“近期能实现、中期能完成、长期可持续”三个节点，梳理提出体制机制改革、引进、培养、激励和服务等5方面81项人才工作措施要点，汇总形成《大渡口区科教兴区和人才强区行动计划（2018—2020年）》，推出百名高层次人才聚集行动、千名产业人才培养行动、万名实用人才开发行动、高等教育资源引培行动、产教协同发展行动、全民素质提升行动、创新主体引育行动、创新园区提升行动、科技成果转移转化促进行动、创新创业生态优化行动等10个专项行动。制订《大渡口区人才强区三年工作方案（2018—2020年）》，推进人才强区，实施“聚才、育才、励才、暖才”4大行动，聚集高素质人才队伍。落实乡村振兴战略规划，印发《大渡口区推动乡村人才振兴实施方案（2018—2022年）》，明确乡村人才振兴工作的总体要求、目标任务、实施步骤和保障措施，重点抓好乡村人才“虹吸”工程、新型职业农民培育工程、新型农业经营主体培育工程、联动各方力量投身乡村建设工程。

实施聚才行动。集聚高层次人才，对接重庆市2018“博士渝行周”活动，组织博士大渡口行，安排有意向的博士到相关企业考察，召开专题座谈会，协调解决博士子女入学问题，全区签约8名博士和博士后，占全市签约博士总量的61.5%。落实2018重庆国际人才创新创业洽谈会工作要求，精心制订专题工作方案，动员重庆迪安医学检验中心有限公司、重庆特瑞电池材料股份有限公司等5家高科技企业参会，组织5名基层科协组织代表参加“生态环保”前沿科技学术报告会，签约引进北京大学、四川大学等知名高校博士4人，签约创新创业项目8个，超额完成市委组织部指标任务，人才引进和项目完成率分别达200%、160%。协助国际复合和宜府住工科技2家企业柔性引进3名院士，实现全区院士层级高端人才引进零的突破。搭建聚才平台，推动天安T+space国家级众创空间、亚马逊AWS、阿里巴巴、创业邦等创新创业孵化平台聚才引智。全年共引进创新创业团队24个、创新创业人才500余人，注册企业77家，新增15家高校毕业生就业见习基地，1个市级留学人员创业园。加快建设科研平台，全年新建5家博士后科研工作站、1家院士专家工作站、1个首席专家工作室和1个市级专家服务基地。

实施育才行动。健全人才培育机制，以“一产业一人才”为目标，实行产业发展规划和人才培养计划同步制订，产业发展资金和人才培养资金同安排，统筹支持人才创新创业培养资金1500万元。实施《大渡口区教育系统“三名”工程建设实施意见》，推动名校长、名教师、名班主任培育，建成“三名”工作室18个，培养学员170余名；推行医学“领航人才”“枢纽人才”“守门人才”培养计划，促进医疗卫生人才全面发展。加大人才培训力度，聚焦经济社会发展和产业培育需求，利用各类资源、市内外高校、培训机构、区内职业教育资源，推动校地合作、校企合作，同步推进高中低端人才培养培训。加大技能人才和专业技术人才培养力度，开展各类项目攻关、技能比武、行业大赛，引导各类人才提高人才技术水平和创新创业能力。全年举办各类高水平创新创业活动70余场次，区级职业技能竞赛3场次，组织技能人才参加全市各类技能竞赛8场，参与人数近6500人；推荐3个项目参加市级技能专家工作室，支持企事业单位创建6个劳模创新工作室和1个职工创新工作室。持续开展体制内外人才“双挂职”活动，制订专题工作方案，明确每年从重点培养的50名左右非公经济企业家和科技型企业经理人中，筛选优秀经营管理人才参与“双挂职”，已推荐微品新兴媒体有限公司董事长陈卜文（挂职区网信办副主任、重庆市共青团宣传部兼职副部长）参加中央网信办在重庆大学举办的“网评骨干高校进修班”和在南开大学举办的“媒体融合传播讲修班”学习；推荐维希文化传播公司董事长徐鹏（挂职区文化委副主任）为重庆欧美同学会副会长、重庆欧美同学会青委会会长。

实施励才暖才行动。印发《大渡口区高层次人才二十五项服务事项清单》，将区内高层次人才分为三类（获得国家级、省部级认定的高层次人才；市级专家库人才、获得国家级荣誉人才高层次人才；对大渡口区经济社会发展有重大影响、重大贡献的紧缺人才），从促进人才自身发展、支持人才创业及工作、优化人才生活服务3个方面着手，设立人才服务专员，组建“保姆式服务团队”，构建“线上＋线下”和“1+N”服务模式，为高层次人才提供学习培训、人才项目申报、职称评审、个税奖补、安居需求、子女入托入学等25项契合实际、具体细化、高效便捷的服务，帮助协调解决工作、生活和创业等各方面的实际困难和问题，解决人才后顾之忧。根据人才层次和服务事项不同，系统梳理市级层面和区级层面人才工作政策，制作“一看就懂”人才政策包，对人才政策涉及的申报资格、材料准备、程序环节等具体内容，以流程图形式予以呈现，在关键节点标注操作指南，方便人才高效快捷熟悉人才政策、看懂办理流程。同时，根据驻区央企、市属国企、区内重点民营企业等不同企业属性，分类上门开展送政策、送信息、送服务“三送”活动。完善人才服务体系，整合教育、卫生、工商、税务、法律等相关部门资源，建立涵盖综合服务、人事代理、员工培养等多项服务功能的“一站式”人才服务平台。按照“1+N”的模式，区级层面设置人才服务专员，负责向服务对象解释政策、协调服务职能部门；对涉及服务事项的各职能部门，分别确定分管领导和人才服务联络员各1名，负责承接办理涉及本单位服务事项的相关工作。以天安梯空间企业孵化器为依托，建立特色产业发展专家服务基地，累计注册服务企业490家。在重钢老工业基地创业就业示范园建设“互联网+”智慧人力资源服务市场，并出台《重庆市老工业基地就业创业服务示范园购买服务暂行实施细则》，累计服务入驻企业194家。关心关爱各层次人才，开展专题调研，赴三峰环境、迪安诊断、国际复合等重点企业，上门调研企业需求。落实全区民营企业座谈会暨走访服务民营企业动员会议精神，重点走访联系的企业，了解生产经营情况、党建工作开展情况，帮助协调解决存在的问题和困难。落实市委办公厅《关于进一步加强党委联系服务专家工作的实施意见》，印发《关于进一步加强党委联系服务专家工作的实施办法》，围绕总体要求、明确范围对象、建立直接联系服务专家制度、加强对专家的政治引领、注重对专家的政治吸纳、支持专家干事创业、发挥专家决策咨询作用、关心专家身心健康、宣传表彰优秀典型、建立完善工作机制10个方面，对党委联系服务专家工作进行了全面细致的工作安排。完善人才信息库，将正高级职称人才48人、高级技师人才95人和区级专家127人纳入信息库管理，有针对性地提供个性化服务。采取实物与货币化相结合的方式解决人才安居问题，为61名人才发放补贴20万余元。每年定期开展专家体检活动，在元旦、春节等重大节假日，走访慰问“千人计划”专家、享受政府特殊津贴获得者等39人。优化人才的社保服务，推行“最多跑一次路”服务清单，将各类人才的社保服务清单由全市实施的37项增加至54项。开展“大渡口区突出贡献人才”评选活动，授予黄万明等20名人才“大渡口区突出贡献人才”称号，给予每人最高5万元的人才项目经费资助。研发人才信息工作系统。

开展“弘扬爱国奋斗精神、建功立业新时代”活动和专家国情研修。严格按照中央、市委文件要求，精心筹备召开“弘扬爱国奋斗精神、建功立业新时代”活动动员部署会，印发《关于在全区知识分子中深入开展“弘扬爱国奋斗精神、建功立业新时代”活动实施方案》，重点围绕广泛开展宣传解读、深入开展学习研讨、抓好专题研修培训、发挥典型引导作用、开展岗位践行锻炼5个方面，提出15项具体举措，推动“弘扬爱国奋斗精神、建功立业新时代”活动的开展。强化人才政治引领，在西安交通大学举办“2018年大渡口区民营企业家高级研修班”，组织39名区内人才参加“我国周边安全环境与形势分析”等国情研修课程。推进专业技术人才知识更新工程，开设“大渡口区区情及政府大数据管理”研修课程，组织区内71名专家学者参加全市共33期高研班的培训学习。中组部人才工作局副局长牛伟宏一行来区调研“弘扬爱国奋斗精神、建功立业新时代”活动和专家国情研修等相关工作，对全区人才工作予以肯定。

【组织体系建设】 提升基层党组织组织力。印发《关于提升基层党组织组织力的十项措施》，从基层党组织加强自身建设和引领外部发展两个角度着手，围绕政治引领力、群众凝聚力、发展推动力、和谐促进力、自身发展力、监督管理力、自我纠错力、党内激励力、任务执行力、工作创新力10个方面，细化分解43项具体工作任务，结合基层党建工作季度调研，对各基层党组织贯彻落实情况进行督查。

研发推广基层党建智慧云服务平台。贯彻全市基层党建工作重点任务推进会精神，研发推广基层党建智慧云服务平台，整合联通工商行政、卫生计生、城市管理等16个部门数据，配套建立信息采集、群众走访、问题跟踪、安全保障4个运行机制，实现服务群众事项、信息数据、党建工作、社会资源、安全稳定风险防控5个方面的统筹协同，初步实现基层党组织主导下的基层组织、机构、人、事、物相关信息“一张网”全覆盖智能化管理。相关经验上报参评全国城市基层党建创新案例，人民网副总裁唐维红、人民日报社重庆分社社长王斌来现场调研考察。加大推广运用力度，拍摄《重庆市大渡口区运用党建云平台提升基层治理水平纪实》专题片1部，召开工作推进现场会3场，举办业务培训会30余场次，组成工作组到村（社区）督导150余次，逐步将平台使用范围从各社区拓展至各行政村。优化平台服务功能，细化完善平台工作使用操作流程、群众反映事项回复流程、走访任务配置方式等平台操作规范，切实提升平台服务质量。深化大数据研判，梳理汇总、分析研判收集各类信息，对存在问题和风险点，及时向有关村（社区）反馈提醒，为有针对性地开展基层治理提供参考。2018年，平台已在全区92个村社区全面推广运用，采集收录10766个组织和机构、379043名居民、19930个城市部件的基本信息，办理3484件社区事务，处理居民反映问题630件，记录社情民意149件，监控风险隐患409个，微信公众号注册用户7000余人。

开展基层党建工作全覆盖调研。组成4个基层党组织建设调研组，重点调研基层党组织政治建设、思想建设、扫黑除恶专项斗争工作任务落实情况等基层党建8个方面32项内容以及村（社区）“两委”班子贯彻执行上级决策部署、贯彻落实全面从严治党责任、党组织书记履行职责及作用发挥等9个方面的具体情况。通过近3个月的调研，全覆盖走访村（社区）、中小学校、医疗卫生单位、非公经济和社会组织等239个基层党组织以及92个村（社区）“两委”班子，开展谈话2293人次，形成“1+4”专题调研报告。调研中，按照“好”“较好”“一般”“较差”“差”5个等次对基层党组织建设及村（社区）“两委”班子运行情况进行了评价，针对调研中发现基层党组织建设及村（社区）“两委”班子运行方面存在的24个问题，逐一对照，有针对性地提出改进措施25项，及时向有关基层党组织进行了反馈，督促限期整改落实。

推进农村党建工作。落实乡村振兴战略，制订《大渡口区推动乡村组织振兴实施方案》，从加强农村基层党组织建设、农村干部队伍建设、群众性自治组织建设、新型农村集体经济组织建设、平安乡村建设5个方面入手，加大乡村振兴的政策、资金、人才支持力度，以组织振兴促乡村善治，促乡村振兴。为发展壮大全区村级集体经济，会同区农委，制订《大渡口区发展壮大村级集体经济工作计划方案》，明确提出用3年时间，实现城市规划未覆盖的农村集体经济组织中集体经济“薄弱村”年经营性收入超过5万元的目标。召开聚焦乡村发展难题，精准落实组织振兴专题推进会，推进全区乡村发展组织振兴工作，全区空壳村已全部消除，薄弱村集体经济建设正持续推进。严格按照市委组织部部署安排，印发《农村带头人队伍整体优化提升行动工作方案》，在全区实施农村带头人队伍整体优化提升行动，从选好配强、加强教育培养、严格监督管理3个方面，提出全面摸排研判、及时补充调整等具体措施12项，为实施乡村振兴战略提供组织保证。印发《关于建立健全城中村党组织作用发挥十六项工作机制的通知》，重点围绕强化城中村党组织政治功能、严格党员日常教育管理监督、密切联系服务拆迁安置群众工作、配合安置社区教育引导农民变市民、切实为加强城中村党组织建设提供保障5个方面，提出建立健全议事决策、重大事项审核把关、过渡安置党员跟踪联系、拆迁工作党员作用发挥考察、重点人员分类联系、联系服务群众代办、“两委”班子摸排研判、城中村改造专项投入、督促指导考评等16项工作机制，强化农民过渡到市民的教育引导。

持续加强城市基层党建工作。印发《关于进一步加强城市社区党组织对业主大会和业主委员会政治引领的通知》，强化社区党组织对业主大会和业主委员会的组织领导、人选提名审查、选举过程指导和日常监督，将党的政治领导延伸到城市基层治理的“神经末梢”，初步形成社区党组织领导、业委会履职尽责、党员群众广泛参与小区治理的良好氛围。加大推广力度，召开工作推进会2场，对业主大会和业主委员会首次成立或者按期换届相关法律法规规定、程序流程、材料模板、案例分析、工作答疑等反复研讨论证并汇编成册，在全区各住宅小区全面推广，相关工作专题片正在筹备拍摄中。强化城市社区党的组织体系设置和作用发挥，推行社区建党委、网格建支部、楼栋建小组，推动党的组织和工作覆盖到社区每个角落。在具备条件的社区组建社区党委，统筹加强对社区党建工作的领导；

根据社区网格划分，按照一个党支部对应一个或几个网格的要求调整党支部设置；根据网格内楼栋数量和党员居住分布情况，以一个或几个楼栋为单位，合理划分党小组，实现社区党组织设置与社区治理的有机融合。发挥城市社区党组织领导核心作用，全面推行“事前党组织先议、事中党组织主导、事后向党组织报告”制度，强化社区党组织审查把关，把社区党组织的推荐人选通过一定程序明确为辖区内群团组织、社会组织的负责人。对于驻辖区范围内的“两代表一委员”人选提名推荐、涉及社区事务专项督查考核，均充分征求社区党组织的意见。构建城市基层党建联动机制。建立党建联合协作机制，建立健全区级、镇街、社区党建工作三级联席会议制度，以辖区内有代表性的党组织负责人作为成员，区级层面每半年召开1次，镇街、社区层面每季度召开1次，协调解决党建工作和建设管理中的重大问题。建立社区事务联络制度，驻社区单位明确1～2名社区事务联络员，全面加强社区与驻社区单位的沟通联系，通过党课联上、活动联办、服务联动，实现组织共建、资源共享、活动共联。全年召开区级党建联席会2次，8个镇街、62个社区召开党建联席会226次，研究解决各类问题216个。建立信息收集汇总机制，社区党组织每周召开1次民情分析会，听取所属部分党支部书记、党小组长、居民小组长、楼栋长等一线工作人员的情况报告，全面掌握辖区情况；通过入户走访、现场发现、结对联系等方式，及时收集社区存在的安全隐患、矛盾纠纷等问题；引导居民群众在发现可疑人员、安全隐患等重要问题时，及时向社区党组织报告。建立情况双向通报机制，区级有关部门（单位）批准、变更或撤销有关法人、组织主动向所在社区通报。相关单位、组织在社区实施工程项目、举办重要活动提前向所涉及的社区进行通报。区公安派出所、镇街司法所、区房管局及时将有关人员信息、房屋入住和出租情况等相关信息向社区通报。社区党组织加强对不稳定因素的排查，向上级党组织和有关部门（单位）及时报告情况。

统筹推进机关、国企和事业单位党建工作。机关党建方面，定期向区委常委会汇报机关党建工作，将机关党建工作纳入区委直属党组织书记抓基层党建工作述职评议范围，督促各直属党组织将机关党建工作纳入基层党组织书记抓基层党建工作述职评议范围，组成4个调研组，对部分机关党组织党建工作情况进行了抽查。落实加强机关党建工作的五项指导意见，指导钓鱼嘴滨江湾区、九宫庙商圈、伏牛溪板块管委会筹备组和区委第一、第二巡察组成立临时党支部，配合区直机关党工委举办了党的十九大精神基层党员示范培训班。国企党建方面，严格落实区委出台的《关于加强国有企业党的建设落实全面从严治党的实施意见》，推行“双向进入、交叉任职”，区属国有企业党组织书记均由董事长担任，党组织副书记均由总经理担任，党员副总经理全部进入党组织班子成员。指导国有企业每月开展1次党建形势分析，严格落实“四步工作法”，把党建工作要求写入新成立的二级企业章程，充分发挥国有企业党组织在企业“三重一大”事项决策中的领导把关作用。事业单位党建方面，加强学校党建工作，印发《关于进一步加强全区中小学校党的建设工作的九项强化措施》，明确提出强化党组织对学校工作的全面领导、加强党组织书记队伍建设、严格党员队伍教育管理监督、加强师德师风建设、落实全面从严治党责任等9项措施，加强党的全面领导。推行学校党组织书记、校长“一人兼”。推进公立医院党建工作，落实关于加强公立医院党的建设工作的意见和市委实施意见，会同区卫生计生委，结合大渡口区实际，印发《关于加强全区公立医院党的建设工作的实施意见》，重点围绕发挥公立医院党委的领导作用、加强公立医院领导班子和干部人才队伍建设、提升公立医院基层党建工作水平、把抓好公立医院思想政治工作和医德医风建设、强化公立医院党建工作领导和指导5个方面，细化提出20项具体措施，切实加强党对公立医院的全面领导。

开展非公党建工作。大力推进律师行业党建工作，落实全市律师行业党建工作会精神，针对律师行业党建力度不够、政治引领作用发挥不突出等问题，印发《关于进一步加强律师行业党建工作的通知》，从强化党组织对律师行业的政治引领、强化律师行业党组织和党员作用发挥、强化律师行业党务工作者和党员队伍建设、强化律师行业党建工作责任落实4个方面，部署安排律师行业党建工作。开展工作律师行业党组织全覆盖调研，召开专题座谈会，组织全区律师事务所出资人、党组织书记到秋田公司党委现场观摩学习，探索打造律师行业党建工作品牌。强化互联网企业党建，贯彻落实全市互联网企业党建工作座谈会精神，在全市率先成立区互联网界联合会和互联网行业党委，精心筹备召开区互联网行业党委成立大会暨第一次党委会，指导将党的建设写入协会章程。针对全区互联网企业党建组织覆盖和工作覆盖质量不高、互联网企业党员队伍建设力度不够大等问题，印发《关于进一步加强互联网企业党建工作的通知》，明确提出提高组织覆盖和工作覆盖质量、充分发挥党组织作用、加强党员队伍建设、强化组织保障等4个方面的具体举措，加强互联网企业党建工作。加大民营经济党建工作力度，贯彻全市、全区民营经济发展大会和民营企业座谈会精神，通过组织宣讲、纳入组织生活学习安排等方式，持续传达学习习近平总书记关于促进非公有制经济发展的重要讲话精神。开展“集中走访精准服务民营企业”活动，先后走访了解重庆科而士集团、重庆万家燕有限公司等10家区内民营企业，收集各类问题20余项，协调有关部门及时跟进解决。对标对表全市抓党建助推民营企业发展十条措施要求，制订《关于贯彻落实〈重庆市抓党建助推民营企业发展十条措施〉的通知》，从干部、人才、基层党建3个方面制订13项具体措施，分解工作任务31项，明确责任单位、配合单位、完成时限，务实推动抓党建助推民营企业发展各项工作任务。推动新兴领域党建工作，印发《关于进一步加强新兴领域党建工作的通知》，在工业园区，突出机制创新，重点建立同步跟进、联系指导、作用发挥三项机制；在商务楼宇，突出管理体系优化，重点是理顺管理体制、优化组织设置、强化工作带动；在商圈市场，突出资源统筹联动，重点是强化部门联动、扩大组织影响、提升服务水平。对全年新增的4869家非公组织进行了摸排，新找到党员46人，新组建党组织15个，非公经济和社会组织党的组织覆盖率分别为87.38%和78.85%。着力加强对重点行业领域党建工作的指导，新选聘非公党建工作指导员4名，实现各镇街、重点行业、重点区域非公党建指导员全覆盖。持续推进秋田齿轮有限公司党建标准化建设。

强化基层党组织队伍建设。整体提升基层党组织队伍水平，全覆盖培训党支部书记和基层党务工作者，围绕基础党务知识、基层党建工作实务和基层党建工作重点任务，举办基层党组织书记和党务工作者示范培训班，培训基层党组织书记和党务工作者82人。举办村（社区）党组织书记、非公党组织书记全覆盖培训班2期，培训基层党组织书记410人，区委各直属党组织分层分类专题培训所属基层党组织班子成员和党务工作者。举办村（社区）干部能力素质提升专题培训班2期，组织63名村（社区）党组织书记、村（居）委会主任先后赴厦门大学、北京大学学习。建立后备干部队伍台账，确保每个基层党组织至少有1～2名后备干部，从全区优秀村（社区）党组织书记、村（居）委会主任中招聘事业单位工作人员2人，会同区人力社保局、区编办等完成从优秀村（社区）干部中考录公务员前期准备工作。强化党员发展教育管理监督，印发《关于进一步加强重钢等市属国有企业退休人员党员教育管理六项措施》，从开展联系核查、实行见面沟通、推行入户走访、强化分类管理、落实关爱帮扶、严格不合格党员处置等6个方面提出具体教育管理监督措施，教育引导退休人员党员发挥作用。印发《关于扎实做好退役军人党员组织关系的通知》，建立大渡口区2013—2018年退役军人党员工作台账和大渡口区2013—2018年未落实组织关系的退役军人党员工作台账，抓好退役军人党组织关系的转接工作。全面评估2014—2018年全区党员教育培训工作规划贯彻落实情况，形成了专题评估报告并上报市委组织部。严格党员发展把关，对发展对象开展全覆盖政治审查，对发展党员工作调研排查中发现的问题，指导基层及时抓好整改。落实党员违纪违法季度信息通报和处置工作机制，2017年以来排查处置违纪违法党员34人。承接中组部完成党员组织关系转接和社区党组织接收党员组织关系2项专题调研。强化党内功勋荣誉表彰激励，严格落实《中国共产党党内功勋荣誉表彰条例》和《重庆市贯彻〈中国共产党党内功勋荣誉表彰条例〉实施办法》，制订《实施细则》，从总则、表彰、追授、纪念章、待遇和管理、附则6个部分对党内功勋荣誉表彰工作做出具体明确的规定，确保党内功勋荣誉表彰激励条例的落地落实、产生实效。

加强基层工作保障。印发《关于加强村（社区）组织运转经费保障工作的通知》，规范村（社区）专职委员补贴，建立补贴正常增长机制，为村、社区干部统一购买养老保险和社会保险，村（社区）干部待遇人均每月增长500余元，每月为村（居）

务监督委员会成员、村（居）民小组长、村（社区）党组织下设党支部书记补助误工补贴 50 ～ 100 元。印发《关于进一步完善村（社区）干部激励成长机制的四项措施》，提出工作年限补贴“五年一调”、按时足额发放年度考核优秀补贴、加强干部日常培训培养、强化干部队伍关心激励等四项措施，其中，对年满 40 周岁及以上、在全区村（社区）累计工作年限达到10年及以上的村(社区)在职在岗“两委”成员，工作年限补贴实行“五年一调”，每人每月增加 500 ～ 900 元不等，调动村（社区）干部积极性、主动性。强化党群服务平台建设，调整组建 80 个民生服务团，搭建区级领导、处级干部、党代表、人大代表直接联系服务村、社区的平台，全年共转入党员 4434 人次，转出党员 777 人次，接待党员群众来信来访1800余人次。配合区民政局拟订了《大渡口区镇街、村（社区）便民服务阵地建设计划实施方案（2018—2020）年》。

推动全面从严治党责任落实。开展基层党建形势分析调度工作，建立“年初安排部署、月跟进指导、季分析调度、年终述职评议”的工作机制，印发《关于开展基层党建形势分析调度工作的通知》，在区级、镇街、村（社区）3 个层面开展基层党建形势分析调度工作，区委每季度、各镇街党（工）委每月、各村（社区）党组织每旬分析调度 1 次基层党建工作，并将基层党建工作形势分析调度工作开展情况纳入基层党建综合目标考核。目前，各镇街党（工）委、村（社区）党组织定期开展基层党建形势分析调度已成为常态。2018 年，分析调度解决基层党建工作中存在的突出问题 533 个。严格执行基层党组织按期换届有关规定，建立健全换届提醒督促机制，确保基层党组织换届工作按期进行。印发《关于调整基层党组织设置审批权限和程序有关工作的通知》，将基层党组织的设置审批权限下放至区委直属党组织和有关主管党组织，简化办事程序，提高工作效率。强化党建工作督促指导，加强对区委巡察工作移交问题的督促整改，组成 2 个工作组，对 2017 年区委巡察移交和发现的涉及基层党建工作的 64 个问题进行指导整改，形成专题核查报告，约谈党组织书记及分管领导 16 人。针对市委组织部督查组督查指出的基层党建工作存在的 9 个方面共性问题，提出 18 项整改落实措施，抓好整改落实。会同区财政局到 4 个镇街专项检查基层组织建设专项经费和党费使用情况，并对检查发现的 6 个方面的问题下发通报，督促区委各直属党组织开展对照检查，抓好整改落实。会同区纪委监委，组成 3 个工作组，对全区镇街公共服务中心、村（社区）便民服务中心、区行政服务中心办事大厅和区级部门行政服务分中心办事大厅开展了作风问题专项检查通报。严格逗硬党建工作年度考核，严格落实区管领导班子党建工作年度考核实施办法，会同区级有关部门，对 2017 年基层党建工作开展情况进行了考核评价，将党建年度考核结果纳入年度综合目标考核，占比权重调整到 25%；对工作中出现区管领导班子成员违纪违法等 3 种严重情形的，实行“一票否决”；对考核排名本序列倒数 10% 的，区管领导班子、党（工）委（组）书记不得确定为“先进集体”和“优秀”。开展述职评议，召开 2017 年度抓基层党建述职评议会，听取各镇街、部分部门党（工）委书记述职，并开展了评议工作，区委各直属党组织和有关主管党组织分别组织所属基层党组织书记就抓基层党建工作进行了述职评议。

【党建制度改革】 按照市委书记陈敏尔在大渡口区调研时的指示精神，抓好 9 项区级重点改革项目的对接落实工作，其中，涉及干部工作的 2 项，涉及人才工作的 2 项，涉及基层党建工作的 5 项。2018 年，已完成改革任务 7 项，形成相关制度成果 9 个，另有“不忘初心、牢记使命”主题教育和领导干部考核制度改革 2 项待全市统一部署后实施。

（区委组织部）

宣传工作

【理论武装】 理论学习。制订《2018 年度全区党（工）委（组）理论学习中心组学习意见》，指导全区各级党组织抓好理论学习。切实发挥区委理论学习中心组学习龙头带动作用，组织开展区委理论学习中心组学习 19 次，参加市委理论学习中心组电视电话会分会场学习 3 次。向区委理论学习中心组成员赠送《红船》《五大发展理念案例选•领航中国》《新时代面对面》等学习读物 3600 余册。指导全区基层图书室设立政治理论读物专柜，协调各区级部门向全区基层图书室赠送《习近平讲故事》《周恩来：永远的榜样》《读懂邓小平》《习近平新时代中国特色社会主义思想三十讲》等各类政治理论读物12400余册，对全区政治理论读物进行摸排清理，销毁过时和不合规范的政治读物700余册。指导督促全区各级党（工）委（组）围绕十九届二中全会、三中全会和市委五届四次全会、五次全会等重大会议精神开展各类理论学习中心组学习1400余次。开展“学思践悟党的十九大精神”征文比赛、“学懂弄通党的十九大精神”职工知识竞赛等活动，兴起学习贯彻党的十九大精神的热潮。

理论宣讲。印发《关于开展习近平总书记两会期间系列重要讲话精神宣讲工作的通知》《关于开展习近平总书记在全国民营企业座谈会重要讲话精神宣讲工作的通知》，组织区委宣讲团分赴各部门镇街、民营企业、金融机构广泛开展集中宣讲300余场。制订《关于打造“理论直通车”推进理论工作大众化的工作方案》，组建民生宣讲团、义渡宣讲团、书记宣讲团、名师宣讲团、非公宣讲团、“草根”名嘴宣讲团，开展分众化、多样化宣讲5000余场。各级党组织通过“乡村夜话”“建胜168”“背包义工”“巾帼英雄”等各类特色宣讲队，深入镇街集市、楼栋院坝、田间地头、在建筑工地等基层一线开展普及宣讲，八桥镇融城社区作为全市唯一社区荣获市社科普及工作示范点。开展习近平新时代中国特色社会主义思想微宣讲活动，分阶段、片区开展系列微宣讲比赛。

理论研究。结合区委、政府中心工作及群众关心热点难点等问题开展调查研究，形成《大渡口区城市人文精神调研报告》《我市基层群众文化需求现状调研》《学前教育过度商业化研究》等一批研究成果。在《重庆宣传》《重庆学习论坛》等市级刊物刊登《自觉担当“聚民心”的使命任务》《打造“理论直通车”不断推进理论工作大众化》《做“修德”头雁 树为政清风》等20余篇理论时评和文章，市级刊物《重庆宣传》《重庆社科界》用稿量保持全市第一。结合中央、市委和区委的重要会议精神，党委政府重要工作，最新舆论关注的焦点和百姓关心的热点等，定期完成理论时评、文章的撰写、审稿和推广工作。在“大渡口发布”“大渡口网”、《大渡口宣传》《大渡口报》上刊载有深度的理论时评、文章120余篇。

【新闻宣传】 区内宣传。开设“推动重庆各项事业沿着习近平总书记指引的方向奋力前行”“把党的十九大精神全面落实在重庆大地上”等专栏，开展主题宣传，推动党的十九大精神天天见、天天新、天天深。开展“工匠精神”“转作风 走基层”系列典型宣传，持续宣传深入落实习总书记对重庆提出的“两点”“两高”定位和“四个扎实”要求的生动实践。开设“壮阔东方潮、奋进新时代”主题宣传专栏，启动庆祝改革开放40年大型主题采访活动，围绕改革开放主题，对近年来改革开放发展成果进行重点宣传，对区内的重大纪念活动进行集中报道，营造纪念改革开放40周年浓厚氛围。

对外宣传。举办新闻发言人培训班，提高街镇部门新闻宣传意识和水平。《人文巴渝•义渡往事》《婉拒客商要求 对方反倒来投资 大渡口区招商安商有何妙招》等重点报道引起强烈的社会反响。邀请组织重庆电视台、重庆日报、华龙网等市级媒体对大渡口德法同治、服务民营经济、四大新兴产业等经验做法和发展成效进行集中采访，人民日报、光明日报、经济日报以及凤凰卫视、文汇报、香港有线电视台等中央、境外媒体也多次来大渡口进行采访报道，报送外宣新闻线索300余条，在市级、中央以上主流媒体（报纸、电视）刊发稿件1000余篇（条）。

城市营销。在重庆卫视重庆新闻联播前推出15秒城市广告宣传片，向全国及全球推广传播大渡口“上善之地 大德之城”的义渡文化和城市形象，借助机场、高铁、轻轨等媒体平台，广泛传播大渡口形象广告片，提高城市美誉度和知名度。利用到国外招商引资等机会，向俄罗斯、英国等10余个国家和地区推介重庆、宣传大渡口。积极打造旅游文化网红景点，在大渡口区部分取景的电影《幸福马上来》上映，《童心迷局》《爱心妈妈》《恋上双人床》等多部电影在大渡口区开机拍摄。启动拍摄大渡口新版城市形象宣传片。

【社会宣传】 “孝行义渡”主题行动。深化“孝善立德”“家风润万家”教育实践活动，制订下发《大渡口区“孝行义渡”主题行动实施方案》，举办“孝行义渡”大讲堂，结合道德模范、感动人物、身边好人、十佳孝善之星等典型人物评选活动，成立“孝道文化宣讲队”，开展孝道主题讲座52场，在全区统一制作发放“新时期孝道日常行为规范”3000余份，通过打造孝道主题社区、孝道主题校园、孝善文化墙、善行义举榜等宣教阵地，开展“孝道之星”“孝心少年”“孝亲敬老先进单位”评选活动，举办孝老爱亲主题摄影展等，承办“我们的节日·重阳”市级示范主题实践活动，吸引了1000余名市民和游客参与，新华网、人民网、重庆日报等中央及市级媒体相继进行报道，营造“孝行义渡”的浓厚社会氛围。

“法律点亮生活”行动。完善大渡口区法治公园建设，及时更新普法宣传栏内容，以法治公园为载体，真正为老百姓集中普法，让老百姓生动学法、灵活用法，市委常委、宣传部部长张鸣亲自调研并给予肯定。探索《大力实施“法律点亮生活”行动，推动社会主义核心价值观融入法治建设》实践经验，在扬州举办的中宣部社会主义核心价值观宣传教育工作培训班上代表全市进行交流发言。《人民日报》以《让法律细雨浸润“无声世界”》为题对“法律点亮生活”典型人物唐帅的相关情况进行了报道。12月3日，在大渡口公园举办重庆市千万市民学法律“致敬宪法”2018年宪法日主题活动，得到社会的普遍认同和高度肯定，掀起了学习宪法的热潮。

群众性宣传教育。完成八桥镇融城社区“五品家园”升级打造，中宣部办公厅夏光明主任领导等给予高度评价，《打造“五品家园”推进基层宣传思想文化工作接好地气》在中宣部宣传信息上刊载。承办全市“梦想社区·幸福家园”主题日暨2018年第一期感动重庆月度人物发布会以及杨雪峰先进事迹报告会。策划组织交通安全宣传、“6•5世界环境日”等多个大型宣教活动。用好梦想课堂平台，全年开课1111次，覆盖10万余人次。加强政工队伍专业化建设，推荐评审教授级高级政工师1人，中级政工师1人。《在深化“四理”上下功夫 推动基层思想政治工作落细落小落实》等经验文章在《重庆思想政治工作》上刊载。强化公益广告日常管理，新增LED固定宣传点位，发布各类公益广告近5万平方米。

身边典型挖掘。邓伟明荣登2018年5月“中国好人榜”，韩光耀家庭获评“全国最美家庭”，王小燕等5人获评“重庆好人”。选树推荐“最美巴渝·感动重庆月度人物”“岗位学雷锋”示范岗和标兵等先进典型24人次，唐帅被中央电视台评为“宪法的精神 法治的力量”CCTV2018年度法治人物，推荐唐帅、陈光孝为“感动重庆十大人物”预备人选。大渡口区王小燕、陈光孝被评为“感动重庆月度人物”，春晖路街道松青路社区卫生服务站荣获“重庆市岗位学雷锋活动示范点”。以典型人物为原型，拍摄制作的微电影《今生第99万次拥抱》《傻母孝子》在全市第四届“爱·重庆”微电影大赛中分别荣获一等奖和优秀奖，《今生第99万次拥抱》主演石敏荣获最佳女主角，导演何苦荣获最佳导演提名，荣获优秀组织奖。利用“大渡口发布”微信公众号等媒体资源，宣传报道各级各类先进典型优秀事迹2400余次。

【文明创建】 精神文明创建。加强对各单位的文明创建工作指导，提升文明创建质量。围绕“文明在行动·重庆更洁净”“德法相伴·文明出行”等专项行动，广泛开展“文明餐桌”“文明旅游”“文明生活进农村”等主题活动390余场，发放绿色环保、文明交通、文明旅游等文明礼仪宣传资料46000余份，引导人们养成良好文明，形成礼仪新风。依托130余支结对帮扶队伍，开展“爱心进农家”“我们一起奔小康”等系列结对帮扶行动750余次，受益群众5万余人。完成《着力打造“五品家园”推进环境卫生“整治”变“自治”》工作专报，获市委常委、宣传部张鸣部长肯定性批示，重庆日报、重庆晚报、重庆新闻联播等市级媒体相继进行专题报道。

公民道德宣传。开展“好人微访谈”“榜样面对面”等道德典型学习宣传活动50余场。完善先进典型回馈激励机制，健全道德典型基本信息库。完成《大渡口区五措并举推进公民道德建设》《以“德”引领社区共治共享——大渡口区八桥镇试点推行德分宝积分管理模式》专报，获得市委宣传部领导肯定批示。组织开展“爱心传递·欢庆元宵”“追思先人·感恩幸福”等“我们的节日”系列主题民俗文化活动290余场，举办爱国卫生、传统文化、绿色低碳、移风易俗等主题知识讲座610场次，受益群众62000余人。利用各级各类资源平台，广泛刊播“讲文明树新风”“图说我们的价值观”和“文明礼仪我带头·争做重庆好市民”系列公益广告45900余次。

志愿服务活动。全区注册志愿者人数83790人，占常住人口的27.5%，注册志愿团体647个，开展志愿服务项目1326项，累计登记志愿项目5646个，培育和发展了建胜“168”“敲门有爱 晴暖万家”“蚁家”等优秀志愿服务组织，加强“莎姐”品牌在全区推广力度。深化“四大行动”和“八大项目”，开展卫生清洁、文明劝导、节用惜福、法律咨询等各类志愿服务活动2200余次，发动志愿者37000余人次参与。接待全国政协卢展工副主席一行来区调研建胜镇回龙桥社区和区检察院志愿服务工作情况，对社区志愿服务和“莎姐”法律志愿服务工作给予肯定。

未成年人思想道德建设。参加第三届“寻根乡愁•记住年味——九童圆梦狗年春节行动”，互助小学的蒋思捷等10名小朋友分获相关项目不同奖项。参加全国第七届优秀童谣进行编排制作和开展传唱活动，征集报送优秀童谣100余首，其中推荐的童谣《节日歌》获评重庆市优秀童谣二等奖，并推送参评全国优秀童谣。参加“寻找最美教师”活动，大渡口区幼儿园园长赖天利等7名教师获评“最美校长”等荣誉称号。积极参加重庆市“新时代好少年”学习宣传活动，钰鑫小学钟雨含和37中李敏获评重庆市“新时代好少年”荣誉称号，评选表彰区级“新时代好少年”10人。

【网络管理】 网络宣传。深化平台建设，整合两微一端、手机报、电视台、报纸等多重业态，打造融媒体中心。充分利用人民网、新华网、今日头条等新媒体资源，建立覆盖全区、影响全市、辐射全国的现代传播体系。全年阅读量10万以上的微信作品16篇，《重庆地表温度83.4℃！我们带着医保卡高温下暴走10小时，寻找最热的地方》阅读量达165万以上，网易直播“寻找城市英雄”阅读量70万以上。成立全市首个区级互联网界联合会及互联网行业党委，得到市委非公工委领导的充分肯定，并被市委网信办推荐参加中国网络社会组织联合会开展的“网络社会组织党建工作优秀案例征集”活动。开展“人民的情怀”等主题宣传，发布相关文章200余篇，传播超80万人次。人民网、新华网等网络媒体推送大渡口区原创稿件1000余篇。引导区内网络团队参评第三届全国“五个一百”网络工程，3个作品分别入围，其中《我眼里的重庆》入选动漫音视频类正能量作品并得到央视新闻的肯定，陈卜文再次入选五个一百正能量榜样。培育和发展“爱心银行”服务公益App等网络公益品牌7个，受众覆盖面10余万人。“梅明社工”搭建网络公益平台，开展活动300余场，网络公益正能量传播作品阅读量超百万人次、点赞上万次。组织参加第二届“中国青年好网民”优秀故事征集活动，检察院陈鹏宇故事入选。

网络安全保障。下发安全通报14期，发现并处理高危漏洞网络安全风险2起，排查处置“网页篡改”安全事件1起，修复高危漏洞3个，约谈单位负责人12人次，有效消除安全隐患，关键信息基础设施和重要信息系统零事故。下发重大节日、敏感事件节点安全提示19次，同时对公共区域LED显示大屏专项整治，建立信息安全应急处置机制，全年未出现敏感内容，重大节点网络安全零事故。组织“‘4•15’全民国家安全教育日大型宣传”“网络安全宣传周”等，开展活动48场次，发送公益短信15万条，公益广告播放覆盖30万人次，线上线下参与人数1万余人次。创新形式，联合区应急办、区安监局、区卫计委、区公安分局、区消防支队、伏牛溪油库等单位，开展全市首次网络公共安全综合应急演练，得到市委网信办相关领导的肯定。

舆情管控处置。舆情信息工作全市领先，舆情信息总分13078.27分，中宣部综合采用70篇、中央网信办综合采用64篇。全年上报重特大情报性信息30余条，全市第一。八桥镇舆情直报点上半年舆情信息排名全市第二。独家发现全市重大舆情事件60余起。完成全国“两会”、重庆五届四次全会等舆论引导任务155次，完成微评论、信息转发等28060条，创作网评文章、H5、漫评、微视频等网络作品370余篇，11件作品被华龙网推送，9件作品被重庆App推送。发现并处置男子攀爬茄子溪段货运列车触电等10余起重大敏感舆情。发现并处置涉区网络舆情199件，回复184件，线下处置11件，删帖2件，回复率92.5%，处置率99%。

治网管网。全面加强属平台巡查监测，开展“清朗”等专项网络治理行动20余次，清理色情低俗庸俗类信息171条，清理违规采编新闻类信息1条，侦破涉网案件39起，查处违法违规互联网单位17家，查处涉嫌非法集资网站1起。建立全区微信公众账号和App账号台账，全面监管新闻信息发布情况，确保全年未出现不当新闻。及时查处微信公众号“大渡口在线”违规刊发新闻信息、博客“信密安”

违规发布敏感公文等事件，并对责任人进行约谈，未造成负面影响。全年约谈整改违规网站和新媒体15家，行政警告2家，关停账号6个。

【文化建设】 文化体制改革。制订《大渡口区文联深化改革实施方案》《大渡口区“文化馆图书馆总分馆制”纵深发展实施方案》《大渡口区推进中华优秀传统文化传承发展工程实施方案》《大渡口区推动乡村文化振兴工作方案》等，推动文化体制改革纵深推进。启动文图分馆直管运行模式，建成市三十七中、区育才小学、农村商业银行文图分馆以及10个特色文化分馆，拓展分馆服务领域。启动区图书馆功能改造升级工作，完成常嘉社区“24小时自助图书馆”建设。谋划建设区群众文化艺术中心，建成了8个镇街和48个村（社区）综合文化服务中心，实施总分馆上下联动，深入基层、深入群众拓展服务2000余场次。

文艺精品创作。《唱起歌来上大梁》《重庆小面》荣获第八届重庆市乡村文艺会演一等奖，《睡在上铺的兄弟》《一封表扬信》夺得第六届重庆市戏剧曲艺大赛戏剧类、曲艺类头魁，并将与《唱起歌来上大梁》代表重庆参加第十八届全国群星奖角逐；作家杨颖作品荣获由中宣部、中国文联组办的2018年优秀童谣征集推广活动二等奖；舞蹈《开心的日子舞起来》《高粱秆节节甜》作为重庆市唯一代表进京参加全国广场舞北京集中展演活动，并在央视一、三套频道进行了直播；成功申报2018年中国文联、重庆市文联重点文艺创作项目5项，音乐作品《洒满乡愁的小路》、电影作品《最后的棒棒》、电视剧《我的兄弟是城管》等获2018年重庆市文艺创作资助项目，重庆何苦影视传媒有限公司获市电影扶摇计划资助150万元，歌曲《那一年》、小品《睡在上铺的兄弟》入选全市当代文学艺术创作工程规划项目。

文化惠民活动。坚持总分馆上下联动，发挥义渡红色文艺轻骑兵作用，利用特色文化广场打造“广场相约”文化品牌等活动1200余场次。围绕“拥抱新时代•践行新思想•实现新作为”主题开展新春“画意大渡口”美术作品展、文化进万家活动、“颂歌十九大•筑梦新时代”2018年春节联欢晚会、“曲艺名家闹元宵”文艺志愿服务、“奋斗幸福•拥抱青春”——庆“五一”“五四”文艺会演、“扫黑除恶保安定•整治乱象育新人”等文艺演出活动100余场；围绕“改革开放40周年”主题，开展职工文艺会演、美术书法摄影联展、文化馆总分馆成果展演等20余场。开展全民阅读活动400余场次，送图书2000余册，送春联5000余副，送电影600余场，送展览讲座100余场次。

文化产业。第四次经济普查初步摸底文化企业915家，较第三次经济普查增加了4倍。协调伏牛溪板块携手推进“爸爸的山坡”研学旅行项目，协调滨江板块做好洲际酒店、李少红艺术学院（艺创小镇）落户，配合九宫庙板块做好居然之家、美克斯健身等项目的落地服务等。召开全区旅游发展大会，编制《大渡口区泛旅游产业资源调研报告》《大渡口区旅游三年行动计划及项目策划方案》《大渡口区旅游资源普查》，出台《文化休闲旅游产业扶持办法》，优化文化产业政策环境与氛围。加强与民革、民进、九三、侨联、民宗办等党派及部门的联系，成功接待来自台湾、宗教界及各党派客商100余人次，推介文旅资源。开展大渡口区第二届文化惠民消费季活动，拉动文化消费5000万元。文化产业财政投入9000万元，全区文化产业营业收入可望突破30亿元，增幅20%。

（区委宣传部）

新闻工作

【概况】 大渡口区新闻宣传中心是大渡口区委宣传部领导下的正处级全额拨款行政事业单位，成立于2008年3月，最初由大渡口报编辑部和大渡口新闻60分影视部整合而成，2010年底成立广播事业部，2017年10月成立新媒体部。大渡口区新闻宣传中心现由报刊采编部、影视报道部、广播事业部、新媒体部和综合保障部组成，有编制19人，其中处级职数3人，科级职数7人。中心拥有员工58人（在编人员18人，聘用人员40人），专业涵盖报纸编辑记者、电视摄制编播制作、广播节目制作、新媒体编辑制作等业务门类。

区新闻宣传中心负责正确、全面、及时地宣传党的路线、方针、政策，贯彻执行党和国家有关信息化工作的政策和各种法规；围绕区委、区政府的中心工作，通过电视、报纸、网络等新闻媒体，全面客观报道全区政治、经济、文化和社会生活等方面的情况，报道全区改革开放和各条战线的先进典型，充分发挥区内媒体的宣传阵地作用和服务职能。

【报刊】 《大渡口报》创办于1991年，每周三刊，四开八版，发行量为2万份。《大渡口报》连续9年荣获优秀区县报称号。2018年《大渡口报》开设了《把党的十九大精神全面落实在重庆大地上》《推动重庆各项事业沿着习近平总书记指引的方向奋力前行》《在习近平新时代中国特色社会主义思想指引下——新时代新气象新作为》《看效果大型系列报道》《壮阔东方潮 奋进新时代——庆祝改革开放40周年》《扫黑除恶进行时》《转作风 走基层》《全力建设“高质量产业之区、高品质宜居之城”》等栏目，刊发稿件1500余篇。采用消息、通讯、专访、图片等多种报道形式，深入持续采访报道了全区上下以习近平新时代中国特色社会主义思想为指引，全面贯彻党的十九大精神的具体举措、实际行动、生动事迹。

【电视】 区新闻宣传中心是重庆电视总台的业务合作中心之一，每天自制的“大渡口社区60分”在重庆电视台公共频道20：00～21：00播出1个小时。

2018年，大渡口电视台推出了《习近平总书记重要讲话落实在重庆大地上》《扫黑除恶》《环保督察》《工匠精神》《看变化》《曝光》等多个栏目，播出时长500余分钟，推出了推动民营企业高质量发展部门负责人访谈10期，拍摄完成区纪委交办的2个廉政专题片的拍摄制作。电视外宣工作继续在全市保持领先，全年完成重庆电视台新闻上稿近500条，平均每月近40条。

【广播】 大渡口广播电台于2010年12月30日正式开播，又名农村应急广播系统，主要有两大功能：一是日常宣传报道；二是对突发事件的应急功能。

大渡口广播有新闻、社会热点资讯、《农村党员关怀》《真情故事》、特色资讯、美文欣赏和生活小常识、公益广告等栏目。每天播出时间135分钟，分早、中、晚三个时段播出，每个时段45分钟。全年播出广播栏目350期，播出时长780个小时。2018年大渡口广播对中央、市委和区委的重大会议等进行了专题报道，开设了法制宣传教育、扫黑除恶、民生走访工作、创建志愿之区、文化活动等专栏报道，全年播出100余期。

【新媒体】 区新闻宣传中心新媒体部成立于2017年11月，包括大渡口网、大渡口手机报、大渡口发布政务微博、大渡口发布微信公众号、义渡热爱App、大渡口手机台、大渡口报数字报等多个新媒体平台，是大渡口区唯一的官方网络宣传阵地。

2018年，在大渡口网、大渡口发布微信公众号、大渡口发布微博、义渡热爱App、大渡口手机台、大渡口手机报等平台先后开设了《在习近平新时代中国特色社会主义思想指引下——新时代新气象新作为》《壮阔东方潮奋进新时代——庆祝改革开放40年》《深入学习贯彻习近平新时代中国特色社会主义思想》等专题专栏，大渡口网发稿约6300篇，义渡热爱App发稿近9000篇，大渡口发布微信公众号发稿约1700条，大渡口发布政务微博发稿近4500条，大渡口手机报发送273期，大渡口手机台发送电视新闻近150期。

（区新闻宣传中心）

统 战 工 作

【经济领域统战】 协助区委、区政府召开全区民营经济发展大会和全区民营企业座谈会。联合区人大、区政协开展百家民企大调研、结合非公经济人士每周接待日活动，把民营企业反映的困难和问题传达到党委政府，整理反映问题建议85个，得到区主要领导批示并由区政府督查室督办。召开非公有制经济工作联席会议，协同召开全区“政银企”合作座谈会，配合有关部门制订促进大渡口区民营经济发展的政策文件和区级领导联系服务重点民营企业和小微企业制度。协同举办民营企业现场招聘会，组织66家民营企业提供了52个工种共计1330个就业岗位。联合检察院开展“送法进企业•服务民营经济”检察开放日主题活动，联合法院开展“巡回法庭”，开展“大手牵小手”活动，组织5家大型民营企业与50家小微企业结对子。围绕高质量发展、民营企业参与乡村振兴战略和“军民融合”发展等13个方面的情况进行了专题调研，支持引导民企转型升级。

按照区委部署，将“建桥同心园”作为统一战线围绕中心、发挥优势、服务发展的工作平台，全区统一战线“立足统战为全局，凝心聚力促发展”，各党派主委率队赴中央和市委会汇报，争取支持，与民革中央两岸青年创新联盟签约，6个党派在同心园建立实践基地，争取到市侨联、市欧美同学会、市新专联、市工商联青委会等大渡口行9次。2018年各党派、统战团体推荐招商引资项目24个，其中对接考察项目14个，签约项目4个，落地项目3个。经各民主党派邀请，聘请智库专家16人，牵线搭桥招商引资项目18余个。中央统战部网站、《重庆日报》等10余家主流媒体进行了宣传报道。市委常委、统战部部长李静来区调研，给予“建桥同心园”工作肯定性批示。

【民主党派、统战团体】 强化政治引领，开展“学讲做”系列活动200余场，覆盖全区统战成员4000余人次。在民主党派中央、各级统战系统媒体平台上刊载各类信息报道20余篇。以纪念“五一口号”发布70周年为契机，与中国民主党派历史陈列馆联合开展图片巡展，观展人数2000余人次；开展纪念“五一口号”征文比赛，征文200余篇，不少文章荣获党派市委会奖励；支持各民主党派、无党派人士以“不忘合作初心，继续携手前进”主题教育活动为主线，开展“观故居·走多党合作之路”“学习先贤，品味时光”等传统教育活动。推动合格参政党建设走向深入，创立政党协商“三不三直三回应”机制，完善政府领导对口支持党派重点课题调研制度，邀请党派主委列席区委常委会，加强党派专职干部配备和流动，多党合作制度效能不断提升。创新开展“党派基层组织规范化建设”，34个党派支部落地社区，与中共基层党组织挂钩，实施“6个1”规范化工作，党派支部政治功能和组织力得到增强。依托社区“梦想课堂”平台、社区志愿者服务平台、社区学育平台等，党派支部在社区开展活动50余次，收集社情民意40余条，协助化解基层矛盾10余个，推动民主党派支部成为社区综合治理的“好帮手”。规范化建设工作经验被市委统战部提名申报统战工作实践创新成果，天津北辰区、广东茂名市、新疆昌吉州等20余个民主党派来区学习交流规范化建设工作经验。完善定期走访党外干部制度，与区委组织部联合建立党外干部工作联席会议制度和统一的党外后备干部队伍名单，加强党外人士挂职锻炼，加大党外干部培养使用力度，党外代表人士队伍建设稳步推进。

开展新的社会阶层人士统战工作。按照市委统战部要求，成立区新的社会阶层专业人士联合会和区欧美同学会（区留学人员联谊会）。加强新社会阶层人士摸底调研，与区人大、区政协和组织人事部门、镇街及园区、企业等相关方面协同配合，掌握全区留学归国、新媒体专业人士等新阶层人士分布及代表人士情况，开展无党派人士身份界定，积极向市委统战部推荐报送优秀无党派人士人选。落实市委统战部交办的楼宇统战试点工作，开展阳明心学讲座、商务礼仪培训、家装美学分享等楼宇统战“一家一品”系列活动，开展新阶层人士服务新经济大型分享访谈、新媒体解读市区重大会议精神宣传活动，增强“四个认同”，壮大主流思想舆论。

区侨联借助市侨联、重庆华商会、市侨青会资源推荐大渡口经济社会建设项目61项，承办“2018年侨界代表人士智行大渡口活动”，与中国国际广播电台国际在线重庆频道建立长期合作关系，推荐区相关部门参加国际在线重庆频道“重庆西区域发展研讨会”，组织全区中小学生参与十九届世界华人学生作文大赛，推荐参赛作文651篇，共有77篇获奖，连续8年荣获优秀组织奖。与河北省唐山市侨联签订友好侨联合作协议，提升为侨服务工作水平。区侨联主席童筱渝荣获“全国侨联系统先进个人”，向涪陵、武隆、丰都、石柱、重钢等侨联组织传达第十次全国侨代会精神。

【民宗侨台】 做好民族宗教工作。协调区委政法委、区执法局、有关镇街和新疆驻渝工作组一道解决新疆来区经商务工的维吾尔族群众占道经营有关问题。在古尔邦节期间，会同区公安分局、区少数民族联谊会，一道走访慰问新疆来区经商务工的维吾尔族群众，注意掌握思想动态。在全区所有镇街及中小学校开展第八个民族团结进步宣传周活动，筑牢各民族平等、团结、互助、和谐的民族关系。争取各级财政资金200万余元，完成市级重点寺观教堂马王街基督教礼拜堂复建项目内部装修，指导金鳌寺等5个场所及时整治10余处安全隐患，推动教职人员生活补助得到落实。

推进对台交流服务，协助建桥园区推进重庆（大渡口）台湾中小企业产业园建设，办好第十届“重庆·

台湾周”相关活动，联合建桥公司举办台湾中小企业产业园台胞台企中秋茶话会，开展中央和重庆市惠台政策以及港澳台居民居住证申领的有关政策宣传，积极帮助解决困难问题。加强对台交流合作，组织区台办、镇街、村社区有关同志参加的基层交流团赴台开展深耕基层、深耕经贸、深耕人文交流工作。

邀请重庆海联会副会长张祖荣赴建桥工业园考察国家环境保护焚烧处理与资源化工程技术中心并进行座谈交流，助推澳门万国集团先后两次来区调研重庆工博馆项目，制订《大渡口区统战系统港澳台海外统战工作联席会议制度》，与市外侨办协调，为困难归侨侨眷争取慰问金约 1 万元，指导建胜镇新雨社区开展学习宣传贯彻党的十九大精神暨“爱满建胜 情暖侨心”敬老暖侨系列活动，指导春晖路街道阳光社区开展“全国为侨公共服务示范单位”授牌仪式。

【统战理论、文化建设】 提升统战文化进校园工作实效。开展全区各中小学校校级干部和党支部书记 120 余人的统战知识进国民教育专题培训，承接市委统战部统战知识进国民教育培训班现场教学，各区县 80 余名学员来区进行了学习交流。与区教委联合制订《2018—2019 学年统战知识进国民教育工作方案》，召开统战知识进国民教育工作现场会。茄子溪中学《基于统战文化的校本选修课程建设与思考》在第十四届重庆市基础教育课程改革征文大赛上获一等奖。中央统战部举办的全国统战系统宣传工作负责人培训班把大渡口区统战文化进校园工作作为现场教学内容，在茄子溪中学观摩校本话剧《毛泽东三顾特园》和全市精品选修课《统战文化的智慧与艺术》。李静部长对大渡口区统战文化进校园工作充分肯定，市委统战部划拨经费 10 万元推动工作再上台阶。

由大渡口区牵头的全市 2017 年重点课题《网络统战 2.0：运用网络开展统战工作的探索与思考》荣获 2017 年度全国统战理论政策研究创新成果二等奖。课题成果被中央统战部研究室《调研参考》《重庆市统一战线理论研究成果蓝皮书》采用，并在《河北省社会主义学院学报》上刊载。承接市委统战部 2018 年全市统战理论重点课题《学习贯彻习近平总书记关于加强和改进统一战线工作的重要思想的理论思考》，主要观点被中央统战部微信公众号“统战新语”采用，全文被中央统战部研究室《调研参考》采用。

全年向上级部门报送信息报道 100 余篇，中央统战部网站采用 6 篇，各民主党派中央网站、杂志、报纸刊载 26 条，《重庆日报》采用 13 篇，“重庆统战”微信公众号采用 6 篇，重庆统一战线网站采用 70 篇，《重庆统一战线》杂志采用 7 篇。

制订《加强全区统一战线工作宣传的办法（试行）》，建立宣传工作通报制度，协调《大渡口报》开设“建桥同心园”专栏，全区统一战线累计在《大渡口》报上刊载统战信息 100 余条。区委统战部编辑出版大渡口统战报 12 期、6000 份，集中宣传了全区统一战线相关工作。开通“义渡统战”微信公众号，制订《微信公众号信息发布细则》，推送全区统一战线各类信息 50 余条。

【自身建设】 抓学习，开展机关干部读书学习、“青年说 • 专家讲”活动，支持参加系统内外、市内外教育培训，大力增强统战干部能力素养。抓调研，开展“兴转促”活动，建立“部领导牵头、科室负责”调研机制，支持鼓励统战系统各单位加强调查研究，激发调研工作的积极性和主动性，连续 4 年获全国统战理论政策研究创新的一等奖或二等奖。

抓执行，落实全面从严治党主体责任，坚决肃清孙政才恶劣影响和薄熙来、王立军流毒，支持驻部纪检监察组依纪依规开展监督执纪问责，巩固统一战线风清气正的良好政治生态。落实市委统战部“四个作为”“四个当天”“三个一流”要求，建立“四通报”制度，探索重点工作挂图作战、打表推进机制，把中央、市委、区委的要求部署落到实处，见到实效。

（区委统战部）

机构编制

【地方党政机构改革】 深入学习中央、市机构改革文件精神及全市机构改革动员部署会精神，聚焦改革难点，深入 8 个镇街、10 余个区级部门开展专项调研 20 余场，充分收集整理了各领域各层级的意见建议，全面梳理各机关事业单位历史沿革情况，建立完善全区机构编制电子台账和纸质案卷“双档案”。参照中央及市机构改革实施方案，在主要机构设置同中央保持基本对应，发挥地方积极性，补足体制短板，形成机构改革方案初稿，后经多次修改完善。12 月，市委、市政府批复大渡口区机构改革方案，批准全区设置党政机构 42 个，其中：党委机构 13 个（纪检监察机关 1 个，工作机关 12 个）；政府工作部门 29 个。

【重点领域体制机制改革】 完善纪检监察体制改革。按照纪检监察体制改革工作要求，调整完善区纪委监委主要职责内设机构和人员编制规定，区党风廉政宣传教育中心机构编制规定；调整部分派驻纪检组监督单位，明确向重点板块管委会筹备组延伸监督；设立区监委派出第一、第二监察室；设立区留置管理中心，完善全区纪检监察体制；落实巡察机构设置改革。会同区纪委监委积极谋划巡察机构设置改革工作，及时设立区委巡察工作领导小组办公室；镇街机构改革。按照市委、市政府改革文件精神，对 3 镇 5 街的机构设置和编制配备情况进行了专题调研，并与市委编办反复沟通，深入对接，结合实际，形成优化完善镇街机构设置方案。

【行政审批改革】 会同区政府法制办、区行管办及各相关单位，根据本年度市政府关于取消、下放和调整行政审批事项相关文件的要求，开展区级行政审批事项清理，及时取消、承接和调整对应区级行政审批事项。完成区级审批服务事项“马上办、网上办、就近办、一次办”（简称四办）梳理工作，梳理出区级“四办”项目 665 项，经区政府同意后已正式印发公布。按照职责分工，配合推进全区工程建设项目审批制度改革试点相关工作。

【行政管理模式】 根据市委、市政府相关文件精神及工作要求，参照市级部门机构改革中的职能配置、机构设置、人员编制配备，按照相关领域改革要求，完成区委改革办（法治办）设置工作，调整区发展改革委、区人力社保局、区投资促进办、区残联、区老龄委办及部分镇街的机构编制及职能职责。

【事业单位规范调整】 按照“精简、统一、效能”原则，进行资源整合，理顺管理体制，优化事业单位机构编制配置。设立大渡口区留置管理中心，将区政法信息中心更名为区社会治安综合治理综治中心，区中小企业信用担保管理中心调整设置为区社会保障资金管理中心，增加区环境行政执法支队事业编制及内设机构，增加区社保局内设机构，增加区老干部活动中心、区国库集中支付中心、春晖路街道社区服务中心事业编制。按规定核销机关后勤服务人员事业编制余编 5 人。

（区编办）

机关党建

【概况】 2018 年，区直机关党工委共审批发展党员 23 人，预备党员转正 24 人，为机关党的建设注入了新的活力。举办入党积极分子培训班 1 期，培训发展对象 29 人、入党积极分子 35 人。

【政治建设】 将“两学一做”学习教育常态化制度化与党内生活相结合，通过多种形式组织机关党员学习党的十九大和习近平系列重要讲话精神及党纪党规等，区直机关党工委书记深入基层宣讲 8 次；坚决肃清孙政才恶劣影响和薄熙来、王立军流毒，坚决贯彻落实中央扫黑除恶有关工作要求，确保党的路线方针和区委的决策部署在机关有效落地。落实意识形态工作。明确主要领导、分管领导、工作人员意识形态工作责任，做到守土有责、守土负责、守土尽责。

加强廉政建设。落实中央八项规定精神，严肃财经纪律，自觉开展自查清理清退工作；严肃开展专项整治“四风”突出问题、领导班子廉政纪实、查找形式主义官僚主义方面的突出问题和领导干部重大事项报告等；自觉接受区委政治巡察并主动加强整改。加强统战工作。全年专题研究统战工作 2 次，并把统战工作纳入基层党组织书记培训课程。

【基础党建】 出台区直机关党工委《制度汇编》，明确各项制度 50 余个，推动全面从严治党责任的落细落实；将机关党建纳入年终目标考评，促使基层党建工作与业务工作同谋划、同部署、同推进、同检查、同考核。

夯实党建主业、筑牢基础党建、鼓励党建创新。

加强基层组织建设，严肃党内组织生活，严格对照基层党组织组织生活基本规范和保障措施等要求指导基层，全年分季度、定主题、全覆盖调研指导基层党组织68个（次），下发工作提醒6期。加强党员队伍建设。举办党的十九大精神专题示范培训、基层党组织书记培训、发展对象培训等4期，363名党群干部接受分类培训；严格党员发展程序和标准，全年发展党员23人，预备党员转正24人。

【特色党建】 开展“坚定信念•践行使命”主题系列活动，包括：“不忘初心•争当先锋”微党课大赛、“不忘初心•牢记使命”为民服务展示会等；评选出“优质微党课教案”20个，“十佳机关党建名嘴”10人，“党建先锋奖”“党建风采奖”和“党建活力奖”12个。加强党员作用发挥。与基层组织联合开展四季专题义工活动；与文化委、科委科协、团区委、区妇联联合开展“爱心传递•知识传承•送智扶志”对接忠县系列党员义工活动，重庆卫视、央视网等予以报道。

【群团工作】 支持群团组织按照各自章程开展工作，发挥纽带作用：工会联合会对24个基层工会财务工作进行审计，举办“职工乒乓球竞技比赛”；团工委荣获“区五四红旗团委”；妇工委组织机关妇干参加妇女干部素质提升培训等。加强民生服务团工作。协调、核实和帮助解决村民反映的民生问题，走访慰问村民24人次，密切党群干群关系。

【主体责任落实】 区直机关党工委书记严格履行第一责任人职责，重要工作亲自部署、重点环节亲自协调，带头发挥政治引领作用，带头落实党建工作责任制，带头研究机关党建工作，带头参加党内活动，带头讲党课，带头交心谈心，带头严守政治纪律、政治规矩和党纪国法。立场坚定，严格落实和执行上级部署，敢于担当。抓好市委巡视反馈意见整改落实。针对涉及的4个问题制订整改方案，做到了能够立即整改的立行立改，不能立即整改的纳入工作计划，涉及基层共性问题的，加强相关单位沟通联系，通过党务调研指导和通报，督促相关党组织落实。

（机关党工委）

党史研究

【概况】 1981年12月，大渡口区党史资料征集领导小组成立。1983年5月大渡口区党史资料征集领导小组改为大渡口区党史资料征集办公室，由区委宣传部负责管理。2001年12月，中共大渡口区委党史研究室成立，为区委直属事业单位。2005年，大渡口区地方史编纂委员会成立，办公地点设在中共大渡口区委党史研究室。2006年6月，中共大渡口区委党史研究室、大渡口区档案局、大渡口区档案馆、大渡口区地方志办公室合署办公，成立四合一机构，实行一套班子，四块牌子管理体制。2018年，区史志档案部门内设办公室、法规业务科、史志科、宣教中心，编制10人，在编人员9人，其中7人纳入公务员或参照公务员管理，2人为事业编制，主要负责全区地方党史、档案行政执法、档案管理和地方历史编纂等工作。

【政治建设】 政治理论。结合“两学一做”学习教育常态化制度化，把学习习近平新时代中国特色社会主义思想、党的十九大精神、党章等作为学习重点，坚持集中学习和个人自学相结合，原原本本学、认真刻苦学，做到学深悟透、融会贯通，学以致用、学以促用。积极开展微党课、党史知识竞答等活动，以提高政治觉悟，增强党性修养，坚定理想信念，立足本职，坚守岗位，以更加饱满的热情推动党史工作的发展。

党建工作。党员领导干部带头当好表率，履行管党治党的主体责任和“一岗双责”，带头增强党建责任意识；开展党内组织生活，落实“三会一课”、组织生活会和民主评议等制度，每月15日按时开展主题党日活动，确保党建各项工作落到实处。

【党史进校园主题活动】 发挥党史工作“以史鉴今、资政育人”作用，依托学校阵地，引导学生知党史、感党恩，树立正确的世界观、人生观、价值观，在学生中掀起学习党史的热潮，清除历史虚无主义对青少年的危害。在重庆三十七中试点，确定以“对中学生党史宣传的策略与路径的研究”为课题开展党史进校园主题活动。3月，党史进校园课题开题会在重庆三十七中举行，邀请重庆党史界知名专家学者参与评议。10月18日，主城区“党史进校园”研讨会在重庆三十七中召开，市委党史研究室领导及相关处室负责人、区分管领导、主城区党史部门负责人、重庆三十七中“党史进校园”课题组人员参会，按照会议意见和建议，要把“党史进校园”作为党史宣传教育工作的重点方向，推进“党史进校园”主题活动深入开展，加强党史宣传教育的力度，落实习近平总书记关于党史工作的重要讲话精神和市委的工作部署，探索党史宣教工作新途径。

【党史编研】 搜集整理2017年大渡口区党史大事记条目；搜集整理大渡口区各类遗址遗迹、寺庙、古墓、历史故事、典故传说、革命抗战史、改革建设史、历史人物传略等，共24条，3万余字；搜集资料，整理编纂形成《大渡口区党史人物传》编纂稿，约4万字，收录党史人物38人，较为完整地记述了新民主主义革命时期和社会主义革命、建设、改革时期对大渡口区党史产生一定影响的人物生平事迹；按照市委党史研究室对修改党史人物的要求，查阅相关档案、书籍、文献史料，审核校对、修改完善党史人物传《袁崑传》，以达到史实准确，史出有据的目标。

（区党史研究室）

信访工作

【概况】 中共重庆市大渡口区委员会、重庆市大渡口区人民政府信访办公室（简称区信访办）内设综合科、维稳科、复查复核科3个行政科室，以及信访接待中心（网上信访受理中心）、应急协调中心2个下属科级事业单位。有编制21人，其中行政编制10人、事业编制11人；实际在编13人，其中行政编制8人，事业编制5人。除开展日常信访工作外，区信访办还承担着区维护稳定工作领导小组办公室、信访（群众）工作联席会议办公室、人民建议征集办公室等职能职责。

2018年，区信访办以“五项攻坚”行动为抓手，坚持底线思维，着力风险防控，下大力解决信访突出问题，为全区“两高”建设营造和谐稳定的社会环境，确保十九届二中、三中全会和全国、全市“两会”、中国国际智能产业博览会、国务院大督查、中央扫黑除恶专项斗争督导等重要活动、节点期间全区社会政治大局稳定，实现“七个坚决防止”和“四个零”目标。

【信访接待】 全年收到群众来信229件次、579人次，群众来访664件次、1468人次，网上信访1152件次、1152人次。群众来信同比下降22.76%、到区来访同比下降37.24%、网上信访同比上升71.5%，呈现出“两降一升”趋势。在区委、区政府的高度重视下，区信访办继续牵头开展领导干部接访下访群众工作，坚持区级领导每月至少1天在信访接待中心公开接待群众、镇街和部门领导每周至少1天到信访接待场所接待群众，形成干部下访长效机制，化解各种矛盾纠纷。全区领导干部下访接访群众2831批次、3650人次，受理群众矛盾问题2831件，办结2830件，办结率99.96%。

【案件处理】 加强初信初访和日常信访接待工作，坚持领导包案带头攻坚和信访联席会议统筹协调，压实包案领导责任，倒逼信访突出问题化解。至年底，市级交办的11件重点问题化解10件（超过化解率80%的市级目标）；市级交办的13个重点人员教育转化4个，市级交办的12个重点群体已化解4个。

【制度建设】 强化政治引领，落实专项行动。以习近平新时代中国特色社会主义思想为指导，自觉把思想和行动统一到习近平总书记对“枫桥经验”的重要指示精神上来，贯彻党的十九大精神和中央、市委市政府、区委区政府有关信访稳定工作的安排部署，落实十项行动，开展矛盾纠纷控增量减存量防变量等行动，强化重大决策社会稳定风险评估，持续开展突出信访问题专项整治和重点领域、重点群体、重点人员信访矛盾化解攻坚，推动全区信访稳定工作迈上新台阶。

完善阳光信访，群众参与评价，实现业务全入网。完善网上信访工作程序，受理、办理、回复、满意度评价等全部实现网上可查询，并建立以及时受理率、按期办结率、系统应用率等为主要内容的考核评价体系，列入年底目标责任考核加减分项目。每周定期安排专人进行网上巡查，每季度通报网上信访办理情况，引导各部门工作重心下移，推动源头信访问题治理。全区网上信访信息系统登记受理群众信访事项2197件、3149人次，及时受理率100%，按期办结率100%。

加强初信初访，实行联合接访，落实信访责任制。完善首接负责制、限时办结制、服务承诺制等相关制度，约束和规范干部信访工作行为。由区级有关部门、政法各部门及镇街参加，定期在区信访办接待大厅实行联合接访。建立健全领导责任制体系，对重大信访问题实行区、镇（街道）、村（社区）三级领导层层包案，层层压实信访工作责任，形成“人人有责、人人负责、层层尽责”的信访稳定工作局面，确保小事不出村社，大事不出镇街，矛盾不上交，将矛盾问题化解在基层，解决在萌芽。

依法分类处理，法定途径优先，推动信访法治化。提高信访工作公开透明度，引导群众依法逐级上访，推进信访工作走向法治化轨道。区委、区政府分管领导成立依法分类处理信访诉求领导小组，建立健全疑难复杂信访受理问题的联合甄别机制，引入公职律师等法律专业人士参与信访问题分类甄别。区信访办会同司法机关、职能部门建立协调、沟通工作机制，健全信访诉求受理机制，对每一件信访投诉请求，完整记录甄别、引导、分流办理过程，督促责任单位依法正确履职，确保信访问题依法及时处理。

（区信访办）

老干部工作

【概况】 中共大渡口区委组织部老干部局成立于1987年，主要服务管理机关事业单位的离休干部。1990年，在原区老干局基础上成立中共大渡口区委老干部局（简称区委老干局），内设离休干部管理科、退休干部管理科，并着手接收机关处级以上退休干部的管理。1991年正式接收处级以上退休干部的服务管理，离休干部与退休干部实行政治待遇一视同仁，生活待遇区别对待。2001年，取消离休干部管理科和退休干部管理科，设立综合科，下设老干部活动中心（事业单位）。2009年，老干部活动中心参照《公务员法》管理。2010年，经区编委同意，区委老干局内设科室调整为办公室、离退休干部管理科、区老干部活动中心。

2018年，区老干局有在职干部职工11人，其中：局长1人，副局长1人，副调研员1人，科级及其以下工作人员5人，工勤人员3人。

【“两项”建设】 党支部建设。增强离退休党组织建设，依托老干部党校每年组织两次支部书记和骨干培训，并组织离退休支部书记参加市委老干部局培训。每月组织一次支部学习、小组学习，重点学习党的十九大精神和《习近平新时代中国特色社会主义思想三十讲》《党章》和《中国共产党纪律处分条例》等有关党内法规，学习《习近平谈治国理政》第一卷、第二卷等。

思想政治建设。围绕“坚定信念•践行使命”主题，由区委老干局负责牵头区民政局、区老龄委办参加全国“两会”精神宣讲会；举办“不忘初心，永远跟党走”党建知识竞赛；邀请区直机关党工委书记做“离退休老干部的家国情怀”专题教育；以“不忘初心•牢记使命”为主题召开开放式组织生活会；组织老干部参加区直机关党工委组织的“不忘初心•牢记使命”为民服务展示活动，获“党建风采奖”。同时，通过组织收听收看反腐倡廉宣传片、主题讲座、“送学上门”等方式，开展“以案四说”警示教育，引导老干部筑牢思想防线。

【“两个”待遇】 政治待遇。坚持每月组织老干部政治学习，学习习近平新时代中国特色社会主义思想和十九大精神、《四论彻底肃清孙政才恶劣影响和薄熙来、王立军流毒》《中共大渡口区委关于营造良好政治生态的意见》等；及时通报区委、区政府重要会议精神；召开2018年半年情况通报会，区主要领导向区级老同志通报全区经济社会发展形势；组织召开全区经济形势报告会，邀请区发改委主要领导通报全区经济社会发展情况。营造全区老干部工作的良好政治生态。

生活待遇。严格落实和完善离休干部“三个机制”（离休费保障机制、医药费保障机制和财政支持机制），帮助解决老干部区外就医、医疗费报销等问题。为老干部征订《中国老年报》《老年生活报》《家庭医生》等报纸杂志；组织全区400余名老同志健康体检，完善老干部健康档案。

【文体活动】 坚持以老干部活动中心为依托，开展适合老年人特点、健康向上的文体活动。以“喜看身边变化、礼赞发展成就”为主题组织开展庆祝改革开放40周年系列活动，组织举办老干部书画摄影展，征集书画和摄影作品200余件（幅）；举办主城三区庆祝改革开放40周年慰问演出；组织老干部参与改革开放短视频展示活动。全年，组织十九大精神报告会、知识竞赛、三八节活动、棋牌球类、老体协登山等活动100余次，参与老干部6000余人次。

【“四就近”工作】 抓好9个试点社区离退休干部“四就近”（就近学习、就近活动、就近得到关心照顾、就近发挥作用）工作，组织社区专职老干部服务人员参加市委老干局相关培训，引导离退休干部参与社区建设和文体活动。携手区图书馆、文化馆、春晖路街道阳光社区开展“践行党的十九大精神、传唱民族经典、坚定文化自信”文化进社区活动。

【余热发挥】 发挥老干部的政治优势、经验优势和威望优势，根据老干部身体状况，结合老干部自身特长，搭建各类发挥老干部余热的平台载体，将老干部增添正能量活动风采传扬出去，不断展现夕阳风采。组建老体协、老干部合唱团等13支老干部队伍，参加市、区各种演出展示活动，为全区精神文明建设添彩。文学兴趣小组创办《晚苑》刊物，展示老同志精神风貌；区关工委组建校外辅导员、网吧监督员以及“夕阳红”老年志愿者队伍，到街道、村（社区）开展未成年人思想道德教育工作；老体协举办了第一届老干部运动会，参加“践行党的十九大、增强全民健身”象棋比赛、主城六区竞技麻将比赛等。

【队伍建设】 局机关党支部落实“三会一课”制度，聚焦习近平新时代中国特色社会主义思想和党的十九大精神，坚持学原文、悟原理、结合工作谈体会，引导全体党员干部树牢“四个自信”，坚定“四个意识”，坚决做到“两个维护”。

机关作风建设。修改完善相关管理制度，加强干部职工作风建设，树牢服务意识。

强化业务知识学习，开展岗位大练兵，组织干部职工参加市、区各类培训10余人次，不断提高服务保障水平。

严格执行“八项规定”，规范公务接待、车辆使用、办公用品采购、经费支出、外出学习等管理制度，加强党风廉政建设和反腐败工作，加强意识形态工作。

（区委老干局）

党校工作

【概况】 中共大渡口区委党校、大渡口区人民政府行政学校合署办公，同时挂区社会主义学院和区老干部党校牌子。内设办公室、教务科、教研科和学员培训部。区委党校是全区培训轮训各级党政领导干部的主渠道，是锤炼党员领导干部，培养党的理论队伍的大熔炉，是学习研究马克思列宁主义、毛泽东思想、邓小平理论、“三个代表”重要思想、科学发展观和习近平新时代中国特色社会主义思想的重要阵地。为干部提供理论、业务培训。提供党员培训以及公务员培训。

【干部培训】 全年举办各级各类培训班25期，培训轮训党员干部1585人次，现场教学基地培训市委党校和市内外教学团队6期，培训学员337人次。2018年学员对教学评价整体优良率95%以上，学员满意率94%。

坚持党的理论教育和党性教育的主体地位，在主体班开设《学习贯彻党的十九大精神》《学习贯彻习近平新时代中国特色社会主义思想》《学习贯彻习近平总书记在重庆代表团重要讲话精神》等课程，推动习近平新时代中国特色社会主义思想“入脑入心”。

培训人次多、培训任务重，规模远超以往。举办外出培训班次10个，有社会主义学院统战干部培训、基层党组织书记培训、入党积极分子培训等15个专题培训，培训班次为历年最多，学员组成涵盖党员领导干部、普通公务员、新进人员、入党积极分子、民主党派、村社区干部、企业负责人等各个领域。

强化领导干部上讲台制度，确保区党政领导班子成员每年到党校授课次数不少于10人次。邀请区委书记王俊，区委副书记陈中举，区纪委书记、区监委主任汪建，区委常委、区委办主任韩瑞碧，宣传部部长郭诏彬，常务副区长徐晓勇，统战部部长王涛，组织部长江永昌等区领导到党校授课，提高培训效果。

邀请北京大学校务委员郭建宁、中央电视台特约评论员杨禹、中国人民大学教授金正昆、中科院百人计划引进人才中科大教授张效初、浦东新区投促办主任孙永强、科大讯飞AI双创发展研究中心主任方明等全国知名专家授课，帮助学员开阔眼界、拓宽思路、提升能力。

全面推进党性教育系统化，不断丰富培训内容，创新教学方式，提升培训效果。通过组织学员到“一大会址”重温入党誓词，到聂荣臻元帅纪念馆开展革命传统教育，邀请优秀青年代表做典型教育，参观区看守所进行警示教育，到基层一线实岗锻炼等，让党性教育“活起来”。注重需求导向，实现优质教学资源与组织需求、岗位需求、干部需求“四位一体”的有效对接。在新录用公务员培训班举行宪法宣誓仪式，到铁山坪开展团队建设，到消防队进行消防实训，开设公文写作专题讲座等都紧贴基层需求。

【科研咨政】 制订完善《大渡口区委党校科研咨政资助管理办法》《大渡口区委党校科研项目经费管理办法》《博士工作室管理办法》等5项科研管理制度。严格科研资助申报、审核流程，做好科研成果的登记与审核。

搭建平台，提升研究能力。（1）发布科研信息。每天关注与党校工作相关的网站信息，及时搜集发布各类科研项目申报信息。全年各类立项课题11项，其中市级部门课题4项，区级部门课题7项，是上年课题立项数的5倍，市级部门课题成功立项率在全市党校系统中位居前列。及时发布各类学术交流信息，组织教师参加片区理论研讨会征文活动，其中2篇论文获二等奖。组织教师参加渝蓉两地三方党校系统改革开放40周年理论研讨会征文活动，入选论文1篇。（2）举办党校论坛。定期开展党校论坛，以主题研讨、调研分享等为主题，分享收获，总结经验。全年举办党校论坛5次，区委党校教师做了《增强宪法意识 维护宪法权威》等主题分享；先后邀请到市委党校教授侯晋雄、区委办主任徐佑矛、市委党校副教授黄建跃等专家学者和部门领导来校做《科研项目申报书撰写技巧》《如何做好调查研究工作》《树立精品意识提升教学水平》等专题讲座，并就党校教学科研工作中存在的问题进行面对面交流，提升学校教师的科研能力。（3）组织课题指导。发挥博士工作室作用，邀请专家学者和部门领导进行一对一课题指导，形成科研培训机制，定期指导课题调研、报告撰写，全年专家指导15次，各类结项课题10项，其中市级部门课题3项，区级部门课题7项，是上年课题结项数的5倍；公开发表学术论文18篇，完成市委党校对区委党校人均1.5篇论文发表数的考核任务，超过了历年来的论文发表年均数。

围绕中心，增强咨政成效。（1）加强调查研究。服务发展大局、紧扣重点任务，组织教研人员深入基层调研，及时开展对策性、前瞻性研究。参与区“高质量产业之区、高品质宜居之城”的建设，承担《关于环金鳌山片区打造康养特色小镇的思考》《补齐大渡口区居民生活文化短板的建议》《以乡村振兴带动实现城乡融合发展》等7项区委办重要课题；全年上报咨政报告7篇，获得区领导肯定性批示。（2）发挥学员优势。依托区级内部交流刊物、呈送请示件等形式，报送学员资政成果，供领导参阅，服务区委、区政府决策。形成《推动中华优秀传统文化“两创”研究——以大渡口区基层文化创新活动调研为背景》《关于钓鱼嘴建设音乐半岛的初步思考》《环金鳌山片区建设之我见》《关于引进培育大学的思考和建议》等资政报告12篇，对策性建议173余条；精心筛选整理4个专题班学员资政建议，全年完成《学员资政建议选编》2期。

【思想政治宣传】 深化理论宣讲进街镇、部门、村（社区）、企业的“四进机制”，组织骨干教师，深入基层宣讲习近平新时代中国特色社会主义思想、党的十九大、“两学一做”等，全年组织理论宣讲30场，受众2100余人。

【师资队伍建设】 培育本校“名师”。坚持“以教学带科研、以科研促教学”原则，选派教师19人次参加中央党校、中国人民大学等院校进修培训。参加党校系统教学交流活动，深化师资互派、教学基地互访等交流。公选3名教师充实到教学第一线，优化党校教师结构。区委党校教师《新时代领导干部法治思维能力提升》课程在全市党校行政学院系统第三届精品课片区预选中获得一等奖，并参加全市决赛。《在意识形态领域发挥统一战线的法宝作用》课程在全市统一战线第五届教学比赛片区赛中获得二等奖。

开展教学测评。通过问卷调查、交流座谈等形式，收集学员对教学和培训工作的意见建议，持续优化师资建设和教学工作。

【自身建设】 坚持全面从严治校、依规治校原则，从班子建设、队伍建设、教学管理、科研管理、行政管理等方面健全完善内控管理制度5项。加强基层党建工作，落实“三会一课”等基础党务工作；落实党风廉政建设“两个责任”工作，做好区纪委驻组织部纪检组要求的各项工作；做好“扫黑除恶”等方面的宣传教育工作；开展党员义工活动。做好群胜村和回龙桥社区的“民生服务团”工作，为社区办实事。

（区委党校）

大渡口区人大常委会

【概况】 2018年，区人大常委会执行区第十三届人大二次会议做出的各项决议，切实履职，督促决议的落实。全年召开常委会会议7次，听取审议议题32项，做出决定、决议和审议意见27件；召开主任会议15次，听取议题59项，确保区人大常委会全年工作任务落到实处。

【人代会】 1月12日～1月15日，召开区第十三届人大二次会议，大会共7项议程：一是听取和审议大渡口区人民政府工作报告。二是审查和批准大渡口区2017年国民经济和社会发展计划执行情况与2018年国民经济和社会发展计划（草案）的报告，批准大渡口区2018年国民经济和社会发展计划。三是审查和批准大渡口区2017年财政预算执行情况和2018年财政预算（草案）的报告，批准大渡口区2018年财政预算。四是听取和审议大渡口区人大常委会工作报告。五是听取和审议大渡口区人民法院工作报告。六是听取和审议大渡口区人民检察院工作报告。七是选举。

会议表决通过了大渡口区第十三届人民代表大会第二次会议选举办法；表决通过了关于大渡口区人民政府工作报告的决议、关于大渡口区2017年国民经济和社会发展计划执行情况及2018年计划的决议、关于大渡口区2017年财政预算执行情况和2018年财政预算的决议、关于大渡口区人大常委会工作报告的决议、关于大渡口区人民法院工作报告的决议、关于大渡口区人民检察院工作报告的决议。

【选举与任免】 完成大渡口区出席重庆市第五届人民代表大会代表和大渡口区监察委员会主任选举工作。1月，召开大渡口区第十三届人大二次会议，与会代表通过投票方式，选举出大渡口区出席重庆市第五届人民代表大会代表13人，分别是：马春、王俊、尹顺新、刘红、李青、汪建、张白杨、陈强、林育均、姚斌、郭劲松、梅玫、管洪（按姓名笔画排序）；选举汪建为大渡口区监察委员会主任。

区人大常委会坚持党管干部和人大依法任免相统一，严格按照法律规定和程序，依法任命国家机关工作人员11人。坚持任前法律知识考试、任前表态发言、颁发任命书制度，推进任免工作规范化、制度化。修订完善《重庆市大渡口区组织实施宪法宣誓办法》，11人次在区人大常委会上进行宪法宣誓，增强了国家公职人员恪守宪法原则、弘扬宪法精神、履行法定职责的自觉性和坚定性。加强代表资格审查工作，组织指导7个选区补选代表，依法确认并公告代表资格变动15人次。

【决定重大事项】 区人大常委会贯彻关于健全人大讨论决定重大事项制度、各级政府重大决策出台前向人大报告的有关要求，及时修订《重庆市大渡口区人民代表大会常务委员会讨论决定重大事项的规定》，将重大改革举措、重大民生工程、重大建设项目、重点城镇建设以及加强全区民主法治建设的重大措施等纳入重大事项范围，完善讨论决定重大事项工作机制，促进重大事项民主决策、科学决策、依法决策。依法做出关于批准2017年区级财政决算、2018年区级财政预算调整方案、2018年国民经济和社会发展计划报告中国有土地上房屋征收项目调整方案、进一步推进第七个五年法治宣传教育和补选区第十三届人民代表大会代表等决议决定。

【监督视察】 区人大常委会坚持正确监督、有效监督，依法行使监督权。开展执法检查3项、工作评议3项、专题询问1项、专项视察4项，听取审议工作报告20项。

推动经济高质量发展。对标对表党的十九大决策部署，听取“三大攻坚战”“八项行动计划”推进情况报告，推动各项工作加快推进，确保目标任务按期完成。听取审议“十三五”规划纲要实施情况中期评估工作报告、2018年上半年国民经济和社会发展计划执行情况报告，推进供给侧结构性改革措施落实，进一步加强稳增长、促改革、调结构、惠民生、防风险工作，推动发展提质增效。听取基础设施推进情况报告，组织人大代表集中视察重点项目，促进加快项目建设进度，助力“四大重点板块”成为大渡口区经济新的增长点。听取新兴产业培育发展情况报告，专项视察以大数据智能化为引领的创新驱动发展工作，推动产业结构调整、新旧动能转换，促进“四大支柱产业”加快发展。持续跟踪“放管服”改革推进情况，开展专项工作评议，提出深入推进“简政放权”、全力推进“一网通办”“双随机一公开”、持续开展“减证便民”行动等建议，推动全区营商环境不断优化。开展旅游产业发展工作评议，提出完善统筹协调机制、突出重点打造精品、促进“旅游+”融合发展等评议意见，推进旅游业发展升级。

提高预算监督实效。贯彻落实中央和市委有关要求，推进预算审查重点拓展改革，突出对重点项目支出、重大政策执行的审查。对全区75个预算单位的预算编制开展公开评审，推动建立全面规范、公开透明的预算管理制度。听取审议财政预算执行、决算等工作报告，开展财政决算专题询问，对8个部门预算执行和14个部门民生实事项目预算执行情况进行重点审查。听取2017年重点项目预算绩效评价工作开展情况、存量资金清理及使用情况报告，推动预算绩效管理全面实施，促进提高财政资金使用效率。建立国有资产管理情况报告制度，听取区属国有企业资产管理情况报告，督促政府规范和改进国有资产管理工作。贯彻落实市人大常委会预算联网监督工作部署，实现区人大与财政部门国库集中支付系统网络连通。持续推进审计查出问题整改落实情况的跟踪监督，整改率97.1%。

保障和改善民生。听取人民群众呼声，回应人民群众关切的问题，多谋民生之利、多解民生之忧。听取审议2018年重点民生实事办理情况报告，开展满意度测评，推动重点难点民生问题的解决。听取2018—2020年棚户区改造工作情况报告，推进棚户区改造进度，促进城市品质提升，改善群众居住条件。开展学前教育工作评议，针对大渡口区公办幼儿园配置不足、入优质公办园难、规范管理不到位、师资队伍建设滞后等问题，提出意见建议。区政府加大财政投入，加强监督管理，新增公办幼儿园8所，新增公办学位1710个，人民群众关注的“入园难、入园贵、入园不放心”问题逐步得到解决。专项视察学校建设工作，促进改善办学条件，完善管理机制，提升教育品质。开展《重庆市食品生产加工小作坊和食品摊贩管理条例》执法检查，促进规范登记备案管理，加强违法行为查处，强化卫生环境整治，保障人民群众“舌尖上的安全”。

推动生态文明建设。深入践行“绿水青山就是金山银山”的理念，积极回应人民群众对良好生态环境的热切期盼。围绕打好污染防治攻坚战，听取审议区政府关于2017年度环境保护工作情况报告，督促政府长效推进中央环保督察反馈问题整改落实，切实加强滨江沿线治理提升、老重钢片区综合整治和生态修复，做好水环境整治、环保基础设施建设、大气污染防治等工作。组织人大代表开展环保现场视察、大气污染防治工作专项视察，推动生态文明和大气治理决策部署贯彻落实，努力助推“山清水秀美丽之地”建设。开展老旧街区架空网线专题调研，提出建立网线台账档案、制订改造计划和方案、改进管理技术等建议，促进老旧街区线网管理规范。与市人大上下联动，开展《重庆市河道管理条例》执法检查，专项视察河长制落实情况，促进建立水质目标责任制，修复河道生态功能，建立绿色生态河道护岸。配合市人大城环委开展“环保世纪行”活动，助力全市生态文明建设。

推进民主法治建设。开展宪法专题培训，联合有关部门开展“致敬宪法”主题活动，维护宪法权威。听取审议2017年度法治政府建设情况报告，督促建立健全工作机制，规范行政执法，不断提高法治政府建设水平。听取审议第七个五年法治宣传教育工作开展情况报告，推动宪法法律学习宣传和贯彻实施。听取审议区法院刑事审判工作情况报告，听取区检察院开展公益诉讼工作情况、区公安分局经济侦查工作情况报告，开展律师队伍建设情况专项视察，推进深化司法改革，强化司法公正，规范司法行为，提高司法公信力。开展《重庆市道路交通安全条例》执法检查，督促落实“大交管”工作机制，发挥“大交管”联动作用，提升基础设施水平，加强执法队伍管理，确保交通出行安全。加强规范性文件备案审查，积极推进备案审查信息平台建设。做好人大信访工作。

【代表工作】 丰富闭会期间代表履职活动。区人大常委会及各街镇人大开展闭会期间代表履职活动49次，参与人大代表695人次，联系接待选民群众2062人次，收集各类社情民意643件，提出各类建议意见78条，解决各类民生问题355个。全区人大代表牢固树立“人民选我当代表，我当代表为人民”宗旨，立足本职岗位，依法履职尽责，倾听群众呼声，代表人民利益，推动解决人民群众最关心最直接最现实的利益问题，充分发挥联系群众的桥梁纽带作用。各街镇代表组积极创新代表履职载体，以“代表之家”“代表联络站”为阵地，以进选区、访民情、解民忧为主题，探索代表活动的新形式，拓展了代表联系群众的渠道，提升代表履职活动实效。坚持“主任走访接待日”制度，开展“主任走访接待日”活动6次，走访人大代表26名、接访选民120余人，及时交办代表和选民提出的意见建议35条，促进解决一批群众关心的热点难点问题。组织人大代表参加民生服务团活动，推动民生问题落地解决。

增强代表建议办理实效。贯彻《重庆市人民代表大会代表建议批评和意见工作条例》，及时修订代表建议、批评和意见办理办法，规范代表建议办理程序，保证办理实效。区第十三届人大第二次会议期间和闭会期间，代表提出的232件建议全部办理完毕，代表建议落实率为93.4%，助推全区改革发展稳定各项工作。区人大常委会听取审议了区政府关于代表建议办理情况的报告，对代表建议办理情况进行满意度测评。首次听取承办部门关于代表建议办理情况的报告。开展代表建议办理情况二次评价，督促政府及其部门落实办理责任制，及时回应代表关切，自觉接受代表和人民监督。坚持区领导牵头重点督办建议制度，对加快推动全域旅游发展等16件建议进行重点督办，提升了建议办理质量和实效。

保障代表依法履职尽责。推进“两联一述”工作落地落实，健全完善密切联系群众工作制度，区人大常委会组成人员、区人大代表积极开展走访联系活动，26名区人大代表在原选区述职。加强代表履职培训，不断提升代表的政治素质和履职能力。坚持代表列席区人大常委会会议和参加区人大常委会活动制度，全年邀请代表列席区人大常委会和参加执法检查、专项视察、专题调研等活动200余人次，实现代表参与人大常委会重要履职活动常态化。广泛宣传代表履职事迹，激发代表履职热情。做好市人大代表大渡口联系组的联络和服务工作，组织服务代表组开展2次集中视察、2次集中培训，组织服务在区市人大代表开展“情满重阳心系老人”慰问活动。

【自身建设】 旗帜鲜明讲政治。坚持用习近平新时代中国特色社会主义思想统领人大工作，树牢“四个意识”，坚定“四个自信”，坚决做到“两个维护”，在政治立场、政治方向、政治原则、政治道路上同以习近平同志为核心的党中央保持高度一致。深入学习贯彻习近平总书记关于坚持和完善人民代表大会制度的重要思想，加强理论武装，强化行动自觉，增强工作能力，坚定不移沿着习近平总书记指引的方向奋力前行。深入学习贯彻习近平总书记重要指示精神，对标对表狠抓市委巡视组反馈意见整改落实，坚决兑现市委“三个确保”政治承诺，全面彻底干净肃清孙政才恶劣影响和薄熙来、王立军流毒，为营造良好政治生态尽职尽责。贯彻市委、区委关于深化落实全面从严治党主体责任的意见，注重发挥人大常委会党组核心作用，履行全面从严治党主体责任，严守政治纪律和政治规矩，为区人大常委会依法履职提供坚强的政治保证。

始终坚持党的领导。贯彻落实党的十九大精神，落实党的路线方针政策以及重大决策部署，在工作中坚定不移地坚持党的领导，使党的主张通过法定程序成为国家意志，使党组织推荐的人选通过法定程序成为国家政权机关的领导人员。学习贯彻市委、区委第五次人大工作会议精神，全面落实区委加强和改进新时代人大工作部署要求，推动关于健全人大讨论决定重大事项制度和各级政府重大决策出台前向本级人大报告、人大预算审查监督重点向支出预算和政策拓展、建立国有资产管理情况报告制度等重要文件落地见效。按照区委工作部署，组织动员人大代表集中视察生态文明建设、环境污染治理、城市品质提升、民生实事办理等工作，为推动全区改革发展稳定，察实情、出实招、谏真言、求实效，充分体现了人大代表的为民情怀和责任担当。严格执行重大事项请示报告制度，向区委专项报告工作12次，保证区委重大决策在人大工作中得到全面贯彻落实。

加强政治建设和能力建设。坚持把政治建设摆在首位，发挥区人大常委会党组的作用，切实加强党的建设，把“两个维护”落到实处。突出思想引领，每次党组会议都把学习贯彻习近平总书记重要讲话精神和中央、市委、区委重要文件列为第一议题。始终把学习贯彻习近平新时代中国特色社会主义思想摆在首要位置，多种方式组织学习，切实加强理论武装。坚持开展法律法规专题学习，举办“人大财经讲坛”25讲，不断提高解决问题、推动发展的能力。健全完善区人大常委会、专门委员会议事规则和工作制度，推进人大工作规范化、制度化、法治化。加强决策咨询，邀请法律、预算审查、教育卫生、环保等领域的人大专家库成员参与人大工作88人次，为常委会依法履职提供智力支持。加强作风建设，驰而不息转作风，坚决反对形式主义、官僚主义，贯彻执行中央八项规定精神和市委实施意见，切实增强行动的坚定性和自觉性。

加强调查研究和信息宣传。贯彻“兴调研转作风促落实”工作部署，聚焦全区工作大局，就加强和改进新时代人大工作、学前教育、养老服务等开展深度调研，形成专项调研报告12篇。关于老旧住宅增设电梯等对策建议得到区委肯定，区政府积极就有关建议认真研究落实。按照区委统一部署，走访和服务民营企业，了解经营现状，听取意见建议，协调和解决难题，推动民营企业更好更快发展。继续加强人大新闻宣传信息工作，《市人大信息》刊用大渡口区信息8篇，《重庆日报》《公民报》等市级媒体登载大渡口区宣传稿件125篇，《大渡口报》、大渡口电视台宣传报道人大工作200余次，提高人大工作公开性和透明度。

加强工作交流和联系指导。主动加强与市人大的联系，争取工作指导，协助市人大来区开展执法检查、视察调研3次。坚持常委会领导联系街镇人大工作制度，注重加强对街镇人大在制度建设、履行职责等方面的指导。加强街镇人大干部队伍建设，注重业务培训，提升街镇人大工作水平。组织开展街镇人大常委会主任（主席）座谈会，加强交流和研讨。指导镇人大依法开好人代会，组织开展好代表述职、接待选民、会前视察等各项活动。加强对代表组活动的指导，规范活动内容及形式，增强活动特色及实效。

（区人大办）

大渡口区人民政府

概　述

【政治引领】 坚决做到“两个维护”。严格执行《中共中央政治局关于加强和维护党中央集中统一领导的若干规定》和市委《关于坚决维护党中央集中统一领导的规定》，把坚决维护习近平总书记党中央的核心、全党的核心地位，维护党中央权威和集中统一领导作为第一位的政治要求，切实做到“三个确保”。

切实加强理论武装。深学笃用党的十九大精神和习近平新时代中国特色社会主义思想，牢固树立“四个意识”，坚定“四个自信”，做到“四个服从”，坚决彻底地执行中央、市委和区委各项决策部署。认真贯彻落实中央《党委（党组）理论学习中心组学习规则》及重庆市《实施办法》，2018年召开区政府党组会13次、政府常务会议25次，共组织学习贯彻习近平总书记重要讲话精神和中央、市委重要会议文件精神93项。

严肃党内政治生活。区政府党组班子坚持以上率下，严格执行新形势下党内政治生活若干准则，坚持民主集中制，建立健全班子成员分工负责的工作责任机制，营造和衷共济、干事创业的氛围，高质量召开民主生活会，用好批评与自我批评这个利器，营造坦诚相见、平等交流的民主氛围。严格落实“三会一课”、民主评议党员、谈心谈话等制度，2018年区政府党组班子成员以普通党员身份参加双重组织生活42次。

带头履行“一岗双责”。认真研究部署区政府党组班子廉政建设、反腐败工作和意识形态工作，推动区政府履行好主体责任、班子成员落实好“一岗双责”，梳理区政府主要负责人履行第一责任或区政府领导履行“一岗双责”有关事项共计24条。区政府党组专题听取班子成员履行“一岗双责”情况汇报，督促区级各部门全面落实党风廉政建设各项规定，区政府常务会议重点听取了区发展改革委、区财政局、原区城乡建委等重点部门落实党风廉政责任制情况报告，并就相关工作提出了具体要求。

严肃整治“四风”突出问题。严格落实习近平总书记对“四风”问题的重要指示精神，贯彻中央八项规定和实施细则精神，遵守《中共大渡口区委常委会贯彻落实中央八项规定精神实施办法》《大渡口区贯彻落实中央八项规定精神手册》，摒弃特权思想、特权行为，努力防止官僚主义、形式主义。高度重视巡视整改工作，围绕市委巡视组指出的6大类34个问题，特别是针对政府系统存在的相关问题，认真对照问题清单，逐项梳理落实、切实加强整改，有效遏制“四风”等问题反弹。

【经济社会发展】 2018年，在区委的坚强领导下，区政府党组深入贯彻习近平总书记对重庆提出的“两点”定位、“两地”“两高”目标和营造良好政治生态、做到“四个扎实”的重要指示要求，根据区委确定的“高质量产业之区、高品质宜居之城”建设目标，理清思路、找准路径，重点培育和发展“四大支柱产业”、打造“四大重点板块”，将新理念新思想落实到改革、发展、稳定等各领域实践之中。全区实现地区生产总值228亿元，同比增长2.7%；全社会研发经费支出占地区生产总值比重达到2.4%；固定资产投资增长9.5%；社会消费品零售总额增长2.6%；一般公共预算收入21.4亿元，增长10.6%。全区居民人均可支配收入约3.7万元，增长8%。

强化运行调度，全力提振实体经济。应对经济下行压力，强化“六个一批”重点项目和主要经济指标经常性调度，健全重点产业扶持、民营经济发展、人才引进培育等政策措施，支持市场主体稳生产、增投资、转方式、调结构，实现实体经济“止滑促增”，提高发展的质量和效益。海康威视一期建成投用、二期启动建设，天安云谷二期基本建成。三峰环境上市按计划顺利推进。重庆精准医疗产业技术研究院正式运营。全区大数据智能化、生态环保、大健康生物医药等新兴产业规上营业收入87亿元，文化产业增加值突破7亿元，四大支柱产业增加值占地区生产总值比重达到22%。同时，千方百计帮助区内骨干企业解决供能、用工等实际困难，鼓励传统产业改造升级、提质增效，巩固实体经济基本面。全区规上工业企业利润增长2%，战略性新兴产业产值增长16.1%，区级税收收入增长12.8%，经济运行质量在逆境中逐步提高。

深化改革创新，致力增强发展动能。健全优化招商引资工作机制，成立区级招商公司，构建“板块为主、公司运作、专业招商、全区联动”的工作格局，区政府班子成员带头“走出去”上门招商，全年引进重点项目13个，实际利用内资65.4亿元、外资2558万美元。落实供给侧结构性改革，推进“三去一降一补”，去除商业商务用房库存12.83万平方米，政策性减税7.9亿元、降低企业社保费用2.9亿元。深化“放管服”改革和商事制度改革，落实企业登记全程电子化，健全建设项目并联审批机制。全面落实“涉企减负30条”，市场主体新增4879户、总量超过2.7万户，民营经济增加值增长2%。实施农村“三变”改革，金鳌村纳入全市试点。新认定国家高新技术企业20家、科技型企业54家。“瞪羚”“牛羚”企业达到12家。

坚持建管并重，持续改善城乡环境。科学统筹规划、建设、建管全过程，扭住重难点问题狠抓兑现落实，城市提升持续跟进、“马路办公”强化执行、环保督查整改“一抓到底”，进一步改善城乡面貌、建设宜居环境。完成规划全覆盖“一张图”和综合交通规划编制，开展钓鱼嘴、老重钢等重点区域城市设计。新建和改造城乡道路18千米，大滨路三期、伏牛大道北段、大滨路二期南端隧道通车，“七纵七横”骨架路网初步成型。强化责任担当，狠抓土地拆迁整治攻坚。完成农村征地1900亩、国有土地上房屋征收18万平方米，启动新一轮棚户区改造。完成4座隧道、12座桥梁美化提升工程。整治存量违法建筑85万平方米。深入开展环保“五大行动”。全年空气质量优良天数达到307天，增加24天。建桥C区污水处理厂、大九污水处理厂二期建成投用。坚持三级河长定期巡河，全面关闭区内长江沿线砂石码头、取缔餐饮船舶。完成土壤治理修复24万立方米。农村“大棚房”和“四山”范围违法建筑整治取得实效。

优化公共服务，不断增进民生福祉。以民生实事为引领，统筹推进教、文、卫、体等公共配套设施建设，全面落实惠民政策措施，更好地满足群众生活需要。双山实验小学、公民小学建成投用，增加学位3240个。新增公办幼儿园8所、普惠园6所，公办园幼儿人数占比达到30%，普惠率60%。启动区图书馆改造。深化医药卫生体制改革，区人民医院综合楼开工建设。打造社区体育文化公园2个，新增社区健身场所10处。全面落实城乡低保、医疗救助政策。改造残疾人家庭无障碍设施101户。16件重点民生实事基本完成。全力助推忠县脱贫攻坚，落实帮扶资金932万元。开展“扫黑除恶”专项斗争，集中整治成品油和冷冻食品非法储存运输经营行为。严格落实安全生产主体责任和“一岗双责”。大力推广新时代“枫桥经验”。群众获得感、幸福感、安全感稳步提升。

【办文办会】 改进文风会风，服务决策效率提升。牵头起草区政府《关于落实新时代新担当新作为提升行政执行力的实施意见》，提高行政执行力，以更快的速度、更高的质量落实好党委和政府决策部署。强化政府系统文、会管理，2018年政府系统发文数量减少5%，切实提高了行政效率、降低了行政成本。

提高文稿质量，服务领导决策。围绕区政府中心工作，出台办公室《提高办文办会办事质量15项工作措施》，围绕严格发文审核、提高办文拟办质量、规范政策类文件报审等15个方面，提高办文、办会、办事工作实效。继续将文字工作作为办公室核心业务抓紧抓好，以创新思路提高《政府工作报告》、市政府领导来区调研材料等重要文字材料质量。严格执行错情通报制度，坚持对文稿质量较差、办文效率不高的外部单位和办公室人员进行通报。

强化信息调研，提升以文辅政能力。围绕区委、区政府关心的热点、难点问题，特别是制约经济社会发展的瓶颈问题，开展调查研究，形成一批涉及政策研究专报和调研成果。政务信息被市政府办公厅采用信息64条，其中被采用专报类信息8篇，获市领导批示6次。政务信息得分332分，主城排名第七位。

强化文秘培训，做好“传帮带”。抓好“以老带新”，提高文秘队伍全员办文、办会、办事质量；积极开展文秘工作培训活动，利用全区两办文秘人员培训会契机，对全区党政办公室文秘人员的保密、督查、值班等知识进行授课培训。

【督查督办】 创新工作方式，形成以区政府重大决策、政府重要工作及目标任务、重要会议、主要领导交办事项贯彻落实情况为重心，各类专项督查为补充，区政府督查室提醒督促、各牵头责任单位日常推进的“大督查”格局。

加强沟通协调，借助相关部门力量，联合推进环保督察事项整改落实、“3+8”战略部署、市容环境整治、农民工清欠、违法建筑整治、“五清”专项行动、“大棚房”清理整治等重点督查任务。牵头负责综合目标考核中经济社会发展实绩、区政府工作报告落实、“六个一批”重点任务、保障和改善民生行动计划、全区重点民生实事的统筹调度工作，工作能力获得肯定。

夯实督查基础工作，出台《任务分解工作操作办法》等12项督促检查工作操作办法，督查手段更加丰富，督查流程更加明晰，督查结果运用更加有效。全年完成领导交办的督查任务37项，办理人大代表建议227件、政协提案239件，推进16件重点民生实事、96大项保障和改善民生行动计划，制发督查通报30期、督查专报27期，为区政府决策积极建言献策。

【法治工作】 围绕落实行政执法责任制，不断强化执法监督。全年行政复议立案65件，办结47件。组织人大法治委、法院、检察院等有关单位进行了行政执法责任制检查，针对发现的问题逐一提出建议，帮助执法机关提高依法行政水平。

组织执法资格培训，提高执法人员素质。组织行政执法资格培训47人次。通过培训，提高一线执法人员的法律意识和综合素质。

加强规范性文件管理，初步形成目录化管理机制。全年对12件文件进行规范性文件审查，向市政府法制办报备5件，向区人大常委会报备5件，全部成功备案。

发挥法治机构作用，为政府当好法务参谋。办理涉法事务130余件，其中合同协议45件，涉及区内重点工程、重点项目，对各重点项目法律合同严格审核把关。

【应急管理】 应急处置。加大与公安、安监、信访、网信等部门信息共享和协调联动力度，做好非洲猪瘟疫情、桥梁隧道安全等防范工作，构筑起安全稳定保障网。及时有效处置突发事件，未引发不良社会影响。

风险隐患清查。依托全市风险信息管理系统，围绕防洪抗涝、城市危房、地灾治理、森林火灾防治、伏牛溪危化存储、交通安全、幼儿园安全等重大风险源，全面开展风险隐患排查，已登记风险信息3070条，全年动态更新287条，实现全区风险隐患“一表清”。

应急保障。开展天然气泄漏、环卫设施事故、网络舆情应急等综合性演练10次，指导区级应急救援队伍、镇街应急救援队伍多次开展演练训练40余次。

应急预案。突出抓好风险源、隐患点“一对一”预案编制。加强应急预案评估，提高应急预案质量和针对性。修订水上交通事故、轨道交通运营、政府性债务风险等应急预案8个。

值班值守。春节、国庆等重要节点期间，区委、区政府主要负责人及班子成员坚持在岗值班、亲自带班，并实地督促和检查全区节日值班工作落实情况。全面落实电话接听、值班记录、市管领导干部外出请假报备等11项工作制度，工作规范有序，全年未发生值班脱岗情况。

公开电话办理。对群众的每一个来电，坚持“事事有落实，件件有回音”的原则，保证群众反映的问题件件有着落，事事有回音。办理市长公开电话交办单140件，办结答复率100%，农民工工资、生态环保、物业管理等一批群众来电反映的问题得以有效解决。

【政务信息化】 推进政府信息公开。加强组织、落实职责、拓展渠道、强化实效，有序推进相关领域各类信息归集工作，先后下发《大渡口区人民政府办公室关于加强区政府公开信箱办理工作的通知》（区政府办工作通知〔2018〕3号）、《关于做好规范性文件解读信息公开工作的通知》《关于集中公开区级涉企政策法规解读的通知》等制度规范。

提升全区业务信息化能力。出台《大渡口区人民政府办公室关于利用信息化手段提升政务效能的通知》（大渡口府办发〔2018〕124号），指导全区各级各部门充分利用信息化手段提升工作效能。在确保数据安全的情况下，打通区党政办公OA系统（电子政务外网）和“智慧大渡口”企业微信（移动互联网）的数据通道，实现系统用户、信息简报内外网同步，全区初步搭建起内有致信、外有企业微信的快捷工作联系通道。

加快实施全区社会信息资源整合与应用。配合区发展改革委，在强化大数据智能化在政务服务中的应用工作中切实发挥起技术牵头作用，与市级部门、市共享平台运维单位进行对接，完成了与市级共享交换平台连通，开展政务信息资源目录梳理工作，同步市级资源目录3253项，梳理区级资源目录1584项。

【对口支援帮扶】 交流沟通多渠道。区级领导与忠县县级领导开展3次互访交流活动，双方对口办、相关部门、镇街交流对接工作多次。同时，双方共同制订了《重庆市大渡口区集团对口帮扶忠县三年实施规划（2018—2020年）》。

资金帮扶推进多层次。2018年度帮扶资金1159.16万元，其中区财政划转932万元，其他帮扶资金、帮扶实物折合资金227.16万元。重点用于忠州博物馆、马灌镇易地扶贫搬迁道路建设项目、贫困村道路建设项目、双桂镇易地扶贫搬迁安置点河道整治工程等项目建设，以及就业培训、贫困学生帮扶、基层卫生院设施更新。

帮扶措施多层面。坚持经济帮扶与智力帮扶并重，与忠县开展多层次的合作交流，召开现场招聘会，为贫困家庭大学生提供200个以上就业岗位，转移就业忠县新生代劳动力250人。开展残疾人3D打印培训、医疗、护理、科技等各项专业技能培训，培训人员800余人。派出挂职干部5人、挂职教师5人、挂职医护人员5人、挂职科技工作者3人；资助贫困学生700余名；开展友好镇街结对帮扶，建胜镇与忠县野鹤镇结对为帮扶乡镇，建胜镇出资10万元帮助野鹤镇修建人行天桥一座，帮助解决村民出行安全问题。

【外事管理】 完善党管外事工作领导机制，成立区委外事工作领导小组，确定区委外事工作领导小组职责和办公室工作规则，及时召开外事工作会议，传达学习中央、市委、市外办外事工作会议精神和要求，安排部署全区外事重点工作。

规范因公出国（境）管理，结合区情实际，从健全管理机制、统筹出访任务、规范审批程序、严格经费审核等几个方面实现因公出国全过程监管。坚决杜绝照顾性、无实质内容的一般性出访，使因公出访有实质动作、内容和收获。在审批流程上，始终坚持组织人事、财政、外事部门联动，层层配合把关；在严管措施上，始终坚持任务导向、量化管理、经费先审、行前教育等强化管理，在控制因公出访数量和提高出访质量上实现了平衡。2018年，审批因公出访参团手续9批、10人次（其中双跨团2批、2人次），办理自组团2批、12人次。

【经济协作】 加强沟通协调，服务市级土地储备机构。加大市级储备土地市政基础设施建设、土地开发的统筹、协调和督促力度。对接市城投集团开展鱼洞长江大桥及华福路建设往来账务清理结算工作，收回鱼洞长江大桥及北引道建设前期费用和绿化工程尾款1703.8万元。实现市级土地储备机构土地出让152亩，助推伏牛大道城投段、滨江路二期南端隧道、南大干道及滨江路1、2号连接道等重点道路项目竣工通车。

强化统筹调度，推进公共管线建设。加快协调和推进伏牛溪污水处理厂建设，明确了地埋式建设方案，大滨路沿线约8.5千米截污干管纳入项目主体同步启动前期工作。110kV陈家坝变电站新建工程及翠湖变电站增容改造工程启动建设，D9学校项目及轨道江跳线电力迁改顺利推进，区内7座变电站启动消防安全整治，D426巴渝线燃气管道迁改完成。

【综合保障】 后勤保障。以“保证运转、促进工作”为目标，量力而行，尽心而为，为各部门、科室提供优质服务。全年为职务晋升、调动人员完成工资调整、社保申报等事项52人次。

财务管理。严格按照中央八项规定等相关制度，落实市委巡视组、区委巡察组各项要求以及全区财经工作会等规定，及时修改完善《财务报销规范》等内控制度，从严从紧把好财务关。

车辆管理。加强对车辆驾驶人员的教育和管理，强化他们的安全意识和责任意识，合理安排调度，严格车辆检修保养，确保车况良好和安全行车。

服务离退休干部职工。及时与老干部局等部门沟通协调，确保老干部的政治和生活待遇得到落实。在老干部生日、节假日、生病等特殊时期积极主动与老干部联系，热心关怀和掌握老干部的生活、家庭情况。

【党的建设】 党建工作。严格执行党组议事、中心组学习等制度，以“两学一做”学习教育常态化制度化为切入点，党组班子和两个支部深入学习了习近平新时代中国特色社会主义思想和党的十九大精神，及时规范组织召开党组会议、中心组学习、党总支委会、主题党日活动，党组书记带头讲党课4次，宣讲1次，引导全体党员不忘初心、牢记使命。被区直机关授予“三会一课”示范点。

阵地建设。严格落实党管意识形态原则，区政府办公室党组对意识形态工作负主体责任。坚持将意识形态工作和业务工作一起谋划和部署，每半年定期研究意识形态工作。特别是在外事管理、重大活动管控等方面强化保障措施，在政府门户网站、“大渡口发布”微博、“智慧大渡口”微信公众号及大渡口手机报等移动新媒体渠道上宣传党的政策，抓牢宣传阵地，积极唱响主旋律。

党员干部培养。落实谈心谈话制度，党组书记带头主动与党员干部谈心谈话，做到班子成员必谈、重点科室必谈、其他干部选谈，及时了解党员干部的思想动态。优化党务干部配备，选用优秀年轻干部充实到支委班子。继续做好干部培养工作，2018年共有1名年轻干部任科级领导岗，2名年轻干部到市级部门交流学习，10余名干部参加市、区各类培训。

【党风廉政】 强化学习教育，增强廉政自觉。采取集中学习和自学相结合，专题讲座和讨论相结合，重点学习党章和《中国共产党纪律处分条例》等有关党内法规，习总书记在中央纪委全会上的讲话精神及市委、区委党风廉政会议精神，深入开展廉政谈心和廉政教育，开展党员干部亲属涉权事项公开工作，并与党员干部签订涉权事宜承诺书；利用身边反面典型开展“以案四说警示教育”，营造正气充盈的政治生态。

强化监督检查，保持高压态势。全体党员干部签订《廉政责任承诺书》，层层压实责任。对工作任务完成情况，开展党风廉政建设和反腐败工作、落实党风廉政建设责任制、履行领导干部廉洁自律的情况及自身存在的问题进行自查自纠。切实加强对党员干部的制度约束，让每个干部时刻做到自警自省，自觉接受组织和群众的监督。

（区政府办）

人事工作

【人事管理】 优化规范人事管理。在摸清全区7类可能出现混岗使用情况的基础上，下发《关于开展机关事业单位工作人员混岗专项清理工作的通知》《关于开展机关事业单位专项清理工作的实施方案》，统一部署、分级组织、分段推进，纠正全区各机关事业单位中存在的人员混岗使用、混岗任职、自设内设机构和擅自设置科级领导职务等情况。开展公务员及时奖励工作，2018年针对区纪委监委和区公安分局的集体和个人开展了及时性奖励工作，给予集体记三等功4个，个人记三等功7人，个人嘉奖19人。实施事业单位公务用车制度改革司勤人员安置工作，做好前期调查摸底、政策梳理、改革数据审核汇总上报以及督查检查等工作。严格按照机构改革的各项要求做好人事管理。

加强党政人才队伍建设。2018年面向社会公开考试录用公务员（参公人员）1人。组织区外选调公务员（含参公管理人员）28人，区内遴选公务员1人，考核录用优秀村（社区）干部2人，招（选）聘事业人员194人。完成计划分配军转干部指令性安置3人，随调家属安置1人。严格事业人员岗位管理，2018年调整29个事业单位的岗位设置，办理科干任免12人，补岗聘用419人，转岗聘用2人，重新确定岗位等级19人，转正定级271人。办理事业人员区内调动38人次，调出6人。

完善机关事业单位工资收入分配制度。初审全区152个事业单位的2018年度超额绩效总量，优化各单位的考核办法，实现在总量范围内自主分配。审核离退休人员健康休养费、按年度正常晋升级别（薪级）工资等工资待遇。平稳实施公立医院薪酬制度改革试点和完善事业单位绩效工资政策工作，发挥工资政策的激励导向作用。

【人才建设】 完善人才政策。出台《大渡口区科教兴区和人才强区行动计划（2018—2020年）》《大渡口区人才强区三年工作方案》《大渡口区高层次人才二十五项服务事项清单》。搭建平台聚才。围绕区“四大支柱产业”发展需要，建立企业人才需求动态清单。2018年新创建1个国家级博士后科研工作站，5个市级博士后科研工作站，至年底，全区11个博士科研工作站，其中2个国家级博士科研工作站，9个市级博士后科研工作站。新创建1个市级留学人员创业园，1个首席专家工作室、1个市级专家服务基地。

推动聚才效应。组织企业参加重庆市2018“博士渝行周”，有8名博士、博士后在大渡口签订博士后科研工作站入站协议，占全市签约博士总量的61.5%。在“重庆市国际人才创新创业洽谈会上”4名博士集聚重庆精准医疗产业技术研究院，完成市局任务量的200%。2018年引进各类高精尖紧缺人才19人。

实施育才行动。深化职称改革，畅通职称评审“绿色通道”，2018年新取得初中高级职称436人，其中，正高级职称10人，比去年增长400%。推进知识更新工程，通过公需科目对4210名产业人才进行培训，同比增长21.6%，举办1期市级专业技术人员高级研修班。落实“巴渝工匠2020”计划，开展职业技能竞赛3场，完成“大渡口区2018年母婴护理职业技能大赛”；联合区城乡建委完成“巴渝工匠”杯2018年重庆职业技能大赛建设行业职业竞赛大渡口赛区职业技能竞赛；联合区商务局完成“巴渝工匠”杯重庆市首届康立·保健服务行业职业技能竞赛。

实施励才行动。推荐优秀人才参加国家级、市级层面评选，助推人才成长，3人获得市留学人员创新创业支持计划，1人享受政府特殊津贴待遇。配合组织部做好“大渡口区突出贡献人才”评选活动，评选“2017年度大渡口区突出贡献人才”20人。

实施暖才行动。开发人才服务App，建成高层次人才一站式服务平台，按照“1+N”“线下+线上”的模式，贴心服务人才。建立高层次人才库，将正高级职称人才62人、高级技师人才95人和区级专家127人纳入信息库管理。为62名正高级职称专家提供体检，慰问各类专家人才39人。发放职称政策、人才服务清单宣传册一万余册。

（区人社局）

行政审批 公共资源管理

【概况】 大渡口区行政服务中心管理办公室于2003年6月经区编委会批准成立。2013年5月16日，区机构编制委员会2013年度第一次会议研究决定，更名为大渡口区行政服务中心管理办公室（简称区行管办），区行管办为区政府派出机构。2017年下设全额拨款事业单位“重庆市公共资源交易中心”，机构类别为公益一类，事业编制7人。

【行政审批制度改革】 动态调整许可事项清单。严格做好行政审批事项动态调整，对应取消行政审批事项9项。至年底，全区28个行政许可部门行政许可事项664项。

压缩审批时限提速审批。全区平均办理时限从21个工作日压缩到10个工作日，压缩率52%。牵头召集区工商分局、区公安分局、区税务局、区社保局压缩企业开办时间至5个工作日以内，实现一次提交、同步办理、信息共享、限时办结。

持续推动“互联网＋行政审批”改革。开展网上行政审批标准化改革，28个单位完成664项行政审批事项网上认领、要素完善和发布等标准化工作，逐项审查行政许可事项申请材料、审批时限、审批流程、收费项目等要素，启用运行网上行政审批。同时，全面梳理形成《大渡口区区行政许可“马上办、网上办、就近半、一次性办”清单》，其中“网上办”事项93.7%，已在重庆市网上办事大厅集中发布。

推动公共服务“全渝通办”。督促指导各部门开展“互联网＋公共服务”工作，区级240项公共服务事项在重庆市政务服务平台认领发布。以跃进村街道为试点推行镇街政务服务事项进驻镇街公共服务中心和便民服务中心集中办理，299项镇街公共服务事项在重庆市政务服务平台认领发布。

加大首席代表授权力度。牵头各行政审批部门加大对“首席代表”授权力度，实施两级分类审批机制。26个单位622个事项已落实两级分类审批机制。310项（子项）许可事项实行首席代表（科长）直接决定，其中251项（子项）许可事项由窗口首席代表直接决定，占总事项的38%。

【三级服务中心建设】 完善和细化三级服务中心考核办法，督促指导检查和规范镇三级服务中心建设，建立并实施全区行政服务水平第三方评估机制，提升群众办事方便度。全年三级服务中心办件量约123万件，满意率99%以上。

【服务群众】 以群工系统为抓手，打造群众身边的“好帮手”，持续为群众做好解疑释惑、释法明理、纾解困难等工作，为加强基层治理提供重要手段。全年群工系统受理群众反映事项约1万件，办结率100%，满意率99%以上，受理民事代办事项约1100余件，办结率100%，满意率99%以上。

【公共资源交易】 加快电子招投标系统及应用的推广建设。三大系统建设及运用已基本形成，逐步实现公共资源交易、服务数据与市级平台的有效对接、数据共享和一体融合；完成业务功能需求、业务对接、网络环境、终端使用硬件等采购安装调试及银行保证金专用账户和虚拟账号设置工作；推进公共资源交易存储系统智能化改造，数据存储和安全管理能力明显提升，可溯源电子资料查询功能得到明显加强。

推动公共资源交易平台建设。优化交易平台运行机制和服务职能。建立完善统一的公共资源交易服务流程规范，促进交易平台标准化、系统化建设。建设独立的专家通道，电子远程评标室、专家答疑室、样品展示室等功能区建设明显改善；加强场地网络环境改造，增设了电子音视频监控系统、对讲系统、电子门禁等电子智能化系统，配备高清摄像监控50个，对入场项目全过程监控。不断提升服务质量和效果，取消收取交易服务费等费用。

健全公共资源交易制度。优化完善开标、评标、入场交易、保证金管理、网络信息安全、交易资料归档保存等系列规章制度19个；优化工程建设、政府采购、国有资产交易等交易服务规范流程3个；根据新的实际情况，加强现场秩序管理，对各类公共资源交易项目，规范投标人、招标代理机构、专家评委、市场主体等行为。

（区行管办）

民族宗教

【政治引领】 贯彻中央、市委会议精神。区委常委会、区委统一战线工作领导小组、区委民族宗教工作领导小组先后7次学习贯彻习近平总书记关于民族宗教工作的重要论述、习近平总书记对台工作重要思想、中央关于宗教工作重大决策部署、中央市委民族工作会议精神以及全国全市宗教工作会议精神和对台工作会议精神，安排部署民族宗教对台工作。区委理论学习中心组专题学习习近平总书记关于宗教工作的重要论述、党的宗教方针政策以及宗教基本常识。

落实民族宗教三级网络两级责任制。持续健全区、镇街、村社区三级工作网络，不断压实区、镇街两级工作责任，强化组织领导，建立一支112人、覆盖全区94个村居基层联络员队伍，推动区、镇街、村居三级网络和镇街、村居两级责任制作用发挥，确保基层民族宗教工作“横向到边、纵向到底、责任到人”，纳入社会治安综合治理，推进民族宗教工作社会治理网格化管理。同时将民族宗教工作纳入部门镇街领导班子综合目标评价考核体系和社会治安综合治理网格化管理范畴中，夯实民族宗教工作基础。

建立健全部门联动机制。加强民族宗教领域意识形态工作，完善民族宗教群体事件子预案，建立民宗、政法、公安、网信、教委等部门协调配合的反恐防邪、网络舆情、抵御渗透、防范校园传教联动机制，健全宗教工作巡查、研判、例会制度，实现“第一时间发现、第一时间决策、第一时间处置”，确保民族宗教领域意识形态安全。

强化意识形态正面教育。将民族宗教政策法律法规内容纳入区委党校处级主体班课程，加强对党政领导干部培训教育。开展宗教政策法律法规宣传，先后19次深入宗教活动场所和非法宗教活动点开展《宗教事务条例》宣传教育，着重向宗教界人士、宗教活动负责人以及信教群众宣传，切实普及宗教政策和常识，树立法治思维、增强法治意识，引导其正信正行。开展民族团结进步宣传。在第八个民族团结进步宣传周期间，围绕党的十九大精神、《城市民族工作条例》《重庆市散居少数民族权益保障条例》、新修订的《宗教事务条例》等进行宣传。实现民族宗教工作“三支队伍”全覆盖（部门镇街分管领导干部、民族宗教工作干部、宗教界代表人士）。

【民族工作】 强化流动少数民族服务管理。协调区委政法委、区执法局、有关镇街和新疆驻渝工作组一道解决新疆来区经商务工维吾尔族群众占道经营有关问题3起。

坚持联络联谊活动和联谊交友制度。在春节期间召开区少数民族联谊会新春茶话会，区委常委、统战部部长王涛亲自慰问少数民族群众代表；在古尔邦节期间，会同区公安分局、区少数民族联谊会，一道走访慰问新疆来区经商务工维吾尔族群众，了解其思想动态；在9月最后一周，投入近3万元，在全区8个镇街及中小学校开展以“共同团结奋斗，共同繁荣发展”为主题的第八个民族团结进步宣传周活动，以民族文化展演、主题班会等多种形式，宣传贯彻中央和市委民族工作会议精神、改革开放40年来经济社会各项事业发展取得的成就以及党和国家民族政策、民族知识，筑牢各民族平等、团结、互助、和谐的民族关系。

做好提档升级工作，发挥示范作用。在现有基础上做好民族团结进步示范单位的提档升级工作，申请少数民族发展资金30万元，并加强使用监管，确保用到实处。推进区少数民族联谊会联谊小组在各社区“落地生根”，发挥外来少数民族维权服务站为少数民族群众服务的功能，积极保障外来少数民族群众的合法权益，推进构建各民族相互嵌入的社会结构和社区环境。

【宗教工作】 在全区宗教界开展社会主义核心价值观教育，推动社会主义核心价值观进场所，支持宗教界人士参加第八届讲经交流活动，传播正能量，引导正信正行。开展“宗教政策法规学习月”活动和以“学习”为主题的和谐寺观教堂创建活动，在加强内部管理的同时，整治安全隐患，倡导建设生态化、规范化、特色化、人文化的宗教活动场所。马王街基督教礼拜堂邓明忠牧师被评为第三届全市创建和谐寺观教堂先进个人。坚持宗教的中国化方向，引导宗教与社会主义社会相适应，金鳌寺、松家沟观音寺等场所先后举行升国旗仪式。

在全国全市“两会”、高温汛期、重要宗教节日等重要节点期间，定期检查宗教活动场所的安全，坚持24小时应急值班制度，确保场所举行活动有专人在场值守。

先后开展了全区基督教工作、农村宗教、“中国真理教会”等一系列专项调研，并形成了专题调研报告。定期走访慰问宗教界人士，掌握场所管理情况，了解宗教界人士的思想动态。切实解决宗教界实际困难，争取各级财政资金200万余元，完成市级重点寺观教堂马王街基督教礼拜堂复建项目的内部装修，指导金鳌寺等5个场所及时整治10余处安全隐患，推动教职人员的生活补助得到落实。

规范佛教、基督教教职人员日常管理，在广泛考察的基础上，向市级部门推荐全市性宗教团体代表会议代表10人。

制订完善“两乱一私设”和非法传教活动整治工作方案，细化工作措施，落实工作责任，推动联合执法、综合执法，依法稳妥开展非法念佛点、“中国真理教会”“耶和华见证人”等“两乱一私设”和非法传教活动整治，至2018年先后取缔非法宗教活动点29个，教育训诫负责人31人，教育引导信教群众700余人，至10月，非法宗教活动实现清零。抵御境外宗教渗透，按照市级部门统一安排，协助公安部门处理外籍传教人员1人。已处置的非法宗教活动未发生反弹，全区未发现有天主教地下势力。

（区民宗办）

机关事务管理

【办公用房】 贯彻《党政机关办公用房管理办法》，统筹推进办公用房权属、调配、维修等统一管理。加强督查，配合区委、区政府督查室对全区59家党政机关办公用房进行核查。核查各类办公用房1843间，涉及编制人员1793人，实际工作人员（含临聘人员）2891人，总面积79395.31平方米，无违规配置使用办公用房行为。配合做好区纪委监委改革办公用房调配以及区法院、检察院房屋资产上划市级统一管理等工作。及时为区人社局、区新闻宣传中心调配办公用房。加强对现有办公用房的修缮、维护，改善区级各部门办公条件。

【公务用车】 贯彻《重庆市党政机关公务用车管理实施办法》，严格公务用车编制，执行排量、价格刚性标准，杜绝超编制、超标准配车等违规行为。指导各级党政机关合理使用保留公务车辆，规范租赁公务车辆行为。配合区纪委监察委开展公务车加油卡专项整治，督促全区党政机关、事业单位自查自纠，针对存在的问题制订整改措施，规范全区公务车加油卡的使用。加强区跨部门车辆集中管理平台车辆的管理，全年提供用车服务800余次。全区企事业单位公车改革现已全面铺开。

【公共机构节能】 全面落实《重庆市公共机构节约能源资源“十三五”规划》，公共机构节能纳入全区综合目标考核。加强宣传教育，绿色、低碳环保意识更加深入人心。推进节能创建。完成春晖大楼能源审计，指导旅游学校实施合同能源管理、开展节能改造。8个单位成功创建区级节约型公共机构示范单位，重庆市三十七中成功创建国家节约型公共机构示范单位。全区公共机构实现生活垃圾强制分类。完成20家公共机构食堂厨房油烟治理并通过验收。2018年人均综合能耗同比下降约2.42%；单位建筑面积能耗同比下降约2.45%；人均用水量同比下降约3.9%。

【标准化与信息化】 制度完善。出台大渡口区机关事务管理局督查工作制度、公务接待菜品管理办法（试行）、工程项目竣工验收管理制度（试行）、公务加油卡管理制度，修订局长办公会制度、政府采购内部管理制度。

标准化建设。制订《大渡口区机关事务标准化工作方案（2018—2020年）》，完成《大渡口区机关事务局规章制度汇编》的编撰、印制。

推进“互联网＋机关事务”。启用党政机关房屋资产信息系统，促进公共机构能源资源消耗统计系统的不断完善。区机关办公大楼电梯厅信息发布系统、区机关办公大楼环道停车系统、机关食堂人脸识别系统投入使用，大渡口区机关事务局信息管理系统的开发正在进行，机关事务管理信息化水平不断提高。

【后勤保障】 做好电梯、消防、电力等重要设施设备的维保工作，注重其他设备的日常基础维修保养工作，全年实施各类维修维保近1400次。提高会议服务质量，更新300人、500人会议室桌椅，优化会场格局，承办会议235起，服务25000人次。注重营养卫生规范，改善机关就餐环境，全年食堂就餐人数近165000人次，创历史最高记录。服务对象满意率95%以上。无食品卫生安全事故发生。

【公务接待】 贯彻中央八项规定及实施细则精神，坚持公务接待用餐原则上在区机关食堂进行，公务接待不上酒等新举措。完成公务接待131批次、1583人次。

【机关党建】 增强党组统领能力。局领导班子牢固树立“四个意识”，把政治建设放在首位，严格履行全面从严治党主体责任，思想上、行动上与党中央保持高度一致，深学、笃用习近平新时代中国特色社会主义思想，落实习近平总书记对重庆提出的“两点”定位、“两地”“两高”和“四个扎实”要求，对标对表、主动作为，在全区“高质量产业之区、高品质宜居之城”建设中建功立业，机关事务工作得到了区委、区政府和市机关事务管理局的充分肯定，局领导班子在综合目标考核中获得“优秀”等次。

强化意识形态工作。局党组3次专题研判意识形态工作。党组及成员主动向上级党组织报告意识形态工作，党组书记“三个带头、三个亲自”作用发挥明显。做好意识形态基础工作，加强党员干部职工思想政治教育，全面贯彻习近平总书记视察重庆重要讲话和参加重庆代表团审议时的重要讲话精神。

民主管理形成常态。按时召开班子民主生活会，开展党员民主测评。召开党组会29次、局长办公会26次，班子主要负责人坚持末尾发言，做到了民主、科学决策。

强化机关支部战斗堡垒作用。坚持“三会一课”“主题党日”，开展丰富多彩的学习教育活动。党员积极投身创新社区民生服务团共建活动，参与社区文化建设，居民满意度明显提高，民调排序明显上升。

党风廉政建设。局党组认真履行全面从严治党主体责任。党组书记、班子成员认真履行第一责任人职责、“一岗双责”职责。加强党风廉政教育，严格落实“节日腐败”专题教育、谈心谈话、风险点排查、廉政画像、自我剖析、廉政承诺等工作措施。全年未发现违纪违法行为。

（机关事务局）

大渡口区政协委员会

【概况】 政协重庆市大渡口区委员会（简称区政协委员会）于1984年4月成立。2017年1月区政协换届、选举，产生了第九届委员会领导班子，设主席1人，副主席7人，秘书长1人，有委员166人。

【九届二次全体委员会议】 1月12日—14日，召开中国人民政治协商会议重庆市大渡口区第九届委员会第二次会议。会议审议通过了张琼代表政协大渡口区第九届常务委员会所做的工作报告和周进源同志代表政协大渡口区第九届常务委员会所做的提案工作情况的报告。全体委员列席了区十三届人大二次会议，听取并协商讨论了区政府工作报告，协商讨论了计划报告、财政报告、区法院工作报告、区检察院工作报告。会议对上述报告表示赞同，并提出了意见、建议。会议表彰了2017年度优秀政协委员、政协委员“专业服务队”活动先进、精品提案和优秀提案、反映社情民意信息工作先进。

【常务委员会议】 2月2日，区政协召开九届六次常委会。区政协主席张琼，副主席刘安东、袁凯明、邹文炬、黄万秋、胡军，秘书长李贤敏及区政协全体常委参加会议。刘安东主持会议。会议传达了市政协五届一次会议常委会工作报告、市政协五届一次会议提案工作情况报告精神。

3月9日，区政协召开九届七次常委会。区政协主席张琼，副主席刘安东、袁凯明、邹文炬、周进源、杨金胜、胡军，秘书长李贤敏及政协全体常委参加会议。会议审议并通过了《区政协2018年工作要点（送审稿）》《区政协2018年重点工作安排（送审稿）》《区政协2018年主要工作分月安排（送审稿）》。

6月1日，区政协召开九届八次常委会，重点协商全区医疗卫生事业发展工作。区政协主席张琼，副主席刘安东、袁凯明、邹文炬、周进源、黄万秋、杨金胜、胡军，秘书长李贤敏，区政协全体常委参加会议。区政府副区长毛伟应邀参加会议。会议由胡军主持。会前，区政协常委会成员一行前往区人民医院、万家燕医院、重庆红楼医院等地进行实地视察。会上，区政府就全区医疗卫生事业发展情况进行了通报，列席部门做了补充说明；与会部门单位围绕主题建议献策。

7月5日，区政协召开九届九次常委会，重点协商全区文化旅游产业发展工作。区政协主席张琼，副主席刘安东、袁凯明、邹文炬、周进源、黄万秋、杨金胜、胡军，秘书长李贤敏，区政协全体常委参加会议。区政府副区长唐勇应邀参加会议。会前，区政协常委会成员一行前往江北区喵儿石创艺特区、“重庆大九街”城归北仓项目等地进行实地视察。会上，区政府就全区关于文化旅游产业发展情况进行了通报，列席部门做了补充说明；区政协教科文卫体专委会结合前期走访调研提出了意见建议；区政协常委会成员围绕议题展开积极讨论，提出意见建议。

9月13日，区政协召开九届十次常委会，区政协主席张琼，副主席刘安东、袁凯明、邹文炬、周进源、杨金胜、胡军，秘书长李贤敏及区政协全体常委参加会议。会议审议并通过了《政协大渡口区委员会关于深入推动长江经济带发展加快建设山清水秀美丽之地委员履职尽责实践活动方案（送审稿）》《政协大渡口区委员会关于开展深入推动长江经济带发展加快建设山清水秀美丽之地委员履职尽责实践活动的决议（送审稿）》。

11月2日，区政协召开九届十一次常委会，重点通报区政协九届二次会议以来提案办理情况。区政协主席张琼，区委常委、区政府常务副区长徐晓勇，区政协副主席刘安东、袁凯明、邹文炬、周进源、黄万秋、胡军，秘书长李贤敏及区政协全体常委参加会议。会议由邹文炬主持。区委督查室、区政府督查室分别通报了党群系统和政府系统提案办理情况，提案办理重点单位做了补充发言。区政协常委会成员、相关委室、各民主党派围绕议题建言献策。

【主席会议】 2月28日，区政协召开九届十五次主席会。区政协主席张琼，副主席刘安东、袁凯明、邹文炬、周进源、黄万秋、胡军，秘书长李贤敏参加会议。会议由邹文炬主持。会议原则同意《区政协2018年重点工作安排（送审稿）》《区政协2018年主要工作分月安排意见（送审稿）》内容，提交区政协九届七次常委会审议。

3月14日，区政协召开九届十六次主席会，专题协商打通对外交通瓶颈。区政协主席张琼，副主席刘安东、袁凯明、邹文炬、胡军，秘书长李贤敏参加会议。区政府副区长钟渝应邀参加会议。区政协各委室、区相关部门、市级投资平台负责人，各民主党派专职副主委列席会议。会议听取了关于大渡口区对外通道建设情况的通报。主席会成员从强化协调、对上争取、聚焦重难点等方面的工作提出意见建议。

4月25日，区政协召开九届十七次主席会，专题协商创建国家食品安全示范城市工作。区政协主席张琼，副主席刘安东、邹文炬、周进源、胡军，秘书长李贤敏参加会议。区政府副区长毛伟应邀参加会议。会议由胡军主持。会前，主席会成员一行前往沃尔玛超市、九宫庙农贸市场等地进行实地视察，详细了解食品安全相关工作情况。会上，听取了区政府通报创建国家食品安全示范城市工作推进情况。与会人员围绕创建工作建言献策，提出意见建议。

5月10日，区政协召开九届十八次主席会。区政协副主席刘安东、邹文炬、周进源、黄万秋，秘书长李贤敏参加会议。区政协副秘书长，区政协各委室主任、调研员、专职副主任列席会议。会议由刘安东主持。会议审议并通过了《区政协2018年度民主评议提案办理工作方案（送审稿）》《关于设立界别联组的方案（送审稿）》。

6月20日，区政协召开九届十九次主席会，对2018年全区河长制工作情况开展视察。区政协主席张琼，区委常委、统战部部长王涛，区政协副主席袁凯明、邹文炬、周进源、黄万秋、胡军以及住区市政协委员参加视察，区政协各委室、区级相关部门、街镇负责人等参加活动。张琼一行先后来到伏牛溪公租房段、跳磴河九龙坡交界处及跃进村街道临江村骆中子等地视察，通过实地查看和听取相关负责人情况汇报，深入了解伏牛溪公租房段污水直排问题、交界处水质情况和砂石厂拆除复绿情况，并就相关工作提出要求。

8月31日，区政协召开九届二十次主席会，专题通报2018年全区公检法司工作。区政协主席张琼，副主席刘安东、袁凯明、邹文炬、周进源、黄万秋、胡军参加会议。区政府副区长、区公安分局局长刘正光、区法院院长伍星应邀参加会议。刘安东主持会议。会上，区公安分局、区检察院、区法院、区司法局负责人依次通报工作情况。区政协社法祖统专委会结合前期走访调研提出意见建议，与会人员纷纷建言献策，提出意见建议。

9月26日，区政协召开九届二十一次主席会，专题通报2018年全区财政预算执行情况。区政协主席张琼，副主席刘安东、袁凯明、邹文炬、周进源、胡军，秘书长李贤敏参加会议。区委常委、常务副区长徐晓勇应邀参加会议。邹文炬主持会议。会上，区政府通报了全区2018年1—8月财政预算执行情况，详细介绍了稳增长、调结构、惠民生、促改革、防风险等各项工作。随后区政协提案专委会结合前期走访调研情况，提出了相关意见和建议。区政协主席会成员、各委室负责人、区各民主党派专职副主委、部分政协委员围绕议题发表意见和建议。

10月25日，区政协召开九届二十二次主席会，听取全区大数据智能化产业发展情况通报。区政协主席张琼，区政协副主席刘安东、袁凯明、邹文炬、黄万秋、胡军，秘书长李贤敏出席会议，区政府副区长毛伟应邀参加会议。黄万秋主持会议。会前，张琼一行先后来到海康威视、中元生物、大家医学检验所等地进行视察。会上，区政府就相关产业发展工作情况进行了通报，相关部门先后做了补充发言；区政协经济城环专委会结合前期走访调研提出了意见建议。

11月30日，区政协召开九届二十三次主席会。区政协主席张琼，副主席刘安东、袁凯明、邹文炬、周进源、黄万秋、胡军，秘书长李贤敏参加会议。区政府副区长毛伟应邀参加会议。会议听取了全区深化“放管服”改革优化发展环境工作情况的通报，相关部门结合自身实际做了补充；会议通报了2018年区政协民主评议提案办理单位工作情况。

【提案工作】 2018年，区政协九届二次会议收到提案276件，审查立案270件，转社情民意6件，立案率97.8%，其中并案12件，并案后交办258件（集体提案85件，占32.9%；委员个人提案173件，占67.1%）。各承办单位贯彻区委、区政府关于办理区政协提案工作的通知精神，深入调研、沟通协商、积极采纳落实建议。至10月12日，区政协提案全部办复，其中，已经解决或采纳的211件，占81.8%，拟解决或拟采纳的28件，占10.9%，用于工作参考的19件，占7.3%。在提升心湖公园品质、老旧城区交通综合治理等方面开展了提案办理“回头看”督办活动。2018年，区政协首次开展了民主评议提案办理单位工作，主席会成员带队到9个部门开展评议活动，被评单位所办提案数量为154件，占提案交办总数的59.7%。

【社情民意】 全年收集社情民意信息300余条，向市政协报送社情民意信息50余条，其中《关于完善绿色信用守护绿水青山的建议》等5条社情民意信息被市政协转报全国政协，向区委、区政府报送《社情民意专报》6期。

【专题调研】 参与市政协课题调研，在助推“一带一路”建设、深入推动长江经济带发展加快建设山清水秀美丽之地、“互联网＋政务服务”、乡村振兴战略、加强和改进人民政协工作、政协委员主体作用发挥、政协系统党建等7个方面开展了专题调研，形成了较高质量的调研报告供市政协交流。在支持重钢总医院创“三甲”、农村公路建设、学前教育改革、防范和化解债务风险、社会稳定风险防控、农村“三变”、金鳌山片区开发、老旧社区线网改造、全区医疗卫生事业发展、打通对外交通瓶颈等方面开展了调查研究，形成调研报告10篇，为区委、区政府科学民主决策提供参考。

【专题视察】 多次组织市、区政协委员在汽车尾气排放、工地扬尘污染控制、伏牛溪油库安全隐患排查、万吨冷储食品安全监管、重点项目建设、河长制工作、民生实事落实等7个方面开展专项民主监督视察，在骨干路网建设、促进民营企业发展、乡村振兴战略落实等5个方面开展了年终视察活动，推动相关工作开展。

【委员履职尽责实践活动】 落实市政协“深入推动长江经济带发展、加快建设山清水秀美丽之地”委员履职尽责实践活动要求，区政协以界别联组活动为载体，启动委员履职尽责实践活动，并将其作为贯穿九届区政协始终的重要工作抓手。委员履职尽责实践活动于9月启动，各界别联组开展各类活动17次，委员参与500余人次，惠及企业、群众5000余人次。

开展视察长江大渡口段活动，热议“共抓大保护、不搞大开发”；多次视察长江沿线砂石整治、污水处理等工作；开展双石河巡查保护活动；实地参观农业项目，视察乡村道路建设，关心关注美丽乡村建设；视察滨江路沿线项目建设，为板块建设出谋划策；在微企梦工场开展“大手牵小手”活动，促成多家大型民营企业结对帮扶50家微型企业；在建桥园区举办财富管理讲座、宣讲有关法律规定和纠纷处置技巧。

联合市轨道集团在区敬老院开展慰问活动；在佳兆业中学开展结核病防控知识讲座；联合区文联、区图书馆开展“八一”建军节慰问活动；联合市文联等有关部门单位开展“送欢乐下基层”活动；联合区实验小学教育集团举行护旗礼仪式；与区老年大学师生共庆重阳佳节；参加“爱上阅读点亮生命”活动；多次开展科普惠民进社区、进农户活动；调研区内公立医院和民营医院，助推全区医疗卫生事业发展。

（区政协办）

中共大渡口区纪委监委

【概况】 1月15日，大渡口区监察委员会挂牌成立，全区深化国家监察体制改革试点工作迈出实质性步伐。2018年，区纪委监委以及基层纪检监察组织认真贯彻落实中央纪委国家监委、市纪委监委和大渡口区委的部署要求，保持政治定力，聚焦主责主业，敢于担当作为，不断推动新时代纪检监察工作高质量发展，把党的十九大全面从严治党战略部署落到实处。

【区第十二届纪律检查委员会第三次全体会议】 2月9日，召开中国共产党大渡口区第十二届纪律检查委员会第三次全体会议。出席会议的大渡口区纪委委员20人，列席42人。大渡口区委书记王俊出席全会并发表讲话。全体在职区领导出席会议，区管副处级及以上领导干部参加了会议。全会由中共大渡口区纪委常委会主持。全会总结2017年全区纪检监察工作，部署2018年工作任务，审议通过了汪建代表大渡口区纪委常委会所做的《深学笃用习近平新时代中国特色社会主义思想 重整行装再出发 让党的十九大全面从严治党战略部署在大渡口落地生根》工作报告。全会听取了部分镇街、部门党政主要负责人和部分国有企业主要负责人述责述廉报告，委员进行了询问和评议。

【思想政治】 区纪委常委会制订集体学习制度，深学笃用习近平新时代中国特色社会主义思想和党的十九大精神，开展学习讨论和兴调研转作风促落实行动，深入基层开展有关落实全面从严治党、监察法等方面的专题调研，形成调研报告9篇；通过召开十二届大渡口区纪委三次全会、全区纪检监察工作座谈会和审查调查安全工作专题会，把思想和行动统一到中央纪委国家监委、市纪委监委和大渡口区委部署要求上来，推动党的十九大全面从严治党战略部署细化实化。同时，严明政治纪律和政治规矩，在监督检查和审查调查中首先把政治问题查清楚，加强对全区各级党组织和党员干部践行“两个维护”和落实党中央、市委、大渡口区委重大决策部署工作情况的督促和监督；坚持“破”“立”并举，坚决肃清孙政才恶劣影响和薄熙来、王立军流毒，坚决清除“翻页”“过关”思想，加强德治和法治建设，督促全区各级党组织和党员干部坚决兑现市委“三个确保”的政治承诺。

【政治生态净化】 区纪委监委统筹用好纪律、法律两把“尺子”，履行监督第一职责，地区政治生态得到修复净化。突出纪律监督，推行区管领导干部履行全面从严治党责任记实月报制度，对344名区管领导干部日常履行全面从严治党责任情况进行数据记实；建立区管领导干部廉政档案448册和纪检监察干部廉政档案134册并动态更新相关信息；区纪委派员全程参加60家区管领导班子2017年度民主生活会，对发现的2个问题及时进行纠正。强化监察监督，开展监察法宣传宣讲工作，班子成员深入基层开展宣讲活动32场次；向8个镇街派出2个监察室，拟聘任村（居）监察监督员89名，推动监察职能向基层延伸。做实派驻监督，完成派驻监察机构改革，将16个派驻纪检组整合成8个派驻纪检监察组，实现对区级机关监察全覆盖；派驻纪检监察组全年办理问题线索21件，处理2人。深化巡察监督，开展3轮巡察，共巡察党组织16个，延伸巡察村社区党组织12个，移送问题线索35件。强化督查督导，对2017年9个被巡察党组织开展整改落实专项检查，督促整改问题144个，并召开大渡口区委巡察整改集体约谈会，对9家巡察整改不彻底、不到位的单位进行了现场通报。

【“四风”整治】 制订下发《中共大渡口区委常委会贯彻落实中央八项规定精神实施办法》《大渡口区贯彻落实中央八项规定精神手册》。持续开展违规公款吃喝、违规收送红包礼金、违规发放津补贴或福利问题和公务加油卡违规购买非油类商品等专项整治。开展严肃整治领导干部利用名贵特产类特殊资源谋取私利的工作。全区严肃查处违反中央八项规定精神问题23件、28人，同比增长

64.3%，全部通报曝光，释放越往后执纪越严的强烈信号。整治形式主义、官僚主义，严肃查处不作为、慢作为、假作为等形式主义、官僚主义问题20件、32人，通报4起典型案例。

【惩治腐败】 运用监督执纪“四种形态”处理党员干部208人次，同比增长100%。其中，运用第一种形态批评教育、谈话函询等184人次、占88.5%；运用第二种形态纪律轻处分17人次、占8.2%；运用第三种形态纪律重处分3人、占1.4%；运用第四种形态立案审查4人、占1.9%。从严查处领导干部违纪违法和发生在重点领域、关键环节的腐败案件，立案查处38件38人，分别同比增长80.9%、58.3%，其中处级干部6人；采取留置措施2人。开展党员干部亲属涉权事项公开工作，整治侵害群众利益的不正之风和腐败问题，严肃查处37件55人，分别同比增长32.1%、37.5%，重点查处了两处养殖场污染的环保领域典型案例。开展扫黑除恶专项斗争和成品油、冷冻肉品综合整治“百日攻坚”专项行动监督执纪问责工作，坚决查处涉黑涉恶腐败“保护伞”，对专项斗争慢作为的2家单位4名区管干部进行了通报，主动摸排涉黑涉恶问题线索20件。

【廉政监督】 区纪委协助大渡口区委推进全面从严治党的主体责任，牵头制订《大渡口区关于加强各级党组织同级约谈监督的暂行办法（试行）》，区委书记和区长带头约谈班子成员及区管干部148人次，区纪委约谈区级部门、镇街党政主要负责人121人次。实施责任追究36件、39人，分别同比增长125%、85.7%，压实各级党组织全面从严治党的政治责任。加强对领导干部特别是“一把手”权力的监督和制约，加强对各级党组织贯彻落实党中央、市委和区委重大决策部署的监督检查，督促发现的问题立行立改。制发监察建议书10份，督促有关部门建立健全有关工作制度，扎牢“不能腐”的笼子。打造4个以“家廉家规家风”为主题的廉政示范家园，挖掘以义渡文化、剪纸文化为主题的廉洁文化，开展廉政教育进机关、进社区、进农村、进学校、进企业、进公园“六进”活动，开展“清风常伴、廉洁齐家”家庭助廉立德活动。利用重温入党誓词、写忏悔录、读忏悔录等方式教育挽救，让7名被谈话函询区管干部在民主生活会上做出说明。开展“以案四说”警示教育，用身边案、身边事教育身边人，营造“不想腐”的氛围。

【巡视意见整改落实】 区委配合市委第一巡视组开展工作，成立以区委书记王俊为组长的巡视反馈意见整改落实工作领导小组，制订《整改任务分工方案》，细化65项具体任务和制订120条整改措施，挂图作战、打表推进；6位区领导亲自带队监督检查，确保整改任务“不悬空”“全见底”。区委加大巡察工作力度，单独成立大渡口区委巡察办，设立3个巡察组，优选9名党员干部充实到巡察队伍，完善工作机制，高质量推进巡察工作。在市委第一巡视组的领导下完成了第十二届大渡口区委第四轮巡察工作，成立2个机动巡察组对“和爱嘉园”项目和跳磴镇消纳场开展“机动式”巡察；对标中央精神开展扶贫帮困专项巡察，将巡察利剑直抵“神经末梢”。

【队伍建设】 加强政治建设、春节后上班第二天组织大渡口区纪委监委机关全体党员干部到歌乐山烈士陵园开展主题党日活动，学习“狱中八条”，坚定理想信念。

注重能力建设。重点加强党章党规党纪、宪法法律法规和执纪监督监察业务培训，共培训1330人次。激发工作活力，将区属纪检监察系统8名符合条件、表现优秀的科级干部提拔为副处级领导干部。

坚持严管与厚爱。成立纪检监察干部监督室，配备3名干部专司干部监督工作。建立健全纪检监察干部廉政档案、因私出国（境）管理、请示报告等内控制度，严格审批权限和工作流程。

开展纪检监察干部家访活动。对26名新进纪检监察干部进行家访。坚持刀刃向内，初核纪检监察干部问题线索9件，处理1件、1人，严防“灯下黑”。

【国家监察体制改革】 按照整体部署，区委书记亲自担任组长，推进国家监察体制改革工作。

1月4日，内设机构由7个增加至11个。撤销纪检监察室，新成立第一纪检监察室、第二纪检监察室、第三纪检监察室、第四纪检监察室、纪检监察干部监督室；1月11日，召开全区深化国家监察体制改革试点工作转隶干部大会，区委书记王俊出席会议并讲话，区委常委、区纪委书记汪建当场宣布三定方案和人员安排方案；1月15日，大渡口区人民代表大会顺利选举产生监委主任，区委常委、区纪委书记汪建全票当选为监委主任。同日，区人大常委会任命产生区监委副主任及监委委员；同日，区委书记和区纪委书记进行挂牌，大渡口区监察委员会正式成立。2月13日，区检察院15名转隶干部正式到岗。

6月22日，成立区监委派出第一监察室、区监委派出第二监察室，推动监察职能向基层单位有效延伸，实现对所有行使公权力的公职人员的监督。调整部分纪检监察组的综合监督单位，明确向4大重点板块管委会筹备组延伸监督，撤销区纪委驻区政府办公室纪检组，新组建区纪委驻区机关事务局纪检组。

8月2日，调整区纪委监委机关内设机构和派驻纪检组。撤销区纪委驻区机关事务局纪检组、区纪委驻区发展改革委纪检组、区纪委驻区经济信息委纪检组、区纪委驻区城乡建委纪检组、区纪委驻区农委纪检组、区纪委驻区人力社保局纪检组、区纪委驻区城市管理局纪检组、区纪委驻区环保局纪检组8个派驻机构。至此，原16个派驻纪检组减少至8个。同时，还赋予派驻纪检组监察职能，并对整合后的8个派驻机构进行更名。更名后的名称如下：区纪委监委驻区委办公室纪检监察组、区纪委监委驻区委组织部纪检监察组、区纪委监委驻区委宣传部纪检监察组、区纪委监委驻区委统战部纪检监察组、区纪委监委驻区委政法委纪检监察组、区纪委监委驻区财政局纪检监察组、区纪委监委驻区教委纪检监察组、区纪委监委驻区卫生计生委纪检监察组。并新增3个机关内设机构：第五纪检监察、第六纪检监察室、民生监督室（第七纪检监察室）。根据工作需要，8月2日，成立重庆市大渡口区留置管理中心。

（区纪委监委）

民主党派 工商联

民革大渡口区委员会

【概况】 民革大渡口区组织成立于1983年1月，1990年7月成立工委，1996年11月成立区委，民革大渡口区第五届委员会下设6个支部，区委委员15人，区委班子5人，袁凯明任主任委员、区政协副主席。现有党员156人，其中女党员66人（占42%），中级职称70人（占44%），高级职称53人（占34%），本科以上95人（占60%）。市政协委员1名、区人大代表2人、区政协委员11人、担任重庆市仲裁委员会仲裁员1人。

2018年，民革区委荣获民革重庆市委授牌颁发的“示范民革党员之家”称号；集体提案《关于打通交通大动脉加快融入重庆西客站经济圈的建议》荣获区政协2018年度优秀提案；荣获区政协2018年度社情民意信息工作先进集体。唐黎荣获民革重庆市委纪念中共中央“五一口号”发布70周年演讲比赛三等奖。郑文胜、唐贵云、乔音荣获2018年度区政协优秀政协委员，郑文胜、唐贵云荣获2018年度区政协社情民意工作先进个人。唐贵云撰写的《关于加快政务信息化建设提升政府服务高效化的建议》被评为区政协2018年度优秀个人提案。

【自身建设】 全面加强自身建设，提升“五种能力”。开展“学讲做”活动，夯实共同政治基础。开展宣讲活动、领学活动25次，全面宣讲习近平新时代中国特色社会主义思想和中共十九大精神。集中学习十九大精神9次，撰写心得体会26篇。开展“不忘合作初心，继续携手前进”主题教育活动，弘扬传承民革传统，巩固共同思想政治基础。注重加强宣传工作，凝聚更大共识，在市、区等各媒体刊发43篇宣传报道。

创新工作方式，加强自身建设。强化培训能力。参加各类培训学习118人次。班子下沉做垂范。班子成员分到不同支部成为支部中的一员，发挥领导班子模范带头作用。推进支部活动制度化、规范化、常态化、基地化建设。

【参政议政】 课题调研。完成民革市委会调研课题《推动两岸青创资源有效整合与科学配置》和中共区委“党委出题，党派调研”课题《重庆（大渡口）台湾中小企业产业园发展存在的问题及建议》。

建言献策。在市区“两会”期间提交提案23件，其中集体提案7件，全部采用（重点提案1件）；个人提案16件全部采用（市政协2件，区政协14件），集体提案《关于打通交通大动脉加快融入重庆西客站经济圈的建议》被选为中共区委常委、常务副区长徐晓勇领衔督办的重点提案。

社情民意。提交社情民意34篇，向民革市委报送14篇，向区委统战部报送10篇，向区政协报送34篇（采用：市政协4篇，民革市委5篇，市委统战部1篇，区政协17篇）。

政党协商。通过参加区委“双月座谈会”和区政协“主席接待委员日”活动，积极建言献策，诸多建议意见获采纳。

【引资引智】 搭建两个招商引资引智平台。民革区委赴民革中央联络部做专题工作汇报，得到中央支持，促成了重庆（大渡口）台湾中小企业产业园与“两岸青年创新大联盟”签署战略合作协议；民革重庆市大渡口区委会与民革北京市东城区委会签订了“缔结友好区委，搭建合作平台”协议书。

采取“走出去，请进来”的方式，组织赴市内外台商企业考察调研18次，宣传、推荐大渡口，吸引他们来区投资兴业；先后引荐台商来区考察调研12次，成功引进北京和盛行公司亮丽影像云冲印亚洲总部基地项目入驻园区，并于10月15日正式投入运营。

【法律援助】 先后在村居、社区、学习、企业开展婚姻法、劳动法、新旧宪法对比、“未成年人保护法”“中小学生人身损害赔偿的司法解释”等义务法制讲座、宣传活动26次。

（民革区委）

民盟大渡口区委员会

【思想建设】 推进主题教育凝聚思想共识。以中共十九大和民盟十二大精神为引领，贯彻习近平新时代中国特色社会主义思想，通过主委会、全委会、专题会等形式坚持“三个必学”，强化政治理论学习，牢牢把握正确的政治方向。开展“不忘合作初心，继续携手前进”主题教育活动和“学讲做”活动，以开展纪念“五一口号”70周年、庆祝改革开放40周年为契机，重温历史继承传统，组织参加征文、演讲、座谈会、微信竞答等系列活动10余次，持续开展“走进特园”“重走先贤路”“朗读会”等特色活动，承办民盟市委摄影家协会庆祝改革开放40周年启动仪式，胡军主委代表各民主党派在全区五一口号70周年纪念仪式进行了发言。通过弘扬主旋律、传递好声音、凝聚正能量，广大盟员紧跟新时代步伐，切实提高政治站位，牢固树立“四个意识”，更加坚定“四个自信”，夯实团结奋斗的共同思想政治基础。2018年，民盟区委荣获民盟中央群言发行优秀单位、民盟市委思想宣传先进集体。

【宣传工作】 合理设置栏目完成《大渡口民盟》微信公众号改版，围绕中共十九大精神、纪念“五一口号”发布等重大事件重要时点推送专栏信息，全年共编辑发布信息72条，有效增强政治性、时效性与可读性，微信平台关注度、影响力有所提升。深入挖掘民盟历史资料，整理完成钢迁会主任、盟员张可治人物研究，《志拯国难的机械专家张可治》信息被团结网采用。加强网络舆情监测，积极引导盟员维护政治及社会稳定。2018年，民盟区委在中共区委第五次政协会议上做了题为“适应新时代、践行新思想、为推进大渡口区人民政协事业贡献力量”的书面发言。

【参政议政】 2018年市级“两会”期间，盟员市政协委员提交《关于促进儿童医疗建设缓解儿童看病难的建议》等个人提案7件；在区“两会”上，民盟区委提交政协集体提案10件、大会发言1件，盟员人大代表提交建议3件，盟员政协委员提交个人提案19件。其中，《把握重庆西站通车契机、提速我区文旅产业发展的建议》被列为政协大会1号发言，《关于把中华美德公园打造成摄影景点的建议》被列为区人大重点建议，《关于完善周边配套，加大推进协调力度达成重庆工业文化博览园局部开放的建议》被列为区政协重点提案，《关于完善重庆工业博物馆一期建设的几点建议》被评为区政协精品提案。2018年，盟员邓迪、钱虹被区政协评为优秀政协委员。

【理论调研】 开展兴调研转作风促落实行动，围绕“三大攻坚战”“八项行动计划”等重点工作，调动盟员积极性，在乡村振兴、政务改革等方面开展调查研究，全年完成民盟市委《关于推动农村“三变”改革 激发乡村振兴活力调研报告》和中共区委《关于推进大渡口区政务服务改革的思考》2项调研课题。发挥参政议政专委会作用，创新基层支部调研小课题形式，全年基层组织共完成交通、教育、婚检等6个方面调研。这些课题研究成果大多转化为协商发言、提案、社情民意信息等，为民盟区委议政建言打基础。

【社情民意】 利用参政议政专委会平台作用，将人大代表政协委员及新盟员全部纳入专委会，保证社情民意信息数量和质量。推荐三峰公司盟员任行云担任市政协社情民意信息特邀信息员。加强骨干盟员培训，邀请江北区参政议政专委会主任张华义开展培训，探索与区外民盟组织、与盟外相关单位实现资源信息共享，扩展视野，提升建言献策水平。2018年，民盟区委共提交《关于我市民办艺体培训机构存在监管空白问题的建议》等社情民意40篇，市政协采用1篇，市委统战部采用2篇，民盟市委采用9篇，区政协采用17篇。

【民主监督】 参加区委、区政府、区政协、区委统战部等召开的暑期谈心会、双月座谈会、征求意见会、协商会、情况通报会等，围绕“两高”建设、四大重点板块、四大支柱产业、“三大攻坚战”“八项行动计划”等方面提出建议意见20余条。担任各级特约（邀）检察员、监察员等职务的盟员，以高度的政治责任感，参加人大视察、政协调研等活动，负责履行民主监督职能。

【社会服务】 走进社区深化同心牵手品牌。按照“发挥优势、突出重点、量力而行、讲求实效、持之以恒”原则立足实际，开展社会服务活动，强化社区需求，深化社服成果，切实提升“民盟同心牵手”品牌效应。民盟区委结合基层规范化建设活动，安排两个基层支部对接社区参与服务，2018年在社区开展了新春慰问、“相聚中秋 趣味游园”“我心中的八一”儿童绘画展等5次社会服务。强化与民盟市委工作联动，邀请民盟市委三下乡活动走进大渡口区开展义诊、文化下乡、文艺会演等，参与民盟市委“农村教育烛光行动”“黄丝带帮教工作”等活动，进监狱、戒毒所开展文艺演出参与帮教。邀请民盟市委专职副主委黄燕苹到区调研中小学综合实践活动基地建设，助推教育事业发展。2018年，民盟区委荣获民盟市委社区服务先进集体，盟员杨树强、李雪连、全洪锐荣获先进个人。

【自身建设】 优化组织结构提高发展质量。按照“提升质量，保证数量，优化结构”组织发展方针，发展青年盟员，稳妥发展新社会阶层人士。2018年发展盟员5人，转入1人，平均年龄35.2岁，其中区政协委员2人。全区有盟员116人，平均年龄48.4岁，其中中高级职称80人，占比68.96%，大学本科以上学历100人，占比86.2%，文化教育科学技术主界别81人，占比71.7%，盟员中市政协委员2人，区人大代表3人，区政协委员12人，盟员结构得到优化。

落实市委常委、统战部部长李静视察调研指示精神，夯实基层规范化建设，各支部均做到“六个一”标准。在文化支部打造完成区级“盟员之家”示范点，在重庆市三十七中打造民主党派基层组织联合阵地，先后开展“新盟员回家”“庆祝三节暨庆祝改革开放40周年”、全委会等特色活动6次，文化支部“交心谈心会”、重钢支部“听老盟员讲故事”等支部特色活动4次。区内各民主党派，民盟江北、江津、綦江等友好区委前后到“盟员之家”参观考察交流座谈。2018年，大渡口“盟员之家”荣获民盟中央优秀盟员之家称号。

【建功立业】 郭毅军入选重庆市“三百”科技领军人才计划，牵头的微创手术动力装置关键技术研发及产业化通过2018年重庆市科技进步一等奖公示。一批盟员成绩突出受到表彰，其中，黄秋节荣获重庆市宣传思想文化工作先进个人称号，闫丹妮获重庆市旅游工作先进个人称号，张香玲获得大渡口区第三届道德模范敬业奉献模范奖，邓迪、袁凤梅、钱虹获民盟市委优秀盟员奖，唐瑜、杨群芳获优秀盟务工作者奖，刘跃斌获优秀新盟员奖。据不完全统计，全区盟员有47人次获得各类表彰奖励，为民盟树立了良好社会形象。

【引资引智】 协调民盟重庆市委在建桥园区挂牌履职实践基地，接洽北京航空航天大学、北京中医药大学、成都电子科技大学等高校，拜访西南大学、中国科学院重庆绿色智能技术研究院等高校科研院所商议合作事宜；协调温涛、郭毅军担任建桥同心园智库专家，西南大学副校长温涛、丁忠民先后应邀率队来区调研，为全区经济社会发展献计出力；走访调研移动互联网产业园企业，深入摸清建桥园区企业发展情况及面临问题，提出意见建议；先后邀请新疆网、北京掌沃云、新疆中博置业、优易健康等企业来区实地考察，与相关管委会招商组交流座谈；组织12家民盟市委企业家联谊会企业来区参观考察，投资兴业。2018年，民盟区委建桥同心园信息专报获区委区政府主要领导、统战部部长肯定性批示。

（民盟区委）

民建大渡口区委员会

【概况】 2018年，民建大渡口区委员会发展会员10人，会员总数136人，平均年龄48.1岁，经济界占78.7%，非公有制经济及企业高级管理者占47%。大专以上学历占比94.8%，中高级职称占比35.3%。会员中市人大代表1人、市政协委员1人、区人大代表10人（其中区人大常委会副主任1人）、区政协委员12人（其中区政协常委2人）。荣获民建重庆市委2018年度区县会务工作综合考核一等奖。

【参政议政】 政党协商。针对高质量发展、支柱产业发展、以商招商、打造全域旅游等提出有价值的意见和建议，得到区委、区政府肯定。

提案工作。提交集体提案7件，会员个人政协提案14件、人大建议10件。集体提案《关于加强旅游融合发展的建议》荣获区政协2018年度优秀提案表彰；荣获民建重庆市委2018年度反映社情民意信息工作先进集体。会员黎平、徐彤彤、覃小龙3人荣获2018年度优秀政协委员表彰；会员马林达、张军荣获2018年度反映社情民意信息工作先进个人表彰。

社情民意。向各级、各有关单位报送社情民意及建言类信息68篇，稿件数比去年提升20%，会员覆盖率增加10%，采用率也有提升。其中全国政协采用1篇（《关于推行法院网上立案的建议》）、市政协采用1篇，市委统战部7篇、民建市委采用8篇，区政协采用16篇。在民建重庆市委23个区县组织中采用积分排名第9，荣获民建重庆市委2018年反映社情民意信息工作先进集体表彰。上报党外人士建言类信息39篇，采用8篇，其中《加快完善我市中高等职业教育现代学徒制建议》获屈谦副市长批示、《建议规范都市民宿经营》获邓恢林副市长批示。

专题调研。主委牵头，参政议政专委会主抓，调研课题组承担，先后召开调研课题开题会、部门座谈会，进行实地调研。通过深入研究、思考和讨论，形成了《加快旅游产业发展打造大渡口区全域旅游》调研报告，在双月座谈会上汇报调研成果，得到区委、区政府的肯定。承担民建市委调研课题3个并顺利结题。

【学习教育】 开展坚持和发展中国特色社会主义学习实践活动。召开全委（扩大）会专题学习习近平新时代中国特色社会主义思想，中共十九大以及十九届二中三中全会，民建十一大以及十一届二中全会，中共重庆市委五届三次四次五次全会等重要会议精神。开展“学讲做”活动，全面学习领会习近平总书记参加重庆代表团审议时的重要讲话精神，在民盟、致公党、无党派人士、侨联界委员联组会的重要讲话精神，在民营企业座谈会上的重要讲话精神，在微信和QQ群里设立专栏，编印《大渡口民建学习十九大专刊》，真正在学懂、弄通、做实上下功夫。引领广大会员增强“四个意识”，坚定“四个自信”，在思想上政治上行动上同以习近平同志为核心的中共中央保持高度一致，坚决维护习近平总书记的核心地位，坚决维护中共中央权威和集中统一领导。

开展主题教育和系列重大纪念活动。开展“不忘合作初心、继续携手前进”主题教育活动，以纪念中共中央发布“五一口号”70周年、黄炎培140周年诞辰和改革开放40周年等重大活动为契机，将民建的优良传统教育与全面深入学习贯彻党的十九大精神相结合，不断加强会内思想建设，不断坚定会员“四个意识”，提高会员思想政治素质。开展纪念“五一口号”70周年演讲比赛、组织会员参加民建市委的纪念中共“五一口号”发布70周年演讲比赛、征文活动，均获得优异成绩。组织会员开展纪念“五一口号”70周年活动，到民建成立旧址西南实业大厦学习了解会史，专题活动探寻合作初心。组织会员收看收听纪念改革开放四十周年大会，学习习近平总书记的重要讲话精神。

【组织建设】 探索基层组织规范化建设工作

规律，以“挂街镇、落社区”为举措，四个综合支部全面落实“六个一”建设（坚持开放共享，建立1个阵地；亮出党派身份，挂出1块牌子；根据组织特点，设立1套制度；记录组织生活，形成1本台账；做好宣传报道，树立1块展板；注重归纳整理，完善1套档案），呈现出“基层支部活力迸发，区委组织魅力凸显”的新局面。7月25日，中共重庆市委常委、统战部部长李静到大渡口区开展统战工作调研时专程到大渡口区新山村街道沪汉社区考察了民建综合二支部基层组织规范化建设情况。四个综合支部相继在所联系的社区、单位开展了关爱慰问空巢老人、结对帮扶困难群众、法律咨询、援建社区、声乐知识讲座以及收集社情民意等活动，得到所在街道、社区党委的高度评价，基层组织规范化建设初见成效。

【**企业家联谊会**】走访重庆精耕咨询有限公司、重庆亚马逊QWS联合孵化器、重庆科力集团等会员企业，了解会员企业发展现状，牵线银行企业对接促进企业融资。多家会员企业及会员荣获市区表彰。企业家会员富士达集团董事长杨远伦、科力集团董事长许资、红九九食品有限公司总经理黄可可、重庆空港孵化基地主任王宏义在民建重庆市委纪念改革开放40周年大会上荣获“优秀企业家会员”表彰。企业家会员黄万明获大渡口区委、区政府表彰，荣获“大渡口区突出贡献人才”称号。组织8名企业家会员参加了民建中央举办的“中国风险投资论坛”“中国非公有制经济发展论坛”。组织企业家会员参加民建市委企业家联谊会活动、星五沙龙等，引导非公经济会员把握经济发展大势，提振会员企业发展信心。企业家联谊会工作开展有序。

【**助推建设**】 发挥党派优势引资引智，助推建桥同心园建设。李青主委亲自主抓助推工作，召开主委会讨论具体措施；专程向沈金强主委汇报相关工作，争取到民建市委“双创基地”在大渡口区建桥同心园挂牌，杨亚丽专职副主委到会祝贺。邀请上海金山区委企业家一行来大渡口区交流考察，邀请南开大学原校长、龚克一行到大渡口区深入企业考察调研，引荐青岛小漾互动信息科技有限公司董事长邹世龙等一行到大渡口区投资考察调研，引荐东华软件重庆公司总经理沈连金到大渡口考察洽谈合作，黑龙江省绥化市政协副主席、民建绥化市委主委张晓舜带领企业家会员来区考察调研，为地方经济发展牵线搭桥。举办服务“建桥同心园”银企对接会，为“建桥同心园”企业和银行搭建“零距离”交流平台。

【**社会服务**】 发动会员参与“电商为媒•民建结亲”帮扶活动，结亲帮扶贫困户20户。全年会员企业纳税2.611亿，解决就业10883余人。向贫困地区、困难群众捐款233.5万余元，参与精准扶贫项目34个，参与校企联合，助推大学生就业，参与敬老、慰问、关爱残疾儿童等活动20余次。

【**信息宣传**】 《大渡口民建》全年刊发普刊2期，专刊1期。全年向各级部门报送宣传信息70余条，民建中央宣传报道14篇，民建市委报道30篇，《重庆政协报刊》2篇，《重庆民建》报道4篇，《大渡口统战》刊登信息14条，《大渡口报》刊登报道3篇，义渡统战公众号刊登信息6条，大渡口手机政讯刊登信息2条。

（民建区委）

民进大渡口区委员会

【**概况**】 大渡口民进于2001年7月20日成立民进大渡口区直属支部，2005年3月18日成立民进大渡口区工作委员会，2006年10月25日成立民进大渡口区委员会，2016年6月26日举行第二次代表大会进行换届，选举产生民进大渡口区第三届委员会。2018年，民进区委会有主委1人，副主委5人，区委会委员13人（空缺2人）。民进区委会下设机关支部、综合支部、新山村支部、九宫庙支部、重庆市旅游学校支部、重庆市三十七中学支部、重庆市九十五中学支部和重钢支部8个支部。有会员144人，主要分布在教育、文化、机关、民营企业和中介组织等界别。会员中有区人大代表3人（其中常委1人），区政协委员11人（其中常委2人）。

2018年，民进大渡口区委会被民进重庆市委会评为社情民意、会刊、电子信息化建设工作先进单位，被民进重庆市委会授予思想政治教育主题年先进地方组织称号；九宫庙支部被评为民进重庆市先进基层组织。全年会员在市级以上大赛获奖10

多项，有20多人次被民进市委会、工作单位评为优秀、先进个人，张红渝、殷嘉林、刘瑛被评为民进重庆市先进会员，陈俊谋被评为民进重庆市思想政治教育主题年先进个人，杨永强、杨蕊菡、卢元胜被评为重庆市“最美民进教师”，黄纯琼指导学生作品《从来佳茗似佳人》《马蹄远去尘飞扬》分别获第十九届世界华人学生作文大赛一等奖、二等奖，崔威海获第一届第二届“国青杯”心艺人生全国高校艺术与设计作品展评优秀指导教师、“国青杯”心艺人生全国高校艺术与设计作品展评教研成果二等奖等等。

【思想建设】 将习近平新时代中国特色社会主义思想和中共十九大精神作为“学讲做”活动的重点，结合学习贯彻民进十二大精神、中共重庆市委及大渡口区委全委会精神，开展了宣传、辅导、研讨、交流等系列活动10多场次，参与会员300多人次。按照民进中央“不忘合作初心，继续携手前进”主题教育活动的要求和部署，结合庆祝改革开放40周年、中共中央发布“五一口号”70周年、重庆民进成立60周年等活动，通过征文、座谈、参观学习等方式，深化民进优良传统教育。注重会员意识形态引导，引导会员增强“四个意识”、坚定“四个自信”。开展宣传工作，全年在国家级媒体报道11篇、市级媒体报道20多篇，出刊《大渡口民进》会刊4期。

【组织建设】 开展“学习民进十二大精神，争创先进基层组织”活动，按照“六个一”标准开展基层组织规范化建设。加强对支部工作的指导与支持，坚持开展开放式组织生活。按照“阳光、高效、规范、和谐”的要求，深化机关建设和作风建设，提高机关工作效率和服务质量。坚持数量服从质量的要求，吸纳高层次、专业性和复合型人才入会，加大会员培训力度，加强后备干部队伍建设。支持全体会员做好本职工作，激励会员“双岗建功”。

【参政议政】 按照区委、区政府和区政协全年工作部署，根据中共区委的政治协商安排，参与政治协商。提高党派集体提案、专题发言质量。开展市委会课题调研和“党委出题、党派调研”，形成调研报告《我区滨江路经济带发展研究》。开展参政议政沙龙活动2次。及时准确地收集反映广大会员及其所联系群众的意见建议，落实市委会“金点子”征集会要求，围绕“三大攻坚战”“八项行动计划”“高质量产业之区、高品质宜居之城”建设建言献策。全年收集和报送各类建言信息50多条，其中，民进中央采用2条、市政协采用1条、市委统战部采用6条、市委会采用6条、区政协采用14条。

【社会服务】 参加民进中央的“同心•彩虹行动”和市委会的“进盛合作”等活动，坚持到基层开展“春联万家”活动送春联100余副。助力建桥“同心园”建设，恳请民进中央支持招商引资工作，重庆民进企业家联谊会在建桥“同心园”挂牌社会服务基地，会同区生态环保产业组到聚光科技（杭州）股份有限公司进行招商推介，引介重庆市江苏盐城商会、五洲图书公司等单位到区考察。持续开展“党外人士在社区”活动和“服务社区培训行动”，到大渡口区各街镇社区开展培训和讲座10余场次，培训居民群众达500多人次。深化与建胜镇党委的结对共建活动，发挥在建胜镇回龙桥社区建立的社会服务实践基地的作用，开展送春联、暑期学生培训、义诊等活动，发挥各自优势，形成发展合力。

（民进区委）

农工党大渡口区委员会

【概况】 2018年，农工党大渡口区委下设4个支部，共有党员103人，新发展党员7人。党员平均年龄51岁，其中女党员54人，在职党员76人，党员中具有中高级职称83人。党员中现有市政协常委1人，农工党市委委员2人（含常委1人），区人大代表3人，区政协委员10人（含常委2人），副处级以上4人。

【自身建设】 加强思想政治建设。以区委委员、支部委员、人大代表、政协委员和代表人士为重点，通过专题培训、实地调研、订阅辅导读本、撰写心得体会、开展征文活动等方式，学习贯彻习近平新时代中国特色社会主义思想、中共十九大、农工党十六大精神和全国、全市和大渡口区相关会议精神，深刻领会习近平总书记新理念新思想新战略，并通过推进“三学一讲”教育活动，牢牢把握“不忘合作初心，继续携手前进”活动的主题，引导广大党员坚定正确的政治方向，牢固树立“四种意识”，不断增强“四个自信”。

实施“人才强党”战略。加大党员干部队伍教育培训力度，安排党员参加新党员培训、习近平新时代中国特色社会主义思想等专题培训45人次等，促进全体党员凝聚价值共识，增强政治定力，提升履职能力。

推进“凝聚力工程”建设。开展慰问党员、帮扶困难（生病）党员、表彰先进等常规工作，发挥专委会作用。通过老委会关心老党员生活身体；青委会组织青年党员拜谒先烈、筹备文艺演出等专题活动，调动青年党员积极性等等，打造“农工党员之家”。采取将各项工作任务细化下分和各基层组织结合各自特点的方式，各自认领并牵头完成相结合的工作机制，强化基层组织和党员“我为农工做什么”思想。

基层组织规范化建设。按照“6 个 1”标准分别在新雨社区、重庆市三十七中和阳光社区建立支部活动阵地，通过邀请对口单位中共党组织领导参加组织生活，及时汇报支部工作和党员动态等方式，争取中共党组织的支持。同时要求各支部从深入对接小区开展服务的角度来探索组织生活新途径，开展了慰问居民、环保知识讲座、暑期课堂等社会服务活动。同时结合全面加强基础组织规范化建设的要求，修订了《支部工作考核办法》。

打造“五型”机关建设。切实贯彻中央八项规定，严格执行经费管理等规章制度，规范工作制度，完善工作运行机制，强化协同互动，为机关干部营造良好工作氛围，调动机关干部工作激情。

【参政议政】 制度建设。完善参政议政优秀成果的补贴办法，修订《参政议政工作用稿补贴标准》和《关于做好区政协2018年“主席接待委员日”活动工作的通知》，组建包括党内区人大代表、区政协委员及部分代表人士在内的协商工作专家组。

建言献策。以聚焦“四大产业”发展、助推“建桥同心园”建设为重点，承担市、区两级调研课题，共4篇，其中《关于细化产业招商组的建议》呈报中共区委，得到王俊书记批示。参与农工党市委“三医联动”课题研究，组织执业医师参与问卷调查，承办了课题研讨会。高度重视区“两会”，提交集体提案 8 件，其中 1 件集体提案被列为重点提案，得到区领导督办。形成社情民意和信息 17 篇，其中 2 篇被农工党中央采用，1 篇被市委办公厅采用，1 篇被市政协采用，1 篇被市委统战部采用。

【社会服务】 发挥“农工党中央社会服务部社会服务基地和农工党重庆市委社会服务实践基地”作用。农工党中央副主席、农工党市委主委等多位领导赴“基地”调研。同时，按照农工党市委关于推进“共绘同心圆 共建家乡美”社会服务品牌建设的要求，农工党区委与区计生委、区科协联合开展乡村医生培训试点工作，并对全区基层医生进行摸底调查，形成了工作档案，制订年度培训计划，并开展了首次乡村医生培训。同时以“五进五关爱”活动为载体，以残疾妇女儿童等困难群众为重点，捐助成立了公益基金，开展了烧伤儿童关爱夏令营等大型活动。

助推“建桥同心园”建设。争取到农工党市委将在建桥同心园开展“同心助力健康服务行”活动纳入了工作重点。争取到农工党党内专家受聘为智库专家。争取到上海市黄浦区等多地兄弟组织和农工党员企业飞诊健康科技（上海）有限公司的支持。同时动员全区党员广泛收集招商引资信息，已有 2 家企业通过农工党员引荐来区洽谈，党员企业重庆万家燕健康产业集团医药公司更是成为首家落户“建桥同心园”的企业。

（农工党区委）

九三学社大渡口区委员会

【概况】 九三学社大渡口区委员会雏形为九三学社重钢支社，成立于 1984 年 1 月。1996 年 7 月，九三学社重钢支社改建为九三学社重庆市委员会重庆钢铁（集团）公司基层委员会（简称为重钢基层委员会），下设 4 个支社，1 个直属小组。2005 年 8 月，经九三学社中央和九三学社重庆市委批准，成立了九三学社重庆市大渡口区委筹备组，组长毛伟。2011 年 9 月 3 日，正式成立九三学社大渡口区委员会。2016 年 6 月 25 日，换届选举产生第二届委员会。2018 年 12 月 14 日，进行届中调整，增补一名副主委。第二届委员会有委员 13 人，其中，主委会成员 5 人：主委毛伟，专职副主委刘俊，副主委柳卫东、刘伟廷、孙长领。委员 8 人：李纯、冷洪英、余涛、刘宁、罗婕、刘毅、赵雷、喻海峰。

2018 年，九三学社大渡口区委有社员 147 人。下设一个委员会（九三学社重钢基层委员会）、五个支委会（重钢科技支委会、重钢工程技术支委会、重钢颐年支委会、财经科技支委会、教育科技支委会）。其中重钢三个支委会归属重钢基层委员会。

第二届委员会主委毛伟继任大渡口区政府副区长。副主委孙长领任第五届重庆市政协委员。柳卫东、刘伟廷、余涛、冷洪英、刘毅、刘俊、赵雷、张建红、陈泽艳 9 名社员为第九届大渡口区政协委员，柳卫东为第九届区政协常委。孙长领、刘宁、罗婕、曾朝夕为大渡口区十三届人大代表，孙长领为第十三届区人大常委。李纯为长寿区十八届人大代表。曾朝夕任重庆钢结构产业有限公司董事、总经理。孙长领任重庆钢铁集团设计院有限公司总经理。刘伟廷任重庆国际复合材料有限公司副总经理。罗婕任重庆市旅游学校副校长；刘俊任九三学社区委专职副主委；柳卫东任区民政局副局长；邓海平任区交委副主任；葛意任区人大办公室副主任。

【思想建设】 围绕中共十九大、市委五届四次全会等重要会议精神开展“学讲做”活动，围绕纪念中共中央“五一口号”发布 70 周年和改革开放 40 周年，开展“不忘合作初心，继续携手前进”的征文、演讲、参观等系列活动。全年撰写各类信息动态近 50 余篇，被社中央采用 17 篇、社市委采用 49 篇、区委统战部采用 11 篇。社区委获社市委 2018 年度思想建设和宣传工作先进集体，张鼎馨、冷洪英、柳卫东、刘俊获宣传工作先进个人。

【参政议政】 提案建议。提交市、区政协提案及区人大建议案 31 件。社区委集体提案《关于进一步优化我区环境治理体系的建议》和社员陈泽艳提出的《关于职业教育加强政校企三方联动，助力区域经济建设发展的建议》被列为重点提案，分别由王俊书记、姚斌区长亲自督办。社情民意信息工作成绩突出。全年向社市委、区政协报送社情民意信息及党外人士建言 21 条，其中，社中央采纳 2 条，社市委采用 5 条，区政协采用 4 条。

调研课题。完成社市委常委课题《关于生物医药军民融合发展的调查研究》，完成中共区委重点调研课题《关于全区体育产业发展的调研报告》。获社市委参政议政工作先进集体，毛伟、刘伟廷、刘俊、刘毅获参政议政工作先进个人。

【组织建设】 全年发展新社员 14 人，其中高级职称 3 人。强化优秀干部培养。刘宁被市委统战部选派到九龙坡区挂职发改委副主任。刘俊、邓海平、葛意 3 名社员获提拔任用为副处级实职领导干部。基层组织规范化建设成效显著。落实区委统战部“六个一”要求，在重钢电信大楼、锦天康都党群服务中心分别开辟基层组织活动阵地。创新开展四个支社联合组织活动，与社长寿区委共同开展培训和考察活动 2 次，增强基层组织间交流合作。获社市委组织建设工作先进集体，冷洪英获组织建设工作先进个人。

【社会服务】 持续开展“同心树人”教育帮扶行动，继续落实并推动重庆市九十五中和威宁石门民族中学开展帮扶行动；引进北京亿思特科技有限公司落户移动互联网产业园，注册资金3000万元；邀请九三中央常委、搜狗 CEO 王小川来区调研大数据信息产业并举行讲座，为大渡口区的产业发展把脉支着儿；看望慰问一线环卫工人，为他们送去 200 多份防暑降温饮品药品。社员余涛购买 270 件矿泉水慰问战斗在高温一线的人民警察。社区委获社会服务工作先进集体，余涛获社市委社会服务先进个人。

【理论研究】 参加社中央第一届教育论坛、社中央改革开放四十年征文、“五四运动与九三学社初心”征文、重庆九三青年论坛征文等活动，17 人次获社中央、社市委征文一、二等奖及优秀奖，敖飞虎做教育论坛交流发言。获重庆九三青年论坛优秀组织奖、社市委参政党理论与社史工作先进集体，刘毅、胡鹏举、冷洪英获参政党理论与社史研究工作先进个人。

【建功立业】 2018 年，九三学社社员在本职工作岗位尽职履责，社务工作全情投入，有 59 人次获得各级各类奖励。何建明获中国建筑材料联合会颁发的全国建材行业技术革新奖一等奖。刘伟廷、何建明分获“大渡口区突出贡献人才奖”一、二等奖。

孙长领、赵雷、许俊、卢靖等7人次获中国冶金协会设计二、三等奖。

（九三学社区委）

大渡口区工商联（总商会）

【思想引导】 贯彻中央、市区重大决策部署。召开主席会和执委会等，学习党的十九大、十九届二中三中全会精神，习近平总书记系列重要讲话精神特别是对重庆提出的“两点”定位、“两地”“两高”目标和“四个扎实”要求以及习近平总书记在民营企业座谈会上的重要讲话，市、区全会精神，利用会刊、新媒体等阵地，开展宣传活动，引导非公经济人士和机关干部认识、把握、引领经济发展新常态。

开展非公经济人士理想信念教育实践活动。以“不忘创业初心，接力改革伟业”为主题，举办2018年大渡口区民营企业家高级研修班，组织40余名非公经济人士赴西安交通大学开展为期一周的学习。启动工商联系统“学讲做”宣讲活动，区委常委、统战部部长王涛，区工商联党组书记郭嫣、副主席张龙义、刘一分别向会员企业做了宣讲报告，受教育人数450人次。组织14名企业家参加市工商联法治大讲坛活动两期。

注重政治引领发挥“领头羊”作用。推荐工商联主席、龙文集团董事长刘红，工商联副主席、科力实业董事长许资、秋田齿轮公司董事长付中秋获评重庆市优秀民营企业家称号。推荐工商联副主席单位钰鑫实业、潜能集团获评重庆市优秀民营企业。

【非公经济发展】 围绕中心。借全国工商联第三调研组和市委统战部、市工商联主要领导来区宣讲、座谈、调研走访企业的机会，宣传和展示大渡口招商引资、创新创业工作。主动联系市工商联及所属行业商协会和知名企业来区考察。

服务企业。联合区人大、区政协、区委统战部组建调研组走访100家民营企业，形成调研报告上报区委，得到区主要领导批示并由区政府督查室督办。召开2018年全区“政银企”合作座谈会，聚焦改善金融服务，促进政府部门、企业与银行三方沟通交流。代区委、区政府拟订《大渡口区关于扎实开展集中走访精准服务民营企业活动的通知》，开展区级领导和部门走访全区230家规（限）上民营企业活动，收集整理民营企业共反映困难问题169件，问题解决率90%以上。配合区级部门制订助推民营经济发展政策和区级领导联系服务重点民营企业和小微企业制度。召开非公有制经济工作联席会议，区委、区政府领导参加并就企业困难和问题提出了解决要求。主办2018年民营企业现场招聘会，组织66家民营企业提供52个工种、1330个就业岗位，实现更高质量和更充分就业。创新服务形式，联合检察院开展“送法进企业•服务民营经济”检察开放日主题活动；联合法院开展“巡回法庭”，联合人力社保局召开劳资纠纷专题讲座，打造更加健康、稳定的劳动市场秩序。帮助兴勇实业、飞雪白水泥公司、奇达印务等企业解决产品运输、企业用地、融资难等问题。开展“大手牵小手”活动，组织10家大型民营企业与50家小微企业结对子，为华伦公司工程项目节约建设费用120万余元，西林公司为帮扶的微型企业提供发展机会。8月，开展非公经济人士接待日活动，接待企业6次，收集企业反映问题8件。

调研宣传。围绕高质量发展、民营企业参与乡村振兴战略和“军民融合”发展等13个方面情况进行专题调研。开展大渡口区民营经济发展现状及对策建议调研课题，集中走访区内非公企业和商会40余家，组织区发改委、区经信委等12家相关部门进行座谈，摸清底数、了解情况，为区委区政府决策提供参考意见。被全国工商联评为2018年度民营企业调查点工作先进基层单位。重点调研课题连续三年获市级课题一等奖。多篇信息在中华工商时报上刊登，2名企业家创新、创业故事在新渝商、渝商周刊等市级媒体刊登。

【“四好”商会建设】 会员发展。按照区“四大支柱产业”定位，吸纳更多中小企业、创新型成长型企业入会，不断扩大会员覆盖面、优化会员结构，确保完成会员总数和企业会员逐年增长达10%的任务。成立大渡口区浙江商会和中医康复服务商会。

商会建设。制订“四好”商会工作实施方案，召开工作部署会，指导商会围绕区域经济发展、所在行业发展、会员实现需求，开展特色活动，坚定发展信心、促进政企沟通、解决会员难题，争创市级工商联“四好”商会。建胜镇商会《健全法律维权机制，提升商会服务能力》荣获2018年创新中国最佳案例奖。

【“两支队伍”建设】 加强年轻一代非公人士培养。联合市青委会举办的“行有梦•正青春”——2018风采大渡口、徒步探索文脉之旅主题活动，邀请市区青年企业家参观工业博物馆、徒步大渡口古镇、考察建桥同心园走进大渡口，了解大渡口。与铜梁工商联共同承办市工商联青委会“领航成长”主题活动，开展老一辈和年轻一代企业家同台对话，实现民营企业的传承与创新。开展“青青计划”，组织4名成长导师参加重庆市三十七中开学典礼，为获得青青奖学金的学生代表颁奖。

强化机关建设。召开党组中心组（扩大）学习11次，强化作风建设，牢固树立宗旨意识。开展党员干部亲属涉权事项公开工作，推动全面从严治党向基层延伸。落实“三会一课”制度，与市工商联一支部、区委统战部党支部和潜能集团党委联合开展主题党日活动。

（区工商联）

群众团体

大渡口区总工会

【组织建设】 召开区总工会五届十三次和十四次常委会、区总工会五届九次和十次全委（扩大）会，区总工会主席办公会16次，及时组织工会干部职工学习研讨习近平新时代中国特色社会主义思想，特别是关于工人阶级和工会工作的重要论述精神，学习贯彻党的十九大、市区重要会议精神，及时传达中国工会十七大精神和习总书记在同中华全国总工会新一届领导班子成员集体谈话精神，把全区各级工会和广大职工群众的思想行动统一到中央、市委、全总、区委、市总的部署要求上来，坚决维护习近平总书记核心地位，坚决维护党中央权威和集中统一领导。举办了学习宣讲习近平新时代中国特色社会主义思想专题讲座、中国工会十七大精神宣讲等活动。

坚持重大事项请示报告制度，区总工会开展的重要工作、重要活动、工作中遇到的重大问题，如重庆五一劳动奖推荐评选、全国工会十七大代表推荐、工会改革事项落实等，及时向区委请示汇报，确保工会工作始终置于党的领导之下。加强了工会机关党的建设，推进“两学一做”学习教育常态化制度化，坚持“三会一课”制度，举办了“不忘初心牢记使命”党课宣讲，发挥基层党组织的战斗堡垒作用。

【政治引领】 承担起团结引导职工群众听党话、跟党走的政治责任，按照守正创新原则，以丰富职工文体生活为抓手，加强和改进职工思想政治工作，开展习近平新时代中国特色社会主义思想、党的十九大精神“进企业、进车间、进班组、进校园、进社区”宣讲活动6场，开展肃清孙政才恶劣影响，薄熙来、王立军流毒及系统作风建设活动各2场。开展网上宣传、思想互动交流、在线活动组织12次。

开展劳模工匠“进企业、进校园、进社区”宣讲活动6场。联合区委宣传部举办“中国梦•劳动美”暨学习贯彻十九大精神职工演讲比赛。联合区委宣传部、区文化旅游委举办“庆祝改革开放40周年”文艺会演。举办“做好新时代职工思想政治引领”专题报告。开展《大渡口区基层工会履行职工思想政治引领职能的现状及对策研究》课题调研，总结各基层工会发挥政治思想引领作用的经验和做法，并针对存在的问题提出了对策建议，取得了有指导借鉴价值的调研成果。

结合“国家慢性非传染性疾病综合防控示范区”复评审工作，与区体育局举办“全民健身周”广播体操比赛和游泳比赛。开展电影进社区活动，组织参与重庆市总工会、市直属机关工委、市体育局举办的职工羽毛球比赛，丰富职工精神文化生活。

【服务发展】 组织重庆国际复合材料有限公司、重庆中交港口公司、重庆至品家庭管理服务有限公司参加市总工会2018年网上劳动和技能竞赛活动，重庆中交港口公司作业二组获得“金牌班组”称号，职工龚志松获得“金牌职工”称号。参加“巴渝工匠”杯2018年建筑行业职业技能大赛、重庆市卫生护理技能大赛、重庆市汽车检测与维修技能大赛，取得优异成绩，重庆浩新汽车维修公司技术人员黄炳杰、池世虹分别荣获“汽车故障诊断与排除”项目三等奖、“发动机拆装与测量”项目三等奖，区总工会荣获优秀组织奖。联合区人力社保局等部门举办2018年大渡口区母婴护理区级技能大赛，引导全区家政服务行业吸才育才、健康有效发展。联合区住房城乡建委举办“巴渝工匠”杯2018年建筑行业职业技能大赛大渡口区选拔赛。推评重庆五一劳动奖和工人先锋号5个，培育和弘扬劳动光荣的社会风尚和精益求精的敬业风气。

【工会改革】 围绕“增活力、补短板、强弱项”深化工会改革，改进工会组织的组建方式，扩大工会组织和工会工作覆盖面。召开基层组织建设工作会，推进工会组织会、站、家的建设，提升新建基层工会活力。全年入户走访企业306家，新建立工会组织22个，发展会员1317人，换届（改选、增补）19个基层工会组织。253家工会组织和16080余名会员完成实名制建档，吸纳货车司机、快递员、护工护理员、家政服务员、商场信息员、网约送餐员、房产中介员、保安员等“八大群体”的148名职工集中入会，保安行业建立重庆市大渡口区保安服务有限公司工会委员会。举办10批次工会干部培训班轮训700余名基层工会干部，选派20余名干部参加全国、市级调训，选聘10名工会社会化工作者充实8个街镇2个园区基层工会工作力量；推评全国模范职工小家1个、全国优秀工会积极分子1个，全国职工书屋2个，办理工会法人资格证36个。基层基础进一步扎实巩固，工会组织的先进性群众性不断增强。

【依法维权】 结合推动落实职工董事、职工监事制度工作，选树市级厂务公开民主管理典型单位2个。培育重庆移动互联网产业园总工会作为行业（区域）民主管理和集体协商建制扩面工作示范点。继续深化“公开解难题，民主促发展”工作，开展“优秀职代会提案”评选活动，推评上报市总工会3项提案，基层民主政治建设更加持续向好，增强工会组织的凝聚力吸引力战斗力。

举办“三月法制宣传月”“春风送法律”“尊法守法•携手筑梦”服务农民工公益法律服务活动3场，发放宣传资料1500余份，接受现场咨询120余人次。集中组织开展女职工维权月宣传活动2场。

参加重庆市第五届“安全伴我行安全文艺”创作比赛活动，与区安监局共创的《特别招聘》节目，荣获二等奖。参加第七届“安全在我心中”美术书法大赛活动，组织17家企事业单位工会参加2018年“安康杯”知识竞赛活动，重庆国际复合材料股份有限公司荣获2016—2017年度全国“安康杯”竞赛活动优胜单位，重庆市大渡口区安全生产监督管理局荣获2016—2017年度全国“安康杯”竞赛优秀组织单位，大渡口区总工会荣获全国职工劳动安全卫生防护与自救逃生知识普及竞赛活动优秀组织奖。

组织10名志愿律师开展“千名律师进企业服务职工在基层”活动，进驻8个镇街、建桥工业园区和九宫庙商圈，覆盖130余家企业，协调处理劳动争议40余件、提供法律援助12件。接收“12351”政务咨询60余次，接待法律援助职工群众20余人，积极履行安委会成员单位职责，参加安全事故调查会18次，工伤评审会5次，病退评审会2次，劳动能力鉴定会2次，代表工会参加区社保局组织的对全区241名申请工伤鉴定的职工进行工伤鉴定，74名病退申请人员进行评审，150名工伤职工劳动能力进行鉴定。参与处理农民工清欠等工作，维护职工合法权益。

【职工服务】 开展“六节”送温暖活动。走访慰问困难职工（劳模）1342人次，发放慰问金50万余元。加强宣传，主动服务，拓宽互助保障工作覆盖面，全区有145家机关企事业单位工会参加职工互助保障，覆盖职工14400余人，发放互助金310人次，金额50.5万余元，发放救济/慰问金救助金15人次、3.4万余元，在基层工会开展心理健康、保健知识讲座2次，90余人次参加，区总工会被评为2017年中国职工互助会互助保障工作先进单位。

夏送清凉。对区交巡警支队柏树堡执勤点等12个户外作业点、重点工地、企业的1000余名一线职工送去12万余元慰问物资。

金秋助学。为19名应届大学生和在读大学生发放资助金11.4万元。为12名困难劳模落实特殊困难补助8.13万元。5名省部级及以上劳模代表参加全总、市总的疗休养。动员近1000名女职工继续参加“幸福人寿 玫瑰人生”女职工特殊疾病保险活动，并为部分困难、先进女职工购买了该保险。春晖路街道社区卫生服务中心、重庆秋田齿轮有限责任公司、重庆国际复合材料股份有限公司成功创建为重庆市“爱心妈咪”小屋。

开展春风行动、就业创业服务月、民营企业专场招聘会等招聘活动3场，达成求职意向880人，开展职业技能提升工作，为农民工、下岗职工提供育婴师、护理师、小面师等免费职业技能培训。

【廉政建设】 落实全面从严治党主体责任，自觉接受派驻纪检组监督，抓常抓长中央八项规定、中国共产党纪律处分条例、中纪委十九届二次全会、市纪委五届二次全会和区纪委四届三次全会等精神的贯彻落实，实行节假日全面开展全员自查个人廉政情况，落实了集体决策议事民主集中制、领导干部重大事项报告、涉权事项清理、《内部控制建设工作制度》、机关管理等制度；督促各基层工会规范执行《重庆市基层工会经费收支管理实施细则》，委托第三方对全区44家基层工会的2016—2017年的工会经费收支情况进行实务审计。

（区总工会）

共青团大渡口区委员会

【概况】 共青团大渡口区委员会（简称团区委）内设办公室、青少年工作部2个机构，机关行政编制4人，书记1人，副书记1人，内设机构领导职数2人。下属青少年活动中心属于全额拨款科级事业单位，共有事业编制2人。团区委直属团组织14个，基层团（工）委27个，团总支16个，团支部493个，团员6566人，其中2018年新发展团员1180人，专职团干12人，兼职团干528人，挂职团干2人。

【青少年组织引导】 全年邀请多名市委党校、团市委、市团校等名师专家宣讲党的十九大精神，在牢牢把握传统阵地的同时，在移动互联网产业园、微企梦工场等专门面向非公团组织开展宣讲5场。在团属网络公众平台“青春大渡口”开辟“十九大”专栏，举办“青诵•接力诵读十九大报告”等线上活动。

为基层团组织赠送《习近平关于青少年和共青团工作论述摘编》等书籍，向2018年大渡口区预定新兵赠送书籍《梁家河》120册，“城乡手拉手、书香飘万里”好书传递覆盖8所小学，累计赠送书籍1070余册。

组织团员青年参加网络“青年大学习”，推出系列“青年大学习”主题壁纸，团员青年参与率连续10期位居区县前列。开展主题团日等多种形式的学习活动，团区委获评团市委学习宣传贯彻党的十九大精神主题团日活动优秀组织单位。

【青少年发展】 推动出台《大渡口区贯彻落实重庆市中长期青年发展规划（2018—2025年）实施方案》，围绕青年思想、青年教育、青年健康等10个领域提出具体落实措施，促进青年更好成长、更快发展。

在全区团员青年中组织开展“青春建功新时代•金点子”征集活动，在五四青年节举办“金点子”论坛共话发展。承办2018重庆市“世界水日”青年志愿服务活动，举办“节水我行动•共绘环保梦”书画文大赛，主办“青蜜环保骑行”等区级环保活动3场次，各镇街、村（社区）开展巡河护河行动45场次，参与人数1600余人。

围绕创新驱动发展战略行动计划，会同相关部门联合举办“渝创渝新长江经济带青年创新创业大赛”。实施“未来企业家培养青锋计划”，成功申请8场青锋计划配套活动，举办评审路演2场。搭建两岸创业青年交流合作平台，承办第十届“重庆台湾周”海峡两岸（重庆）青年创业研讨会（大渡口站）。

加强对外交流，承办“重庆—新西伯利亚”创业孵化器双向交流项目。开展助力河长制、助力智博会、孝行重阳等主题志愿服务活动11场。区项目办获“2017—2018年度重庆市大学生志愿服务西部计划优秀区县项目办”。

【青少年维权】 承办“童心向党传温暖，争做时代好队员”六一儿童节公益展演活动，区青少年活动中心150余名学员参与演出；区青少年活动中心学员在“阳光梦•健康行”第四届中国青少年艺术素质教育成果展重庆赛区中，荣获6个金奖、5个银奖、1个铜奖。新建微型少年宫1所，8所市民学校开展市级标准化建设。为“四点半课堂”争取义渡基金2.94万元，开课500节，服务1500人。开展送青少年免费艺体培训进社区活动，开课177余节，覆盖6个街镇17个社区，参与青少年3600余人次。

启动“红领巾动感假日”大渡口、忠县手拉手科技创新之旅，30名忠县品学兼优的贫困青少年参与。开展“冬日阳光•温暖你我”新春关爱活动，募集资金8万元，帮助留守儿童等特殊群体实现新年心愿370个。募集资金4.9万元，资助9名贫困新入学大学生圆梦。借助“阳光助苗司法关爱基金”加强对涉诉未成年人群体救助，帮扶6名未成年人4.8万元。

举办“千年修得同船渡”“青春相约•缘来是你”联谊交友会2场及“追爱•归心”城市实景游戏交友活动1场，吸引300余名青年参与，现场成功牵手10对青年。

【从严治团】 深化“成长观”教育，2所学校举办“青春心向党”主题集中示范活动，8所中学深入开展“14岁集体生日”及“18岁成人礼”等活动，开展我心中的智博会、向“时代楷模”杨雪峰学习等主题团日活动。1名团员获评“全国优秀共青团员”，1名团员获评“重庆市优秀共青团员”，区内评选五四红旗团委（团支部）20个、优秀共青团员（团干部）20人。

开展团支部书记线上线下大比武活动，597名团干部参加线上应知应会知识测试，2名团干部获市决赛优秀奖。举办“党建带团建”专题培训，111名团干部参加；举办少先队辅导员培训，50名少先队辅导员参加；推荐12名基层优秀团干部参加市级培训班。每月评选展示“最美团支书”，1名基层团支部书记获评市级“最美团支书”。全面开展团支部书记“背靠背”满意度测评，423名团支书参加满意度测评，平均满意率98.3%。

开展“活力共青团”建设，全区17个团组织申报2018年度特色工作项目。强化“网上共青团”建设，“智慧团建”第一阶段组织树建设和第二阶段团干部团员信息采集工作推进速度和录入成效位居区县前列。打造基层团组织标准示范点13个，进基层组织建设的机制创新和整体水平的提高。不断加大非公经济组织和社会组织团建力度，会同区委组织部、区委非公工委出台《关于加强新时代非公有制经济组织党建带团建工作的实施意见》，2018年新成立两新团组织14个，并召开了区青联第三届委员会第一次选举会议及区第十三次团代会。

（团区委）

大渡口区妇女联合会

【概况】 大渡口区妇女联合会（简称区妇联）有行政编制4人，其中：主席职数1人、副主席职数1人，正科长职数2人。另配备挂职副主席1人，兼职副主席2人。内设机构2个：办公室（妇儿工委办公室）、维权信访部。事业编制（妇女儿童活动中心）2人。实际在岗6人。区妇联下设3个区级机关妇（工）委会，8个镇（街道）妇联，80个村（社区）妇联，区移动互联网产业园、九宫庙商圈和建桥工业园区等3个区域性妇女组织。

2018年，区妇联围绕中心，服务大局，转思想，调频道，补短板，抓落实，带领广大妇女积极投身“高质量产业之区、高品质宜居之城”建设，奋力推动各项目标任务落地见效。共有13个集体（项目）、12人次获得全国、市级表彰；在中国妇女网、重庆电视台、华龙网、重庆妇女网、大渡口发布等媒体发布宣传稿件60余篇。

【思想引领】 统一思想认识。重点围绕习近平总书记参加重庆代表团审议时的重要讲话精神、市委书记陈敏尔赴大渡口调研指示精神等，组织党组中心组学习讨论6次，通过“三会一课”、机关办公例会等组织集中学习12次，把思想和行动统一到中央、市委和区委的决策部署上来。

开展主题宣教。围绕“巾帼心向党 建功新时代”主题，面向广大妇女群众，做好党的十九大和中国妇女十二大精神宣传宣讲工作。举行纪念三八节“巾帼心向党、建功新时代”主题征文及演讲比赛。开展“百千万巾帼大宣讲”“中国妇女十二大精神进基层大宣讲活动”，印制中国妇女十二大宣传资料5000余份，发动各级妇联主席、先进妇女典型、妇联执委，深入农村、社区开展宣讲209场次，受众3万人次。

【乡村振兴巴渝巾帼行动】 助推乡村产业发展。举办“乡村巾帼大讲堂”9场、“巾帼培训网络学”活动40余次。联合区人社局开展“巾帼培训进乡村”活动，组织实用技术培训20场。

加强暖心关爱。配合区卫计委完成宫颈癌、乳腺癌免费筛查6020人；开展与困难儿童六个一结对帮扶工作，组织参加全市团辅活动。全年慰问困难妇女儿童及其他困难人员370人次，发放慰问金（品）约4.26万元。

打造美丽乡村。建立区“美丽乡村”志愿服务分队，开展“文明乡风•美丽农家”活动8场，开展“不忘初心 情系义渡”巾帼爱心服务、“新春送福”巾帼志愿服务等活动。

【乡村振兴巴渝巾帼行动】 寻找“最美家庭”。开展寻找“最美家庭”活动，评选表彰2018年度区级“最美家庭”20户，2户家庭分获“全国最美家庭”“全国五好家庭”称号。4户家庭获得重庆市“最美家庭”称号，1户家庭获得重庆市“十大最美家庭”称号。向市最美家庭杨云萍家庭发放5000元关爱资助金及慰问物资。3户家庭荣评市“最美书香家庭”。

培育良好家风。开展“共同养育•幸福成长”系列宣传及指导服务、“书香润万家”家庭阅读、“同悦书香•共度好时光”亲子阅读等活动。区妇联获得“书香润万家”活动组织奖，1户家庭诵读作品获得重庆市首届家庭诵读大赛三等奖。选送3件作品获评重庆市“我爱我家”儿童征集活动优秀征文、绘画、摄影作品。联合区教委面向全区家长和教师开展家庭教育专题讲座13场。联合开展“爱家庭”主题教育观摩交流、“爱上阅读 点亮生命”阅读节等活动。

注重家庭助廉。在跃进村街道开展文明婚俗宣传，设置“清风常伴、廉洁齐家”签名墙，吸引300余名干部群众参与签名承诺。与区纪委（监委）联合开展“清风常伴、廉洁齐家”家庭助廉立德活动，全区近200名处级领导干部家属聆听了警示教育课，签订了《家庭助廉立德承诺书》，观看了廉政警示教育片，发出《家庭助廉立德倡议书》。选送的4件作品在全市“清风润万家”家庭廉政文化系列比赛中获得优胜奖。

巾帼文明行动。组建“绿色生活”巾帼志愿服务区级分队、乡镇（街道）支队、村（社区）小队，深入村、社区开展绿色生态环保知识宣传、环保兑换等活动，向基层妇女组织发放环保节能宣传海报200余份。开展“巾帼护河•共建生态家园”主题活动，营造人人爱河护河美河的良好社会氛围。策划开展“‘馨’怀感恩 幸福印记”公益摄影、“享幸福晚年 赞美好时代”慰问孤寡老人等志愿服务活动；成功创建市级先进巾帼志愿服务社区1个，3人荣获“重庆市优秀巾帼志愿者”称号。赴忠县开展“爱心传递 知识传承”系列志愿活动，向忠县留守儿童捐赠书包文具250套，图书200余册。

【创业创新巴渝巾帼行动】 搭建就业平台。联合开展2018年“春风行动”，组织专场招聘3次，介绍女性就业628人；组织妇女参加创业就业培训47人。联合开展大渡口区母婴护理职业技能大赛。

推动创业创新。组织女性创业企业参加市首届“巴渝巧姐”手工作品展，帮助解决销售困难等问题。完成《关于创新驱动发展战略下促进女性“创业创新”的思考与建议》专题调研。

深化岗位建功。成功创建5个“重庆市巾帼文明岗”、2人获评“重庆市巾帼建功标兵”。2人荣评“重庆市三八红旗手”，钢城实验学校星悦读工作室荣获“重庆市三八红旗集体”称号。

【维护妇女儿童权益】 实施妇女儿童发展纲要（规划）。履行区政府妇儿工委办公室职责，牵头完成全区2017年度妇女儿童发展纲要（规划）统计及监测评估工作。开展“六一”儿童节庆祝活动及暑期活动，完成大渡口婚检率变化情况、改善儿童民生实事等多项专题调研。

构建社会化联动机制。与区法院、民政局等部门不定期召开妇女儿童权益保护联席会议，加强信息互联互通。加强诉调对接，区妇联维权干部受聘为区法院特邀调解员。与区综治办联合创新开展“平安家庭”建设工作，对6类问题家庭摸底建档、结对帮教。全年处理来电来访78起，接待上访群众125人次，矛盾调处率100%。

构建项目化服务机制。以购买服务方式，依托启明社工推进“婚姻家庭服务进村（社区）、进企业”项目，开展幸福有“法”婚姻法律知识培训等活动20场。

构建多元化宣传教育机制。开展“建设法治中国•巾帼在行动”维权宣传系列活动。组织25场妇女维权知识讲座，开展维权主题文艺演出和《反家庭暴力法》知识竞答等特色活动。借力“莎姐”品牌，开展“守护花季 相伴成长”防性侵教育等维权宣传活动4场。

【妇联改革】 推进队伍建设。开展机关事业单位妇干素质提升培训，联合区司法局组织开展人民调解工作培训。建立“主席、副主席—执委—妇女代表—妇女群众”联系制度。

优化阵地建设。在各镇街推进婚调室、妇女之家规范化建设。成功创建5个“重庆市优秀妇女之家”。在“妇女之家”探索打造“家风微课堂”等常态化品牌活动。

强化网上工作。建立区妇联系统网评网宣员工作微信群，引导全区妇女干部积极点赞转发网络正能量。全年利用“义渡姐妹”微信公众号推送文章164条。制作“点赞改革开放•她记忆”庆祝改革开放40周年新媒体宣传稿件，通过全市新媒体矩阵同步转发。推进“争做巾帼好网民”主题活动，全区有妇联通用户1000余人，女性享学吧用户240余人，2018年新增115人。发挥妇联系统新媒体阵地作用，宣传、引导、服务好广大妇女儿童，提升大渡口妇女工作影响力。

（区妇联）

大渡口区归侨侨眷联合会

【政治引领】 开展学习宣讲，确保“学懂”。组织各级侨联组织和侨界群众开展“学讲做”活动，系统学习习近平新时代中国特色社会主义思想，召开全委会、全委扩大会、专题学习会等15次。组织归侨侨眷学习第十次全国侨代会精神，动员部署各街道分会、镇侨联小组做好第十次全国侨代会精神学习宣传活动。

加强理论培训，确保“弄通”。组织侨联干部、基层侨联组织骨干参加“重庆市侨界学习党的十九大精神报告会”“2018年全市港澳台侨统战干部培训班”等各类培训6次，确保侨联干部、侨界代表人士始终与党中央保持高度一致。

组织贯彻执行，确保“做实”。发挥区侨青委会平台，侨联组织联系广泛优势和桥梁纽带作用，做好侨界青年思想政治引导工作。组织侨界人士围绕区经济社会发展开展招商推介、引资引智、服务社会等活动10余次。发挥街道侨联分会、镇侨联小组作用，及时将党的十九大、全国十代会及市、区重要会议精神宣传到基层，宣传到侨界群众、归侨侨眷之中。

【自身建设】 以群团改革为契机，推进侨联基层组织建设。区侨联主席童筱渝、副主席廖洪海作为重庆市归侨侨眷代表参加第十次全国归侨侨眷代表大会，童筱渝荣获“全国侨联系统先进个人”。

用好侨联阵地。全区8个基层侨联组织依托“全国侨务工作明星社区”“全国侨务工作示范点”“侨法宣传角”“侨之家”等13个为侨服务阵地，开展各类活动20余次。

推进阵地建设。将“大侨务”工作格局深入镇街基层单位，促进镇街、村社重视为侨服务阵地建设以不断满足广大归侨侨眷需求，在用好现有阵地基础上不断加强新阵地建设，成功推动春晖路街道阳光社区创建“全国为侨公共服务示范单位”。

强化基层组织建设。以激发基层组织活力为根本目标，区侨联不断强化对基层侨联组织的指导，推动街道侨联分会、镇侨联小组完善学习、活动相关体制机制。并为各个基层侨联组织建设提供了适当经费保障。

解决短板问题。随着群团改革的深入，侨联工作任务多、责任重，要继续保持侨联工作走在前列，区委常委会议研究决定在机构改革时为区侨联增加编制。

【引资侨智】 牵线搭桥助发展。组织侨界青年、留学人员代表献计大渡口滨江片区建设，多项意见建议获片区指挥办采纳。围绕区“建桥同心园”建设推荐侨界专家人才和领军人物。接待澳门万国集团调研小组考察搬迁后的重钢及在建的重庆工业博物馆项目。联合举办“新阶层 新经济 新使命”访谈活动，邀请侨界人士为大渡口区产业发展献计献策。引荐启迪桑德重庆公司来区对接金鳌山片区城乡融合休闲旅游综合体项目。

借用平台助推介。借助市侨联、重庆华商会、市侨青会资源推荐大渡口经济社会建设项目61项，承办“2018年侨界代表人士智行大渡口活动”，吸引侨资侨智来区参观考察投资。

广泛宣传助招商。与中国国际广播电台国际在线重庆频道对接“中外记者大V看重庆宣传活动”，并建立长期合作关系。推荐区投促办、区工商联、建桥公司参加国际在线重庆频道“重庆西区域发展研讨会”，宣传推介大渡口招商引资工作。

【为侨服务】 助力社区侨务工作阵地建设。加强与有侨之家、侨法宣传角、全国侨务工作明星（示范）社区对接，鼓励社区侨界群众用好社区资源、丰富社区活动、助推社区阵地建设。

发挥侨联社区服务队和法律服务站作用。以社区需求为目标，与刘家坝社区结对开展为侨服务活动，开展“情浓迎端午 粽香入万家”、重阳节慰问等活动，为社区侨眷、困难侨眷、送上慰问关怀。

关心关注老归侨，帮助困难侨眷。做好老归侨走访、慰问工作，争取市、区资金，做好困难侨眷的帮扶工作。开展“关爱百名失聪人士”助听器捐赠活动。

【参政议政】 继续深入一线反映社情民意。区侨联依托基层侨联组织反馈社情民意，针对群众反映强烈、在全区转型发展中具有代表性的重点、热点、难点问题开展深入调研，形成调研报告、政协提案素材等材料20余篇向相关单位反映。

侨界政协提案显成效。两会期间收集各类社情民意96篇，经整理后形成政协提案素材13篇，在区政协九届二次会议上12件素材获立案。区侨联《关于打造立体化人才体系，助推创新驱动战略的建议》被评为区政协2017年度优秀提案。

参加政协相关活动。组织侨界政协委员参加区政协专委会、界别联组、主席接待日等活动。区侨联副主席李曦作为侨界政协委员参加了区政协举办拟“聚焦‘两高’展作为、政协履职有担当”主题演讲活动。

【联络联谊】 开展联络联谊活动。全区侨联系统开展新春联谊会、庆端午系列活动等主题活动7次，丰富归侨侨眷的文化生活。对老归侨、重点侨眷、困难侨眷开展各类慰问活动，发放慰问物品、慰问金约4万元。组织中小学生参加十九届世界华人学生作文大赛，推荐参赛作文651篇，获奖77篇。区侨联连续8年荣获优秀组织奖。

强化与友好侨联组织的联络联谊。赴渝北区、沙坪坝区调研学习侨务工作，与河北省唐山市侨联签订友好侨联合作协议，与璧山区、巴南区侨联开展联络联谊活动，交流为侨服务经验。赴涪陵、武隆区，向来自涪陵、武隆、丰都、石柱等区县的100余名归侨侨眷代表宣讲第十次全国归侨侨眷代表大会精神。

推动侨界青年互动交流。参加市级各项活动。组织区侨界青年10余人赴上海复旦大学参加大渡口区新的社会阶层人士素能提升研修班。组织侨界青年代表和留学生家长在重庆建川博物馆开展“探寻陪都兵工历史 感受重庆抗战文化”活动。

【宣传工作】 用好现有宣传平台。在中华全国归国华侨联合会网站、重庆统一战线网站、市侨联网站、大渡口报、大渡口统战报上刊载信息51篇。新建微信公众号，于3月成功申请“重庆市大渡口区归侨侨眷联合会”微信公众号，向全区归侨侨眷精准推送各类信息37条。

（区侨联）

大渡口区台属台胞联谊会

【概况】 大渡口区台属台胞联谊会（简称区台联）成立于1992年7月21日。2016年7月5日换届，选举产生了第六届新的领导班子。2018年，区台联共有九个分会，台属会员486人，理事会成员13人，台属户数228户，台胞40人，覆盖全区所有街镇。

【社会活动】 春节前夕，对31名困难台属台胞进行慰问。在九宫庙街道新工社区开展“喜迎新春文艺会演进社区”迎春联谊活动。3月8日，组织台属妇女会员68人，在璧山湿地公园里进行党的十九大精神的学习活动。

6月，先后开展了“端午佳节进社区，联系群众粽是情”活动，大渡口区台联庆祝建党97周年进社区文艺演出等活动。

国庆前夕，组织九宫庙分会，跃进村分会，建胜分会联合开展“欢度国庆、喜迎中秋”联谊活动。组织参加台湾中小企业中秋茶话会，慰问台湾中小企业员工。

组织参加重庆市台联组织的杭州市学习，组织参加台湾企业，重庆市恒旸绿科技有限公司开业发布会。

【会员服务】 全年慰问困难台属台胞125人次。看望生病住院的台属台胞52人次。慰问75岁以上老人73人。在重阳节期间，对80岁以上的台属台胞进行节日慰问。对于生活特别困难的会员，区台联也安排了专人进行帮扶。每学年坚持对优秀贫困大学生的助学资金救助。

【参政议政】不定期地组织分会会长及理事会成员到社区收集社情民意。鼓励台联成员编写提案。在2018年“两会”期间，题写个人及集体提案5个。撰写社情民意8条。

【信息宣传】 建立QQ群及微信群。利用网络广泛收集信息及传播文件，并在网络群里大力宣传党的最新对台政策和国家的大好形势。

【自身建设】 区台联每月定期组织召开理事会全体成员、各街镇台联分会会长工作会议。听取各分会工作汇报。加强各分会交流；传达学习各种文件、会议精神；座谈相关事宜。

制订每周定时理事接待日制度，认真倾听、及时解决台属台胞们反映的问题；不能解决的问题，积极联系相关社区、街道，妥善解决。

区台联要求认真贯彻习近平总书记系列重要讲话精神，结合自身工作实际，积极做好台属台胞联络工作，了解他们的诉求，关心困难台属的生活，将区委、区政府改善民生的要求落到实处。定期召开理事会，完善了理事会会议制度。

【思想建设】 区台联定期组织召开理事会、各街镇台联分会会长工作会议，传达中央和市区最新文件精神，专题学习十九大文件精神及习近平总书记系列重要讲话，响应号召，积极配合全国开展为期三年的扫黑除恶专项斗争，并将其贯彻到自身的工作中。

结合自身工作实际，做好台属台胞联络工作，了解他们的诉求，关心困难台属的生活，将区委、区政府改善民生的要求落到实处。专题组织学习重庆市发布实施——惠台政策58条。

举办台属学习培训216人次、举办台属学习培训班1次、召开台属宣讲会13次。

（区台联）

大渡口区残疾人联合会

【概况】 大渡口区残疾人联合会（简称区残联）成立于1989年7月21日，为区属正处级机构。机关有行政编制4人，其中：理事长职数1人，副理事长职数2人，实际在岗人员5人（其中：理事长1人，调研员3人，副调研员1人）；机关后勤服务事业人员编制1人，实际在岗1人。按群团改革工作要求，配有兼职副理事长1人。

区残联下属区残疾人综合服务中心，为全民所有制科级事业单位，成立于1999年1月18日，有3名事业编制，正科级领导职数1人。2018年实际在岗2人。

【代表大会】 3月30日，召开区残联第七次代表大会，参加正式代表135人（其中：残疾人代表89人，占代表总数的65.93%），特邀列席代表13人。会议选举产生第七届主席团委员35人（其中：残疾人委员20人，占委员总数的57.14%），区政府副区长舒莉当选第七届主席团主席。会议推举李红红为区残联第七届执行理事会理事长，刘玉霞为兼职副理事长。选举产生出席重庆市残联第五次代表大会代表7人。会议期间，区盲人协会、区聋人协会、区肢残人协会、区智力残疾人及亲友协会、区精神残疾人及亲友协会，分别召开各类别残疾人专门协会会议，完成换届工作。

【组织联络】 开展全国残疾人基本服务状况和需求信息数据动态更新工作，完成4998名持证残疾人的调查任务。培训残疾人专职委员117人。新办残疾人证277个。年末，全区有持证残疾人4976人。9月，区残联刘玉霞赴北京出席中国残联第七次全国代表大会。

【信访维权】 贯彻落实习近平总书记对于新时期信访工作提出的“三到位一处理”总体要求，结合“两学一做”学习教育常态化制度化以及“大下访”、残疾人专项调查等工作，机关干部带头走村入户，了解残疾人家庭生活状况和实际困难，收集社情民意，排查化解残疾人群体矛盾纠纷，维护残疾人合法权益。

全年为101户残疾人家庭实施无障碍改造，提高残疾人生活质量；为23人申办重庆绕城高速及以内六条射线套餐通行费减免；为182人发放机动轮椅车燃油补贴；为1人申办C5驾照培训补贴。配合公安部门加强对残疾人三轮车的规范化管理工作。依托重庆鼎圣律师事务所，开展残疾人法制知识讲座，提升广大残疾人知法守法、依法维权的意识。全年接待处理群众来信3件、市残联转办件1件、来访39件次，办结率100%，主办区人大会议代表建议1件，协办区政协会议提案3件。

【教育就业】 依托“爱心惠残众创空间”，为29名残疾人开展为车灯模组贴片技能定向培训，13名残疾人实现就业。12月，“爱心惠残”众创空间被中国残联授予“国家级残疾人职业培训基地”。与区人社局联合开展就业援助月活动，18名残疾人达成就业意向。9月，多重残疾人田野的“无障碍化沟通的多元用户社区”项目，在重庆市第二届“渝创渝新”残疾人创业大赛中，荣获二等奖。肢残人魏楠在“重庆市残疾人职业技能大赛”上，获海报设计项目第二名，区残联获组织奖。为25名辖区盲人按摩从业人员开展继续教育培训；为3家符合扶持条件的盲人按摩机构发放1.8万元扶持资金。

【扶贫济困】 元旦、春节、中秋等传统节日期间，开展“送温暖”活动，投入资金18.9万元，对全区1282人次残疾人家庭进行走访慰问；为全区518名残疾学生和残疾人子女发放入学补贴23.99万元；为61名残疾人发放临时生活困难、大病医疗等救助资金8.33万元；为405名残疾人发放24.3万元“阳光家园”居家托养补贴；为9家残疾人托养机构中的36名残疾人提供5.4万元的日间照料补贴。落实“两项补贴”制度审核工作。全年审核按比例安排残疾人用人单位83家，通过审核的残疾职工253人。

【康复服务】 推进残疾人精准康复服务工作。为全区1002名精神残疾、重度残疾及低保户残疾人发放城乡医保参保补贴25万元。为275名精神残疾人提供医疗救助共计27.84万元。配发基本辅助器具473件，安装大（小）腿假肢3例、儿童矫形器5例。安排资金11万元，建设示范性村（社区）残疾人康复室（站），为残疾人就近康复创造条件。安排资金38.47万元，转介24名残疾儿童到市级机构接受康复服务；为20名在康复机构训练的儿童发放生活补贴9.5万元。成功承办第二次全国“残疾预防日”宣传教育活动及重庆市精准残疾预防康复中心揭牌仪式，邀请专家开展残疾预防知识讲座4场，500余人受益。持续推进市残疾人康复中心项目建设。

【宣传文体】 围绕“全国残疾人日”等残疾人重大节日，开展扶残助残活动。5月20日，区委宣传部、区残联、区妇联、区老龄委办在第28次“全国助残日”，举办的大渡口区“孝行义渡·残疾人十佳孝善家庭”评选活动，受到各大新闻媒体的关注。肢残运动员肖祖贤代表重庆市参加全国残疾人羽毛球锦标赛，获女子单打金牌、女子双打铜牌；肢残运动员田小焱，在全国残疾人射击锦标赛上，荣获混合10米卧射金牌、混合50米卧射团体金牌。肖祖贤出战雅加达亚残运会，获羽毛球女子双打铜牌。选派运动员参加重庆市残疾人游泳锦标赛，获2个第二名、1个第四名和2个第六名。邀请市残疾人艺术团在建胜镇开展特殊艺术会演，受到群众好评。区残联傅强同志当选“重庆残疾人事业十大新闻人物”，并被重庆市慈善总会等单位评为“重庆年度十大影响力公益人物”。年内，在《重庆新闻联播》《天天630》《大渡口报》等市、区主流媒体及市、区各大网站刊播信息280余条，营造残疾人事业发展良好舆论氛围。

【专门协会】 五类残疾人专门协会充分履行“代表、服务、维权”职能，结合各类别残疾人的特点，开展“按摩技能培训”“无障碍体验”“相亲相爱一家人”“交通安全知识讲座”等形式多样的协会活动，丰富残疾人精神文化生活。

（区残联）

法治与军事

法　治

公　安

概　述

【概况】 2018年，大渡口区公安分局（简称区公安分局）下设4个副处级机构、31个正科级内设机构（其中派出所8个），实有民警901人。2018年，区公安分局全力保稳定，防风险，护平安，辖区人民群众安全感和对公安机关的满意度、公信力稳步提升，群众安全感指数98.20%，队伍满意度94.40分，执法公信力94.90分。

2018年，区公安分局有6个集体和323名个人受到表彰奖励。先后涌现出“重庆公安百优青年”冯驰、“优秀共青团干部”信紫微、“服务民营经济发展工作成绩突出个人”柏勇胜等先进典型。出入境管理支队“放管服”窗口因工作成绩突出，被市公安局授予全市示范窗口和“巾帼文明岗”称号；禁毒支队破获重庆建市以来最大一起制造冰毒案，被市公安局授予集体二等功。

【刑事犯罪打击】 2018年，区公安分局破获各类刑事案件819起，打掉各类团伙20个，现行命案破案率连续9年保持100%。通过追赃挽损、支付冻结，为群众挽回直接经济损失1000万余元。

【经济犯罪打击】 2018年，区公安分局破经济类案件27起，缴获胰岛素针剂等多种特病药品8359盒，查获茅台、五粮液等十余种名品假酒成品555瓶，半成品211瓶，挽回经济损失1512.64万元。

【涉毒犯罪打击】 2018年，区公安分局破获涉毒刑事案件92起；强制隔离戒毒171人；缴获各类毒品9公斤；扣押涉案毒资37万余元。

【治安管理】 2018年，区公安分局查处不按规定登记旅馆13家次；破获涉黄涉赌刑事案件7起，打掉团伙2个，查处涉黄涉赌治安案件42件；破涉枪刑事案件2起；收缴各类枪支3支、管制刀具7把，非法烟花爆竹10箱；破污染环境案9起（其中部督环保案件3件）。

【户政管理】 2018年，区公安分局办理户口、身份证事项32646人次；签发准迁证1789张；审核、签发、上传居民身份证21644个；制作临时身份证1156个；制作装订门楼牌14968块。

【出入境管理】 2018年，区公安分局受理内地居民出国（境）证件申请40816人次，其中护照申请14926人次、往来港澳通行证及签注20389人次、前往港澳通行证8人次、往来台湾通行证及签注5493人次。通过微信预约办证23457人次。为老、弱、病、残、孕等特殊人群开通绿色通道200余次。

【道路交通管理】 2018年，区公安分局查获各类道路交通违法行为203668起，排查各类道路交通安全隐患61处，全年未发生死亡3人及以上的道路交通事故。为进一步完善提升全区道路交通设施，拆除F杆146套、单立柱（双立柱）417根，拆除标志版面644块，整改标线50处，清洗标志1400块，规范临时隔离设施30处，新安装标志120块，标志版面改版60套，锦霞街、翠柏路、春晖路、跃进路等道路施划了标线共计1800平方米。

完成重要交通道路违停抓拍设备14套，不礼让斑马线抓拍系统4套；完成70处信号灯夜间黄闪配时工作，96处信号灯白天分时段精细化配时。

【从严治警】 2018年，区公安分局围绕纪律作风整顿、“放管服”改革、社会面巡逻防控、内部管理、校园安保暨矛盾纠纷大排查大整治等公安中心工作和队伍管理，开展各类明察暗访720次。围绕重要节日、重大社会活动等安保工作，共开展专项督察100余次，检查单位600余个次、人员3600余人次、枪支160支次、车辆310台次。

【从优待警】 2018年，区公安分局受理民警维权案件9件，为民警维权11人、澄清正名80人次，对2名侵权人采取行政拘留，10名侵权人采取刑事强制措施，责令2名侵权人向民警赔礼道歉。与大渡口区重钢总医院签订了医疗战略合作协议，为公安民警及警辅人员开设绿色通道。看望慰问民警执法执勤受伤、生育、生病住院、亲人逝世等164人。设立暑期托管中心，对民警、辅警的未成年子女进行统一照管。开展瑜伽兴趣小组、羽毛球兴趣小组等活动76次。先后组织青年民警、离退休老干部、女职工开展侦探推理游戏体验活动、“见证•改革开放40年”摄影作品展和征文比赛、插花体验课程和刺绣体验课程。

【公安宣传】 2018年，区公安分局开展各类线下集中宣传活动50场次，现场发放各类宣传资料10万余份，张贴标语3100条、发布“扫黑除恶”微视频1部。在中央电视台、重庆日报、重庆电视台、重庆晚报、重庆晨报、华龙网等新闻媒体发布原创新闻稿件1014篇。策划专题推出“分享警事、接力感动”“向群众汇报”“学讲话谈感悟践行动”“扫黑除恶进行时”“服务民营经济发展30条和新10条”“服务学校29条”等原创微博366条、微信166条，各类新闻客户端原创稿件360条。

【审计】 2018年，区公安分局完成审计项目39项（其中，基建审计33项、经济责任审计4项，专项审计2项），涉及金额2031.18万元。

【法治建设】 2018年，区公安分局持续坚持执法办案场所管理，保证办案区违法犯罪嫌疑人员伤亡事故“零发生”；持续坚持网上办案、审批、监督考评；持续推进以审判为中心的诉讼制度改革，积极组织办案民警旁听法庭公开审理案件；持续加强规范涉案财物管理，明确涉案财物多部门的协作和分工职责，提高对涉案财物的监管力度；严格执行各类案件日常执法考评，强化各类案件日常监督和执法问题整改，推进分局整体执法质量，提升执法考评公信力。

【民营经济发展服务】 2018年，区公安分局持续落实《服务民营经济发展30条》和新10条等民生警务举措，构建以“班子成员牵头，职能警种对接，基层派出所分片”的全覆盖性服务民营经济体系。全年上门走访企业1316次，上门服务252人次，解决涉企问题、调解处理涉企纠纷85起；涉企案件追赃挽损1233.71万元；为民营企业员工异地办理身份证373次，办理出入境证件107次；提供消防技术服务咨询80次；开展车驾管上门服务141次；开展涉企交通秩序整治8次。

【队伍建设】 2018年，区公安分局牢固树立“抓党建带队建促业务”理念，基层党组织战斗堡垒作用得到发挥，“两学一做”学习教育常态化制度化推进，学习“时代楷模”杨雪峰先进事迹系列活动深入开展，“忠诚、守规、务实、爱警”专题教育活动纵深推进，持续坚决肃清孙政才恶劣影响和“薄熙来、王立军”流毒以及何挺严重违纪负面影响。

【基层党建】 2018年，区公安分局党建活动平台亮点突出，“今天我开讲—党建论坛”先后被市公安局和区委组织部评为优秀学习品牌。组织党委中心组学习12次、专题讨论11次、专题学习辅导100余次。组织45名党支部（总支）书记、35名党员干部和33名党务内勤开展党务知识和公安业务知识培训。组织700余名党员民警观看了红色影片。全年，组织各党支部（总支）开展专题会议、党课学习270余次，党委班子成员带头成立9支宣讲小分队，开展宣讲33次，团委委员面向青年开展宣讲6场。召开党委民主生活会2次，民主评议党员852人。严格按流程执行8个党支部换届改选工作。14名预备党员按期转正，发展党员14人。

（区公安分局）

大渡口区公安消防支队

武警重庆总队
第二支队第五大队大渡口区中队

【概况】 武警大渡口区中队深入学习践行习近平系列重要讲话精神，高标准推进各项任务完成。2018年，中队共受领临时解押任务24次，出动153人次，动用枪支153支，动用弹药3060发，解押犯人310人，圆满完成任务。2018年，中队有10名官兵立功受奖，其中优秀义务兵2人，优秀士官5人，优秀干部2人，三等功1人。参加献血活动25人次，献血10000毫升。3月，中队到新山村春晖路敬老院积极开展学雷锋活动。

武警重庆总队
第二支队第五大队第十六中队

【概况】 武警第十六中队全面践行习近平强军思想，坚持围绕支部核心抓建设，规范勤务保中心、狠抓军事强素质、深化思想教育转作风、严格行政管理促正规，全年巡逻执勤出动兵员8960人次、步巡8100余千米，出动车辆1460台次，车巡58400余千米，成功处置各类情况60起。

中队自组建以来，已连续4年被总队表彰为基层建设先进单位，中队党支部被表彰为先进党支部，中队长王正宇被总队评为“十大强军标兵”，政治指导员丁悦在支队优秀“四会”政治教员比武中荣获第二名，上等兵施国正在支队勤训轮换集训中，获得总分第一名的优异成绩。

大渡口区消防救援支队

【概况】2018年，大渡口区消防救援支队（简称区消防救援支队）面对消防改革转制，以“小支队、大作为、稳中求进”为目标，按照“夯实基础、实战实训、严格管理、一心为民”的思路，队伍建设亮点纷呈，消灭火灾形势持续稳定，攻坚能力取得突破，连续12年未发生安全等级责任事故和违法违纪刑事案件。

2018年，区消防救援支队被部消防救援局评为年度“执勤训练工作先进支队”“消防救援队伍安全工作先进支队”，被市消防救援总队评为“先进支队”“勤政廉政先进单位”“执法质量优秀单位”，被区委、区政府荣记集体三等功，全年有84人次立功受奖。

【火灾防控】 改善消防安全环境。全面贯彻《重庆市消防安全责任制实施办法》，为全区10万余户家庭投保火灾惠民险，34家火灾高危单位安装使用城市消防远程监控系统。推进责任单位“四个能力”建设，创立主管部门、监管部门、行业协会和经营业主“四位一体”联动管理机制，建立九宫庙商圈、建桥工业园区区域联防协作组织，推广安装625个独立式感烟火灾探测报警器，5套简易喷淋系统，10套电器火灾监控系统，逐步形成“安全自查、隐患自除、责任自负”的工作格局。

打击消防违法行为。会同多部门开展成品油综合整治“百日攻坚”专项行动，责令问题单位停产停业整顿，收缴非法运油车辆31台，拘留违法人员14人。开展冬春火灾防控等12项消防专项行动，规范小区消防车通道，完善公共消防设施，打牢区域安全根基。全年检查社会单位6375家，发现并督促整改火灾隐患及违法行为11608处，下发责令整改通知书5800份，行政处罚决定书161份。

加强便民服务举措。强化基层消防组织建设，镇街全面开展乡镇消防工作委托执法，推动网格化管理实体运转。贯彻《服务民营经济发展30条》，推出服务民营企业五项措施，开创商圈企业一对一“小秘书”模式，精准帮扶，做到“一企一策”，受到群众好评。

强化消防安全宣教。打造3所市级学校逃生体验室，开展全区中小学“全能战队 小小消防员”夏令营等专项活动，与重庆红九九火锅底料联合推出“平安融入品牌”计划。全年在中央级媒体上稿29篇，同比增加近120%，支队摄影作品首次在全国性消防刊物专业比赛中进入“百佳”行列。

【管理教育】 坚持党委议管，逐级签订《安全工作责任状》。完善队伍管理规定，规范“四个秩序”，开展管理教育安全形势分析会4次，开展队伍管理专项督导27次。坚持开展酒精测试，组织开展指战员手机清理活动，全年未发生涉酒事故和涉赌涉贷事件。结合学习贯彻党的十九大精神、改革教育和总书记授旗致训词等重大活动，与新浪重庆等媒体跨界合作，开设“火线学堂”、打造“学习型警营”、部署“六微六小”学习阵地，邀请旅游学校、区文化馆专家来队开展礼仪培训，教唱消防救援队队歌，提升全体指战员形象素养，增强队伍职业荣誉。

【执勤训练】 深化防消联勤工作模式，开展辖区重点单位熟悉调研活动31次，典型灾害事故实战演练17次，战评总结及典型案例研讨11次，制作修订数字化预案20份。加大对辖区多种形式消防队伍的检查指导力度，深化联勤联训工作模式，开展义乌商贸城城市综合体等拉动演练7次。落实党委议训，出台年度计划，召开训练工作分析会2次。建立周、月、季考核体系，每季度开展业务训练竞技榜活动。成立业务训练示范班、基础体能强化班，聘请国家级专业教练，落实责任捆绑。

【灾情处置】 区消防救援支队全年接警出动1809起，出动车辆3475辆次，出动人员24325人次，抢救被困人员99人，疏散被困人员54人，抢救财产价值2600万余元，成功处置“3•1”轧钢机救援事故、“6•29”互助村立信家具厂火灾、“10•1”大滨路伏牛溪油罐车火灾等各类灾害事故，圆满完成增援潼南抗洪抢险救援任务。

【党建工作】 开展《框架方案》《消防救援衔条例》和“四句话”训词精神宣贯活动，召开调研座谈会40余次，开展改革教育巡回宣讲，激发内生动力，确保队伍稳定。开展涉酒问题整治等系列重大专项活动，召开服务民营经济发展暨党风廉政建设座谈会，实行基层食品采购每日视频点验备案制度，全年未接到一起举报投诉案件，队伍无一人发生违法违纪行为。

【区消防救援支队授衔换装】 12月29日，大渡口区消防救援支队在区政府300人会议厅庄严举行迎旗授衔和换装仪式，区委书记王俊，区长姚斌，区委党委、常务副区长徐晓勇及区级有关部门负责人出席，支队机关全体指战员、基层中队消防救援人员代表参加，仪式由区委党委、常务副区长徐晓勇主持。

（区消防救援支队）

检　察

【概况】 大渡口区人民检察院（简称区检察院）有政法专项编制55人，实际在编干部53人，平均年龄39岁，其中员额检察官18人，检察辅助人员26人，司法行政人员9人；有聘用制书记员职数13个。有在职中共党员45人，占82%，设机关党委，下辖5个支部（含退休支部17名党员）；按照高检院和市院部署，区检察院于2018年8月中旬完成了内设机构改革，设7部1室（6个检察业务部及政治部、办公室）。

2018年，区检察院被中国少年司法委员会确定为研究基地，被市院确定为“未成年人检察工作创新实践基地”，先后荣获全市检察机关“党建工作先进集体”“信息工作先进集体”“宣传工作先进集体”，以及“中国正义年度人物”、重庆市最美法律志愿者等集体和个人荣誉30余项。

【平安建设】 全年批准逮捕犯罪嫌疑人319人，提起公诉482人。

扫黑除恶专项斗争。成立专项斗争领导小组，制订出台了7项工作制度，确保工作顺利推进。受理“9+4”类案件34件106人，起诉涉恶案件2件21人，向相关单位移送“保护伞”线索2件。在办案中坚决肃清薄熙来、王立军流毒，坚持实事求是，不拔高凑数，对不构成黑恶的，依法按普通刑事犯罪处理。中央扫黑除恶第9督导组组长邱学强来院视察督导，充分肯定区检察院的做法，在市委政法委组织开展的专项检查中，区检察院工作获得好评。

打击危害人民群众生命财产安全的犯罪。起诉故意伤害、抢劫、强奸等暴力犯罪案件19件、19人；盗窃、电信诈骗等多发性侵财类案件155件、217人；毒品犯罪案件79件、85人。

加强职务犯罪检察工作。贯彻监察法，在配合监察体制改革，做好人员转隶工作的同时，积极办理职务犯罪案件。依法起诉了大晟公司原董事长、总经理田世荣等3人贪污、受贿2400万元案，并通过网络直播庭审过程，取得了良好的法律效果和社会效果，田世荣被判处有期徒刑16年。加强与区纪委监委的沟通协调，受理区纪委监委移送的职务犯罪案件3件、3人，起诉2件、2人。

强化“乱点乱象”专项治理。坚持扫黑除恶治乱相结合，参与全区成品油、冷冻食品非法经营综合整治“百日攻坚”专项行动，依法批捕非法经营成品油犯罪嫌疑人 11 人。向发案单位和主管部门提出堵漏建制、创新治理的检察建议 15 件，推动和促进“治乱”工作。

【公益诉讼】 履行修改后《行政诉讼法》和《民事诉讼法》赋予检察机关的公益诉讼职能。立案办理公益诉讼案件 89 件，其中行政公益诉讼 88 件、民事公益诉讼 1 件。向行政机关发出诉前检察建议 88 件，均获回复，并已整改或启动整改。

加强组织领导，营造执法环境。争取党委领导、人大支持，向区委提交专题报告，推动区委、区政府出台《关于支持检察机关提起公益诉讼工作的意见》，向区人大主任会议专题报告了公益诉讼工作；调整、配强办案力量，设置专门机构，配备了 7 名干警，并安排 2 名院领导负责此项工作；加强宣传发动，开展公益诉讼检察开放日和主题宣传月活动，邀请人大代表、政协委员和相关单位人员参加，提升群众对公益诉讼工作的认知度。

突出工作重点，加大办案力度。贯彻习近平生态文明思想，把生态环境和资源保护作为公益诉讼的重中之重，所办案件占行政公益诉讼的 93.2%。区检察院调查发现跳磴镇两处渣场非法占用农用地 240 余亩，大量受纳建筑垃圾，造成土壤资源毁坏、环境污染，严重损害社会公共利益，而负有监管职责的行政机关未履职到位，遂依法向相关行政机关发出诉前检察建议书 18 份，同时结合该案办理，督促有关机关对全区 40 多个非法渣土倾倒点开展有效治理。市检察院认为区检察院工作经验可复制推广，拟于 2019 年在全市范围开展消纳场公益诉讼专项行动。同时，区检察院高度关注群众“舌尖上的安全”，针对步行街部分外卖服务商未取得《食品经营许可证》或工商执照，存在食品安全隐患问题，向相关行政机关发出诉前检察建议 5 份，督促其加强监管。对 1 件销售假药案提起刑事附带民事公益诉讼。

注重沟通协调，促进依法行政。公益诉讼既是检察机关的法定职责，也是促进依法行政的重要手段。区检察院既坚持依法监督，同时又注重与行政机关沟通协调，强化双赢多赢共赢理念，多家行政机关与区检察院建立了信息共享、线索移送、调查取证等方面的协作机制。

【诉讼监督】 加强刑事诉讼监督。监督公安机关立案 2 人、撤案 5 件；追捕追诉漏犯 13 人、漏罪 8 条；强化人权保护，书面纠正侦查活动违法 21 次，排除非法证据 3 份；加强对审判活动的监督，与区法院会签了检察长列席审委会文件。

加强民事行政诉讼监督。办理民事行政监督案件 25 件，提请上级机关抗诉 2 件，向法院发出检察建议 20 件。注重保护弱势群体权益，办理支持起诉案件 58 件，为农民工挽回损失 200 万余元。

加强刑事执行检察监督。确保监管安全和保障人权并重，办理羁押必要性审查案件 29 件，纠正刑事执行中违法情形 32 件。与区政法各家联合出台《大渡口区犯罪嫌疑人、被告人传染病通报实施办法》。探索强化社区矫正检察监督新路径，自主开发了社区矫正法律监督微信平台，既方便基层监管干部及时掌握相关政策法规，又能及时了解工作开展情况，这一创新举措得到市检察院肯定。

加强“两法衔接”工作。落实“两法衔接”工作意见，召开全区“两法衔接”工作座谈会，畅通部门协作机制。推动区政府建立了重大行政处罚向区法制办和区检察院“双重备案”制度。参与区政府对 6 家行政执法机关的专项检查。强化个案监督，监督行政机关移送犯罪线索 4 件 6 人。

【“莎姐”品牌打造】 拓展“莎姐”品牌的内涵、外延。“莎姐”作为重庆政法系统和全国检察系统的一个知名品牌，在推动落实“枫桥经验”，构建共建共治共享的社会治理格局中具有独特价值。区检察院向区委报送专题报告，建议将“莎姐”品牌拓展为全区坚持发展新时代“枫桥经验”基层版的重要载体，举全区之力做大做亮这一品牌。区委、区政府高度重视和认可，出台了《大渡口区做大做亮“莎姐”品牌的实施方案》，使这一品牌正式成为全区共同打造的集关爱青少年、普法宣传和社会治理创新等为一体的综合性品牌。

打造“莎姐”云平台。根据区委要求，区检察院在市检察院的支持下，与专业公司合作，经过充分调研论证，反复修改完善，初步建成“莎姐”云平台。该平台旨在整合资源，着力构建各方参与、立体联动的未成年人综合保护机制。下一步还将与基层党建智慧云等大数据平台整合，在矛盾纠纷化解、引领社区治理方面发挥更大的作用。该平台不仅通过了专家验收，还在第二届全国检察机关信息化网上轻应用作品征集活动中获三等奖。经区深改组通过，区“两办”印发了《关于运行大渡口区“莎姐”云平台的实施方案》，“莎姐”云平台已正式上线运行。

加强“莎姐”普法工作。既当护法“卫士”，又当普法“先锋”，组建“莎姐”法治宣讲团，成立 5 个专题宣讲组，开展普法宣讲 48 场，受众 19000 余人。尤其在服务民营经济工作中，不仅安排院领导对口联系区内 20 家民营企业，登门走访座谈，还发挥职能优势，组建专门力量，深入民营企业开展法治宣讲，帮助企业防范化解法律风险，依法维权，为民企发展保驾护航。

依托“莎姐”积极化解矛盾纠纷。运用“莎姐”云平台、“莎姐”热线、“莎姐”信箱、“莎姐”工作室、“莎姐”调解室、微信公众号“六位一体”的 12309 便民服务平台，畅通联系群众、服务群众渠道。推进“莎姐”志愿者，特别是律师志愿者参与信访矛盾化解，确保矛盾纠纷就地化解。接待群众来信来访 121 件，参与区涉法涉诉联合接访 12 周，接待群众涉法涉诉信访 37 件次。

【队伍建设】 思想政治建设。学习习近平新时代中国特色社会主义思想，始终把政治建设放在首位，对标对表讲政治，引导干警树牢“四个意识”，坚定“四个自信”，坚决做到“两个维护”。树立“抓好党建就是最大政绩”的理念，提出打造“党建工作示范院”工作目标，推进“两学一做”学习教育常态化制度化，定期发布党建知识要点，开展党建知识问答，举行党建知识闭卷测试，抓实支部标准化建设，规范开展“三会一课”、主题党日学习。区检察院被市检察院评为“党建工作先进集体”。

专业素能提升。组织干警参加各类脱产培训 96 人次，参加中央政法委、高检、市院讲座 567 人次；落实本院三级“论坛式”学习机制，开展渡检讲坛、检委会论坛、部门课堂专题学习 50 余次；开展“优秀案件”评选、案件专项检查、季度评查、跟庭考查和科室自查 21 次，倒逼干警提升执法能力。

司法体制改革。完善司法责任制，强化员额检察官的办案主体地位，发挥院领导带头办大案要案的引领作用，李荣辰检察长直接办理并出庭公诉了田世荣特大贪污、受贿案，庞忱副检察长办理的张某猥亵儿童案获评全市 9 大典型案例。完成了内设机构改革，实现机构数由 11 个到 8 个的精简。

全面从严治检。落实高检院党组巡视市院和市委巡视区委反馈意见，制订整改方案并狠抓落实，修订完善《党组工作规则》《财务管理办法》等 17 项制度。强化主体责任，细化责任清单，加强监督考核，层层传导压力。开展日常检务督察、节假日安全督察，运用监督执纪“四种形态”，特别是第一种形态，及时抓早抓小、咬耳扯袖、红脸出汗。队伍纪律作风良好，保持零违纪。

（区检察院）

法　院

【概况】 2018 年，大渡口人民法院（简称区法院）由 15 个部门组成。全院有员额法官及其他工作人员 89 人，其中，员额法官 33 人，占 37%，在编干警中具有硕士学位或研究生学历以上 36 人（含在读博士 1 人），占全院干警总数的 40%。全年受理各类案件 12205 件，审执结 11064 件。

【刑事审判】 全年审结刑事案件 366 件，判处罪犯 479 人。开展扫黑除恶专项斗争，依法惩治杨权钦等涉嫌组织卖淫、敲诈勒索等犯罪的恶势力团伙，15 名被告人被判处十二年至一年三个月的有期徒刑。保持惩治腐败的高压态势，全年审结贪污贿赂等职务犯罪案件 3 件、6 人。依法审结犯罪数额 2400 万余元的大晟公司原董事长田世荣贪污受贿案、八桥镇原党委副书记游贤柱受贿案、潜逃 15 年被缉拿归案的跳磴邮政所原营业员曾祥明贪污案。其中，田世荣被数罪并罚合并执行有期徒刑 16 年。适用速裁程序、简易程序，推进认罪认罚从宽制度改革，提高办案效率，审结认罪认罚案件 343 件、412 人，认罪认罚适用率 93.72%。

【民事审判】 全年审结民事案件 4350 件，化解民事纠纷。畅通涉民生案件审理的绿色通道，审结医疗纠纷、劳动争议、交通损害赔偿、物业服务合同纠纷等涉民生案件 1291 件。推进家事审判改革，注重维护未成年人、妇女和老年人合法权益，弘扬传统美德，维护家庭和谐，妥善审结婚姻家庭等案件534件。坚持调解优先，强化说法析理，调撤民商事案件3750件，调撤率52.52%。

【商事审判】 全年审结与经济发展密切相关的商事案件2712件，结案标的额17.41亿元。落实依法平等保护民营经济健康发展的各项要求，与区工商联联合出台《关于依法平等全面保护民营经济健康发展联络办法》，实现与区工商联及民营企业联系互动制度化。加强企业破产审判工作，运用重整、和解等法律手段，尽最大可能对涉困企业重整救治。重庆中甬房地产开发公司等2件破产案件重整成功，盘活资产3亿余元。

【行政审判】 监督和支持行政机关依法行政。受理行政案件192件，审结180件，行政机关败诉13件。发挥司法审查职能，增强司法监督的广泛性和实效性，依法保护相对人合法权益。持续推进行政机关负责人出庭应诉工作，助推法治政府建设，行政首长出庭应诉21人次。建立与行政机关的良性互动机制，通过典型案例评析、司法建议指导，促进依法行政水平提升。全年为政府及相关部门提供法律咨询意见71次，举办法治讲座11次，组织旁听庭审600余人次。

【执行工作】 全年受理执行案件4345件，执结3738件，执行到位金额21.9亿元。开展“执行总攻·决战重庆”大型专题系列宣传活动，邀请10名市区两级人大代表、政协委员和媒体记者到场见证和跟踪报道，形成决战“基本解决执行难”强大声势。突出执行工作的强制性，加大对规避执行、抗拒执行的处置力度，对拒不履行判决的52名被执行人决定司法拘留。加快涉案财物的司法处置，全年挂网拍卖301件，成交总价16.39亿元，成交率90.12%，溢价率22.31%。“晋愉江州”二期以14.86亿元成功拍卖，创下全市法院系统网络司法拍卖单笔成交额的最高纪录。落实“执转破”机制，完成重庆壹街餐饮管理有限公司等2家企业破产强制清算。

【司法改革】 落实司法责任制，推进各项改革措施落地、生根、见效。明确法官、法官助理职责分工，制订办案绩效考核办法，建立专门业绩档案，将办案责任落实到团队和个人。细化院庭长审判监督管理权责清单，强化办案要求，院庭长办结案件4702件，占全院结案总数的42.5%。落实以审判为中心的刑事诉讼制度改革，适用速裁程序、简易程序，推进认罪认罚从宽制度改革，提高办案效率，审结认罪认罚案件343件412人，认罪认罚适用率93.72%。持续推进司法公开四大平台建设，庭审网络直播案件1392件，超额完成市高院规定的任务，完成率187%，名列全市法院前茅。

【队伍建设】 加强思想政治建设，牢固树立“四个意识”，坚定“四个自信”，坚决做到“两个维护”；加强基层党组织建设，严格落实“三会一课”“支部主题党日”要求，激发基层党组织战斗堡垒和党员先锋模范作用。加强司法能力建设，狠抓教育培训，提升干警职业道德素养和综合素能水平，先后组织干警700余人次参加上级和本院组织的各类培训。加强党风廉政建设，制订落实全面从严治党主体责任实施办法，建立主体责任和监督责任清单，发挥领导干部关键少数作用，以上率下，层层落实。

（区法院）

司法 行政

【概况】 大渡口区司法局（简称区司法局）内设办公室、法制宣传教育科、基层科、律师公证司法鉴定管理科、社区矫正科5个职能科（室），派出机构8个（即8个镇街司法所）；大渡口区法律援助中心、大渡口公证处（为区司法局下属事业单位）。2018年，局机关政法专项编制15人，实有在编人员13人；区法律援助中心参公事业编制5人，实有在编人员4人；大渡口公证处事业编制5人，实有在编人员3人。

【普法教育】 迎接全市“七五”普法中期督导检查，出台普法效果考评机制，把“谁执法谁普法”工作责任落到实处。全面推进“法律八进”活动，全年开展各类法治宣传100余场次、举办法治讲座80余场次，发放各类宣传资料4万余份，提供法律咨询1万余人次。组织宪法学习宣传，丰富三月法治宣传月和“12•4”国家宪法日系列宣传内容，开展第一个“宪法宣传周”活动，推动全民普法守法。

组织“千万市民学宪法”网络知识竞赛，全区参赛市民超过1.5万人，掀起宪法学习热潮。开展“法律点亮生活”主题行动。4月20日，《重庆日报》、重庆卫视、重庆电视台、华龙网等市级媒体对大渡口区“法律点亮生活”主题行动进行了专题报道。

抓好重点人群学法用法，完成12名新提任领导干部法治理论知识考试，合格率100%。组织举办2018年全区干部法治理论知识考试，7名厅级领导干部、86名处级领导干部参加了集中闭卷考试，102名领导干部参与了民事案件的庭审旁听。持续开展“关爱明天 普法先行”活动，举办法治讲座30场，参与学生3.8万人次。

【人民调解】 推进调委会规范化建设，全区90%以上的调委会达到规范化标准。加强人民调解员技能培训，不断提高人民调解员的业务素质。加强专业性行业性人民调解组织建设，2018年新成立了征地拆迁纠纷、建筑行业纠纷、旅游纠纷、城市管理纠纷调委会。建立人民调解协调配合机制，9月6日，召开全区人民调解暨访调对接工作会，推动“警调、诉调、访调”联动工作。全年调解各类矛盾纠纷966次，预防纠纷激化1088件；调解案件4126件，涉及8434人次，调解成功4105件，成功率99.5%，协议涉及金额358.31万元。

【司法所建设】 严格按照“一镇（街）一所”，司法所工作人员不少于3人建立司法所。司法所继续实行司法局与镇（街）双重管理体制，在镇（街）党委（党工委）、政府（办事处）的领导下开展工作，利用镇（街）综治工作中心平台，发挥职能作用。全区8个司法所均达到市级规范化司法所标准。

【法律服务】 完成法律服务所和法律服务工作者的年检工作。2018年，各法律服务所共代理诉讼事务20件，代理非诉讼事务53件，担任法律顾问12家，调解纠纷10件，咨询和代书97件。

【法律援助】 推进公共法律服务体系建设，建成区公共法律服务中心1个、镇（街）法律服务工作站8个、村（社区）法律服务工作室（窗口）83个。安排专职人员和律师坐班服务，现场解答法律咨询1157余人次。开通“12348”公共法律服务热线，在线解答咨询346人次。加大法律援助力度，全年受理法律援助案件221件，办结法律援助案件185件，为受援人挽回经济损失或取得经济利益293.63万元。开展农民工讨薪百日维权专项行动，接待咨询170人次，受理农民工案件89件，办结54件，挽回经济损失50.72万元。

开展刑事案件认罪认罚律师值班工作，为犯罪嫌疑人或被告人提供法律帮助610人次。加强办案质量监管工作，实行案前、案中、案后全程监管，全面落实案件评查、庭审考评、回访受援人等制度，办结案件回访率100%。

【公证】 推进公证领域“放管服”改革，加强部门间信息共享，对法律关系简单、事实清楚无争议的46项公证事项，已实现让当事人“最多跑一次”。扩大“重庆公证云在线申办平台”覆盖面，实现在线咨询、预约、申办一体化办证服务。2018年，大渡口公证处办理民事、经济、涉外、涉台港澳等各类公证14015件，业务收入802.1万元。

【律师】 巩固村居法律顾问全覆盖成果，组织全区76名律师担任83个村居的法律顾问，完成法治宣讲97场。开展“送法进企业 服务民营经济”专项活动，服务民营经济发展。推进城管执法社会治理服务试点工作，提供专项法律服务5次。

加强对律师事务所和律师的监督管理，全面推开“双随机一公开”工作，规范执业行为。成立大渡口区律师工作办公室，加强律师队伍建设管理，鼎圣律师事务所律师唐帅荣获中央电视台“2018年度法治人物”称号。

对全区12家律师事务所开展规范执业大抽查工作，通过实地查验档案、听取相关业务汇报，督促其在制度健全、执业规范、硬件提升、案卷质量等方面不断提高完善。

2018年，全区律师办理各类案件792件，其中刑事代理案件243件，民事代理案件456件，行政代理案件8件，非诉讼法律事务85件，担任法律顾问94家，业务收入1674.13万元。

【司法鉴定】 开展鉴定机构人员教育整顿活

动，对全区鉴定机构及鉴定人员开展“严格准入监管不断提高司法鉴定质量和公信力”专项教育整顿，针对检查出来的问题，要求限时整改，规范其制度建设、执业活动、档案管理等方面的内容。2018年，4家机构办理司法鉴定业务112件，业务收费305.38万余元，与上年同比增长49%。

【社区矫正】 社区矫正指挥中心和8个司法所远程督查系统建设工作全面完成，实现与司法部、市司法局系统视频对接，保证监管督查工作的无缝对接。在社区矫正日常管理中，开展社会调查评估案件29件，出具社会调查评估意见书29件，办理社区服刑人员变更居住地管理案件28件，给予警告处理44人次。对112人出入境管布控进行报备，撤销127名解除矫正的布控，通过公安机关信息管理系统核查1920人次，没有发现社区服刑人员中被公安机关给予刑事和行政处罚的情况。在开展社区矫正定位管理工作中，实现定位开通率100%，不予定位备案率100%，划定特殊定位监管范围情况处理100%，处理定位监管违规信息100%，定位管理工作排名位居全市前列。

【安置帮教】 发挥区矫正帮教管理服务中心的作用，推动特殊人群就业帮扶和生活救助，开展就业培训和社会适应性指导80场次，组织帮教人员参加各类用工招聘活动4次，推荐就业113人，自主创业18人，安置率95％以上。做到刑释解矫人员回归社会后有人接、有人管，就业有人扶，创业有人帮，困难有人助，没有发生因帮教不到位导致重新犯罪造成重大社会影响的事件。全年实现在监服刑人员信息核实率、预释放人员信息核查回执率2个100%，刑满释放人员的衔接率、帮教率100%。

（区司法局）

社会治安综合治理

【概况】 2018年，大渡口区群众安全感指数名列主城第一，政法队伍满意度和司法公信力较2017年大幅提升。公众安全感指数98.2%，政法队伍满意度95.94，司法公信力96.19分。

【平安建设领导责任制】 严格按照《重庆市健全落实社会治安综合治理和平安建设领导责任制规定》要求，建立定期研究平安和稳定工作制度，签订《平安大渡口建设暨综治工作责任书》，按照《关于健全落实党政领导干部社会治安综合治理和平安建设工作实绩档案制度的通知》，建立党政领导干部实绩档案，全区平安建设工作责任制、问责制和考评奖惩机制基本健全。

区综治委各成员单位和各镇街完善综治工作领导责任制，形成了各成员单位主要领导为第一责任人、分管领导为分管责任人、其他领导班子成员为“一岗双责”责任人的工作机制。建立平安工作形势定期分析研判机制。制发《大渡口区社会治安形势定期分析研判工作机制》，成立了社会治安形势定期分析研判小组，动态掌握治安形势，研判处置突出问题，提高平安工作形势驾驭能力。

对防范化解重大风险攻坚战重点任务5大风险6项机制26项，分别明确总体要求、重点任务、工作机制、牵头部门、责任单位及配套工作责任倒查制度。分解扫黑除恶专项行动5大目标任务，制订19项工作措施，确保取得实效，落实责任。

【扫黑除恶专项斗争】 成立区扫黑除恶专项斗争工作领导小组，各镇街及相关部门相应成立领导小组和工作机构，构建起组织领导体系。印发《大渡口区扫黑除恶专项斗争工作方案》，建立扫黑除恶专项斗争工作机制，定期召开推进会、工作例会、联席会，传达上级工作精神和要求，会商重大案件办理，分析研判当前形势，总结工作得失，部署下一步工作。

围绕12类打击重点，聚焦黑恶问题突出领域，各镇街、政法各单位坚持露头就打、毫不留情原则，全年排查线索461条，查证436条，查证率94.57%，立案“9+4”类62件，抓获犯罪嫌疑人113人，判决68人；判决组织卖淫、敲诈勒索团伙1个、15人，起诉非法拘禁团伙1个、7人，在侦“套路贷”犯罪集团1个。

重拳治乱。通过集中排查，在“涉油”、冷冻肉品、交通、信访、涉毒、治安乱点、校园周边、消防、违法搭建等9个领域开展了乱象集中整治行动，以侦办“10•1”火灾事故为抓手的“成品油百日攻坚专项行动”得到市委常委、政法委书记刘强肯定，并纳入全市扫黑除恶治乱重点工作。至年底，全区

“涉油”整治抓获犯罪嫌疑人34人，查扣非法改装车53辆，收缴甲醇50余吨，冻结资金698万元。

督查到位。“四大家”主要领导、区委相关常委亲自带队开展督查，紧盯中央督导组反馈的重点问题，分解6大项、29小项任务，逐一明确整改责任措施时限。至年底，中央、重庆市两级督导组向大渡口区反馈的47项问题已全部整改完毕。

【重大风险防范】 按照《重庆市坚决打好防范化解重大风险攻坚战实施方案》规定的各项要求，严格对标对表，逐项梳理细化，整理涉及5大风险、6项机制、26项重点任务，分别明确总体要求、重点任务、工作机制、牵头部门、责任单位及配套工作责任倒查制度。11个牵头部门均按照重点任务责任清单会同相关区级部门认真排查梳理风险隐患，制订针对性的防范化解措施，形成本领域2018年度实施方案，全区防范化解重大风险攻坚战各项工作有序开展。

印发《关于开展2018年度重点工作督查事项的通知》（渡政法〔2018〕37号），加大督查力度，查漏补缺，推动解决问题和困难，确保防范化解重大风险攻坚战取得实效。

推进矛盾纠纷多元化解工作。探索创新新形势下预防化解矛盾纠纷的方法途径，按照《关于实施矛盾纠纷多元化解机制的实施意见》，将52项矛盾纠纷多元化解重点工作任务形成责任清单，分解至各责任单位，明确目标任务完成时限，努力形成化解矛盾纠纷的整体合力。2018年，市级交办的11件重点问题已化解10件（超过化解率80%的市级目标）；市级交办的13个重点人员已教育转化4个（达到教育转化率30%的市级目标）；市级交办的12个重点群体已化解4个，其余8个平稳可控；区级自排的12件“3+1”重点领域（房地产开发建设、涉众型经济案件、环境保护和物业纠纷）信访突出问题已化解6件；千方百计化解积案，启动和爱嘉园项目司法移交，稳妥推进晋愉问题处置。

整合“莎姐”未成年人综合保护一体化信息平台等基层社会治理资源，全年排查各类矛盾纠纷876次，调解纠纷3774件，成功率99.5%，未发生“民转刑”案件；推进“雪亮工程”建设，严格按照中央、市委要求完成实施方案、可研批复、初步设计工作。

【特殊人群服务管理】 落实《关于加强特殊人群管理服务工作的实施意见》，对240名易肇事肇祸精神障碍患者、644名艾滋病病毒感染者和病人、2129名吸毒人员、761名刑满释放人员、165名社区矫正人员以及重点青少年等人群实施分类管理，实现特殊人群管理服务全覆盖。尤其针对精神障碍患者管控工作，印发《关于加强全区精神障碍患者管控工作的紧急通知》，要求各镇街、各相关部门强化排查发现，做到底数清、情况明、动态准。协调处置严重精神障碍患者谭星就医问题，新增严重肇事肇祸精神障碍患者已按要求纳入管控范围，落实稳控力量。对12名扬言报复社会人员，全部落实分类管理、等级预警、行知去向、动知轨迹的动态管控措施，严防发生个人极端事件。

【信息化智能化建设】 大渡口区被国家确定为2019年“雪亮工程”重点支持城区，完成项目建设方案编制送审工作。区和镇街两级综治中心已全部实现与同级公安机关视频监控系统联通，区综治办通过综治视联网与市级综治中心联通。持续推进全域网格化管理，全区现划分网格438个，按照“一格一员”的要求，落实网格管理员438人，采集房屋信息约18.3万余条，人口信息35.5万余条，其中流动人口信息12.8万余条。

【反邪教阵地建设】 对邪教分子坚持主动进攻、高压严打，以“敲门行动”为载体，深入摸排邪教组织体系、人员信息、活动规律，对全区在库邪教人员开展入户调查，入户率95.63%，基本做到“底数清、情况明”。在全区8个镇街开展“反邪教宣传月”集中活动，继续推进“反邪七进”宣传教育活动，以及在城乡、学校集中开展反邪教宣传警示教育活动等，2018年全区播放反邪教专题影视作品20余部，大渡口网开设“依法治理邪教”专栏，开展反邪教文艺巡演40场次，举办反邪教知识讲座80余场次，制作发放家庭拒绝邪教承诺卡35万余张，提高反邪教宣传知晓率，提升群众反邪教意识。

（区委政法委）

军 事

人民武装

【思想政治建设】 大渡口区人民武装部（简称区人武部）坚持以学习贯彻十九大精神为首要政治任务，始终把铸牢官兵军魂意识作为根本。把习近平新时代中国特色社会主义思想和强军思想，作为指导实践、推进发展、确保安全的重要抓手，作为增强干部、职工和民兵听党指挥、作风优良、能打胜仗，履行使命任务的根本政治保证，确保官兵思想高度集中统一和纯洁稳定，确保习主席的指示精神落到基层一线。

围绕“传承红色基因，担当强军重任”主题教育学习活动，开展好党委中心组带机关理论学习，“强化政治意识政治能力，坚定维护核心看齐追随”教育活动和聚力深入纠治和平积弊问题。通过学习教育，增进干部职工、文职人员和民兵对党的领导的信赖和拥护，政治立场更加坚定、听党指挥更加坚决，拥护支持改革更加自觉。坚持利用党日、重大节日等有利时机，适时开展战备形势教育和法纪教育，强化全体人员的党性意识、法纪观念，广泛开展谈心交心活动，官兵职工关系团结和谐融洽。严格按照军委国防动员部和警备区的指示精神，及时组织全体人员学习中央军委党的建设工作会议，军事政策制度改革会议和警备区第五次党代表大会精神，并把学习贯彻作为首要政治任务抓实抓牢。

【党管武装】 区人武部党委始终坚持双重领导制度，坚决执行上级指示命令，自觉尊重和服从地方领导，主动请示汇报工作，当好参谋助手。书记、区长坚持每季度学习中央军委国防动员部、重庆警备区重要文件指示精神和定期现场办公制度，研究部署贯彻落实措施，及时解决国防后备力量建设和人武部发展中遇到的难题及军人军属实际困难，以实际行动关心支持武装工作，将区人武部军事科长家属调至大渡口区机关工作，开创了全市处级干部随军安置的先例。在全市率先组建区退役军人事务局，安排转业退役军人担任区退役军人事务局局长，副局长和科长。10月，组织开展军事日活动，提高全区领导干部国防观念，增强了国防意识、责任意识，促使领导干部增强贯彻党管武装制度的自觉性，推动大渡口区党管武装落实，加强全区国防动员工作和后备力量建设。

【国防教育】 按照《关于进一步加强新形势下国防教育工作的实施意见》要求，利用3月学雷锋活动月、4月国家安全日活动、9月全民国防教育日暨重庆市国防教育宣传周活动以及国家公祭日活动等时机，开展国防教育进镇街、进农村、进社区、进学校、进企业、进军营活动，向广大市民宣讲国防知识，发放国防教育知识普及手册。

6月，在重庆市三十七中、茄子溪中学、市旅游学校等校园组织开展征兵宣传进校园活动。7月，邀请中央军委政治工作部特聘教授张玉良（原国防大学战役教研部主任）为大渡口区党政干部，专武干部及民兵骨干进行国防教育专题辅导授课。12月，邀请老英雄、老红军为驻地中小学开展“传承红色基因，讲好红色故事”国防教育课。推进部荣誉室重建，反映好新时期人武部“六部”职能，发扬好大渡口区党管武装优良传统，传承好大渡口区英模先烈等红色资源，形成全区上下“人人关心国防、人人支持国防”的浓厚氛围。

【军事战备训练】 坚持以履行使命任务为牵引，贯彻习主席强军目标重大战略思想，军事斗争准备不断拓展和深化。严格落实战备制度，围绕民兵预备役人员“双应”能力需要，修订完善作战预案、战备方案和防范重大安全问题预案，健全应急指挥机制，落实指挥编组。

指导各基层武装部补充应急指挥、抢险救灾等各类物资器材。持续规范战备秩序，严格按照警备区要求，抓好战备值班执勤，先后开展战备值班秩序专项整治活动3次。6月，外单位转改人员报到后，及时组织培训，明确值班规定、标准、任务、要求、处置程序及方法等，规范值班秩序。

搞好整组训练，按照“编为战、建为用”思路和“十三五”时期民兵调整改革方案要求，从预选、体检政治考核严格把关，编齐配强基干民兵。在每个村（社区）选拔培训1~3名民兵信息员，保证了应急信息反应迅速、上报及时。10月，集合专武干部、民兵116人展开联考联评训练，完成了国防动员行动、摩托化机动、宿营、回撤归建、武装越野、开辟隔离带、扑灭明火等12个科目的考查考核，取得4个考查科目获全优好成绩。

【征兵】 贯彻市政府和重庆警备区征兵命令，坚持早部署、早动员、早宣传，坚持进学校、进社区、进新媒体，从圆中国梦、强军梦、青春梦出发，引导应征青年从算清政治账、经济账、发展账着眼，大力激励适龄青年参军入伍、依法服役，坚持依法征兵、廉洁征兵。

1月，全国征兵网开通报名伊始，以手机短信、网络平台、电视报纸等形式进行宣传。3月，深入全区5所高中（中职）学校与3000多名毕业生面对面宣讲征兵政策。5—7月，依托区级各类媒体，开展“征兵宣教月”活动。在人口密集区设立征兵宣传站8个，在全区交通要道悬挂征兵宣传挂图40余幅，发放印有征兵宣传标语的家用环保袋、围裙等宣传品1000余件，发放征兵宣传单10000余张。抽调区人民医院29名主检医师，设立“封闭式”征兵体检站，并配齐性能良好的体检器材，建立了廉洁征兵责任制，聘请区人大代表、退伍老军人、老党员、应征青年家长等5名人员为全区廉洁征兵监督员并发放聘书，监督员对征兵全过程实施监督，完成了年度兵员征集任务。

【融合发展】 推进军民融合创新发展，联合重庆兴勇实业共同开展现有轻武器装备配件升级改造等技术革新。参与地方平安建设，伏牛溪油库作为大渡口区重点防卫目标，区人武部主动作为，筹划建立民兵观察哨和在重要时节派出民兵在仓储区巡逻的巡防机制。参与扶贫帮困工作，根据警备区安排，帮带石柱县五户涉军贫困户，坚持上门走访，了解贫困户生活状况，并力所能及为贫困户解决实际困难，按照“扶贫先扶志，扶贫必扶智”教育引导贫困人员增强自身发展动力。

（区人武部）

人民防空

【概况】 大渡口区人民防空办公室（简称区民防办）是隶属于政府全额拨款的行政单位，内设综合科，下设两个事业单位。负责贯彻落实国家有关民防工作的方针、政策和法律，组织实施民防行政执法检查工作。2018年，在职干部职工共9人，其中副主任2人，调研员1人，科级及其以下工作人员5人，工勤人员1人。缺编2人，其中主任1人（由一名副主任主持工作），事业人员1人。2018年8月公招2名事业人员（两个事业单位各1人）。

2018年，区民防办连续两年在市级考核中再获“先进单位”，获区安全生产先进单位。

【党的建设】 全年组织党员集中理论学习12次，开展“民生服务团宣讲”3次、党员义工活动8次，定期研判分析意识形态工作，严格落实中央“八项规定”，无违规违纪情况发生。认真做好扫黑除恶专项斗争系列工作，制作系列海报10张、横幅7条、线索举报箱5个。

【宣传教育】 常态化地抓好民防知识宣传教育“五进”工作。联系区进修学校和松青路社区开展以“大力弘扬法治精神服务乡村振兴战略”为主题的宣传活动，《初级中学民防知识读本》征订率100%；与区民政局在大渡口区商业步行街联合开展“行动起来，减轻身边的灾害风险”为主题的防灾减灾宣传教育活动；开展“6•5”防空警报试鸣放暨防空防灾宣传活动和民防知识进013在建工地宣传活动；以纳凉点为宣教阵地，加强民防知识宣教。全年宣传活动发放宣传资料3万余份，受教育群众4万余人次。

【指挥通信建设】 安装新固定警报，更换部分警报设备，与科力集团联合建设的“人防多功能新型防空防灾警报预警报知系统”建成投用；定期对全区警报（安全）检查和维护管理，“6•5”警报试鸣放率和城市建成区警报音响覆盖率保持在100%；维护疏散基地的建设管理。重要经济目标防护试点单位建成并通过市人民防空办检验。加强应急通信训练，组织跨区训练5次，周训练50余次，修订民防应急预案，全面提升应战防灾应急通信保障能力；开展群防组织第八周期组训工作，新整组专业队伍4支，全年对7支专业队伍、180余人进行了组训。

【应急管理】 严格执行24小时应急值班制度，重点做好重大节假日安全稳定工作，确保及时响应处置突发事件；新建3个“两防一体化”合格社区建设，强化了11个社区应急物资保障，开展防空突袭和防灾演练，提高了群众的民防意识。

【人防工程建设】 重点工程区人防新型指挥所设备安装、室内装修、地面伪装公园建设已进入收尾和设备调试阶段；完成人防综合管理数据库和战备资产资源普查数据库更新；加强对全区防空地下室监督和管理，强化工程质量监督。

【平战结合管理】 加强结合民用建筑修建防空地下室管理工作。以《锦霞街人和地产商业开发项目情况报告》送至九宫庙商圈板块建设指挥部，为区“两高”建设提供参考。将翠园人防工程综合开发利用思路以报告的形式分别报告市人民防空办和区政府，为经济发展提供决策依据。全年开放纳凉点3个，纳凉面积550平方米，接纳纳凉群众约10万人次，利用纳凉点开展多种形式的民防宣传教育活动。常态化抓好平战结合安全生产工作，保证全年安全生产零事故。

【自身建设】 注重人才培养，加强队伍建设。开展机关“准军事化”建设，常态化抓好干部职工政治思想建设；注重人才培养，参加各级各类培训，提高干部队伍的综合素质，打造民防系统精兵强将；完善内控制度，规范财务管理。规范使用市级财政资金，保证人防国有资产安全和完整，确保国有资产保值增值；完善财务制度，各项管理规范高效，政令畅通；加强党风廉政建设，持续抓好作风建设；行政审批事项严谨、责任落实。

（区民防办）

经　济

发展改革

概　述

【概况】 国民经济和社会发展计划是对一定时期内国民经济活动和社会发展所做出的计划和安排，是指导经济和社会发展的纲领性文件，分为长期计划、中期计划和年度计划。2018年，全面做好国民经济和社会发展年度计划的制订和执行，编制完成《重庆市大渡口区2018年国民经济和社会发展计划执行情况及2019年计划草案的报告》，并以计划报告为纲采取各种措施平衡、监督、协调和统筹推进经济社会发展。科学编制完成《重庆市大渡口区国民经济和社会发展第十三个五年规划纲要中期评估》，由区第十三届人大常委会第十三次会议批准执行。

【2018年执行情况】 2018年是贯彻落实党的十九大精神的开局之年，是改革开放40周年，是决胜全面建成小康社会、实施“十三五”规划承上启下的关键一年。全区上下在区委的坚强领导下，在区人大、区政协的监督支持下，坚持新发展理念，紧扣“两高”发展目标，以改革开放创新为动力，加快新兴产业培育和“四大板块”建设，积极培育经济发展新动能，认真组织实施年度计划，经济社会实现了平稳健康发展。区十三届人大二次会议批准的2018年计划报告32项指标中，预期性指标19项，完成12项；约束性指标13项，全部完成。总体看，约束性指标完成较好，部分预期性指标增速明显放缓，与目标差距较大。尽管部分经济指标增速下行，但大渡口区保持定力、坚定信心，全力推进产业升级，持续深化改革创新，高质量发展的态势在上行。

【2019年计划安排】 2019年，坚持稳中求进工作总基调，以提高发展质量和效益为中心，以推进供给侧结构性改革为主线，紧紧围绕“两高”发展目标，更加注重经济结构调整和动力转换，更加注重供给与需求良性互动，更加注重改革开放和创新驱动，保持经济社会平稳较快发展，确保全面建成小康社会。

2019年全区经济社会发展主要预期目标：地区生产总值增长3%左右；规模以上工业增加值增长3%左右；全社会固定资产投资增长6%；社会消费品零售总额增长3%；一般公共预算收入增长6%；全区居民人均可支配收入增长6%以上。

2019年重点做好六个方面工作：推动经济社会稳中求进、稳中有进、稳中向好，加快建设“高质量产业之区、高品质宜居之城”。一是持续优化产业结构，夯实经济发展基础。大力培育“四大支柱”产业，加快“两化融合”，推动传统产业转型升级，加快发展现代服务业，着力构建智能化、绿色化、集约化、特色化的现代产业体系。二是科学推进城市开发，提升城市功能品质。实施城市提升行动计划，提升城市规划建设水平，塑造特色城市风貌；着力推进大城细管、大城智管、大城众管，提升城市管理效率水平。三是加大开放创新力度，增强发展内生动力。主动融入全市内陆开放高地建设格局，围绕“一带一路”和长江经济带发展，加大“引进来”“走出去”力度；积极培育创新主体，加大高端人才引进，加快发展职业教育，着力增强创新对建设现代经济体系的支撑作用。四是统筹推进改革工作，优化营商发展环境。以供给侧结构性改革为引领，持续推进“三去一降一补”，切实减轻企业负担；深化行政审批、商事制度改革，加快社会信用体系建设，开展营商环境满意度测评，不断优化提升服务，加快市场主体培育，推动民营经济高质量发展；统筹推进国企国资改革、农村“三变”改革等重点领域改革。五是践行绿色发展理念，建设美丽山水家园。以共抓大保护、不搞大开发为导向，深入推动长江经济带发展，扎实做好中央、市级环保督察发现问题整改，坚决打好污染防治攻坚战，持续实施乡村振兴行动计划，建设山清水秀美丽之地。六是保障改善社会民生，共享经济发展成果。统筹推进教育、医疗卫生、文化体育等各项社会事业发展，切实办好民生实事，扎实做好扶贫帮困，健全各类风险防控机制，确保社会安全稳定。

物价管理

【概况】 2018年全区物价总水平保持基本稳定，价格监测上报16715笔，收到价格举报投诉咨询109件。全年发放责令整改通知书15份，办理案件4件，没收23.9元，清退6019元，罚款9119.5元。受理并完成涉案财物价格认定98件，认定金额351.62万元。

【价格监测】 继续做好稳价工作，密切跟踪分析重要商品价格走势，防范价格异常波动，注重市场价格监测和预警分析。按时上报月报、旬报、周报、日报、重点民生价格公示、粮油肉禽蛋菜等价格监测信息。全年上报价格监测数据16715笔。抓好“菜篮子”市场价格监控工作，出台《大渡口区“菜篮子”市场供求应急调控预案》。

【价格管理】 稳步推进水电气价格改革，落实重庆市三次降低一般工商业及其他用电销售电价共每千瓦时0.0793元，清退金额125万余元，156个转供电主体完成清理规范，惠及5107户终端用户。推进农业水价综合改革工作，区发展改革委出台了《大渡口区农业用水价格管理办法》。通过“全国收费动态监管系统”，全面完成了2017年度行政事业性收费年审和收费统计工作。2017年度大渡口区涉及行政事业性收费的单位有51个，收费项目288项，收费总额6702.6842万元，比2016年减少440.7668万元，减少6.17%。制订了大渡口区九十五中佳兆业中学校住宿费收费标准。完成了22个民办幼儿园、4个民办非学历培训机构教育收费备案，规范14个车库停车服务收费。

【价费监管】 加强民生价费监管，确保全区价费秩序平稳。全年完成集中巡查20次。完成明码标价监制140件，当场发放房地产商提醒告诫函140份。新增医保定点医疗机构检查及审查40件。累计发放各种宣传资料1000份左右，接受现场咨询25人次。开展了民办教育、学前教育、涉企、涉农、旅游、房地产、电信、殡葬服务业、转供电环节收费等专项检查，开展提醒告诫会3次，出动检查人次82人次，收取调查表71份，规范收费行为，维护群众合法权益。

稳妥有序推进落实公平竞争审查制度。（1）搭框架，着力构建公平竞争审查制度体系。为公平竞争审查工作的深入开展提供了相对完整的政策遵循和工作保障。（2）建机制，切实保障公平竞争审查制度的有效实施。建立公平竞争审查区级部门联席会议制度，推进公平竞争审查制度的不断完善。（3）抓重点，稳妥有序清理存量政策。按期清理存量文件18件，取消废止文件3件，修订完善文件8件。（4）夯基础，严格规范增量政策审查。2018年，区发展改革委已审查政策性文件4件。（5）重培训，努力营造良好氛围。召开公平竞争区级部门联席会议，进行公平竞争审查政策宣传培训，将公平竞争有关政策文件汇编成册发给各成员单位，推进公平竞争审查制度的贯彻落实。

【价格举报】 坚持24小时价格举报值班制度，加大对“12358”价格举报电话、市长公开信箱留言办理力度，应对电商平台职业举报的处理。使价格举报真正成为了解社情民意的“窗口”，处理社会矛盾的“平台”，促进社会和谐的“载体”。2018年，收到价格咨询6件，与2017年同比持平；价格举报投诉103件，同比下降36.81%。其中12358系统咨询及投诉举报件94件，市长信箱11件，群众工作服务系统2件，网络舆情1件，市长公开电话1件。

【价格认定】 全年受理并完成各类财物价格认定98件，涉案标的总金额351.62万元，其中盗窃罪87件，非法经营罪5件，抢夺罪2件，诈骗罪1件，寻衅滋事罪1件，职务侵占罪1件。所办案件均实现无复核、无诉讼、无纠纷、无投诉。积极准备参加了全市价格认定优秀案卷及办案能手的评选，郑雄文荣获2018年度全市价格认定学习提升年活动“办案能手”。

（区发改委）

招商投资促进

【招商引资】 2018年，全区招商引资签约项目66个，其中，重大2个，重点12个，一般52个，协议投资额50.4亿元，协议税收额达到60亿元，产值到112亿元。

大数据智能化产业招商引资14个项目，重点1个，一般13个；生态环保产业招商引资14个项目，重大1个，重点6个，一般7个；大健康生物医药产业招商引资11个项目，重点4个，一般7个；文化休闲旅游产业招商引资11个项目，一般项目11个。

九宫庙商圈招商引资41个，重大1个，重点9个，一般31个；建桥园区招商引资12个项目，重大1个，重点4个，一般7个；滨江湾区招商引资5个项目，一般项目5个；伏牛溪板块招商引资4个项目，一般4个。

2018年产业招商引资情况

产业	项目情况
大数据智能化产业	重大0个；重点1个：德宣实业电商平台项目；一般13个：宝驾出行小马单车西南区域运营总部项目、河北远迪智能车载终端研发生产项目、瓯华科技行业软件开发和大数据分析应用项目、侑咪软件科技游戏服务外包项目、亿思特科技手机等智能设备软件开发及推广项目、洁仪智慧医疗系统技术开发项目、柏嘉祺网络贸易销售项目、辰欣网络科技计算机软硬件技术开发项目、拓兴新智能工业智能化软硬件研发项目、子兮欣选电子商务平台研发运营项目、沃庆物联网+智慧医疗项目、盈帝电子互联网及智慧工程集成项目、弘鼎圣汽车电子产品研发销售项目
生态环保产业	重大1个：国家环保产业（重庆）总部基地项目；重点6个：国环绿洲环境监测项目、中科瑞奥新（氢）能源开发利用及废气回收项目、禾水源生态能（ARES）污水处理系统项目、赛林新能城镇污水处理一体化设备销售项目、中联弘峰城市生活垃圾环保处理项目、锦生环保智能机械设备研发制造项目；一般7个：餐余洁环保科技餐厨垃圾资源化利用项目、弦慧新能源技术开发及技术服务项目、顺为环保过滤材料研发及销售项目、润仕环境污染治理设备技术开发项目、环保产品“020”交易平台项目、澳净机动车危废环保再利用研发销售项目、环境保护专用设备研发销售项目
大健康生物医药产业	重大0个；重点4个：亚中医疗器械贸易冷链物流IVD产业研发转化项目、西湾医药销售现代物流医药配送项目、化医重钢总医院改制项目、席勒自动体外除颤仪（AED）研发项目；一般7个：煊焜医学形态学图像识别机器人项目、大福新生儿和婴幼儿眼科疾病检查产品项目、以色列牙科项目、新月新生儿和婴幼儿眼科疾病检查产品项目、卫宝病例大数据处理项目、铭维骨科和心血管科领域植入性高值耗材类贸易项目、国英精神康复和神经检测设备项目
文化休闲旅游产业	重大0个；重点0个；一般11个：渝浩图文设计制作研究院项目、美克斯全民健身中心项目、“爸爸的山坡”休闲旅游项目、师道洲远图书文化传播项目、完美初心影视传媒制作项目、影星电视传媒制作项目、白马星演艺经纪代理平台项目、建筑产业技术研究院项目、丁丁猫旅游定制服务平台项目、鎏宇体育赛事承办策划平台项目、阿克斯影视基地项目

2018 年经济板块招商情况

板块	项目情况
九宫庙商圈	重大 1 个：中冶建工综合运营结算项目；重点 9 个：德宣实业电商平台项目、国环绿洲环境监测项目、中科瑞奥新（氢）能源开发利用及废气回收项目、禾水源生态能（ARES）污水处理系统项目、赛林新能城镇污水处理一体化设备销售项目、亚中医疗器械贸易冷链物流 IVD 产业研发转化项目、西湾医药销售现代物流医药配送项目、席勒自动体外除颤仪（AED）研发项目、居然之家家居卖场项目；一般 31 个：宝驾出行小马单车西南区域运营总部项目、亿思特科技手机等智能设备软件开发及推广项目、煊焜医学形态学图像识别机器人项目、美克斯全民健身中心项目、禄苑西南总部基地建设项目等
建桥园区	重大 1 个：国家环保产业（重庆）总部基地项目；重点 4 个：中联弘峰城市生活垃圾环保处理项目、锦生环保智能机械设备研发制造项目、西湾医药销售现代物流医药配送项目、化医重钢总医院改制项目；一般 7 个：国英精神康复和神经检测设备项目、渝浩图文设计制作研究院项目、凡宏纸箱包装生产项目、禄苑西南总部基地建设项目等
滨江湾区	重大 0 个；重点 0 个；一般 5 个：师道洲远图书文化传播项目、建筑产业技术研究院项目、科力质量检测项目、中交二航长江大桥建设发展机构项目、阿克斯影视基地项目
伏牛溪板块	重大 0 个；重点 0 个；一般 4 个：完美初心影视传媒制作项目、影星电视传媒制作项目、白马星演艺经纪代理平台项目、“爸爸的山坡”休闲旅游项目

【主要工作】 聚焦招商重点方向。明确了大数据智能化、生态环保、大健康生物医药、文化休闲旅游等四个重点产业方向，聚焦细分领域，梳理“长名单”目标企业和项目 512 个，“短名单”目标企业和项目 100 个，形成招商引资目标企业库。同时，对存量企业开展走访调研，了解企业发展和建设需求，绘制产业链招商“作战图”，做大存量、找好增量。

构建“4+4+3”招商工作体系。完成全区招商工作机制系统性调整，组建区级招商公司，突出“四大重点板块”管委会招商主体地位，各筹备组迅速开展工作；“四大支柱产业”牵头部门和专业招商团队发挥作用；探索重点区域外派挂职招商，三个外派团队分赴京、沪、深有关部门挂职，并完善政策措施，充分发挥中介组织和企业的招商力量。

建立健全督查考核机制。对标对表全市招商引资工作要求和考核标准，出台了《关于开展招商引资工作督查调度的通知》《大渡口区 2018 年招商引资认定考核办法》，按照重大、重点、一般项目三个分类标准，分解年度目标任务到具体责任领导、具体责任单位，实施半月报、月调度、季督查、年考核督促制度，层层压实责任，充分有效激发招商活力。

强化内引外联搭建招商渠道。2018 年，全区各招商队伍“走出去”182 次，“请进来”535 次，重点拜访了远洋集团、海康威视、三盛宏业等企业，以及商务部国家投促局、国家节能中心、深圳市终端电子制造产业协会等重要机构或渠道平台，邀请了香港置地、中科北影、荣丰控股、宁波美康等来区实地考察交流，区委、区政府主要领导亲自参与洽谈，充分发挥“关键少数”在招商引资中的推动作用。

抓好服务优化招商引资环境。优化产业扶持政策，建立“1+4+4”招商引资政策体系，明确 1 个产业培育和发展奖励政策，制订 4 大支柱产业的专项政策，建立了金融、科技、人才、质量 4 个配套政策，并细化完善兑现程序，为项目落地提供有力的政策支持。建立项目“一对一”跟踪服务机制，实施项目审批全程代办服务，探索建立行政服务第三方评价机制。增强部门联动合力，组织人力社保、统计、税务等相关部门，定期组织专业人员到园区开展相关惠企政策宣传和申报指导，为企业落户营造良好的投资环境。

（区投促办）

财政 税务

财　政

【概况】 大渡口区财政局（简称区财政局）为大渡口区人民政府组成部门，全局内设办公室、预算科、国库科、行财社保科、经建国资科、评审科、企财农财科、政府采购科、会管监督科（挂行政审批科牌子）、政府债务管理科10个职能科室，下属2个参公事业单位国库支付中心和会计委派中心，2个全额拨款事业单位区社会保障资金管理中心和区预算绩效管理中心（挂中华会计函授学校大渡口分校牌子）。大渡口区财政局（含下属事业单位）各类人员编制61人，在编人员54人。

【一般公共预算】 （1）收入执行情况。一般公共预算收入总计483013万元，具体组成为：区级一般公共预算收入214011万元，完成预算的101.5%，同比增长10.6%。其中：税收收入174632万元，同比增长12.8%。上级补助收入120811万元；债务转贷收入80000万元；调入资金38590万元；上年结转29601万元。

（2）支出执行情况。一般公共预算支出总计483013万元，其中：区级一般公共预算支出355332万元，同比增长2.3%，完成预算的98.2%；上解上级支出14，935万元；债务还本支出80003万元；补充预算稳定调节基金3091万元；年终结转29652万元。

一般公共预算主要支出方向：

一般公共服务支出36449万元。主要用于：保障党委部门、人大、政府、政协、纪检监察、发展改革、财政、税务、人力资源、统计、档案和群众团体等单位正常运转和推进相关工作。加强自身内部管理，推进党的建设，提高依法履职能力和公共服务水平等。

公共安全支出34005万元。主要用于：保障公安、司法、消防等单位依法履职，维护公共安全和社会公平正义。保障政法部门执法办案、应急处置、基础装备等经费需求，保障全区维护稳定、治安防控等治安管理支出。支持公安技术防范系统改造和通信保障系统建设，实施“雪亮”工程，实现背街小巷视频监控全覆盖。

教育支出54656万元。主要用于：保障教委、学校等单位正常运转，促进教育事业优质均衡发展。支持普惠学前教育，建设西城佳苑幼儿园、万友广场幼儿园、半岛乐园幼儿园和百花小学附属幼儿园等。实施幼儿、中职、高中等各种学生资助工程和安全工程。配置多媒体教学设备，推进教育信息技术装备建设。落实学生营养改善计划、进行学校校舍维修、整治学生活动场地，支持教师队伍建设。

科学技术支出3554万元。主要用于：保障科委、经信委等单位正常运转，稳步提升全区科技创新能力。支持移动互联网产业园、众创空间、创新创业平台运行。支持企业加大研发投入，兑现重大新产品奖励等相关政策。实施科技奖励计划、专利提升计划等项目。支持创业种子基金为企业提供免息贷款，发挥科技金融投融资能力。

文化体育与传媒支出4934万元。主要用于：保障文化、体育、新闻等单位正常运转，提高公共文化服务水平。启动区图书馆改造工程，升级“24小时自助图书馆”，免费开放图书馆和文化馆，打造书香大渡口。保障博物馆运行和文物保护，支持文艺作品创作，开展大型文化会演、专题文化活动、流动文化进村等文化惠民工程。推进社区体育文化，举办各类体育赛事，广泛开展全民健身活动。

社会保障和就业支出36070万元。主要用于：保障社保、民政、残联等单位正常运转，构建多层次社会保障体系。扶持重点群体就业创业，落实城乡低保、特困人员等困难群体参加城乡居民基本养老保险，发放各类生活补助和优抚对象抚恤。为特困供养、困难家庭等救助对象提供精准高效的社会救助服务，推动残疾人康复、就业，做好军转干部、离退休干部优抚安置工作。

医疗卫生和计划生育支出24837万元。主要用于：保障卫生计生、区属医院以及社区卫生服务中心等单位正常运转，不断提高公共卫生服务能力。支持公立医院改革，落实政府投入责任。保障重大公共卫生服务项目，控制重大疾病和主要健康危险因素。做好计划免疫、健康档案等12类41项基本公共卫生服务工作，落实计划生育奖励政策。加大居民医保财政补助，保障医疗救助支出，减轻困难群众负担。

节能环保支出4136万元。主要用于：保障环保等单位正常运转，提升环保监管执法水平，强化环保能力建设。整治山河路、八桥街（老九中路）、鑫康路等雨污水管网，支持城市污水处理提标和设施升级改造。维护整治区域范围内次级河流泵站，治理修复老重钢片区厂址场地。强化居民生活垃圾收运处理，开展污水、大气、噪声等环境污染问题整治，营造良好宜居生态环境。

城乡社区支出 96170 万元。主要用于：保障城乡建委、房管、市政、执法以及村（社）等单位正常运转，改善城市环境，建设和谐宜居之城。保障城市日常维护管理，开展城市市容环境综合整治，改善农转非安置房老旧小区和老旧社区背街小巷市容环境。完成钢花路与双山路交叉口人行地通和半岛逸景人行天桥主体工程。实施公共直饮水工程，推进城区“增绿添园”项目，改造城市照明设施。加强城市房屋拆迁和农村征地管理，实施棚户区改造购买服务，保障各镇街社区日常管理及维护工作。

农林水支出 3077 万元。主要用于：保障农委、林场等单位正常运转，支持农业产业发展。开展国土绿化提升专项行动，开展森林防火、防洪抗旱、河道水文监测及河长定期巡查、水资源节约管理与保护。稳步推进乡村振兴战略，支持农村饮水安全巩固提升工程和跳磴镇村庄亮化工程，强化农村范围内垃圾收集、日常保洁、就地分拣，支持跳磴镇农村改厕项目，兑现农业支持保护补贴、退耕还林补贴等。

资源勘探信息等支出 13409 万元。主要用于：保障安监、工商、质监等单位正常运转。支持打造微企梦工场、微企亮园。支持企业开展技术改造、龙头企业产业链培育提升、智能工厂和数字化车间建设、打造产业互联网平台等。对微型企业和中小企业予以贷款贴息，支持中小微企业提质增效发展。

商业服务业支出 2695 万元。主要用于：支持企业拓展国内外市场，支持万吨市场冷链物流体系建设和商业供应链体系建设。落实电子商务示范区建设，重点推进天安 T+SAPCE 等产业载体的招商培育力度，完善重点区域公共商业服务配套等。

住房保障支出 13734 万元。主要用于：保障机关事业单位的住房公积金、住房补贴等。支持保障性安居工程有序推进，建设社区养老服务中心等保障性安居工程配套基础设施。保障公租房平稳有序运行，解决住房困难群众居住问题。

【政府性基金预算】 （1）收入执行情况。政府性基金预算收入总计 366094 万元，其中：上级补助收入 160130 万元；债务转贷收入 150000 万元；上年结转 55964 万元。

（2）支出执行情况。政府性基金预算支出总计 366094 万元，其中：区级政府性基金预算支出 264958 万元；上解支出 165 万元；调出资金 32390 万元；年终结转 68581 万元。

政府性基金主要支出方向：

城乡社区支出 259402 万元。主要用于：保障土地前期征收整治，加大土地出让开发力度，改善城市基础设施。按规定使用土地储备专项债券资金，支持茄子溪片区和庹家坳重钢六厂家属区片区棚户区改造，支持大渡村片区、制材村片区、创新村片区、五一互助八桥片区棚户区城中村改造，稳步推进征地拆迁工作。推进福茄路建设、园区主路及管网维修维护。

其他支出 1747 万元。主要用于：统筹使用彩票公益金，支持“老吾老”社区养老服务平台和居家养老服务信息平台建设，开展困难群众慰问和困难人员医疗救助，建设全民健身点、重点体校、乡村少年宫，举办重要体育赛事等。

【国有资本经营预算】 （1）收入执行情况。国有资本经营预算收入总计 19289 万元，其中：区级国有资本经营预算收入 15842 万元，完成预算的 100%；上年结转 3447 万元。

（2）支出执行情况。国有资本经营预算支出总计 19289 万元，其中：区级国有资本经营预算支出 12310 万元；调出资金 6200 万元，年终结转 779 万元。区级国有资本经营预算支出主要用于市属国有企业职工家属区“三供一业”分离移交和支持新晟发建设有限公司增资扩股。

【财政收入】 组织收入措施有力。及时组织土地出让、公开拍卖司法处置的房地产项目等新增税源 1.8 亿入库。受房地产行业上涨带动，房地产业税收增收 59847 万元，增长 44.9%；建筑业税收增收 9065 万元，增长 30%。同时，批发零售业税收增收 13749 万元，增长 35.8%。以上三个方面的增量，弥补了全区减税降费形成的空档，带动区级税收增长 12.8%。

财政税收征管有力。加强对重点税源、重点行业、重点税种的数据分析，大力开展房地产结盘项目清税专项行动，强化个体及零星税源征管，堵塞征管漏洞，应收尽收。

争取支持协调有力。2018年，争取公共预算类上级补助资金12亿余元，缓解了本级财政压力。

【区域经济提质增效】 统筹资金，支持实体经济发展，支持“四大板块”“四大招商组”招大引强，“四大产业”中三峰卡万塔环境公司、海康威视科技公司等“领军企业”发展良好。

落实积极财政政策，减轻企业负担。全面落实中央出台的各项减税降费政策，及时为企业和个人减负，为实体经济降成本。全年政策性减税7.9亿元，降低企业社保费用2.9亿元，兑现214户中小微企业各类财政政策性补助383.3万元，发放稳岗补贴704万元，开展“助保贷”，注入风险铺底资金700万元，撬动银行贷款近1亿元。发放贷款贴息365万元，帮助27户中小微企业解决“融资难、融资贵”问题。

创新财税支持方式，精准培育产业。立足优化营商环境，牵头修订“1+4”产业扶持政策，出台《大渡口区重点产业培育和扶持办法（试行）》，兑现各级产业扶持资金1.4亿元。实施创新主体培育计划，支持培育国家高新技术企业20家、科技型企业54家。

聚焦产业转型升级，推动创新发展。实施科技型企业创新能力提升行动，引导企业加大科技研究开发投入，研发经费占GDP比重2.4%。支持长征重工、特瑞电池等企业实施重大新产品研发，推动国际复合、秋田齿轮等企业进行技术改造，助推秋田齿轮、三峰卡万塔等龙头企业产业链提升。支持天安T+SPACE众创空间创建为国家级创新平台。

【城市品质提升】 助推城乡道路建设。保障南大干道、大滨路三期、金家湾立交、新郭伏路、中坝路、石林大道等道路建设。2018年，全区新建改造城乡道路18千米。

支持生态项目建设。支持关闭长江沿岸砂石厂8处和餐饮船舶2艘，保障完成中梁山废弃矿山覆土复绿150亩、土壤治理修复24万立方米、雨污水管网新建改造20千米等项目建设。支持开展“四山”范围内违法建筑治理和“大棚房”整治工作，建立河长巡查经费保障机制，补贴农村卫生厕所改造544户。

落实城市提升工程。保障4座隧道、12座桥梁美化提升工程建设，支持改造新华立交、轨道2号线等沿线绿地面积16.5万平方米，新增主要干道、绿岛等城市绿化面积40万平方米。支持建设公共停车设施，新增公共停车位5221个。

【民生保障】 推进教育优质均衡发展。支持教育改革发展，提高生均公用经费定额，落实学生免学费、建卡贫困户学生免教科书费等中等职业教育资助政策。支持教育项目建设，建成学校2所，新增公办幼儿园8所、普惠幼儿园6所，缓解“入学难、入学贵”问题。

提高公共服务均等化水平。保障公立医院改革，公立医院占比持续下降。将人均基本公共卫生服务经费提高到55元，城乡居民医疗保险财政补助提高到490元，城乡低保人员保障提高到546元。支持图书馆改造工程，升级“24小时自助图书馆”，持续支持8个镇街和50个村（社区）综合文化服务中心建设。支持公共体育馆免费开放，保障区人民医院二期工程建设，完成区妇幼保健院改造工程。保障建成社区体育文化公园2个，新增社区健身场所10处。

保障社会民生项目建设。整合4.5亿元用于社区养老、安置房老旧小区专项整治工程等16项民生实事。支持新增直饮水点19个、饮水设备24套，新建改建社区公园和小游园16个、公厕15座。安排棚户区改造购买服务资金5.22亿元，支持1950户城市棚户区和城中村改造。

【债务安全】 2018年，争取到一般债券8亿元、专项债券15亿元，政府性债务余额为86.1亿元，控制在市政府核定的债务限额以内，较2013年底减少49亿元，下降36.3%。

妥善处理债务与发展的关系。出台《三年财政规划》，制订《大渡口区化解隐性债务十年工作方案》，优先把产业发展、“3+8”项目等区委确定的重点项目纳入保障，合理控债、有序使用，在促进全区发展的同时，维护资金链安全。

规范政府融资行为。严控新增政府债务，合理测算新增债券额度，确保债务举借科学合理。抓好违规整改工作，严格规范举债融资行为。规范国有企业融资程序，实行融资备案登记制度，确保不发生违规行为。

完善风险管控机制。成立防范化解债务风险领导小组，形成党政同责、人大监督、各部门齐抓共管的防控机制。建立“周报月调”管理制度，定期召开资金调度会，动态监控全区偿债需求，有序筹集特殊时间节点的需求资金，全年债务风险可控。

【预算执行】 率先建立部门预算项目库。在全市率先开展预算项目库建设，依托财政大数据平台，根据有效的立项依据、测算明细和可衡量的绩效目标，按照轻重缓急建立部门预算动态项目库。凡是没有入库的项目，一律不得安排项目预算，实现预算项目从申报到执行的动态全程管理。

率先启动预算绩效一体化。在全市率先启动部门预算绩效一体化管理系统建设，采集上万条数据，建立绩效指标库，实现绩效目标申报从“填空”到“选择”的升级。每个专项资金项目有可量化的、可评价的绩效目标和绩效指标，并从完整规范、细化量化等方面严格审核，审核不通过的不予进入公开评审。

实现电子支付和预算公开评审“全覆盖”。全面实施国库电子化支付工作，实现财政支付数据传送无纸化。在全市率先将镇街纳入预算公开评审范围，实现区级预算项目公开评审“全覆盖”。通过公开评审，审减专项预算5.5亿元，审减率约40%。

【财政管理】 执行好财政预算。出台《大渡口区本级支出预算指标调整管理办法（试行）》《大渡口区预算指标管理规范》等制度，规范办理流程，严格预算执行。2018年，全区统筹收回预算单位存量资金12475万元，重新安排支出7092万元。

管理好财政资金。2018年，实现采购总额107098万元，节约资金9771万元，政府采购资金节约率9.1%。预算评审送审总额135192万元，审结87801万元，审减4606万元，审减率5.2%；结算评审送审总额17057万元，审结16522万元，审减1539万元，审减率9.3%；财务决算送审总额103456万元。除涉密部门和事项外，所有预算单位均按规定向人大和社会公开部门预决算和“三公经费”，预决算公开率100%。

维护好财经纪律。联合区纪委监委开展严肃财经纪律专项整治，清退违规发放津补贴135万元。委托第三方中介机构，对36家预算单位进行重点监督检查，督促整改问题135个，处理处罚488万元。开展全区行政事业单位资产清查，督促整改问题64个，规范了国资管理工作。

（区财政局）

税　务

【概况】 大渡口区税务局（简称区税务局）内设科室20个（办公室、法制科、货劳科、所得税科、财产行为税科、社保和非税科、收核科、纳服科、征管科、税收经济分析科、税收风险管理局、财务科、人事科、考核考评科、教育科、机关党委、老干部科、纪检组、信息中心、服务中心），派出机构7个（第一税务所、第二税务所、第三税务所、新山村税务所、建胜税务所、八桥税务所、春晖税务所），在职职工233人，平均年龄40.93岁，离退休职工76人，长聘人员56人，共产党员210人，在职干部中本科以上学历209人，占全局在职干部的91.27%。担负辖区5街3镇2.2万户纳税人、13.8万自然人的税收和非税收入征管及服务工作。2018年，区局办公室被评为重庆市巾帼文明岗，团支部创建为2018年度基层团组织标准化建设示范点。

【机构改革】 7月5日，国家税务总局重庆市大渡口区税务局正式成立。机构改革期间，坚持把加强党对税收工作的全面领导贯穿到改革的全过程和各环节，充分发挥党在改革发展大局中的领导核心作用，有组织、有纪律、有步骤地打赢了机构改革一场又一场主攻战。建立“谁主管，谁负责”以及“一级抓一级，一级盯一级”的职工思想状况责任排查机制，以“人心稳、改革进；人心顺，改革成”为导向，分层级层层召开座谈会，开展“三个谈心全覆盖”活动，及时掌握干部思想脉搏，确保干部队伍思想稳定；制订大渡口区税务局《落实“三定”暂行规定实施方案》，18个内设机构、7个派出机构、2个事业单位顺利设置，233名干部公正配备，“三定”规定平稳落地；成立机关党委，下设基层党支部15个，科所党员主要负责人担任支部书记，配齐配强党务工作人员，完成工会、妇委会、团支部的新建；大力宣传和弘扬改革期间先进人物和事迹，用身边的人和事教育和引导干部，区局改革经验、干部先进事迹先后在《中国税务报》《人民网》登载。

【税收收入】 积极应对传统制造业税源下滑、新兴税源支撑不足、结构性减税效应持续显现等挑战，主动适应经济税收新常态，既严格贯彻组织收入原则，落实总局“四个坚决”部署要求，坚决防止和制止收“过头税”和虚增收入等行为，做到应收尽收、应退尽退；又紧紧聚焦征管薄弱环节，最大限度减少税费用流失，确保高质量完成预算目标任务。

全年组织税费收入 71.1 亿元，增长 23.07%。其中税收收入 45.3 亿元，增长 14.16%，税收累计增幅在主城 9 区排名第 2 位，在考核第一组 22 区排名第 4 位，税收增量在考核第一组 22 区排名第 11 位；社保费及非税收入 25.8 亿元，增长 42.63%。区级税收累计入库 17.4 万元，同比增长 12.7%，税收占区级一般公共预算收入的比重 82%。

【税收营商环境】 推行电子税务局，绑定企业 19550 户，新办纳税人绑定率、发票升级版绑定率 100%，票种核定绑定率 99.95%；推进“一厅办”“一键答”“最多跑一次”等服务事项，完善税邮合作“票易达”服务模式，落实压缩办税时间举措，优化企业注销和迁移登记流程，将单位纳税人注销时限由 20 个工作日缩减到 10 个工作日，推动企业市场退出机制便利化；对标对表落实便民办税各项措施，特别是将退税压缩到最快 1 个工作日办结，减少纳税人退税资料报送 5 类 21 种，推进办税缴费便利化。加强政策宣传。对国家出台的新政策，通过纳税人学堂、微信工作群、LED 显示屏等开展多渠道立体式宣传，举办“纳税人学堂”27 场次，参训人次 2670 人次，实现政策的精准投放。深化“税银”合作。加快推进纳税诚信体系建设，深化“税银互动”项目，全年协助 239 户小微企业获得银行贷款 3.68 亿，助力企业解决融资难、融资贵问题。

【税收政策落实】 贯彻党中央、国务院和税务总局党委、市局党委关于税制改革的部署要求，推进社保费和非税收入征管职责划转、个人所得税、增值税、房产税、资源和环境税等税费体制改革任务，争取地方党政的支持及有关部门的配合，持续加强政策培训和宣传引导，开展征管业务衔接和政策效应评估，确保各项改革任务顺利落地，改革红利精准释放、普惠民生。严格落实各项稳增长、促改革、调结构、惠民生、防风险的税收优惠政策和国务院减税降负措施，助力企业轻装上阵，激发市场主体活力。全年落实各类政策措施减税 7.9 亿元。

【队伍建设】 以人才为基础。有针对性地举办青年干部培训及青年干部夜校，在过渡期间制订《基层单位全员岗位学习方案》，10 个基层单位划分为 5 个组别，开展了为期五周的岗位轮换学习，参训人次达 480 人次；积极鼓励干部参加会计职称和职业资格考试，6 人通过了中级会计师考试，1 人通过了注册会计师资格考试，5 人通过了税务师资格考试，1 人通过了律师资格考试，1 人通过了造价工程师资格考试。

以绩效为要务。在全面承接重庆市税务局考核指标的基础上，制订区局机关和基层考核方案，优化管理制度、简化考评指标、突出平时考评、严格过程监控，按月发布考评提醒、按季召开讲评会议，完善考评结果运用，工作效能不断提升。

以文化为引领。举办纪念建党 97 周年总结表彰大会、组织开展“不忘初心展风采 凝心聚力促改革”“齐心聚力 拥抱改革”、选树“五个一百”先进典型等主题活动，干部思想认同、组织认同、文化认同不断增强，干事创业内生动力、创新活力、发展潜力持续激发。

【基层党建】 主动适应管党治党的新形势新任务新要求，着力构建全面从严治党新格局，努力营造风清气正的良好政治生态。压实“两个责任”，全年专题研究党建工作 3 次、专题分析研究全面从严治党工作 2 次，听取机关党委、纪检组工作汇报 5 次，听取党委委员、各党支部履行主体责任情况汇报各 1 次。严抓政治生活，结合推进“两学一做”学习教育常态化制度化，严格落实“三会一课”、党员领导干部双重组织生活等制度，开展党委中心组集中学习 17 次，班子成员参加支部组织生活 150 人次。加强对中央八项规定精神、作风建设的监督，开展明察暗访和作风纪律督查 16 次，推动党风政风持续好转。

（区税务局）

商业贸易

概述

【概况】 区商务局、区供销社合署办公，开放型经济体制改革专项小组办公室设在区商务局；区商务局下设区商圈管理委员会办公室、外经贸促进中心等2个事业单位。负责全区商贸服务业、对外经济合作、供销合作社事业的改革、发展和日常管理工作。

区商务局党委下设6个基层党组织：商务局机关支部、商务局机关退休支部、商圈非公经济和社会组织党委、城郊供销社支部、茄子溪供销社支部、共利粮油购销公司支部。

2018年，全区有限上商贸企业77家（其中批发零售企业66家，住宿餐饮企业11家），拥有百亿级市场2个（万吨冷储、龙文钢材），大型商业综合体2个（新天泽、壹街区），大型综合类超市10家，精品农超2个，标准化农贸市场12个；有汽车4S店4家；有电商企业200余家（其中年交易额1000万元以上的有12家）；有液化气充装站2家，液化气储配库1家，加油站13座，典当行1家，报废汽车拆解企业2家。

2018年，大渡口区社会消费品零售总额同比增长2.6%，批发和零售业销售额同比增长13.9%，住宿和餐饮业营业额同比增长6.3%。全区实际利用外资2559万美元，同比增长89.7%；全区实现外贸进出口总额20.41亿元，同比增长13.11%，实现对上争取资金1371万元。

商贸服务

【概况】 全区商贸服务业以融合发展为主线，依托九宫庙商圈和电子商务示范园区两大平台，实施改革转型、招商引资、扩大消费三大战略，突出电子商务、现代物流、总部贸易、会展节庆四大重点，落实应急保供、行业监管、运行监测、安全稳定、自身建设五大保障，紧握优势、挖掘潜力，不断迈上新台阶。

【消费提振】 发展实体经济，强化企业服务。主动深入企业调研，特别加强对钢材、危化品等重点限上批发企业和区内汽车销售企业的调研服务工作，听取企业意见建议，切实解决困难。

提振消费，鼓励开展节会促销。组织引导重点企业开展主题时尚购物节，依托九宫庙商圈、中交夜市、大渡口古镇等开展啤酒节，支持区内4S店参加重庆汽车展等活动，全年各类节庆展会活动累计吸引人群超过20万人次，拉动消费近1.5亿元。

发展电子商务，培育新的经济增长点。落实电子商务示范区建设，重点推进微企梦工厂、天安T+SAPCE等产业载体的招商培育力度，千万级销售额电商企业达到12家；开展电子商务培育，全年新增注册企业6家。

【开放经济】 推进开放型经济高地建设。在对全区开放型经济进行深入调研的基础上，结合区情形成《大渡口区开放型经济高地建设行动计划（2018—2020）》第十一稿。

强化外贸企业政策扶持。出台区《关于重庆市商务发展专项资金（外经贸）使用和管理暂行办法》和《大渡口区2017年外贸稳增长专项资金管理实施细则》等区级政策，为外经贸企业发展提供政策支持。

做好上级政策争取，组织区内企业申报“中小企业国际市场开拓资金”“出口信用保险”和“进口贴息”等市级政策扶持资金，最大限度为区内外贸企业争取资金和政策扶持。

组织区内企业参加上交会、京交会、广交会和首届进口博览会等推介会，并在首届进博会上签约8.5亿元，扩大大渡口区外贸企业的影响力和知名度。

【商圈优化提质】 商圈盘活商业物业任务2万平方米，全年完成招商面积2.6万平方米（全年目标任务为2万平方米，完成率130%）；成功引入居然之家、百安居、苏宁易购等各类商业项目70余个。

调整优化商业业态。围绕休闲健康、儿童培训娱乐、生鲜等消费热点，帮助顺祥壹街区、春光购物广场、国瑞城二期调整商业业态定位，建立政企联合招商机制，成功打造超6万平方米特色主题商业街区。

升级商圈便民设施。实施商圈交通优化工程，启动春晖路人行天桥建设和无线 Wi-Fi 建设，布局共享单车，商圈购物便利性、通达性得到明显提高。

【商贸物流】 加快供应链体系建设。完成同诚智汇农产品供应链平台开发并实现市场化运用，纳入平台运输车辆 499 辆，商家 712 家，实现日均运输量 274 车次，日均运输费用 47388 元，初步实现共同配送率 18%，降低返空率 8%，节约运输成本 15%；协助万家燕应用“互联网 +”和大数据创新供应链，打造国内首创“立体医疗模式”，实现医院、药店、家庭等不同大健康消费场景下的立体化健康管理，为其获得重庆首家三级整形外科医院提供了支撑。

深化冷链产业发展。依托万吨冷储技改升级，推动传统冷链物流企业转型升级、提质增效，万吨实现投资4500万余元，已经建设完成公司门户网站、钉钉即时通信办公系统、LED 大屏及广播系统、园区监控系统、万吨通供应链综合性一站式服务平台、冷链恒温监控系统，更换冷库门 29 扇，采购标准托盘 11 万个、电动叉车 416 台。

【供销业】 全年全系统各项经济指标平稳增长，实现销售总额 42396 万元，同比增长 10.05%；实现利润 392 万元，同比增长 9.80%；资产总额 7095 万元，同比增长 3.25%；所有者权益总额 6812，同比增长 4.5%；净资产收益率 4.45%；销售净利率 0.71%。

推进“两社两化”工作，组织区供销合作社机关、基层社及其参股的专业合作社相关人员参加市供销社组织的各类培训 9 次，参训人员 31 人次。宣传推广大渡口区以“跳磴”火葱、“春见”柑橘、“九月青”花椒等为代表的特色农副产品，推介本土农产品参加市级展会活动，指导农民专业合作社通过电商平台拓展宣传、销售渠道。2018 年共安排农民专业合作社扶持专项资金 15 万元，用于专业培训和品牌推广。

配合公安、安监和各街镇开展 2018 年烟花爆竹限放期间对中标企业和零售网点的指导、服务工作。协助中标企业圆满完成了零售网点设置、货源组织、安全管理、余货入库等各项工作。限放期间，区内各烟花爆竹零售网点未发生一起安全责任事故和供货不足的情况。

【民生保供】 贯彻粮食安全行政首长责任，严格落实区政府对 2018 年度该项工作相关部署要求，确保各项任务顺利完成。配合全区国卫复审，牵头对全区 18 个农贸市场进行全面摸排和情况梳理，牵头编制《规范农贸市场管理长效机制》，顺利通过国卫复审。推动城市开发与便民服务配套同步，全年完成对跳磴镇农贸市场、竹园小区农贸市场的改建工作并投入使用。做好保供应急工作。与 3 家区级保供企业签订协议并储备 50.73 万元的保供应急物资；与稻甜粮食公司签订 300 吨区级成品粮代储服务协议。

【安全稳定】 落实安全监管责任。全面夯实领导班子全员责任制，明确 5 大重点监管领域和 41 家重点监管企业，安全工作制度日趋完善，工作机制基本形成；强化风险研判与管控，每季度开展 1 次风险研判。

高度重视信访稳定工作，全年接待来访 64 件，接待信访人员 246 人次，办结 45 件，全年未发生一起因责任落实不到位引起的进京上访和大规模到市集访。

（区商务局）

烟草专卖

【概况】 重庆市大渡口区烟草专卖局（分公司）成立于 1985 年 10 月 15 日，内设办公室、政工科、综合管理科、财务审计科、专卖监督管理科、内管与法制监督科、客户服务部。专卖监督管理科下设政务大厅1个，烟草专卖稽查大队1个、稽查中队2个。

2018 年，区烟草专卖局（分公司）按照高质量发展要求，坚持稳中求进工作总基调，紧紧抓住税利总额这个核心指标，以卷烟营销为中心，推进各项工作，卷烟市场持续规范，经济效益持续提升。

【经济运行】 2018 年，区局（分公司）经济运行保持稳中有进、稳中向好，实现“四个增长”。一是销售卷烟 18350 箱，同比增长 1.1%。二是实现单箱销售收入（含税，下同）3.51 万元，同比增长 4.1%。三是实现销售收入 6.45 亿元，同比增长 5.2%。四是实现税利 10834 万元，同比增长 6.6% 。

【专卖管理】 围绕市场净化率核心指标，坚持依法行政，立足本土市场，始终保持打假打私打非高压态势，向专卖管理要市场、要销量、要效益。全年查获各类涉烟违法案件224起；查获实物案值181.41万元，同比增长34.8%；查获涉案卷烟198.99万支，同比增长104.8%。其中，查获假冒伪劣卷烟83.7万支，同比增长64.3%；查获非法流通真烟86.5万支，同比增长96.5%。

【内部管理】 以质量和效率为中心，坚守规范经营"生命线"，推动企业创新发展、规范有序、提质增效。(1)严把规范经营关口。发挥内管职能，推动专卖内管迈向"严紧硬"，筑好防火墙，拉好"高压线"。(2)严把投资采购关口。加强招投标管理，严格采购决策程序。(3)严把财务管控关口。强化财务预算刚性约束，不断提高审计针对性和实效性，防范审计、税收和财务风险。(4)严把法制安全生产关口。严格审查流程标准，全面落实安全稳定责任制，依法依规做好信访稳定、网络安全和舆情风险防控工作，加强风险源头管控。

（区烟草专卖局）

电气供给

【电力】 2018年，全区电力供应（使用）量总体形式趋于平稳。全年全区社会用电总量18.1亿千瓦时，同比增长2.48%，其中大工业用电量10.33亿千瓦时，同比增长2.5%；非普工业用电量0.95亿千瓦时，同比下降4.08%；居民用电量2.58亿千瓦时，同比下降2.33%；非居民用电量0.68亿千瓦时，同比下降14.93%；商业用电量3.55亿千瓦时，同比增长12.91%。

至年底，全区有220千伏变电站2座，分别是柏树堡和敖山变电站，变电总量102万千伏安；110千伏变电站8座，分别是红狮、翠湖、建胜、刘家坝、小南海、跳磴、马桑溪、镁桥变电站，变电总量70万千伏安；110千伏专用变电站3座，分别是新钢厂、长征重工、小南海牵引站变电站，变电容量19.15万千伏安。

【燃气】 全区有2家燃气经营企业，分别是重庆燃气集团股份有限公司大渡口分公司和重庆市渝川燃气有限责任公司大渡口分公司。2018年全区天然气用户数约20.2万户，其中居民用户17.5万户，总用气人口约33.5万人。2018年全区天然气供应（使用）总量15526万立方米，同比增长12.5%，最高日供（用）气量46.5万立方米，其中民用、集体、商业年用气量5108.9万立方米，同比增长9.6%；CNG用气量2680.85万立方米，同比增长16.1%；工业用气量7736.23万立方米，同比增长13.2%。根据天然气供需情况预估，天然气供应可以满足发展需求。

区内无天然气储气能力，有6座天然气调压计量站，分别是新城站、九宫庙站、茄子溪站、长征站、跳磴站、建胜站；4家CNG加气站，分别是双山、鱼洞大桥、马桑溪和跳磴加气站。至年底，全区已建成天然气供气管道长度516.22千米（不含小区庭院管网），其中2018年新建天然气管道长度52千米，改造供气管道1.3千米。各燃气经营企业将根据发展的用气需求，相继投资建设天然气基础设施，确保天然气平稳可靠供应。重庆燃气集团股份有限公司大渡口分公司新建跳磴CNG加气站一座，2019年将正式投入运行。

（区经信委）

金　融

概　述

【概况】 2018年，辖区金融机构达到37家。其中，银行类金融机构21家，分别是工商银行大渡口支行、建设银行大渡口支行、中国银行大渡口支行、农业银行大渡口支行、重庆银行大渡口支行、农村商业银行大渡口支行、交通银行大渡口支行、华夏银行大渡口支行、光大银行大渡口支行、中信银行大渡口支行、农业发展银行大渡口支行、邮政储蓄银行大渡口支行、浦发银行大渡口支行、平安银行大渡口支行、民生银行大渡口支行、三峡银行大渡口支行、融兴村镇银行、兴业银行大渡口支行、恒丰银行大渡口支行、招商银行大渡口支行、成都银行大渡口支行；证券类金融机构3家，分别是华泰证券大渡口营业部、西南证券大渡口区营业厅，银河证券大渡口营业部；保险类金融机构2家，分别是人民财产保险公司大渡口支公司、人寿保险公司大渡口支公司；小额贷款公司6家，分别是公弘小额贷款公司、盛元昌小额贷款公司、同汇小额贷款公司、大华小额贷款公司、潜锦小额贷款公司、康信小额贷款公司；担保公司1家，瑞桥担保公司；基金公司4家，分别是正银广惠基金公司、智玺股权投资管理中心（有限合伙）、环保基金有限公司、义渡基金有限公司。全区金融资源日益丰富，已初步形成多种金融业态并存，全国性、区域性、地方性金融机构多元发展的格局。

2018年，金融业对经济社会发展的支撑作用也日益突出。银行存贷款余额稳步增长。驻区金融机构存贷款余额分别为489.6亿元、655.8亿元，同比增长16.47%、24.72%。驻区金融机构通过加大信贷投入，创新金融产品，提升金融服务，支持转型发展。

银　行

【中国工商银行股份有限公司重庆大渡口支行】 成立于1986年6月19日，位于重庆市大渡口区钢花路350号，下辖8个网点：钢花路支行、新山村支行、建设村支行、西城支行、九宫庙支行、茄子溪支行、伏牛溪支行、文体路支行。支行内设办公室、公司金融业务部（普惠金融事业部）、个人金融业务部、业务运行管理部、信贷管理部。业务范围涉及办理城市工、交、商、粮食等企事业单位存、贷款，贴现，结算及个人储蓄业务。

2018年，工商银行大渡口支行实现存款827157万元，较上年增加151054万元，同比增长22.34%；贷款总额842167万元，较上年增加211738万元，同比增长33.59%。

【中国建设银行股份有限公司重庆大渡口支行】 成立于1991年1月1日，位于重庆市大渡口区钢花路428号，下辖8个网点：重庆大渡口支行营业部、重庆大渡口支行建设支行、重庆大渡口支行建材市场支行、重庆大渡口支行金地广场支行、重庆大渡口支行锦霞支行、重庆大渡口建桥园支行、重庆大渡口巴国城支行、重庆大渡口西城华福支行。支行内设办公室（加挂安全保卫部）、财务会计部、风险管理部（加挂内控合规部）、公司业务部、个人金融部、住房金融业务部、小企业业务部（加挂普惠金融事业部）。业务范围涉及吸收公众存款；办理贷款、结算、票据贴现；对公结售汇业务；个人外汇业务；经中国银监会批准的其他业务。

2018年，实现存款余额71.6亿元，同比增长29.89%；贷款余额84.5亿元，同比增长38.19%。

【中国银行股份有限公司重庆大渡口支行】 成立于1993年7月，位于大渡口区钢花路624号，下辖6个网点：春晖路支行、文体路支行、双山路支行、松青路支行、巴国城支行、双龙路支行。支行内设综合管理部、个人金融部、公司业务部、国际结算部、营业部5个部门，经营区域覆盖大渡口区钢花路、新山村、九宫庙、春晖路、松青路等主要街道及九龙坡区巴国城部分区域。业务范围涉及办理人民币存款、贷款、结算；办理票据贴现；代理发行金融债券；代理发行、代理兑付、销售政府债券；代理收付款项及代理保险业务；外汇存款、外汇汇款、外币兑换等业务。

2018年，实现存款余额41.5亿元，同比增长51.71%，贷款余额59.1亿元，同比增长46.9%。

【中国农业银行股份有限公司重庆大渡口支行】 成立于1994年，位于大渡口区新街道钢花路540号，下辖8个网点（1个营业部、7个二级支行），内设综合管理部、风险管理部、信用管理部、运营财会部、公司业务部、个人金融部五个部门。业务范围涉及人民币存款、贷款、结算；票据贴现；代理发行金融债券；代理收付款项；代理发行、代理兑付、销售政府债券；外汇存款；结汇、售汇；开放式基金代理销售等业务。

2018年，实现存款余额52.48亿元，同比增长17.6%，贷款余额88.6亿元，同比增长32.9%。

【重庆银行股份有限公司大渡口支行】 成立于1998年5月4日，位于重庆市大渡口区春晖路街道翠柏路37号附18号，下辖1个网点，其中包括：二级支行1个。内设风险部、综合部、小微部、零售部、公司业务部、营业部。业务范围涉及办理人民币存款、贷款、结算、票据贴现业务。

2018年，实现存款余额16.8亿元，同比增长4.79%，贷款余额20.12亿元，同比增长16.68%。

【重庆农村商业银行股份有限公司大渡口支行】成立于2008年7月1日，前身为重庆市大渡口区农村信用合作联社，位于大渡口区春晖路街道天辰华府1栋。下辖营业网点14个，其中包括：一级分理处11个（含营业部），二级分理处3个；内设机关职能部室7个，包括综合部、风险管理部、零售金融部、公司金融部、审计稽核部、会计财务部和保卫监察部；各类中心两个，其中营销中心设置营销一部、营销二部和营销三部，集中作业中心下辖监控操作、清算和事后监督三个小组。

2018年，实现存款余额82.08亿元，同比增长7.72%，贷款余额78.2亿元，同比增长21.15%。

【交通银行重庆大渡口支行】 成立于1994年3月，位于大渡口区，是重庆分行下辖的不带网点的小型直属支行之一，内设营业部、营销部、办公室。业务范围涉及办理人民币存款、贷款、结算，票据贴现结算业务，办理外汇存款、处汇贷款、外币兑换业务，其分行在中国银监会批准的业务范围内转授权的业务，经中国银监会批准的其他业务。

2018年，实现存款余额24.23亿元，同比增长124.47%，贷款余额26.88亿元，同比增长54.42%。

【华夏银行股份有限公司重庆大渡口支行】成立于2003年8月28日，位于重庆市大渡口区松青路1028号，有1个营业网点，内设公司部、个人部、营业室。业务范围涉及吸收公众存款；发放短期、中期和长期贷款；办理国内结算；办理票据贴现；发行金融债券；代理发行、代理兑付、承销政府债券；买卖政府债券；从事同业拆借；提供担保；代理收付款项及代理保险业务；提供保管箱业务；办理地方财政周转使用资金的委托贷款业务，以及经中国人民银行批准的其他业务。

2018年，实现存款余额12.29亿元，同比增长9.07%，贷款余额56.99亿元，同比增长191.94%。

【中国光大银行大渡口支行】 成立于2006年4月12日，位于大渡口区松青路1101号，下辖1个网点，内设营业部、公司业务部、零售业务部。业务范围涉及办理人民币存款、贷款、结算：办理票贴现；办理外汇存款、外汇贷款、外汇汇款、外币兑换业务。

2018年，实现存款余额12.42亿元，同比增长44.7%，贷款余额31.04亿元，同比增长5.16%。

【中信银行重庆大渡口支行】 成立于2006年1月5日，位于重庆市大渡口区松青路1029号。业务范围涉及人民币存款、贷款结算；办理票据贴现；其上级行在监管机构批准的业务范围内转授权的业务。经监管机构批准的其他业务。

2018年，大渡口支行实现存款81833.27万元，较上年增加11988.31万元，同比增长14.64%；贷款总额173746.60万元，较上年增加23281.24万元，同比增长13.39%。

【中国农业发展银行重庆市大渡口支行】 成立于1997年3月12日，位于重庆市大渡口区松青路80号，未设立下辖网点，业务范围涉企办理业务范围内开户单位存款结算和国家政策贷款；国务院和中国人民银行批准的其他业务。

2018年，实现存款余额3.01亿元，同比下降25.62%，贷款余额14.13亿元，同比下降25.98%。

【上海浦东发展银行股份有限公司重庆大渡口支行】 成立于2008年11月27日，位于重庆市大渡口区春晖路街道翠柏路101号三幢，下辖1个网点，其中包括：一个营业网点两个ATM，内设ATM，VTM私人公司业务办理。业务范围涉及吸收公共存款，发放贷款；办理结算业务、办理银行业监督管理机构或其派机构许可业务。

2018年，实现存款余额3.21亿元，同比下降24.38%，贷款余额5.22亿元，同比增长17.02%。

【邮政储蓄银行大渡口区支行】 成立于2018年1月1日，位于大渡口区松青路1029号，下辖4个自营网点，其中包括：支行营业部、九宫庙支行、茄子溪支行、田坝支行，内设综合管理部、个人业务部、公司业务部、信贷业务部、会计核算部、审计组六个部门。业务范围涉及个人存款、公司存款、理财、保险、基金、个人贷款、公司贷款、供应链融资、票据等金融业务。

2018年，实现存款余额33.29亿元，同比增长9.05%，贷款余额32.05亿元，同比增长14.46%。

【平安银行股份有限公司重庆大渡口支行】成立于2008年12月26日，位于重庆市大渡口区春晖路89号远景大厦一楼，下辖1处网点，在行式24小时自助银行服务区1处。内设运营室、零售部两个部门。

2018年，实现存款余额1.66亿元，同比下降31.98%，贷款余额1.81亿元，同比下降49.16%。

【民生银行股份有限公司重庆大渡口支行】成立于2009年6月2日，位于大渡口区松青路1028号，下辖2个网点，其中包括：锦天国际社区支行和湖榕锦苑社区支行，内设厅堂团队、资产团队、社区团队和新型团队等。业务范围涉及吸收公共存款、发放贷款、办理结算、办理票据承兑与贴现、代理发行金融债券、代理发行兑付销售政府债券、代理收付款项等业务。

2018年，实现存款余额13.7亿元，同比增长146.94%，贷款余额7.33亿元，同比下降2.99%。

【重庆三峡银行股份有限公司大渡口支行】成立于2010年7月27日，大渡口支行是隶属总行的直管支行，位于大渡口区松青路1011号。下辖一个营业网点，内设综合管理部、公司业务部、零售业务部。业务范围涉及吸收公众存款、发放短期、中期和长期贷款，办理国内结算，办理票据贴现等业务。

2018年，实现存款225986万元，较上年增加27252万元，同比增长13.7%；贷款总额196918万元，较上年减少23435万元，同比下降百分之10.63%。

【重庆市大渡口融兴村镇银行】成立于2010年12月15日，位于重庆市大渡口区春晖路街道翠柏路37号附27号，下辖3个网点，其中包括：营业部、钢花路支行和建胜支行，内设市场拓展部、风险合规部、资产管理部、运营管理部、综合保障部五个职能部门。业务范围涉及吸收公众存款，发放短期、中期和长期贷款，办理国内结算，办理票据承兑与贴现，从事同业拆借，从事银行卡业务等。

2018年，实现存款余额3.25亿元，同比下降31.83%，贷款余额4.2亿元，同比下降67.2%。

【兴业银行大渡口支行】成立于2011年6月8日，位于大渡口区春晖路街道松青路1048号翠云街18号香港城。

2018年，实现存款余额10.12亿元，同比增长11.79%，贷款余额12.7亿元，同比下降20.63%。

【恒丰银行大渡口支行】成立于2011年12月4日，位于重庆市大渡口区新山村街道文体路126号2栋2-2-3，下辖1个社区支行。业务范围包括吸收人民币存款；发放短期、中期和长期贷款、办理结算；办理票据贴现；发行金融债券；代理发行、代理兑付、承销政府债券；承销、买卖政府债券、金融债券；办理同业拆借；提供信用证服务及担保；代理收付款项；提供保管服务；外汇存款；外汇贷款；外汇汇款；外币兑换；国际结算；同业外币拆借；外汇票据的承兑和贴现；外汇借款；外汇担保；结汇、售汇；发行和代理发行股票以外的外币有价证券；买卖和代理买卖股票以外的外币有价证券；自营外汇买卖；代客外汇买卖；资信调查、咨询、见证业务；以及经中国证券会批准的其他业务。

2018年，实现存款余额2.62亿元，同比下降43.87%，贷款余额0.58亿元，同比下降49.98%。

【招商银行重庆大渡口支行】成立于2013年1月18日，位于大渡口区春晖路街道松青路1029号。下辖1个网点，内设行长室、零售部、运营部、办公室等部室。业务范围涉及办理人民币存款、贷款、结算业务；办理票据贴现；提供信用证服务；代理发行金融债券；代理发行、代理兑付、销售政府债券；代理买卖政府债券；代理收付款项；外汇存款；外汇贷款；外汇兑换；国际结算；结汇、售汇；外汇信用卡的发行；代理国外信用卡付款；通过上级行办理代客外汇买卖；资信调查、咨询、见证业务；经中国银行业监督管理委员会批准的其他业务。

2018年，实现存款余额5.5亿元，同比增长27.92%，贷款余额4.48亿元，同比增长83.32%。

【成都银行重庆大渡口支行】成立于2015年1月12日，位于大渡口区美德路21号，内设有综合管理部、业务部、营业部3个部门。业务范围涉及包括吸收公众存款、发放短期、中期和长期贷款、办理国内外结算；办理票据承兑与贴现；提供信用证及担保；提高资信调查及咨询服务；经中国银行业监督管理委员会批准的其他业务。

2018年，支行实现存款25624万元，较上年减少84776万元，同比下降76.78%；贷款总额40163万元，较上年增加1963万元，同比增长5.13%。

证 券

【华泰联合证券有限责任公司春晖路证券营业部】 成立于1995年8月，位于大渡口区春晖路89号远景天下二楼。投资品种包括股票、证券投资基金、开放式基金、权证、债券交易；代理深、沪A、B代码卡开户服务。

2018年，新开户数6811户，全年实现交易量6283471万元，同比下降27.82%。

【西南证券股份有限公司钢花路证券营业部】 成立2009年08月21日，位于重庆市大渡口区春晖路街道松青路1046号，下辖2个网点，其中包括：西南证券股份有限公司重庆潼南证券营业部及西南证券股份有限公司重庆巴南证券营业部，内设运营中心、财富管理中心、营销中心、创新（机构）业务部。业务范围涉及证券经纪；证券投资咨询；与证券交易、证券投资活动有关的财务顾问；证券投资基金代销；代销金融产品；融资融券，为期货公司提供中间介绍业务。

2018年，新开户数372户，全年实现交易量971128万元，同比下降24.17%。

【中国银河证券股份有限公司重庆松青路证券营业部】 成立于2014年3月25日，位于重庆市大渡口区春晖路街道松青路1048号附7号，为中国银河证券股份有限公司的下辖网点。业务范围涉及融资融券；证券经纪；证券投资咨询；证券投资基金代销；与证券交易、证券投资活动有关的财务顾问；代销金融产品。

2018年，新开户数357户，全年实现交易量563000万元，同比增长0.54%。

保 险

【中国人民财产保险股份有限公司大渡口支公司】 成立于1996年10月20日，位于重庆市大渡口区大堰3村2栋2单元1号，下辖2个网点，其中包括：人保财险大渡口支公司本部和人保财险大渡口支公司建桥工业园营销服务部。业务范围涉及财产损失险、责任保险、法定责任保险、信用保险和保证保险、农业保险、其他财产保险业务、短期健康保险和意外伤害保险、上述保险业务的再保险业务；代理中国人民人寿保险股份有限公司重庆市分公司保险险种。

2018年，实现保费收入11219万元，同比减少10.05%。

【中国人寿保险股份有限公司大渡口支公司】 成立于1999年5月18日，位于大渡口区钢花路389号，下辖1个网点，其中包括：大渡口跳磴营销服务部。业务范围涉及人寿保险、健康保险、意外伤害保险等各类人身保险业务。

2018年，实现保费收入12239万元，同比增长3.89%。

小额贷款

【重庆市大渡口区公弘小额贷款有限责任公司】 成立于2009年4月23日，位于重庆市大渡口区春晖路街道翠柏路101号1幢1-2号。业务范围涉及重庆市主城九区办理各项贷款、票据贴现和资产转让。

2018年，公司实现贷款总额14976万元，较上年增加4287万元，同比增加40.11%。

【重庆市大渡口区盛元昌小额贷款有限责任公司】 成立于2009年3月31日，位于重庆市大渡口区钢花路728号阳明山庄大厦611室。业务范围涉及重庆市范围内开展各项贷款、票据贴现、资产转让和以自有资金进行股权投资。

2018年，公司实现贷款总额6060万元，较上年减少2500万元，同比下降29.12%。

【重庆市大渡口区同汇小额贷款股份有限公司】 成立于2011年1月17日，位于重庆市大渡口区新山村街道钢花路540号第二层，业务范围涉及在重庆市范围内开展各项贷款、票据贴现、资产转让和以自有资金进行股权投资。

2018年，公司实现贷款总额10772万元，较上年下降39万元，同比下降0.37%。

【重庆市大渡口区大华小额贷款有限公司】 成立于2011年9月28日，位于重庆市大渡口区春晖路街道松青路1048号3栋21-3号。业务范围涉及办理各项贷款，票据贴现，资产转让。

2018年，贷款总额30891万元，较上年减少91万元，同比下降0.29%。

【重庆市大渡口区潜锦小额贷款有限公司】 成立于2011年11月1日，位于重庆市大渡口区钢花路4号1-1号至1-6号，内设总经办，财务部，风控部、市场一部和市场二部五个职能部门。业务范围涉及在重庆市范围内开展各项贷款、票据贴现、资产转让和以自有资金进行股权投资。

2018年，贷款总额58131万元，较上年减少14390万元，同比下降19.84%。

【重庆市大渡口区康信小额贷款有限公司】 成立于2014年4月24日，位于重庆市大渡口区金桥路1号13幢19楼，业务范围涉及重庆市主城九区内办理各项贷款、票据贴现、资产转让。

2018年，贷款总额30352万元，较上年减少48万元，同比下降0.15%。

担　保

【重庆瑞桥融资担保有限公司】 成立于2011年4月28日，位于重庆市大渡口区春晖路街道翠柏路101号1幢1-2。业务范围涉及贷款担保、票据承兑担保、贸易融资担保、项目融资担保等服务。

2018年，累计发生担保额380万元。

基　金

【重庆正银广惠股权投资基金管理有限公司】 成立于2011年8月15日，位于大渡口区钢花路515号金融广场4栋19楼。业务范围涉及股权投资、上市辅导、IPO首发（包括A股和新三板挂牌）、市值管理、金融咨询服务、税收策划、投融资管理。

2018年，累计投资项目51个，累计投资总额10.397亿元，同比下降8.63%。

【重庆智玺股权投资管理中心】 成立于2011年7月4日，位于重庆市大渡口区春晖路街道翠柏路101号2幢6-3，业务范围涉及股权投资管理及相关信息咨询，受托资产管理。

【重庆环保产业股权投资基金管理有限公司】 成立2015年10月12日，位于重庆市大渡口区春晖路街道翠柏路101号3幢20-1。业务范围涉及股权投资管理。

2018年，重庆环保产业股权投资基金管理有限公司实现基金规模1356.77万元，较上年增加411.63万元，同比增长43.55%。

【重庆义渡股权投资基金管理有限公司】 成立于2016年12月15日，位于重庆市大渡口区金桥路8号。业务范围涉及股权投资管理。

2018年，成功募集并管理了三只基金产品，认缴基金规模44亿元，实际管理规模26.5亿元。

（区国资办）

经济监督管理

审　计

【概况】 2018年，大渡口区审计局（简称区审计局）有编制22人，实有21人。设有办公室（电子数据审计科）、法规审理科、整改督查与内审管理科、财政审计科（重大政策跟踪审计科）、投资审计科、经济责任审计科（经济责任审计工作联席会议办公室）；下设大渡口区审计中心（事业单位）。

【审计成果】 完成审计单位51个，其中审计项目49个，专项审计调查项目2个。查出主要问题金额484825万元，其中违规金额9141万元，管理不规范金额475683万元；审计发现非金额计量问题131个；损益（收支）不实金额5万元；出具审计报告和专项审计调查报告55篇，被批示、采用4篇。审计处理处罚金额13040万元，其中应上缴财政8170万元、应归还原渠道资金971万元、应调账处理金额3899万元；移送司法机关、纪检监察机关和有关部门处理事项6件，移送处理人员13人，移送处理金额9604万元。审计促进整改落实有关问题金额4681万元；核减投资额4248万元。审计提出建议219条，被采纳200条；提交审计信息119篇，被批示、采用69篇。向社会公告审计结果2篇。

【跟踪审计】 对大渡口区北上通道建设、土壤生态治理、“增绿添园”工程、社区养老服务中心、职业就业培训补贴等方面开展跟踪审计，涉及20多个区级部门和相关企业。运用国家重大政策措施落实情况跟踪审计结果，促进清退涉企保证金1617万元；在湾塘片区道路建设审计中提出审计建议，直接节约政府投资6000万余元。

【财政审计】 按照市审计局统筹安排，2018年首次开展财政交叉审计，大渡口区审计局对綦江区财政、税收预算执行和财政决算草案进行审计。对23个单位开展部门预算执行情况审计，提升部门预算约束力。

【经济责任审计】 对11个单位18名领导干部开展经济责任审计。以各单位部门落实中央八项规定精神、反对浪费厉行节约相关要求为重点，加大对领导干部规范权力运行、落实国家各项政策的审计力度。

【固定资产投资审计】 按照“五审并举”思路，对13个政府投资建设项目开展竣工结算审计和跟踪审计，并首次开展工程竣工决算审计。推动区政府修订《大渡口区政府投资建设项目审计办法》，规范大渡口区政府投资项目建设管理。探索“业主全过程造价控制+审计机关重点环节审核控制”的跟踪审计新模式，缓解投资审计力量不足并控制审计风险。

【民生资金（项目）审计】 组织实施保障性安居工程跟踪审计、残疾人事业发展情况专项审计等2个社会保障项目；在生态环保方面，首次组织开展河长制执行情况审计。

【企业审计】 对2家区属国有企业重庆建桥实业发展有限公司和重庆大晟资产经营（集团）有限公司同步开展经济责任审计和财务收支审计，加强对国有资产的审计监督。

【信息化建设】 全覆盖采集全区一、二级预算单位的审计电子数据约170G，对11个经济责任审计和23个部门预算执行审计项目集中进行大数据审计思路分析。

【相关工作】 首次将审计整改情况向社会公开，主动约谈部分整改难度较大的单位，审计发现问题整改率97.1%。制订《社会中介机构相关报告核查工作办法》，并首次开展专项核查，逐步规范社会中介机构及从业人员的执业行为，提升社会审计质量。局机关被区委宣传部等单位表彰为“孝亲敬老先进单位”，局党支部被区直属机关工作委员会表彰为“‘三会一课’示范点”。

【内部审计】 全区各部门、各企事业单位设内部审计机构31个，其中专职机构4个；配备内部审计人员81人，其中专职人员14人。2018年，全区各级内部审计机构共完成审计项目87个，提出建议意见被采纳54条。

（区审计局）

统　计

【概况】 2018年，区统计局获全市统计系统综合考评二等奖，重庆市第三次全国农业普查先进集体，获评“党建活力”党组织、区直机关“三会一课”示范点，获全市优秀统计分析一等奖1篇、三等奖4篇。

【基层基础】 抓审核把关保障数据质量。以《关于深化统计管理体制改革提高统计数据真实性的意见》为统领，实施全员全程全域统计数据质量控制体系，强化流程管控审核把关，贯彻“1+5”业务规范和办法，完成各项重要统计数据生产。

抓督导检查推动镇街基层规范化。对全区8个镇街的统计基础工作开展督导检查和实地调研，了解镇街统计基层规范化和依法统计情况，听取镇街统计工作中存在的困难和建议，加强镇街统计基础。

抓走访调研加强企业指导。兴调查研究之风，深入基层调研指导，提高企业统计水平，全年巡查企业135家，加大新入库企业现场核查力度，实行升规工业企业诚信承诺制度，全年升规企业20家。

抓内部管理规范提高工作效率。重新修订23项规章制度，汇编出台《大渡口区统计局内务管理办法》，对全局各项工作进行全面规范，严格内控管理，确保统计工作规范化、制度化、程序化。

抓目标责任分解加强过程控制。根据年初工作要点制订《重点任务分解表》，明确目标任务和责任人，对重点工作事项，建立“周提醒、月调度、年终总结”的督查落实机制。

抓统计人员培训加强能力建设。开展“统计大讲坛”活动12次，组织有关部门、各镇街和调查对象参加统计各类培训42场次，参训人员1800余人次。

【统计服务】 加强统计监测预警。加强对经济运行情况的分析研判，建立四大产业发展监测体系，探索自然资源资产负债表编制工作，做好绿色发展指标体系监测预警，通过统计监测分析积极提出对策建议，为区委、区政府决策提供依据。

探索调查新方式。把握时代热点，对数字经济、民营经济、营商环境、居民幸福感等课题开展专项调查，形成分析报告，为区委、区政府决策提供统计咨询服务。

全面提升统计服务水平。“数据大渡口”App得到广泛认可，数据更新1800余条，开发“大渡口统计微讯”微信公众号，扩大统计影响力；优化统计产品，全年制作《统计月报》12期，《统计资讯》4期，《手机快报》10期，覆盖人数达1870余人次；制作《统计信息》107期，《经普简报》30期，《统计分析》54期。获评全市优秀统计分析一等奖1篇、优秀统计分析三等奖5篇。

【依法治统】 强化统计法治意识。贯彻习近平总书记等中央领导同志关于统计工作重要讲话指示批示精神，在区委常委会和区政府常务会上集中学习《关于深化统计管理体制改革提高统计数据真实性的意见》《统计违纪违法责任人处分处理建议办法》《防范和惩治统计造假、弄虚作假督察工作规定》等相关文件，传达国家统计局领导、市委市政府领导关于重庆三区县被查问题的指示批示意见和市统计局提出的贯彻落实意见。

坚决防范和惩治数据造假。贯彻关于防范和惩治统计造假重要指示精神，全面开展“以数谋私、数字腐败”全面排查和专项整治工作，排查出四方面问题，拟订四项整改措施立抓立改，营造良好统计生态。

加强统计法治宣传。以《统计法实施条例》宣传为重点，制作法治宣传品，深化统计“大宣传”和统计治宣传“六进”，推进“七五”普法，开展统计法进党校。

加大统计执法检查力度。派骨干参加国家统计执法检查4次，重庆市统计执法检查2次，为全国全市统计执法检查做出贡献。落实“双随机一公开”，开展统计数据查询、统计执法检查，督导检查企业48家，开具统计检查查询书6份、督导检查通知书15份、成功对经济普查中不配合的10家单位开展执法，提供坚实的法治保障。

【经济普查】 组织保障到位。成立包含31个部门和8个镇街为成员的大渡口区第四次全国经济普查领导小组及办公室，选聘高素质“两员”346名参与普查，落实区级普查经费200万余元。

宣传形式多样。在大渡口报、大渡口网开设经普专栏，利用区统计局“两微一端”、各专业QQ群等媒体宣传经普。张贴公告和宣传画1300余张、公交站台投放广告19幅、在11块广场LED屏幕播放宣传片、悬挂宣传横幅600余幅。

规章制度健全。区经普办设立了四个内设工作组，分别负责经普各项工作，建立全区经济普查考核评比办法等规章制度，确保沟通顺畅、指导到位。

部门协作有序。落实部门责任，强化部门协作，发挥各部门的职能与优势，加强经普宣传，落实经费保障，增加普查对象配合度。

督导检查把关。深入各镇街普查现场，加强督查督导，牢牢守住数据质量这条生命线，加强经普数据全程质量管理。

【基层党建】 坚持党的绝对领导。牢固树立“四个意识”“四个自信”，提高政治站位。坚决维护以习近平同志为核心的党中央权威和集中统一领导，全面彻底肃清孙政才恶劣影响和薄熙来、王立军流毒，把全面从严治党责任落到实处。

发挥支部党建堡垒作用。深学笃用习近平新时代中国特色社会主义思想，抓牢意识形态领域工作，建立健全支部工作规范，开展主题党日活动，推进“两学一做”学习教育，严格遵守“三会一课”制度，召开支委会13次，党支部大会12次，主题党日活动12次，党组成员讲党课4次，党组书记讲党课2次，获评“党建活力”党组织、“三会一课”示范单位。

推进党风廉政建设。坚持党要管党、从严治党，严格落实“两个责任”。坚持廉洁标准，守住纪律底线，加强人、财、物、数等重点领域风险防控。结合统计工作打造廉洁统计，梳理全局统计工作的廉政风险点，确保各项风险点可控可查。坚决反对“数据造假、以数谋私”，改作风，反“四风”，营造风清气正的良好政治生态。

（区统计局）

劳动和社会保障

【劳动保障监察】 2018年，接待群众劳动保障政策咨询及来访来信1800余人次，处理劳动纠纷290件次，线上立案62起，结案率100%。处理突发集访事件45起，涉及金额465万元，涉及农民工370人。

开展“建筑领域农民工工资支付”等5个专项执法检查，检查用人单位347户，涉及劳动者1.3万人。联合区政府督查室开展建筑工地清欠督查，督查建筑项目24个。加强应急周转金和工资保证金的收取和管理，区财政落实应急周转金200万元，建立应急周转金账户，修订《大渡口区农民工工资清欠应急周转金使用管理办法》，确保应急周转金制度落实。

建立全区政府投资建筑项目农民工工资保证金制度，区财政缴纳300万元，大晟公司和建桥公司等两个区属国有重点企业分别缴纳200万元，确保在建工程项目“两金”覆盖率100%。全区81个在建工程已全面落实“两金三制”，全年通过专户发放工资2.7亿元，1万余人次，“三制”覆盖率95%以上。建筑领域欠薪达到“化解存量、遏制增量”目标，欠薪数量、人数、金额下降57.7%以上。

开展劳动保障守法诚信等级评价活动，2018年对147家企业进行诚信等级评价，建立“黑”“红”名单公示制度，初步构建联合惩戒失信机制。

【劳动人事争议仲裁】 2018年，处理各类劳动争议案件829件，其中立案受理560件，涉及争议标的1798万元。全年审查集体劳动合同53份，涉及职工8406人，审查通过率达100%。利用就业招聘会、法律宣传月等活动契机，全年开展集中宣传活动4次，现场为群众提供政策咨询解答500余人次，发放宣传资料200余份；开展劳动保障法律法规进园区、进企业活动3次，主动送法上门，增强企业守法意识。逐步推行小额简单劳动争议简易处理，缩短劳动争议处理周期。严格执行终局裁决有关规定，对小额劳动争议和涉及国家劳动标准的争议，依法做出终局裁决，全年仲裁终局裁决率71.73%，降低了劳动者的维权成本，节约了司法资源。

【行政服务】 2018年，办理辖区参保人员退休3343人，其中正退2659人、特殊工种退休610人、病退71人。受理工伤认定申请901件，办结826件。处理工伤等级鉴定、辅助器具配置和委托鉴定等劳动能力鉴定申请533件。各类企业职工、民办非企业单位职工和以个人身份参加城镇企业职工基本养老保险人员因病或非因工负伤劳动能力鉴定工作下放区县，全年组织75人参加鉴定。特殊工时制度审批和劳务派遣许可实行网上审批，审批特殊工时制度企业47家，涉及企业职工9054人；审批劳务派遣行政许可21家。

【就业创业】 2018年，全区城镇新增就业13044人，指导和帮助城镇登记失业人员就业4291人，其中，就业困难人员就业1489人，城镇登记失业率2.33%。应届离校未就业高校毕业生就业创业定制服务率98.7%，全区“零就业家庭”保持动态为零。引导农民工就近就业创业，全区累计返乡创业总户数367户，返乡创业吸纳就业总人数8909人，劳务总收入实现12.6亿元。采取购买服务的市场经济手段，共给予12家单位318人近31.85万元的全区重点企业人才招聘补贴。全年召开各类招聘会11场，累计为2648人次求职者提供348家企业，259个工种，8923余岗位的匹配对接服务；搜集就业岗位信息13430个，发布招聘信息2569条，介绍成功5501人次。为区重点企业海康威视送工2023人，企业录用1560人。对口忠县精准帮困，建立贫困劳动力供应双向互动调配协调机制，为忠县发布和提供就业岗位 200 个，转移就业忠县新生代劳动力 250 人。

调整并提高了创业担保贷款贴息比例，发放创业担保贷款 820 万。大力开展创业孵化基地建设，重庆微企梦工场被认定为市级创业孵化基地。创建市、区级创业孵化基地 9 个，发放一次性奖励补贴 562 万元，指导基地加速布局产业生态链，基地入驻企业 515 家，主要集中在文化创意、家庭服务、智能科技等第三产业，培育规上企业 12 家，带动就业 4120 人，带动就业比 1 ：8，产值近 6 亿元。打造“智慧型”重庆市老工业基地就业创业服务示范园，为老工业基地项目建设争取市级资金 1500 万元用于购买就业创业服务，示范园已出租面积 1.69 万平方米，出租率 83.51%，实体入驻企业 98 家、虚拟入驻企业 87 家，规上企业 8 家，示范园企业涉及计算机软件开发、软件代理、软件外包、系统集成跨境电商、互联网、大数据、“互联网 + 家政服务”等多个领域，入园企业实现营业收入 5.56 亿元，带动就业 809 人。

2018 年职业培训 2009 人（其中：职业技能培训 147 人，创业培训 1261 人，企业职工培训 452 人，就业适应性培训 149 人）；失业领金人员培训 764 人，家庭服务从业人员培训 262 人。完成 2018 年度技师培训 13 名，网络创业培训 39 人。开设“大数据培训”和“营养粥制作”两项特色职业技能培训，为辖区产业培养技能人才 45 人。承接市级新型学徒制培训（2 年期），培养车工和磨工 289 人；对口支援忠县开展中式烹调师、母婴护理等培训 149 人。

（区人社局）

工商行政管理

工商行政

【概况】 重庆市工商行政管理局大渡口区分局（简称区工商分局）是主管大渡口区市场监管和行政执法工作的市工商局垂直管理的行政机构，主要职责是负责市场监督管理和行政执法的有关工作。区工商分局机关行政编制 15 人，基层工商所行政编制 59 人，机关后勤服务人员事业编制 1 人，基层工商所后勤服务人员事业编制 8 人。有局长 1 人、党组书记 1 人、副局长 3 人、纪检组长 1 人。内设机构、直属机构、派出机构正副科所长职数 39 人（含执法支队专职副支队长 1 人）。

区工商分局内设机构 11 个：办公室、组织人事科（挂监察室牌子）、法规科、财务装备科、非公有制经济组织党建工作科、微型企业发展监督管理科、企业注册管理科、企业和个体私营经济监督管理科、市场监督和消费者权益保护科、商标和广告监督管理科、企业信用体系建设管理科。设立重庆市大渡口区工商行政管理经济检查执法支队，为重庆市工商行政管理局大渡口区分局直属行政单位，接受市工商行政管理经济检查执法局的业务指导；执法支队支队长由分局分管执法办案工作的副局长兼任；执法支队下设执法一科、执法二科，其机构规格同机关内设机构。设 6 个派出机构：重庆市工商行政管理局大渡口区分局跃进村工商行政管理所、重庆市工商行政管理局大渡口区分局新山村工商行政管理所、重庆市工商行政管理局大渡口区分局九宫庙工商行政管理所、重庆市工商行政管理局大渡口区分局茄子溪工商行政管理所、重庆市工商行政管理局大渡口区分局跳磴工商行政管理所、重庆市工商行政管理局大渡口区分局建桥园区工商行政管理所。

【市场经济主体发展】 市场主体持续增速。新登记各类内资市场主体 4087 户，全区总数 28214 户（内资企业 12765 户，个体工商户 15423 户，农民专业合作社 26 户），资金总额 78.03 亿元（总额 762.16 亿元）。新增外资企业 9 户，注册资本 5.79 亿美元。现有民营市场主体 27552 户（企业 12129 户），市场主体增速 8.4%，企业增速 6.29%。新登记股权出质 53 笔，出质股权数额 24.28 亿元，被担保债权数额 68.33 亿元。

【微型企业发展】 培育成长型微企入库，增速提质发展。150 户微企成功进入成长型微企培育库，28 户优秀微企获得成长奖励，每户 5 万元，共计奖励资金 140 万元；1 户企业申请商业贷款贴息 20 万元，协助 121 户微型企业返税，返税资金 62 万元；重庆常建科技有限公司和重庆虬龙科技有限公司等 2 户微企被评为全市“优秀微型企业”。对已进入停业歇业库的微型企业开展清理，注销微型企业 25 户，企业主动退回创业补助资金 10.79 万元。

打造重庆艺度创微企亮园，提升社会效应。有入园企业43家，其中微企41户，涉及工艺美术、雕塑、广告设计、摄影摄像、儿童体验，获得知识产权21件。全年产值1.7亿元，完成纳税83.66万元，带动就业160余人。完成园区LOGO、导视系统和重点区域立面、管网、店招店牌、1000平方米展示活动中心的改造，初步形成了聚集人气、宣传企业、开展活动和互动体验的集中区域。

【商标广告监管】 实施商标广告发展战略。新增注册商标1217件，全区累计注册商标5322件，其中驰名商标1件、地理标志1件、著名商标32件。加强对违反商标法行为的查处，开展行政约谈13次，查处侵权案件3件，罚没金额10万余元。新增广告主体218户，广告总体数量1367户；查处互联网虚假违法广告案件7件，监测互联网广告324条次，更换拆除违法广告6幅，违法广告处置率100%。

【信用体系建设】 查处失信行为，推进信用体系建设。网上检查网店（网站）636人次，实地检查网站、网店（18个次），发现并纠正删除违法商品信息5条，查办互联网案件9件。联合征信数据信息8000余条，增长88.9%，出具信用报告159户次，企业查询256次。开展区法人信息库建设工作，报送在营企业数据12726条，参与区委、区政府286名人大代表、政协委员和党代表候选人的诚信审查。

【市场监管】 突出日常监管，加大市场主体检查。2017年度内资企业年报率90.51%，全市排名第23位，主城区排名第5位。对430户未从事经营活动的企业、357户未按规定公示年度报告的内资企业和隐瞒进补情况弄虚作假的2户企业列入经营异常名录。开展“双随机一公开”抽查工作，完成5次抽查，抽查市场主体1350户。排查无照经营1127户，规范办照352户，向相关部门抄告353户。对全区114户“涉油”主体开展安全隐患排查，其中运输公司8家、油库3家、加油站点15家，向区商委移交线索1条。全年检查涉及安全生产行业市场主体2224户，上报安全隐患4起，涉及469户市场主体。

【消费维权】 受理“12315”消费者投诉361件，举报119件，挽回经济损失112.61万元。创建示范商场2家、示范4S店1家、示范商户2户、示范景区1户。区消委会受理消费投诉498件，投诉解决率97.79%，挽回经济损失285.78万元。围绕“品质消费，美好生活”主题，精心组织3•15国际消费者权益日活动，发放宣传资料1000余份，接受咨询350余人次；针对消费热点和节日，发布消费提示、警示13条。

【商事制度改革】 实行“三十一证合一”，“一套材料、一表登记、一窗受理”工作模式，向25个许可部门抄告信息3025条，抄告市场主体2544户。推行企业登记全程电子化，办理企业全程电子化868笔。推行企业名称登记制度改革，网上核名量已占总量的近90%。实施企业简易注销登记，518户企业进行了简易注销公告。推行“四办”服务，打造“一门式”服务平台，提升服务效能。

市场建设

【执法检查】 开展“水晶泥”产品清查工作，清查收缴三无“水晶泥”产品797盒（瓶）。开展“2018年红盾质量维权行动”，抽检商品78组，不合格41组，不合格率达到52.5%。开展成品油“百日攻坚”专项行动，共抽检32组，全部合格。开展会销专项整治工作，发放宣传单3000余份，2户经营主体因资质未达标主动关停。开展“防范非法集资”宣传活动3场，发放宣传资料4500余份，联合执法3次，全年立案查处26件。

【节日市场检查】 针对元旦、春节、五一、端午等传统节日，组织节日市场检查，检查重点为各大型商场、市场。针对各大型商场、市场的大型促销活动的安排，加强对流通领域商品质量的监管，及时处理各类投诉举报，防止拥挤踩踏事故的发生，维护正常交易秩序。

非公经济党建

【概况】 2018年，区工商分局加强非公经济组织党建工作，探索非公经济组织党员管理和党组织建设的有效途径，不断扩大非公党建工作覆盖面，创新开展543工作机制，规格和提升党组织组织生活，较好地解决了非公经济组织党员落户难、党的活动开展难、党员作用发挥难等问题。至年底，区工商分局共指导非公党组织7个，纳入两管理的党员108人，其中党组织关系已转入48人，流动党员60人。年新增党员21人。

【分类指导】 通过调查摸底，全面掌握企业党员情况，依托工商登记系统及12371党建工作平台、全市非公党建工作信息管理系统，落实“三同步”机制。全年开展党员集中排查4次，通过实地走访，电话回访，同步采集党员信息，年检年报时同步检查党建工作，持续开展流动党员调查摸底，同步更新系统信息，详细记录“小个专”经济组织中的党员情况，通过与经济户口和实地核实相结合，确保数据“准”而“细”，采取报告名单、定期告知等形式，与区委组织部、辖区街镇提供党建相关信息。

在“小个专”经济组织摸排中，对新增的3467户数据进行了调查录入工作，占全区录入数据的57.2%，其中个体3407户，微企60户，查找到党员17人，有2名正在办接党组织关系，15名已核实党组织关系并纳入管理，有1名发函待回函中。实行分类定级，通过年初对党支部进行分类定级，评定A类支部2个，B类支部5个，对A类支部进行市级示范点打造，对B类组织，由指导站委派指导员，分类进行指导，查找问题，加以整改，促进提档升级。

【示范点建设】 明确目标，精心打造。按照非公党建示范点建设“双强六好”和分类定级的标准，对非公支部进行详细调查摸底，确定支部明确目标。

深入走访、细化方案。采取科所联动的方式，对支部党员进行实地走访，详细了解和分析示范点创建已具备的条件、优势和存在的问题与不足，收集掌握示范点创建所需的资料，量身定制创建方案。

精心指导、丰富内容。由党建指导员具体指导示范点打造，结合规范组织生活，继续强化“两学一做”学习教育制度化常态化，指导支部规范完善党建制度、阵地和档案，指导支部开展富有特色的系列活动，推进非公三走，丰富示范点创建内容。

找准载体，凸显特色。结合支部的特点和自身党建工作特色，精心提炼以“543”工作机制为抓手，以规范组织生活提升组织力为党建载体，打造“亮点”。结合示范点载体主题，精心设计布置上墙展板、党建园地、阅览角、荣誉墙、党务公开栏、便民服务箱等，营造良好的创建氛围，全面展示支部党建工作和示范点创建成果。

【党员“三亮”“双帮双培双带”】 推进“小个专”非公党组织中的党员开展“亮身份，落实新要求；亮职责，展现新作为；亮承诺，树立新形象”的“三亮三新”主题活动。召开支部书记及支部委员培训会，统一制作“共产党员经营户”牌子，悬挂在经营场所的醒目位置，公开党员职责和“六要六不”诚信经营承诺，定期开展“诚信经营”集中宣誓承诺。

落实“双帮双培双带”。开展政策帮扶、困难帮助，把帮扶政策送到所有联系走访对象，逐一帮助解决实际困难，服务企业发展。非公党建科、工商所党员、支部班子“一对一”结对帮扶，有“三双”对象48个，收集意见建议27条，帮助解疑释惑23条，转交相关部门4条。

以非公“三走”为载体，结合“八个一”强化党组织的战斗力。非公党支部继续推进“两学一做”学习教育常态化制度化工作，开展党的十九大精神、习近平总书记在民营经济座谈会上的讲话精神的学习。结合党支部主题党日，开展“精品党课”“创意党组织活动”评选，并推荐微企梦工场党支部参加全系统“小个专”非公党组织“精品党课”评选。结合开展“八个一”工作，继续开展“百堂党课进企业”、微型党课、“思源头感党恩”“创意组织生活”、红色主题教育等活动。开展十九大精神进企业专题宣读4场，各支部书记宣读6场，增强党组织活动的吸引力，提升党组织号召力。开展“百堂党课进企业”37次，授课人数30人，听众538人次。

（区工商分局）

国土资源管理

【概况】 大渡口区国土资源管理分局（简称区国土分局）原为1988年12月成立的大渡口区国土局，2005年5月划转市国土房管局成立大渡口区国土分局，是重庆市国土资源和房屋管理局的驻区分支机构，主管辖区土地、矿产及地质灾害防治等工作。局机关内设行政办公室、规划耕保科、土地资产科、土地权籍科、财务科、法制监察科（挂纪检监察审计科牌子）、信息档案科7个职能科室，派驻八桥镇、建胜镇、跳磴镇3个基层国土所，下设大渡口国土事务中心、大渡口地质环境监测站2个直属事业单位。有在职职工38人，其中大专以上学历者38人，中共党员35人。

【用地保障】围绕全区建设“高质量产业之区、高品质宜居之城”的目标，聚焦发展“四大支柱产业”“四大重点板块”，找准工作定位，突出用地保障，全年取得征地批文18宗，面积1565亩，超额完成区委政府下达1500亩征地批文任务，保障了轨道五号线一期工程、二纵线、白居寺长江大桥、郑万铁路、轨道交通江跳线等全市百项重大建设项目的用地需求。

【土地资源节约集约利用】 为落实市政府提出的“保民生、补短板”要求，清理建成区范围内的边角地、无主地，清理出建成区范围内边角地6宗、面积110亩，作为社区体育、文化公园建设，其中A13（部分）、A24-2地块2宗地已办理土地划拨手续并启动开发建设。完成批而未供土地处置任务157.09公顷，处置率从2%提高到77%，全区供地率由39%提高到52%，创历史新高；完成闲置土地处置3宗、面积11.43公顷，提前完成市局下达“处置11公顷”的目标任务。

【生态优先绿色发展】 建立健全大渡口区耕地保护责任目标考核办法，全区保有耕地945.75公顷，全面完成400公顷耕地保有量任务；编制《大渡口区关闭矿山地质环境治理恢复与土地复垦工作方案》，推进辖区11个关闭矿山地质环境恢复治理工作，完成治理恢复150亩，完成市政府下达的2018年9.86公顷治理恢复任务；制订《大渡口区绿色矿山建设规划（2018—2020年）》，指导矿山企业编制了《绿色矿山建设实施方案》，并按照进度安排，全面启动平桥水泥用石灰岩矿和干子岩地热水2个矿山的绿色矿山建设工作，已完成干子岩地热水的绿色矿山建设任务；按照市局要求，配合区违整办开展“四山”违法建筑专项清理整治工作。

【地质灾害防治】 “四重网格化”管理日趋成熟，科学规范监测管理全区47处地灾点，地灾工程治理3处，确保全区无一人伤亡。

【国土资源领域改革】 按照区委2018年全面深化改革工作部署，牵头开展“划拨国有建设用地使用权出租专项巡查”试点工作，完成5个划拨土地权利人出租备案登记，收取划拨土地出租收益金3.29万元。

【第三次全国土地调查】 按照市局统一部署，大渡口城镇内部土地利用现状调查已完成100%，农村土地利用现状调查完成100%；外业调查及举证中的地类调绘完成50%，图斑举证完成50%，土地权属调查（核实）完成50%。

【党的建设】 以习近平新时代中国特色社会主义思想为指导，全面学习贯彻党的十九大精神，坚持把政治建设摆在首位，牢固树立“四个意识”，坚决践行“两个维护”，不折不扣贯彻落实中央、市委、区委和市局党组的各项决策部署，高度负责地做好各项工作，确保全区国土资源工作在党的领导下沿着正确方向前进，加强教育引导，注重破立并举，从思想、政治、工作、组织和作风等方面，全面彻底肃清孙政才恶劣影响和薄熙来、王立军流毒，努力推动新时代党的建设总要求和全面从严治党战略部署落实到分局工作的方方面面，为圆满完成分局中心工作、助推大渡口区国土事业高质量发展提供了政治、思想和组织保证。

（区国土分局）

房产管理

【概况】大渡口区房屋管理局（简称区房管局）内设综合科、住房保障科、物业管理科、房屋征收科、行政审批科5个科室，下设大渡口区房屋租赁管理所、大渡口区房屋征收服务中心、大渡口区房屋住用安全管理办公室、大渡口区保障性住房管理中心4个事业单位。2018年末，在职干部职工41人，其中局领导4人、调研员1人、行政人员2人、工勤人员1人、事业人员33人。

【房屋征收】全年实施征收(收购)项目18个，其中新启动签约项目15个，续签项目3个，完成房屋征收（收购）18.21万平方米，完成区级年度13万平方米征收任务的140.08%。

全年累计完成城市棚户区改造1400户，全面超额完成年初市建委下达的城镇棚户区改造任务。其中，为彻底解决危房存在的安全隐患，提升居民居住条件，启动了茄子溪D级危房、跃进村危房零星量（马王街15栋）2个危房避险搬迁项目，保障居民人身财产安全。12月，陆续启动大坪山二期项目、庹家坳项目、重钢跃进村公房项目及丰收二村项目签约，涉及住户866户、房屋面积约3.85万，帮助片区居民改善生存居住环境。

完成涉及土地出让的柏树堡项目攻坚任务，腾交净地58.47亩；完成重庆西动车所搬迁工作，确保郑万铁路建设；完成涉及基础设施建设的白居寺长江大桥项目交地任务，保障白居寺长江大桥建设用地需求。

【物业管理】全年收取物业专项维修资金1.8亿元，使用支出828万元，第三方审计审减66万元；划转农转非安置房物管费补贴费用700万余元；全区7个小区获“重庆市智能物业示范小区”称号；在全区140个小区开展物业服务公开活动；全年下发限期整改通知11份，处罚物业企业7家，罚金5000元，全年未出现一例安全生产事故。

【租赁管理】直管公房租金收入全年上缴财政57.67万元。为改善公房承租人的居住环境，全年投入公房日常维修资金40.32万元，完成7栋公房（70户）的棚户区改造工作，全年未发生一起安全责任事故。牵头全区8家国有企业和3家央企的家属区“一业”移交工作，已完成7家企业的移交工作。在全区房地产经纪行业中开展扫黑除恶专项工作，妥善处理矛盾纠纷12件，涉及业主30余人。

【住房保障】开展半岛逸景乐园公租房4次集中签约入住，入住19452户，入住率占总户数19833户的99.03%，保障了约5万中低收入人群住房；加强公租房后期管理，租金收缴率控制在99.8%及以上，确保收缴率稳步提升。严格廉租住房后期管理，廉租住房实物配租768户，租金收缴率100%（含预收补缴）；廉租住房租赁补贴全年保障103户，发放租赁补贴16.6万元。完成年度复审整改工作，共清退整改263户，其中廉转公230户，退出租赁补贴保障25户，退出承租廉租房8户。

【房屋安全】全区已鉴定D级危房48栋，其中45栋已纳入征收或已完成疏散搬离，其余3栋为新鉴定的D级危房，已建议纳入棚改范围；已鉴定的C级危房27栋，其中7栋已纳入了棚改范围，其余的C级危房，建议由产权单位修缮加固；对于已纳入棚改但未及时实施搬迁的部分D级危房以及未能纳入棚改且暂不能修缮的C级危房，区房管局已委托专业机构，按照一栋一方案原则编制了40栋房屋监测方案，落实经费，由各镇街安排专人监测，做到监测科学、风险可控。

（区房管局）

征地拆迁

【概况】重庆市大渡口区征地办公室（简称区征地办）是隶属于区政府办的全额拨款（公益一类）事业单位，对全区征地工作履行统筹协调、政策指导、监督检查等职能，内设综合科、征地事务科、安置房管理科、财务管理科4个科室。

【征地攻坚】全年实施征地项目33个，面积2703.71亩，完成交地2013.17亩。其中，八桥镇完成交地677.39亩，建胜镇完成交地769.34亩，跳磴镇完成交地566.44亩。

【安置房管理】去库存。利用申佳子溪苑、凤阳小镇、盛世龙都、万有广场、西城佳园等小区的空置房安置征地拆迁人员共616户991人。

安置工作。1月完成P1（5号地块）的分房工作，并将P1（4号地块）的空置房一并进行分配。全年安置2117户4129人。

办证报税。鑫瑞乐居小区报税21套，税票发放21套。盛世龙都小区申报错件11起。

空置房源物管费催收。加强与各安置小区物管核对已接房数据，汇总统计2011年至2017年空置房物管费垫付情况，并向各业主单位发函催收空置房物管费。

【信访稳定】 完成信访登记、领导公开接待、信访接待矛盾处理82起，包括北引道项目、桥隆征地安置和重点稳控帮扶对象等，涉及人数200多人。调处72起，成功率87.80%；办理群众直接来访（件）来函等信访工作，配合区国土分局办理信访及信息公开件4件，区信访办转件2件，群众来访件2件。解决集访、群访事件6件，每月按时向区委政法委上报干部大下访工作情况和表格台账6期。

【扫黑除恶】 全年各镇及各征地实施单位发现线索3条，办结市、区级交办线索4条；报送扫黑除恶工作信息7期。

【民生工作】 按照“五个坚持”原则，充分发挥民生服务团的作用，建立了联动机制，及时协调解决社区相关问题，把民生服务团的工作做细做实。2018年给惠丰社区拨款5万元，用于环境卫生整治、道路维修、休闲座椅安装等民生服务工作，走访慰问困难群众10人，配合社区解决民生实事26件。

【基层党建】 严格执行《新形势下党内政治生活若干准则》，贯彻民主集中制，严格落实“三重一大”决策制度，请示报告、组织生活、领导干部报告个人有关事项等制度，坚持好“三会一课”、民主生活会、组织生活会、谈心谈话等制度。3月2日，召开区征地办党组织组织生活会；3月16日，开展民主评议党员活动；6月15日成立区征地办党支部委员会，6月25日完成党支部书记及委员的选举。按照区委组织部要求，制订了党员干部谈心谈话方案，明确了谈话的对象、方式和内容，及时掌握党员干部思想动态，近距离接触党员干部，多渠道了解党员干部，个性化关爱党员干部。

开展“党风廉政”学习教育活动，把学习十九大精神引向深入。采取领学宣讲、党课辅导、交流讨论等方式，组织党员深入、系统学习了习近平新时代中国特色社会主义思想，习近平总书记在中央政治局民主生活会上的重要讲话、“1•5”重要讲话、在十九届中央纪委二次全会上的重要讲话精神。深刻领会讲话的科学内涵、精神实质和实践要求，强化了党建意识。

（区征地办）

不动产登记

【概况】 重庆市大渡口不动产登记中心（简称中心）是重庆市规划和自然资源局（原重庆市国土资源和房屋管理局）直属副处级事业单位，主要职责任务是：受市局委托，承担辖区内土地（含土地承包经营权）登记、房屋登记、林地登记等不动产登记发证的具体工作，以及房地产交易管理的事务性工作。承担土地（含土地承包经营权）登记、房屋登记、林地登记等不动产登记信息化建设工作。承担房地产交易和不动产登记档案的整理、保管、利用等工作。协助开展房屋权属纠纷信访处理，以及土地权属纠纷和合同纠纷的调处；承担相关行政诉讼的事务性工作。

中心内设综合科、财务科、市场监管科、受理审查科、缮发证件科、登记复核科、档案科、信息管理科、法制事务科等9个科室。2018年，中心核定编制29人，在编职工25人，其中大专及本科学历以上25人，在职中共党员14人，退休党员1人。

【不动产登记】 2018年，办理各类登记案件92050件，累计缮发各类不动产权证30193件（含农房证595件），出具不动产权证明36876件，接待社会单位及个人查询档案资料119166人次。

深化“放管服”改革。截至年底，中心全面压缩登记时限至5个工作日（其中，存量房买卖2个工作日，抵押登记1个工作日，解押登记4个工作小时），并案业务增至30余种，实现网签即备案；开票、缴费、发证三窗合并，启动不动产登记、交易和税收征缴“一窗受理”，老百姓“只进一个窗口”“只交一套材料”；开展微信预约及缴费、登记档案自助查询、特殊群体上门服务等便捷化服务，登记效率大幅提升。

持续优化营商环境。2018年，中心大力配合蓝沁园二期、P1安置房、万有广场等保障安置房民生工程推进工作，多措并举主动化解被安置人办证难题，全年累计办理安置房权证7535件。开展国有建设用地二级市场改革试点工作，扩大抵押物范围、放宽对抵押权人的限制，为推进供给侧结构性改革，保护土地权利人合法权益提供保障。聚焦遗留问题主动作为，及时化解义渡古镇、和爱嘉园、晋愉问题、重钢76户等历史遗留问题，取得良好工作成效。

在2018年大渡口区首次开展的人大“放管服”改革评议中，中心测评结果为“满意”，《中国自然资源报》11月6日以《让群众少跑路少等待》为题对中心便民利民工作进行了专版报道。

【房地产市场监管】 在房地产市场上行阶段，加大对主力在售楼盘、即将预售项目、资金链紧张项目和问题楼盘的关注，引导企业诚信承诺、取消虚假折扣、防范市场风险，保证市场健康平稳。积极组织房源上市和安置房网签工作，配合实施房地产调控。积极配合处置闲置土地，不予办理闲置土地的转让、抵押和变更登记，力促房地产开发投资。及时研究工程抵款房、公寓房销售情况，防范出现新问题。

【基层党建】 引导党员干部利用“碎片化”时间参加重庆机关党建“每日一课”在线学习。2018上半年，中心党员以平均学分1085.2分在全局直属单位中位列第二名。突出党建引领作用，组建“党员先锋队”“青年突击队”“巾帼建功队”等先进队伍，在急、难、险、重任务面前发挥带头作用，参与到突击办证、上门服务等重点工作中。

（区登记中心）

质量技术监督管理

【概况】 大渡口区质量技术监督局（简称区质监局）负责主管全区质量、计量、标准化、认证认可和特种设备安全监察，具有综合管理和行政执法的职能。2018年，全局在职职工21人（公务员20人、工勤人员1人），平均年龄45岁，硕士研究生4人，本科12人，专科5人。内设办公室（法制科）、质量科、计量科（认证认可监督管理科）、标准化管理科、特种设备安全监察科、执法大队等6个科室（队）。

2018年，全区有获得工业生产许可证企业16家，获得3C强制性认证产品企业26家，获得质量管理体系认证企业221家，市级重点耗能企业20家，获得标准化良好行为企业22家，食品相关产品生产企业5家。特种设备使用单位817家，特种设备生产单位13家。辖区共有注册登记的固定式特种设备6393台（不含压力管道和气瓶），其中锅炉221台、压力容器1053台、起重机械1177台、电梯3546台、游乐设施3台、场（厂）内机动车辆393辆，压力管道98.07千米，工业和车用气瓶128428只。

2018年，区质监局获区安全生产目标考核“先进单位”，被市局党组评为“好班子”。

【质量监督管理】 开展质量提升行动，区政府审议通过了《关于开展质量提升行动，加快建设质量强区工作实施方案》。指导5家企业开展质量成本控制，节约资金400万余元。重点工业产品抽查合格率100%；一般工业产品合格率95.26%，较去年上升4%。有效期内重庆名牌产品的质量监督抽查合格率100%。新增名牌产品23个，较去年增长60%。全面推进创建“全国质量强市示范城市”工作，针对21个创建目标任务制订了实施方案，全面摸清了工作基础数据，建立了工作台账。发挥“大渡口区质量强区培育基地”平台作用，帮助企业开展质量培训14次、650人次。“中小学质量教育社会实践基地”组织170多所学校、4.2万余名中小学生开展质量教育、普及质量知识。

【计量工作】 巩固基层医疗计量器具免费检定及专项整治工作成果，对辖区65家商场超市、眼镜店、金银制品店、医疗机构、加油站等计量器具进行监督检查，立案查处10起。对定量包装商品抽样110批次，现场处罚10家。完成了民用“三表”轮换制度落实情况调查，对52万余台件民用“三表”的数据进行核实。推进“探索计量＋物联网技术在工业园区低碳建设中的应用”的项目，每月召开项目推进工作会议，5次到企业调研和征求意见，初步形成项目成果，逐步推广应用。

【认证认可】 开展认证“双提升”活动，对26家强制性认证产品获证企业、22家自愿性认证获证组织和9家检验检测机构开展100%巡查，对2家环境检验检测机构进行专项检查，现场监督了3家检验检测机构的能力验证和2家检验检测机构的扩项。对认证审核活动进行跟踪检查，现场检查了10家企业的审核活动。建立检验检测活动电子监管系统或LIMS系统的检验检测机构2家，新增12个项目（参数）实现从抽（采）样到报告编制的数据自动采集、数据自动集成和电子化监控，确保检验检测数据真实、准确、权威。加强质量认证体系建设，促进全面质量管理的对策研究，对9家企业开展调研，了解企业在认证方面的需求，形成高质量调研报告1篇。

【标准化】《重庆市新型工业化特色产业（美容健康）基地服务标准化试点》和《企业非公党建标准化试点》2个国家级项目通过验收。对8家企业的产品标准与国际标准、国家标准进行比对，找准了存在的差距。指导10家企业建立标准体系，14家企业在标准信息公共服务平台上主动公开36个产品执行标准，标准自我声明公开100%。帮助指导6家企业制订、修订标准（国、行、地、团体）6个。14名企业标准化工作人员通过标准化工程师资格考试。

【特种设备安全监察】 完成安全生产重点目标任务，全年未发生特种设备安全责任事故。开展“三大行动”，检查特种设备生产使用单位179家次，查出安全隐患175起，下发安全监察指令书37份，立案查处特种设备安全违法案件14件。全面推进安全监管信息化和电梯责任“保险+服务”试点工作。严格落实安全生产责任制，6次召开安全工作专题会议，局党组每季度召开1次安全形势分析会，查找49个风险点，制订管控措施32条。加强安全宣传和应急救援，开展各项特种设备安全知识进企业、进社区宣传活动，发放宣传资料2000余份。培训企业特种设备安全工作人员140人次。完善特种设备应急救援预案，开展了液化石油气泄漏应急救援演练。

【行政执法】 针对农资产品、儿童玩具、电器产品、特种设备等关系民生的产品开展专项执法，出动执法人员900余人次，查处各类违法行为58起，立案44件。开展成品油专项整治，排查15家生产企业（窝点），对1家企业进行了责令整改，对1家企业超范围经营移交相关部门调查处理。全年受理各类投诉举报24件，办结24件，回复满意率100%。2018年，无行政复议或行政诉讼案件，未发生区域性制假售假质量安全事件和安全监管责任事故。

【机关建设】 强化理论武装。坚持用党的最新理论成果武装头脑、指导实践，坚持把学习贯彻党的十九大精神贯穿始终，深入学习领会习近平新时代中国特色社会主义思想。每月组织1次中心组理论学习；组织集中学习19次、专题研讨交流6次、专家辅导2次，十九大知识竞赛3次；组织参加各级各类培训74人次。

提升决策效能。规范党组议事决策制度，修订完善《局党组工作规则》，研究“三重一大”事项9次，决策事项26个。严格党内政治生活，2次民主生活会上严肃认真开展批评与自我批评。带头抓好团结，班子凝聚力、向心力、执行力不断增强。

从严选拔任用。坚持动议、确定考察对象、讨论决定“三上党组会”，把政治标准作为选人用人的首要标准，培养选拔对党忠诚、理想信念坚定、严格遵守党的政治纪律和政治规矩、清正廉洁的干部。

保持思想稳定。围绕机构改革做好干部职工思想稳定工作，将其作为一项重要任务来抓，引导干部职工坚决拥护改革、积极支持改革、自觉投身改革，保障市场监管体制改革顺利有序推进。局党组专题召开思想形势分析会4次，围绕机构改革逐级开展交心谈心96次，干部整体思想稳定。

【基层党建】 提高政治站位。教育引导党员干部坚定政治立场，强化“四个意识”，坚定“四个自信”、做到“两个维护”，结合彻底肃清孙政才恶劣影响和薄熙来、王立军流毒以及“十破十立”等内容，进行深入学习交流研讨和正面引导，营造积极健康、正气充盈的机关政治环境。全年涉及党建和党风廉政建设议题的党组会10次，占76.9%。

强化思想教育。持续推进“两学一做”学习教育常态化制度化，坚持用党章党规和习近平总书记系列重要讲话精神武装党员干部头脑，中心组学习12次，讲党课4次，开展专题学习研讨4次。组建党员微信群和QQ群。签订意识形态工作责任书，局党组2次专题研究意识形态工作，开展经常性教育18次，正面宣传报道62篇，党员干部无信谣、传谣现象，无负面舆情。

用好活动载体。开展形式多样的主题实践活动，制订“10个标准”“3个清单”，开展“五亮五促”

活动，“坚定信念、践行使命”主题系列活动等，做助推发展的质监人。获大渡口区“中国梦、劳动美”演讲比赛二等奖，两次活动会演获最佳风采奖。

密切联系群众。民生服务团组织党员干部到四民村开展走访接访12次，给予经费支持1.95万元，帮助村民协调解决民生问题6个。“电梯技术服务队”解决电梯安全隐患问题52个，配合处理电梯投诉31起；“质量专家服务队”深入企业21次，帮助企业解决实际问题30个。制订了“3+X”的工作内容，与锦霞社区党总支交叉上党课1次、开展组织活动2次。

从严管党治党。细化党风廉政建设“两个责任”清单23条，制订工作措施75条并建立台账。党组每季度召开1次党风廉政建设形势分析会，对履责情况进行公示。制订局党组《贯彻落实中央八项规定精神实施细则的细则》，修改完善5个管理制度。开展集体廉政约谈5次，按级开展廉政谈话提醒16次；开展廉政警示教育12次，观看警示教育片3次，讲廉政党课1次，集中学习《监察法》2次，请专家辅导新修订的《中国共产党纪律处分条例》1次，筑牢干部拒腐防变思想防线。开展纪检监督检查。组织排查廉政风险点42个，按预警等级进行分类，制订防控措施119条，开展回访122次，没有发现粗暴执法和吃拿卡要等违纪违法行为。

（区质监局）

食品药品监督管理

【行政审批】 推进“放管服”改革，对6类32个审批项目的审批流程进行细化、优化，增大“首席代表”决策事项，压缩集体讨论决策事项，缩短审批时限。支持新兴产业发展，开展包容性审慎审批，食品、医疗器械网络销售备案407家。全年许可食品药品申请1898件。

【日常监管】 规范食品企业经营行为，发放食品安全公示栏、档案盒、管理制度、标志标识、食品采购台账等2000余套，现场检查食品药品企业7832家次，督促531户餐饮企业限期整改，关停不符合食品安全标准的企业20余户。餐饮环节开展“明厨亮灶”400余家。按计划完成“三品一械”抽检2097批次，快检783批次。受理食品药品投诉举报360件，处置回复率100%。

【行政执法】 落实“最严厉的处罚”，将执法办案与日常监管、专项整治、监督抽验、举报投诉等有机结合。与工商、市政、环保、教委等部门建立信息抄告制度，与公安建立案件移送制度，与检察院和法制办建立重大案件备案制度。先后开展校园周边食品、火锅老油、食品生产加工小作坊、食品摊贩、保健食品虚假宣传、中药饮片等各类专项整治20余个。与公安、市局稽查总队、农委、工商、医保办、环保局、各镇街开展联合执法行动22次。全年立案违法案件127件，罚没款200万元。

【专项整治】 将风险隐患排查纳入全区防范化解重大风险攻坚战的重要内容，深入开展食品药品安全风险隐患“大排查大整治大执法大督查”专项行动。排查风险隐患101个，责令整改95家，约谈企业14家，立案处罚21家。将冷冻肉品专项整治上升到全区的高度，纳入扫黑除恶重点工作，重点对冷冻肉品储存、销售、使用环节开展全面排查整治。检查经营企业621户，查处违法案件19起，罚没款80.3万元，没收销毁冷冻肉品46吨。

【创建工作】 推进食品安全示范城市创建工作。在全区打造放心肉菜超市3家，对38家食品安全示范单位进行了命名授牌。通过第三方评估机构评估，大渡口区创建工作前置条件评估档次为B档，创建指标体系评估得分74.7分。

【宣传教育】 结合辖区特点，全方位、多角度地开展宣传教育活动。将商圈、社区、学校、农村作为重点区域，通过入户宣传和集中宣传相结合的方式，全面提升公众食品药品安全意识。全年开展大型主题宣传9次，发放各类宣传资料2万余份，取得良好效果。

【基层党建】 坚持把全面从严治党作为首要职责，严格履行机关党建主体责任。为干部职工统一购买《新时代面对面》《中华人民共和国宪法》《中华人民共和国监察法》等书籍，印发《党建知识应知应会》手册，进行闭卷考试。按程序对机关支部进行改选，划分党小组，定期开展活动。组织党员干部到歌乐山烈士陵园开展主题党日活动，重温入党誓词，缅怀革命先烈，做到心中有党、心中有民。

严格落实领导干部“一岗双责”，主要领导与分管领导、分管领导与科所长签订了《党风廉政建设和反腐败工作责任书》。主要领导开展集体约谈及个别约谈36人次，纪检组长与重要岗位人员开展廉政约谈4人次。对新许可的企业和受处罚的对象按20%比例进行廉政回访，坚持杜绝“吃拿卡要”等问题发生。按规定每名党员干部均建立了廉政档案。邀请区检察院领导来分局开展公益诉讼专题讲座2次，开展座谈交流4次，层层传导压力，切实做到心中有责、心中有戒。

（区食药监局）

安全生产监督管理

【概况】 全年全区发生生产安全事故15起，死亡15人，占全年总指标的93.7%。未发生较大及以上事故。全区安全生产形势总体可控。

【安全责任落实】 强化安排部署。坚持年初有目标、季度有例会、节点有安排、决策有响应的工作方法，对照市政府安委会安全生产工作要点及重点任务，制订出台考核办法和实施细则，明确全年工作目标和工作重点，以问题为导向，每季度分析研判形势，安排部署工作；以目标为导向，突出工作重点和专项整治任务，抓好贯彻落实；以节点为导向，督促各单位严格按照时序推进工作，确保圆满完成全年目标任务。

强化责任落实。制订《大渡口区党政领导干部安全生产责任制实施办法》，督促各级领导干部严格按照文件中明确规定的职责，照单履职。出台《大渡口区安全生产督办、通报批评和约谈实施办法（试行）》，对安全生产工作履职不到位、不作为、慢作为、乱作为等懒政惰政的行为，实施督查督办、通报批评和约谈警示，强化责任落实。

抓督查督办。区安委会办公室会同区两办督查室，坚持每季度开展常态督查，重点督查各单位领导班子开会研究部署、带队检查、解决安全生产隐患问题的情况，特别是针对执法部门安全生产行政执法情况进行严格督查，确保了纳入市政府安委会考核的10个行业月月清零。针对督查出的重大问题挂牌督办，限期整治。今年以来，分5批次对区城乡建委、区交委、区商务局、跳磴镇等单位涉及项目企业47个、隐患83处实施了挂牌督办，要求能够及时整改的，及时整改完成，不能够及时整改的，制订切实有效的管控措施，严防事故发生。

突出风险研判。把防范和遏制较大及以上生产安全事故作为重点，统筹全区并组织开展安全生产形势研判，督促相关部门完善风险清单。全区8个镇街、18个重点部门结合本辖区、本行业特点，全面开展风险研判和问题排查，列出清单，落实责任措施，有的放矢，照单推进。

【执法检查】 严格执法检查。围绕“监管执法强化年”主题，制订并严格落实监督检查计划，在敏感时期、节假日和重点时段，加大检查执法频次和力度。在执法检查前，明确检查方案和检查重点，增强检查的针对性和可操作性。在执法检查中，聘请安全专家和安全专业机构全程参与，做到查得出问题、找得准措施。同时，将安全生产日常执法检查与扫黑除恶工作有机结合，把安全生产领域的乱象作为扫黑除恶治乱的重点内容，对涉黑、涉恶的相关线索及时移交公安机关调查处理。全年检查生产经营单位320家次，调查处理生产安全事故11起，查处一般隐患480项，下达整改指令156份，按期整改率100%，罚款212.12万元。

强化联合执法。按照执法必严、举报必奖、失信必惩、有责必追“四个必须”要求，结合实际，牵头常态化组织开展部门与镇街、部门与部门之间跨行业、跨区域的联合执法，突出成品油“百日攻坚”、道路交通重点违法行为、建设施工“两防”、城市综合体消防以及涉尘防爆等专项整治，加强联动、形成合力，集中查处一批违法违规行为，及时消除了安全隐患。全年查处非法违法行为为20起，查扣烟花爆竹542件、汽柴油25.13吨、甲醇48.94吨，行政拘留4人，刑事拘留12人。按区政府要求完成收缴汽柴油及含油污水33.33吨的转运处置工作。

严格事故应急查处。严格落实《突发事件应急处置规定》，发生突发事件时，明确要求主要领导、分管领导和相关科室负责人必须第一时间赶赴现场进行处置救援，防止事故扩大，减少事故损失，做好安全稳定。对发生的生产安全事故，一律按照“四不放过”原则进行调查处理，对发生生产安全事故单位的相关责任人一律依法启动责任追究调查，对涉嫌犯罪的责任人，一律移送公安机关追究刑事责任。对5名企业人员移送公安机关追究刑事责任，形成安全生产有力震慑。持续深化应急预案“三化一卡”工作，推进应急救援“三支队伍”建设，狠抓应急演练工作开展，用实战检验教育培训效果，着力提升现场应急处置能力，成功救援处置“10•1”成品油火灾事故。

【基础建设】 强化风险分级管控和隐患排查整治。推动《重庆市安全风险管理实施办法》落地生根，督促全区所有重点行业领域和镇街开展风险等级和隐患等级评估，制订管控措施，明确管控责任人。推动企业建立完善“日周月”隐患排查治理机制，实行自查自改自报闭环管理，严格落实一般隐患限期整改，重大隐患按照“五定”要求整改，夯实安全生产基础。督促危险化学品生产储存企业开展风险日研判与公开承诺，推进危险化学品安全综合治理工作，指导、帮助企业填报“重庆市危险化学品安全风险信息系统”，录入完成267家企业信息。

抓安全生产教育培训。树立“安全生产、培训先行”理念，以监管干部队伍、从业人员队伍“两支队伍”能力建设为重点，落实年度培训工作计划，持续强化干部队伍专业化和安全培训标准化工作，增强安全生产培训工作的科学性、规范性、实效性，推动安全生产工作再上新台阶。分别以安全风险研判管控、安全生产监管执法等为重点，组织政府安全监管人员开展季度培训4次，以提升发现安全隐患的能力，强化日常检查为重点，组织村（社区）干部培训4次，共计培训870人次；以提高企业管理人员安全监管及职业卫生管理能力，强化企业应急处置能力为重点，组织企业主要负责人和安全管理人员培训1000人次；以强化特种作业人员持证上岗为重点，组织特种作业操作考试3700人次。

压实企业主体责任。将企业主要负责人履职情况作为执法检查的必检项，严查企业主要负责人履职情况。督促指导企业完善岗位职责制订，严查全员安全生产责任制落实情况。至年底，全区非煤矿山企业和危险化学品生产储存企业均已建立技术管理体系。按照国家、市两级要求，在非煤矿山、危险化学品生产领域全面推行高危行业领域安全生产责任保险，持续推进安全标准化建设和“回头看”工作，安全标准化达标率100%。

（区安监局）

园区建设

建桥园区

【概况】 重庆市建桥工业园区是市政府批准设立的首批市级特色工业园区，于2003年6月破土动工。远期规划面积约20平方千米，分为A、B、C三个分区。

园区自成立以来，按照“百年建桥，千亿园区”的发展目标，始终秉持“环境就是资源，就是资本，就是生产力的”的发展理念和“招大引强”的招商原则，实现了园区的快速发展。先后吸引400多家企业入驻园区（包括二次招商引进企业），初步形成了以三峰集团、德润集团为代表的生态环保产业，以海康威视、允升科技为代表的大数据智能化产业、以西南医院生物科技园、华伦医疗为代表的大健康生物医药产业。

园区自成立以来，先后获得“国家级服务业标准化示范园区”“中国最具政府服务竞争力品牌园区”“中国最具竞争力品牌园区100强”“中国十大最佳投资环境工业园区”“中国十大最具发展潜力园区”“重庆市首个园林式工业园区”“全国绿化模范单位”“重庆市新型工业化示范基地”“重庆市首批知识产权试点园区”“中国绿色低碳示范园区”“重庆承接东部产业转移示范区”“重庆出口制造基地示范区”“重庆玻纤产业园”“重庆非公有制经济示范园”“重庆创新基地”“重庆市优秀工业园区”等16项殊荣。连续多年被重庆市政府评为“十强园区”。

【经济指标】 2018年，园区实现产值168.9亿元；战略新兴企业11家，实现产值73.1亿元；实现固定资产投资66.1亿元。其中工业投资13.7亿元，同比增长11.5%；完成实际利用内资37.7亿元。

【招商引资】 全年走访企业172家，重点对接企业68家，成功签约国家环保产业（重庆）总部基地项目、瓶级塑料循环利用产业园项目、整合包装材料生产项目等37个项目，协议引资约244.905亿元，在工业招商方面实现重大突破。

【产业集群】 生态环保产业在谈项目15个，新签约华阳三峡“国家环保产业总部基地”、北京盈创“瓶级塑料循环利用产业园”等5个项目，推动三峰环境与中联重工成立合资公司；大数据智能化产业在谈项目23个，新签约重庆德宣、远迪车辆等9个项目；大健康生物医药产业在谈项目35家，新签约重庆千业、深圳西湾等15个项目；文化休闲旅游产业在谈项目6个，新签约渝浩设计研究院1个项目；此外，签约其他产业项目6个。

【产业平台打造】 台湾中小企业产业园注册企业30家，其中正式入驻办公12家。两岸企业家峰会中小企业合作及青年创业推进小组副召集人、江苏省原副省长张卫国，两岸企业家峰会信息产业合作推进小组副召集人、重庆市原副市长吴家农在台湾周期间调研台湾中小企业产业园，充分肯定产业园的招商运营服务。移动互联网产业园入驻企业125家，2018年实现产值1.7亿元，税收7885余万，带动就业600余人。

【重点项目推进】 2018年，建桥园区板块有市级重点项目6个，区级重点项目16个，重点前期项目16个，非重点项目61个。重点项目达到时序进度的占94.45%，非重点项目全部达到时序进度。全年建成处理量5000立方米/天污水处理设施一座、安置房5万平方米、配套管网5千米、道路0.4千米。完成2.5万平方米工业厂房主体建设，完成土地及边坡整治214亩，完成道路路基工程2千米，新开工日处理量3000立方米污水处理厂一座、道路修复2万平方米。

【服务助推转型】 做好顶层设计。制订《建桥园区存量工业企业转型升级行动计划》，分类分年制订企业转型目标，精准施策，提升服务成效。制订《建桥园区基础设施配套建设方案》《建桥C区大配套建设方案》，从道路交通、能源供应、环境保护、生产生活配套等4个方面明确30余个项目建设时序，改善制约企业发展的硬件环境。

帮助企业解决资金难题。联系农商行、浦发银行等金融机构走访企业、召开银企对接会，促成银企合作。运用金融工具培育新兴产业、创业企业，环保创业种子投资基金投资3个项目150万元，创业种子投资基金投资2个项目60万元。支付勤牛机械等企业优惠资金7552万元。

加强“一对一”走访服务。将中央的决策部署和全市、全区民营经济发展大会的精神宣传到园区企业，将市、区支持民营企业发展有关文件送达企业，营造鼓励、支持、引导民营经济高质量新发展氛围。每月上门收集问题并协调解决，全年协调处理问题67项。

促政策落地。组织企业、职工学习《关于印发重庆市工程建设项目审批制度改革试点实施方案的通知》等文件精神，安排专人代办服务，加快审批进度。帮助海康威视、红九九、嘉威啤酒、中石化等解决新建项目手续报批、产权证办理等问题。协助九州星熠、允升科技等企业成功申报市级工程研究中心，协助三峰环境、秋田齿轮等企业申报工业和信息化资金、研发补助资金2000万余元。

提供针对性服务。组织秋田齿轮、利德工业、海康威视等多家企业参加招聘会20余场，解决用工1500余人。与区教委用好“外来子女入学”对接机制，帮助10余名外来职工子女在园区周边学校就近入学。

【土地征供】 推动征地拆迁。取得征地批文面积566.733亩，实施征地拆迁919.1865亩，已完成征地拆迁量的90%，发放过渡费、支付征地拆迁费用23300万元；推进土地出让。完成N10-1等4个地块209.86亩土地出让，土地成交综合价金19286万元。完成划拨土地面积64.27亩；做好用地保障。修订控规约1924亩，完成老龙文地块、柏树堡地块土壤质量评估、修复，完成土地集约利用全面评价。

【资金安全】 全年实现融资16.9亿元，资产负债率45.94%。设立重庆市建渡股权投资基金合伙企业（有限合伙），完成工商银行并购贷款5.76亿元，主要投资于大渡口区内棚户区改造项目建设。与重庆财信环境资源股份有限公司、北京易二零环境股份有限公司、重庆义渡股权投资基金管理有限公司合作组建重庆易渡财信污染治理股权投资基金合伙企业（有限合伙），主要投资区内优质环保企业。

【经营体制改革】 与重庆检测认证（集团）有限公司共同出资收购大渡口区城乡建设委员会所属企业“重庆市大渡口区建设工程质量监督站检验测试所”，开展钢结构产品检测、建设工程质量检测业务。义渡基金公司和榆渡基金对华伦公司股权投资，明确合理收益和退出机制，同时帮助企业脱位解困。建桥置业公司启动建桥•揽江阁、C区生物产业园、N10-1商业配套、H02-7停车楼等项目开发，迈出市场化步伐。

【安全环保】 成立农民工工资清欠工作领导小组，建立《建桥公司环境保护责任制度》《拖欠农民工工资突发事件应急预案》，编制《重庆建桥工业园区突发环境事件风险评估报告》《重庆建桥工业园区规划环境影响跟踪评价》，修订《重庆建桥工业园区突发环境事件应急预案》。

推进建桥B、C区工业废水集中处理整改工作，完成C区集中处理设施建设。办理建桥A区工业废水处理厂和建桥C区工业废水集中处理设施国家排污许可证。完成区河长办交办任务，治理铁西路雨污混流情况，排查治理义渡古镇外长江直排口含污雨水外溢问题。完成2018年环境信用评价申报工作，建桥公司被评为环境信用良好企业。配合大渡口区环保局开展全国第二次污染源普查工作，开展企业安全环保培训，组织员工消防演练，采购建桥园区应急物资。推行保障农民工工资发放“一金三制”制度，排查化解园区企业矛盾纠纷，压实责任，明确措施，确保工作推进。委托第三方机构共同开展2018年安全环保管理工作，为园区的安全环保工作推进提供有效技术支撑。全年走访企业200余人次，排查发现安全隐患289处，已整改281处；发现环保不合规问题100处，已整改95处。

【基层党建】 把国企党建写入公司章程，坚持党对国有企业的领导不动摇。成立建桥公司党委和下属四个党支部，领导班子分别任党委委员和支部书记，配齐班子增强力量。非公党委增补跳磴镇、八桥镇、茄子溪街道的3名党（工）委委员进入非公党委班子，整合党建资源。出台《“三同步”工作制度》《联系指导工作机制》《作用发挥工作机制》等制度，以“两学一做常态化制度化”为抓手，规范党内政治生活。

（建桥园区公司）

重庆大晟资产经营（集团）有限公司

【概况】 公司成立于2004年6月，区属国有独资公司，隶属大渡口区国资委。负责全区的城市基础设施建设、公园建设，重大社会事业项目建设，推进城市开发。经营范围为资产经营、投资策划、项目开发；利用自有资金从事投资业务；在政府授权范围内进行土地整理。

大晟公司下辖重庆飞腾城市建设发展有限公司（主要负责全区范围内基础设施建设）、重庆市大渡口新城建设有限责任公司（具有房地产二级开发资质，主要负责投资项目开发）、重庆市钓鱼嘴滨江湾区旅游有限公司（原重庆马桑溪文化旅游发展有限公司，主要承担专业化招商、项目建设、产业运营等职能，由重庆钓鱼嘴滨江湾区管委会代管）、重庆鑫瑞建设投资有限公司4家全资子公司，代管重庆市大渡口区新晟发建设有限公司（原重庆市大渡口住宅发展有限责任公司，主要负责市政公用工程）。下设综合事务部、审计稽核部、资金财务部、融资事业部、土地事业部、项目管理部、投资事业部、资产事业部等8个内设部门。

【城市基础设施建设】 主动对接“四大重点板块”，主导实施项目15个，完成固投约9.23亿元。完成大滨路三期交通工程、沙沱路、陈家阁水库污水管网改造、大渡口区民兵射击靶场、龙文连接道、义渡古镇服务配套工程——游客服务管理用房、休闲配套设施工程7个项目，实现P2平场项目、新华路、湾塘路、大渡口综合停车楼、社区体育公园、大渡口区医院改扩建工程、金桥大楼机械停车库项目陆续开工建设，继续推动新郭伏路南段道路建设，将建设“高质量产业之区、高品质宜居之城”任务推进好、完成好、实现好。

【义渡古镇】 义渡古镇位于大渡口区马桑溪大桥下方，总建筑面积约1.8万平方米，坚持原面积、原高度、原基础、原风貌“四原原则”修复建设，最大限度还原历史街区原始风貌，为典型的长江上游码头山地街镇地貌，整个街区依江而上至成渝铁路，其三街九巷廿一院落呈四级阶梯分布。古镇是展现义渡文化人文复兴的商业集群，涵盖人文体验、休闲娱乐、旅游观光、综合服务四大功能。首批入驻经营户数最高峰达95家，经过两年的业态调整及市场淘汰，入驻并开业46家，其中：餐饮类11家，占比24%；茶楼咖啡馆10家，占比22%；小吃饮品类19家，占比41%；文创类4家，占比9%；超市土特产2家，占比4%。新引进的民宿客栈正在进行装修，VR体验、复古电影院正在进行招商。7月，为期6天的义渡古镇啤酒节圆满闭幕，接待游客3.34万人次。截至2019年1月，古镇接待游客量近300万人次。

【土地整治和供应】 全面启动2018—2020年棚户区改造项目，完成八桥镇民乐3、5、6社，九宫庙街道创新村和八桥镇刘家坝片区23份《委托协议》签订工作，建立棚户区改造资金及合同登记台账，支付棚改专项资金624966.71万元。出让跃进村街道C41-3地块，土地面积8633.38平方米，出让价款起始价14647万元，起始楼面价4600元/平方米。完成87680.44平方米土地划拨，划拨土地成本18318.92万元。完成2009—2012年土地供地率72.68%，位于全区之首。

【资产经营管理】 逐步健全国有资产管理经营模式，加强国有资产实物的清理和清查工作，不断规范优化资产管理台账和资产经营台账，确保资产账实相符。完成城市安置房项目存量住宅清理工作，明确796套住宅安置房源（建筑面积57193.7平方米）用于大渡口区城市征收拆迁安置项目。全面启动安置房项目办理不动产权证收件工作，累计收件5490户（万有广场2799户、凤阳小镇2332户、美德家园56户、马王街安置房38户、其他265户）。

（大晟公司）

交 通

【概况】 重庆市大渡口区交通委员会（简称区交委）成立于1988年12月，是负责全区城乡公共客运交通及道路、水路交通行政管理和行业管理的区政府组成部门。现设内设科室3个：办公室、安全法制科、审批科。下设重庆市大渡口区公路建设管理所、重庆市大渡口区道路运输管理所2个事业单位。

区交委的主要职责是：宣传贯彻执行交通运输发展的方针政策和法律法规，拟订全区交通行业发展战略、政策和实施细则，研究交通运输业发展趋势和重大问题。拟订全区综合交通发展战略，构建综合交通运输网络；会同有关部门组织编制全区综合交通运输规划、综合交通建设规划和公路建设中长期规划并组织实施；统筹区域和城乡交通运输协调发展，优先发展公共交通，加快推进城乡交通运输一体化等。

【公交枢纽建设】 科学规划城市交通枢纽站点布局，协调重庆城市综合交通枢纽集团，加快推进总投资4000万元的陈庹路公交枢纽站项目建设，提高城市公共交通出行服务能力。

【农村公路建设】 争取市级部门农村公路建设补助资金7881万元，开工建设金沙路、沙沱路、云新路、石林大道、湾塘片区道路、石河路等11个普通干线公路建设项目。投入1400万元建成沙沱路、油府路2个农村公路项目（区级民生实事项目），共5.2千米，有效改善周边村民出行条件。

【公路管养】 开展安全隐患整治工作，会同区交巡警支队和镇街对农村公路安全设施进行集中整治。对已开行公交线路的农村公路及桥梁，改善公路通行能力，便民出行。安排专人每天上路开展公路检查，及时发现问题，排查隐患。5月进入汛期，加强对通行公交车辆重点路段的巡查。

【客运】 辖区有道路旅客运输企业1家，即：重庆钢铁集团运输有限责任公司；有公路旅客运输车辆20辆；有四级汽车客运站1个，重庆公路运输（集团）有限公司大渡口汽车站；辖区32个行政村全部实现了公交客运覆盖，行政村客运通达率100%。全年完成公路客运量58万人次，旅客周转量2322万人•千米。

公交客运。辖区有38条公交线路，有公交客车600余辆，年内新开通了公交483路，优化调整了公交456路、479路走向。

2018 年大渡口区公交线路

序号	线路编号	开班时间	起点站	终点站	收班时间	备　注
1	109	06:00	山海路 1 站	大　坪	22:10	
2	207	06:00	祥和御馨园	菜园坝火车站	20:30	
3	214	06:20	祥和御馨园	民安华福	20:30	
4	218	06:30	龙桥花苑	大渡口步行街	20:00	
5	225	05:00	陈家坝	大坪	24:00	
6	229	06:00	杨家坪西郊	四十七中学	22:30	
7	230	06:00	鑫瑞乐居	二村路口	22:30	
8	235	06:00	山海路	石盘村	21:00	
9	238	06:30	石桥铺	鱼洞（化龙路）	19:30	
10	239	06:00	大渡口步行街	半岛逸景公租房	22:00	
11	255	06:10	陈家坝	钓鱼嘴	19:00	
12	257	06:00	跳磴镇	华龙小区	20:05	
13	259	06:00	大渡口步行街	小南海水泥厂	20:40	
14	274	06:00	竹园小区	轨道大渡口站	21:00	
15	275	06:00	鑫瑞乐居	杨家坪	24:00	
16	297	05:40	西彭汽车站	鱼洞（化龙路）	18:00	
17	342	07:10	春晖路北	李家沱	19:00	
18	344	06:30	云篆山水公租房	春晖路北	19:00	
19	419	06:15	大堰一村	洋河体育场	20:30	
20	431	06:40	跳磴镇	石盘村一社	16:00	
21	450	06:00	月光小区	凤阳小镇	22:00	
22	451	06:00	九中路口	五一村	23:00	
23	452	06:00	园丁小区	南岸区（绿州龙城）	19:30	
24	453	06:00	跳磴镇	拱桥村	18:30	
25	455	06:00	跳磴镇	新合村	18:30	
26	456	06:00	晋愉绿岛	沙坪坝（建专）	20:00	
27	472	06:45	翠柏路	沙坪坝	20:45	
28	479	06:00	竹园小区	陈家坝	21:00	
29	483	06:45	农科院	香港城	18:30	
30	487	06:00	巴福•交大东门	毛线沟	20:00	
31	489	06:00	佳兆业滨江新城	新世界建材	21:00	
32	490	06:30	桥梓塘	二村路口	19:30	
33	493	06:30	商务中学	小南海火车站	16:40	
34	499	06:30	园丁小区	重庆西站	22:00	
35	806	06:05	锦霞街	学林雅园	22:00	
36	818	06:15	锦天康都	重庆北站（北广场）	22:00	
37	836	06:45	迁禧花园	丽水菁苑	20:00	
38	BRT01	06:45	香港城	重庆北站（南广场）	19:15	

【长途客运】 大渡口汽车站有驻站参营的长途客车 9 辆，主要发往市内的綦江、合川等地和市外的广安、蓬溪、安岳等地，每天开行 12 个班次，日均发送旅客约 200 人。

2018年大渡口汽车站单日发班情况

序号	发车时间	始发地	终到地	备　注
1	05:30	大渡口	广安	
2	06:00	大渡口	燕窝	
3	06:50	大渡口	四钢	
4	07:00	大渡口	蓬南	
5	08:50	大渡口	四钢	
6	10:30	大渡口	四钢	
7	12:00	大渡口	四钢	
8	12:30	大渡口	农兴	
9	13:40	大渡口	太和	
10	14:30	大渡口	四钢	
11	16:00	大渡口	四钢	
12	19:00	大渡口	四钢	

【公路货运】全区公路货运经营业户746家（含个体户443户），有货运车辆3710辆，总吨位38229吨，其中：危险货物运输企业有8家、危险货物运输车辆913辆，总吨位15203吨。全年共完成公路货运量3206万吨，货物周转量335521万吨•千米。

开展安全服务质量考核工作。按照市运管局的统一部署，开展货运行业安全服务质量考核。通过企业自评、协会考评、部门抽查的方式健全考评机制，帮助企业相互学习提高安全基础工作。在促进企业规范经营的同时，还促进了企业安全管理基础工作水平的提升。

开展安全隐患排查治理工作。开展安全风险隐患排查治理，突出“三个集中”，抓住“三个关键”，通过企业自查和行业检查，不断深化安全隐患排查治理工作。企业共自查出安全隐患1865起，全部整改到位。行业检查出动检查人员154人次，对77家道路运输行业企业开展常态化安全督促检查，排查安全隐患272起，下达整改指令77次，下发整改通书205份，对1家货运企业实行区级重大安全隐患挂牌治理。排查治理工作的持续推进，促进企业安全生产主体责任的落实。安全隐患排查治理工作持续推进，降低安全事故的发生。

【水运】 辖区内长江航道里程29千米，均为III级航道，岸线33.6千米。沿长江分布13个码头，水运主要以集装箱、大宗散货、件杂货、石油等为主。全区港口码头货物吞吐量为471万吨。

水上客运。大渡口区有水路客运企业1家，即重庆长江黄金游轮有限公司，运输船舶7艘，总客位3541。客运总量16.62万人，旅客周转量11157.39万人•千米。

水上货运。有水路货运企业2家，即重庆大渡口区阳升运输有限公司和重庆梦港供应链管理有限公司，运输船舶9艘，总载重量为3.4万吨，全年水运货运量71.91万吨，水运货物周转量32260.64万吨•千米。

【渡口】 白沙沱渡口。位于跳磴镇，航行路线为大渡口白沙沱至江津珞璜，核载30人，渡运量约为5万人次。

小白沙渡口。位于跳磴镇，航行路线为大渡口小白沙至江津珞璜（由于新白沙沱长江大桥施工建设需要，该渡口已于2014年1月1日起停运。预计将由江津区政府牵头撤销位于右岸一侧停靠点，江津撤销后，大渡口区随即报区政府撤销）。

（区交委）

农　业

种 植 业

【粮食】 大渡口区2018年的粮食种植面积与

2017 年相比较有所减少，玉米等粮食作物种植面积较小，主要用于自食。2018 年玉米种植面积 1700 亩。油料作物与杂粮种植面积几乎为零，没有纳入统计。

2018 年大渡口区粮食种植面积

名称	玉米种植面积（亩）
八桥镇	0
建胜镇	700
跳磴镇	1000
合计	1700

【蔬菜】 大渡口区蔬菜主要种植种类包括四季葱、韭菜、火葱、藤菜、丝瓜、冬瓜、南瓜、茄子、辣椒等，秋菜有小白菜、菠菜、莴笋、秋豇豆、秋茄子、秋玉米等，蔬菜除供应本区居民食用外、还供应杨家坪、盘溪等蔬菜批发市场。跳磴镇火葱及四季葱凭借优质高产的特点，继续充当蔬菜明星产品，不仅实现了与沃尔玛、新世纪、中百、永辉、重百等 200 余家超市的成功对接，而且在各大农贸市场持续畅销。2018 年全区蔬菜总播种面积 667 公顷，年产量 2.5 万吨，较 2017 年，种植面积减少。

【水果】 全区有果园 3500 亩，主要种类包括梨、柑橘类、香蕉、葡萄、无花果等，全年水果产量 1200 吨，主要在跳磴镇。

【惠农政策】 2016 年开始，根据市农业农村委要求，将原有的种粮、良种等补贴，更名有农业支持保护补贴。2017 年跳磴镇 10 村、2539 户申报，涉及补贴面积 6741.074 亩，补贴金额 337053.7 元；建胜镇 4 个村、901 户申报，涉及补贴面积 1001.897 亩，补贴金额 50094.85 元；八桥镇 1 个村、59 户申报，涉及补贴面积 26.39 亩，补贴金额 1319.50 元；2018 年跳磴镇 8 个村、2644 户申报，涉及补贴面积 6701.675 亩，补贴金额 335083.75 元；建胜镇 4 个村、942 户申报，涉及补贴面积 995.415 亩，补贴金额 49770.75 元；八桥镇 1 个村、59 户申报，涉及补贴面积 26.39 亩，补贴金额 1319.50 元。

【无公害、绿色农产品】 2018 年，有“三品一标”认证单位 3 个，包括绿色食品单位 2 个（跳磴镇沙沱蔬菜股份合作社，跳磴镇石盘水果种植股份合作社）、无公害农产品企业 1 个（建胜镇源由食用菌种植公司），共 5 个种类农产品；有重庆市品牌农产品单位 1 个（石盘水果种植股份合作社生产的石猿牌柑橘）。

【农产品安全】 建胜镇、跳磴镇及三家“三品一标”企业均建立了农残快速检测室，并由区农业农村委员会统一配备了农残速测仪，包括区快检实验室在内全区有农残快检检测点 6 个，年检测样品约 500 个；区农业农村委员会通过公开招投标方式购买农产品质量安全风险例行监测服务，通过三方监测机构每月抽检样品 5 批次，形成常态化检测体系；重大节假日前开展抽样检测，确保农产品抽样检测覆盖率，保障人民群众身体健康。检测食用农产品样品 130 批次（不含快检），检测合格率 97%。

【污染源普查】 2018 年，在全区抽取 45 个典型地块，涉及南方山地丘陵区—陡坡地—非梯田—顺坡—大田作物、南方山地丘陵区—陡坡地—梯田—大田作物、南方山地丘陵区—缓坡地—非梯田—顺坡—大田作物、南方湿润平原区—露地蔬菜 4 类种植模式，开展对地块面积、肥料、农药、耕作方式、施肥、灌溉等调查，综合考虑各类种植模式占比，确定全区典型地块数量，并分组开展调查。摸清全区农业污染源基本信息，了解不同农业污染物的区域分布和产排情况，获取农业生产活动基础数据，建立农业污染源资料档案。为农业污染源监管，农业环境污染防治，控制农业面源污染，指导农业结构调整，优化农业产业布局，促进农业绿色发展提供技术支撑和科学依据。

大渡口区4类种植模式调查详情分布

典型地块类型	代码	典型地块分布（及数量）	合计
南方山地丘陵区—陡坡地—梯田—大田作物	NF10	双河村1个、跳磴村1个	2
南方山地丘陵区—陡坡地—非梯田—顺坡—大田作物	NF08	双河村1个、跳磴村1个、鳌山村1个、四民村3个	6
南方山地丘陵区—缓坡地—非梯田—顺坡—大田作物	NF01	跳磴村2个、鳌山村4个、群胜村2个、金鳌村2个	10
南方湿润平原区—露地蔬菜	NS01	沙沱村3个、南海村3个、山溪村5个、石盘村4个、金鳌村7个、民胜村5个	27
合计			45

畜 牧 业

【概况】 大渡口区是畜牧生产的小区，全区无规模化畜禽养殖场，畜禽养殖总量偏少，随着全区转型升级发展步伐加快，各种畜禽的饲养量呈下降趋势。在此背景下，畜牧业工作重心已完全倾向于动物防疫监管，防止区域性重大动物疫病发生及保障上市动物产品安全已成为动监工作重点，万吨冻品交易市场和茄子溪火车站动物卫生监督检查站是检疫监管工作的重点。

2018年大渡口区畜牧业生产情况

单位：只、头、吨

序号	畜禽品种	年末存栏数	全年出栏数	肉产量	能繁母畜数
1	生猪	315	639	60.7	13
2	鸡	25443	25493	36.73	
3	鸭	12721	11219	19.92	
4	鹅	5810	3989	9.96	
5	山羊	180	418	7.48	148

【畜牧防疫】 2018年，区农委组织三镇五街开展了以狂犬病、H7N9禽流感、口蹄疫等重大动物疫病及人畜共患传染病为对象，以春秋两季普防工作为重点的动物疫病综合防控工作，各种疫苗的免疫密度和免疫效果监测情况均达到或超过国家和市级标准，防止动物疫病的发生和流行，确保无重大动物疫病及人畜共患传染病的发生。

【动物防疫体系建设】 区级动物防疫体系：大渡口区农业委员会为辖区农业农村工作的主管部门，下设大渡口区动物卫生监督所，负责辖区动物防疫检疫监督管理工作。区动物卫生监督所下设万吨分所，有检疫人员10人，负责茄子溪火车站动物卫生监督检查站检疫监督工作及万吨冻品交易市场畜禽产品检疫监管工作。

镇级动物防疫体系：三镇设农业服务中心，负责各镇农业农村工作。有编制36人，实有人员31人，负责防疫工作的人员9人。其中，大专文化7人，中专文化2人。专业技术人员7人，具有中级职称的2人，初级职称的5人。

村级动物防疫体系：辖区共32个行政村，每村设村级兽医防疫员1人，共32人，负责村级动物疫病的预防和治疗工作。其中，高中及中专文化8人，初中文化21人，小学文化3人。

【检疫】 2018年，区动监所万吨分所完成动物产品备案登记9014起，出具动物产品检疫合格证明A证3981张、B证14710张，全年检疫动物产品23563.9吨。茄子溪火车站动物卫生监督检查站检查火车433车次，检查动物产品8966.6吨，检查鸡苗11300只。全年无畜产品安全事故发生。

渔　业

【概况】 2018年，大渡口区登记在册渔船25艘，养殖面积13.07公顷，水产养殖主要以池塘养“四大家鱼”为主，其中草鱼、鲢鱼占总量75%以上。区渔监所主要负责全区渔政监督管理：渔业资源、水生野生动植物资源和渔业水域生态环境的保护；水产种苗、水产品质量管理和渔业机械、渔用网具、渔用药物、渔用饲料的生产和经营管理；调查处理渔业行政案件、水生野生动植物案件和渔业水域污染案件等；渔港监督管理：负责渔业船舶注册登记；监督检查渔业船舶的适航状态，负责渔业船舶安全等；渔业船舶检验：承担渔业船舶法定检验工作；负责辖区内检验业务工作的统计上报；承担上级业务主管部门委托的其他工作等；贯彻重大技术措施，研究制订全区渔业生产发展战略、中长期发展规划、年度计划并组织实施；负责全区渔业生产制度草拟工作，主管渔业良种生产、品种资源管理和制订地方品种标准；负责全区渔业项目的综合平衡、项目初审和渔业商品基地建设，指导渔业生产结构布局调整；参与指导渔业产业化和水产品加工与流通，负责提出渔需物资计划，负责渔业信息发布和鱼病防治。

【水产技术推广】 加强鱼病监测和鱼类综合病害防治，满足市场消费需要。推行健康养殖技术，向市民提供“放心鱼”。

【支渔惠渔政策】 2018年，继续落实禁渔护渔补贴发放方案，补贴渔民25户，每户补贴4000元，并保证禁渔护渔补贴按时足额发放到渔民手中。2018年，引导渔民参与互保，辖区43名船员全部办理保险，渔船船员参保率100%。

【船舶安全管理】 加强对辖区25艘渔船的安全管理，制订安全生产预案，加强对渔业工作者和从业者的安全教育培训。坚持捕捞许可制度，严格渔船检验发证制度。按照“一岗双责”要求，坚持“分级负责、属地管理”原则，逐级落实责任制。积极宣传、推荐使用标准船型，加强节假日、汛期渔业船舶安全检查，建立健全隐患排查整治长效机制，严格渔业船舶审验制度，加大执法检查力度，严厉打击非法载客载货行为。

全年检查50次，检查渔船150余艘次，排查出一般安全隐患5个，整改5个，整改率达100%，渔船安全处罚2起、4人，渔业安全处罚全部清零。遇恶劣天气、高洪水位等情况，向镇街管理人员及渔民群发短信预警300余条，防范渔业船舶安全事故发生。

【水产品质量安全】 加强渔药销售门市定期不定期检查，杜绝销售违禁鱼药，对全区养殖大户进行实地宣传和检查，对饲料、鱼药、肥料等投入品的使用提出严格管理要求，加强鱼类病害监测和报告，发布鱼病流行信息，减少病害发生，提高水产品质量。加强执法检查，重点规范饲料和鱼药的使用和管理，倡导养殖单位建立健全生产记录、用药记录、销售记录，建立养殖单位登记备案制度，加强养殖用药行为的监管，确保水产品安全供给。

【水域生态安全】 贯彻《中国水生生物资源养护行动纲要》，控制捕捞强度，实施天然水域禁渔制度，加强渔具渔法调查和管理，打击电、毒、炸等非法捕捞作业。严格实行水生野生动物利用许可制度，开展“零点行动”“打击非法利用水生野生动物和破坏渔业资源及其生态环境行为”“绿盾2018”等专项行动，加强保护区内涉渔工程管理。

2018年，开展日常巡查执法200余次，出动执法人员475人次，出动车辆150余台次，出动执法艇20余艘次，其中夜间执法60余次，与九渡口水上派出所、长航公安巴南派出所、鱼洞水上派出所夜间联合执法11次，查处非法捕捞案件18起、26人，其中行政处罚12起、16人，批评教育2起、2人，移交公安机关立案4起、8人（电捕鱼2起、3人，网捕鱼2起、5人），劝离游钓人员900余人次，收缴禁用渔具300余副。至年底，行政处罚11起、15人，罚款41100元，正在办理行政处罚1起、1人。

林　业

【森林土壤】 大渡口区境内的基岩属于侏罗纪的砂页岩层，只有西部沿中梁山脉东翼少部分三叠系的砂岩、石灰岩裸露。土壤大多由基岩风化发育而成，主要有紫色土、水稻土和黄壤，长江干流沿岸尚有少量由河流冲积物发育面的冲积土。

【森林植被】 大渡口区的森林植被属于亚热带常绿阔叶林。自然植被由常绿阔叶林、针阔混交林和竹林组成；人工植被主要为马尾松和柏木纯林组成。主要的植被类型有：以香樟—细叶冬青—枸杞为主的常绿阔叶林；以马尾松—杜鹃—铁芒萁为主的马尾松林；以柏木—黄荆—白茅为主的柏木林。林场由于紧邻工矿业区、山体破碎、人口密度大及历史原因，原生植被多被次生针叶林取代，物种丰富程度降低。据调查，林场现有维管植物147科530属860种，其中蕨类植物22科41属75种；裸子植物7科9属9种；被子植物118科480属；有国家重点保护的珍稀濒危植物10种。林场现有组成树种中，针叶树种以马尾松柏木为主；阔叶树有香樟、栎类、千丈、刺桐、桉树、刺槐、黄葛树、泡桐等，经济林树种主要有柑橘、樱桃、桃、李、枇杷、花椒等；竹类有慈竹、硬头黄、孝顺竹等；灌木树种有黄荆、马桑、白荆条等；草本植物有蕨类、南天竹、白茅根等。

【野生动植物资源】 境内原生植被已被破坏，有森林植被是多年封育而成的多代散生萌芽残次林，马尾松、柏木群系；林内野生动物资源较少。

【湿地资源】 大渡口区境内长江流域、跳磴河、伏牛溪湿地1280.5公顷，均为一般湿地。

【退耕还林】 2017年，执行退耕还林直补政策，强化退耕还林工程后期管理，及时兑现退耕还林直补资金。退耕还林直补通过村、镇层层审核，农户个人信息等申报资料一一对应核准，经退耕还林直补管理软件系统进行数据录入和汇总，报经区农委、区财政局审查确认。直补资金由区财政局统一划款至银行，再由银行直接补助到退耕户，退耕还林工程2017年度延长补助期生活费和管护费直补资金通过银行向农户兑付80万元、3755户，退耕还林面积423公顷。

【天然林保护】 2018年，利用各种媒体，通过多种形式加强对天然林保护工程的宣传力度，同时建立完善的管护责任制，确定管护人员3人，并与管护人员签订《森林资源管护合同书》，把责任落实到人头上，严格兑现奖惩，开展护林员培训工作，强调和宣讲护林员的职责，时时牢记天保工作的重要性。

【产业发展】 全区有花卉苗木企业3家、野生动物经营繁殖企业2家和涉木企业14家。涉木企业以销售原木、木制品包装经营为主。重庆市唯一一个进口原木港口中交木材市场位于茄子溪码头，主要销售辐射松（新西兰）、加勒比松（澳大利亚）、樟子松（俄罗斯）、澳松（澳大利亚）等原木，主要销往市内、四川、云南、陕西、贵州等地。跳磴镇已有成熟的花椒、水果合作社，成为大渡口区特色产业。专业合作社通过土地资源集中生产，加强种植农户技术培训等方式提高土资源利用率，并带动周边农民增收。

【有害生物防治】 大渡口区森林以松林为主，主要树种以马尾松、杨树等为主，因此森林病虫害以松毛虫害为主，以每年3—6月为主要发生期，均为轻度虫害。通过布设新型诱捕器、药物防治等方式开展林业有害生物防治工作，与邻近区进行联合防治，全面预防森林病虫害。2018年未大规模暴发林业有害生物，进行了全区林业有害生物普查工作。

【林业调查及规划】 根据大渡口区林业建设与发展实际情况，严格按照市林业局的技术要求规范，完成了2017年大渡口区林地变更调查工作，摸清了林地资源情况和数据，为开展国土绿化工作奠定基础。同时建立了大渡口区天然林保护工程业务管理应用系统，科学化、精细化地管理天保工程。

农机水利

【农机】 随着全区转型发展和城市化进程的加快，全区农村面积逐步减少，传统农业逐步减少，农村土地越来越少，农用耕地面积也逐步减少，无拖拉机、联合收割机等传统农业机械。

【水利】 区内长江岸线33.6千米，占全区边界线长的80%，流域面积68平方千米。境内除长江外，有2条小溪河（伏牛溪河和跳磴河，流域面积分别为16平方千米和23.84平方千米），全区有小（2）水库工程3座（分别为建胜镇陈家郭水库，八桥镇红领巾水库、口袋沟水库）；山坪塘工程81口；长江防洪护岸1处（滨江路一期）。

【综合开发】 1月，第十七届中国西部（重庆）国际农产品交易会在南坪国际会展中心拉开序幕，红九九食品有限公司、华生园食品有限公司等龙头企业参展。

农村经营管理

【农民增收】 2018年，农村居民人均可支配收入19487元，增长8.2%。累计规上休闲农业企业5家，营业收入1853万元。

【土地承包经营管理】 通过强化组织领导、科学制订工作方案、抓好宣传培训、强化技术资金保障、规范程序操作和实行双督导双反馈工作机制等措施，推动深化农村土地承包经营权确权登记颁证工作。中标技术服务单位在镇、村、社积极配合下深入田间地头，现场指界绘图，完成13个村，73个社农村土地承包地块外业调查和数据矢量化，调查承包方4226户，调查地块33287个。大渡口区成为全市首批成功向农业农村部进行数据汇交区县之一。

【专业合作】 2018年，登记注册农民专业（股份）合作社26个。培育股份合作社3个，市级示范合作社3个。农民合作社成员3960个。注册商标2个，获得农产品质量安全认证5个。做好相关信息统计工作，按时上报有关专业合作组织各项统计报表，报表准确率和农业部合作社信息库同步更新率100%。

【“三变”改革试点】 区委办、区政府印发《大渡口区农村“三变”改革试点促进农民增收产业增效生态增值工作方案》。金鳌村通过层层推荐申报、专家评审、市级审定，被纳入全市38个农村“三变”改革试点村之一。推动金鳌村农村“三变”改革试点工作，完成清产核资、量化确权、确权确股。金鳌村全村清理农村集体经济组织成员980人，设置股份15671股。并以股份合作为核心，以股权为纽带，创新联结机制，通过内聚要素、外联资本和合股联营拓展适度规模经营，探索盘活农村自然资源、存量资产和集聚社会资本有效模式，探索以改革促发展，以股份促融合的蝶变之路。

【农村集体资产清产核资】 为贯彻《中共中央国务院关于稳步推进农村集体产权制度改革的意见》精神和重庆市《关于印发重庆市农村集体资产清产核资实施方案的通知》要求，明晰农村集体产权归属、维护农村集体经济组织成员权利，深化农村集体产权制度改革和发展新型农村集体经济奠定基础，大渡口区及时开展新一轮农村集体资产清产核资工作。区农业主管部门与区纪委联合召开全区“三资”清理暨民生监督试点工作动员会，区农委等七个部门联合行文印发了《大渡口区农村集体资产清产核资实施方案》，全区各镇按照《实施方案》的工作任务和时间节点要求，推进清产核资工作。

【农经信息统计】 及时上报季报和年报统计报表，较好地完成了农产品市场价格采集报送工作，撰写了多篇形势分析材料，做好参谋助手，为领导决策提供依据。

【农民负担监督管理】 抓好一事一议筹资筹劳规范管理，规范农村公益建设筹资筹劳行为。完善三层监督，落实四项制度，强化专项整治，实现农民负担监管工作不下滑、形势不反弹、无相关信访举报案件发生的总体目标。通过村级公益事业建设一事一议财政奖补项目，妥善解决金鳌村民生服务团收集群众反映的问题和诉求，为方便金鳌村村民生产生活，实施完成从1条金鳌村1社朝天嘴到石盘村7社便道、1座钢结构移动公厕和2个蓄水池的建设。

【“大棚房”专项清理整治行动】 通过“高站位、快行动、强领导、建机制、抓落实、全摸排、彻整改”等措施，推进“大棚房”问题清理整治工作。成立由区委书记、区长任组长，分管副区长钟渝、唐勇为副组长，相关单位为成员的专项行动领导小组，统筹开展专项行动。印发《大渡口区开展“大棚房”问题专项清理整治行动方案》。明确了总体要求、清理整治范围、主要工作任务、责任分工、工作步骤和工作要求。全区组织镇、村、社开展排查，边清查边整改。11月15日，推进落实会后，全区再次开展排查整治。区领导带队对排查整治工作进行督导检查。全区按照属地管理原则，逐级压实责任，明确任务、要求和时限，全覆盖地深入排查整治，完善台账资料，完成了各个时间节的“大棚房”清理整治任务。

农业行政执法

【业务培训】 制订《区农委2018年行政执法培训方案》，11月，邀请法律专家对全委职工开展2018年度法治专题培训和“七五”普法《中华人民共和国宪法》专题培训。

【监督检查】 制订《大渡口区2018年“绿剑护农”行动实施方案》，成立领导小组，召开了2018年工作布置会。突出重点食品，肉、蔬菜、奶制品、水产品等作为重点品种进行专项整治；突出重点环节，重点抓好产地、市场等重点环节的农产品质量安全专项整治；突出重点对象，重点加大对蔬菜基地、经销门市的检查整治；突出重点时段，重点做好春节、“五一”“十一”等节日期间的农产品质量安全专项整治。

对经营种子、农药、肥料、兽药的门市和销售点进行全面监督检查，执法队联合动监所和农技站对全区的7个农资门市、4个兽药门市进行多次全面检查，查获销售未标注过期农药的农药案1件，立案调查处理1件，结案1件，处罚款0.2万元，没收过期劣质农药10余瓶（袋）。配合渔政所在禁渔期内多次开展执法检查，加大对电捕鱼的专项整治和查处力度，遏制禁渔期内非法作业和电捕鱼的违法事件。

【农产品质量安全执法】 根据市农委和市农业执法总队要求，开展农产品质量安全执法抽检工作，对相关农业企业和农民合作社开展了两批次10个品种的抽检工作。

【执法能力建设】 编印《大渡口区农林水利渔业行政执法大队制度汇编》，做到从制度上约束，从制度上规范执法人员的各项执法行为。

建立“四册一台账”管理，即：建立来人、来信、来函、来电情况反映登记册；执法检查登记册；整改通知发放登记册；行政处罚、罚没物资收缴、处置登记台账。结合实际，规范执法检查记录簿。

编制印刷农业法律法规宣传单（册）20000余份。

（区农委）

工　业

【概况】 2018年，全区76家规上工业企业实现总产值183.8亿，同比下降2.03%；实现销售产值182.6亿，产销率99.3%。规上工业增加值同比下降9.9%。从业人员年平均数1.9万，同比下降8.6%。实现利润总额13.5亿，同比下降1.4%。工业投资14.5亿，同比增长2.1%。分行业来看，电子制造产业实现产值33.7亿元，同比增长60%。装备制造业实现产值26亿元，同比下降13%。材料产业实现产值60.6亿元，同比下降6.7%。汽摩配件产业实现产值22.5亿元，同比下降23%。消费品产业实现产值20.5亿元，同比下降16%。

环保产业

【概况】 2018年，环保产业实现营业收入61亿元，同比增长5%，新引进企业23家。

【环保招商】 落实四个强化，夯实招商引资各环节。强化载体建设。加大园区宣传，提高园区影响力。建立了“重庆市生态环保科技产业园”公众微信号，推送图文350余篇，宣传大渡口区生态环保产业。召开“问道•马桑溪——2018重庆环保产业发展之路报告会”，提升环保业产界的知名度。先后接待人民网等各级媒体专题采访报道。强化渠道建设。丰富和深化与环保部环境保护对外合作中心、宜兴环科园、中节能中心、E20环境平台等全国性专业单位，市环保局、市水务资产公司、市环投集团、市环卫集团、市化医集团、渝富公司等市级平台的合作，加强与重庆大学、重庆交通大学、重庆师范大学、南京大学等高等院校的交流，掌握行业信息，挖掘合作项目。强化信息收集。聚焦环保制造业和服务业，开展“走出去、请进来”，加大企业对接力度。

2018年，外出拜访企业80余次，接待企业代表335余人次。强化落地服务。提升服务质量，解决企业落地服务，帮助企业办理工商、税务等手续，协调公租房、办公用房及厂房，落实招商政策，提高企业入驻效率。整合区内环保企业力量，组建大渡口区环境保护联合会，聚集各种规模、各个领域环保企业的技术、人才等创新优势资源，增强区内环保企业之间的凝聚力，合力推进大渡口区环保产业发展。

【环保产业生态链完善】 拓展固废处理生态链。拓展固废前端收运领域，引进重庆中联弘峰环卫有限公司，打造生活垃圾“清扫保洁＋垃圾清运”服务模式。深化与远洋集团控股北京盈创再生资源有限公司合作，推动瓶级塑料循环利用产业园项目建设。实现固废处理工艺多样化，打造上海中荷环保智能制造中心，拓展环卫市场。发挥污水处理产业市场优势。推动三峰环境生活垃圾渗滤液处理项目向全市27个区县、48个生活垃圾填埋处理场推广应用。推动清禧环保科技有限公司发展壮大，实施工业园区集中污水治理项目，向污染第三方治理整合平台服务商和行业领导者发展。推进环境监测产业做强做大。

2018年，新引进国环绿洲环境科技有限公司，拓展二噁英检测领域。此外，对接罗克佳华集团网格化大数据监测、蓝大五维监测等项目，形成能够覆盖水、气、声、土等全领域监测能力的环保监测产业链，建设重庆环境监测产业高地。加快推进土壤修复和大气治理产业培育发展。依托重钢搬迁地块土壤修复市场资源，对接上海敖江环保等土壤修复企业，加强与渝富集团、城投集团合作，积极推动德润新邦开展业务运营。聚焦脱硫脱硝及VOC行业，积极寻找意向企业，加强环保企业合作互助，成功推动了科蓝环保与盎瑞悦科技开展烟气治理项目合作。利用环保基金，助推园区发展。推动重庆市环保产业股权投资基金开展业务运营，该基金2018年对园区重庆百环环保、重庆亚领环保提供100万免息贷款，并开展第三届创新创业大赛，与园区2家企业签订了投资意向协议。

【重点项目推进】 全面推进装备制造业项目，以长鹏实业、勤牛集团、宝丰线缆等园区闲置厂房和园区新建标准厂房为载体，加强与铁马集团、长征重工等具备大型制造能力的企业合作，成功发布长征重工环保产品制造业中心项目。与沙舟环保团队合作，协调水务资产、股权基金等市级平台公司资源，开发了“呱呱环保网”等网络咨询及交易平台，环保产品线上线下交易平台实现试运行。

电子制造产业

【概况】 全区电子制造产业是大渡口区发展较快的产业，有企业3家，2018年实现产值33.7亿元，占全区规上工业产值比重18%，产值同比增长60%。其中，重庆海康威视科技有限公司是全球安防监控领域的行业领头羊。

【重庆海康威视科技有限公司】 2018年，重庆海康威视科技有限公司实现产值31.5亿元，增长69%。企业在建桥工业园C区投资8.7亿元建设的海康威视重庆科技产业园一期项目顺利投用，建筑面积12万平方米，建设110余条生产线，包括电装23条SMT线，7条THT线，年产能4000万台（套）。为扩大生产能力，企业将于2019年2月开工建设重庆科技产业园二期项目，总投资12.57亿元，建筑面积17万平方米，年产能5000万台（套）。

装备制造产业

【概况】 装备制造产业是大渡口区的重要支撑，有企业14家，2018年实现产值39亿元，占全区规上工业产值比重20%。其中，重庆三峰卡万塔环境产业有限公司、重庆长征重工有限责任公司是装备制造产业的代表企业。

【重庆三峰卡万塔环境产业有限公司】 公司是重庆三峰环境产业集团有限公司的子公司，专业从事垃圾发电项目总包、提供焚烧炉及成套设备、运营垃圾焚烧发电厂，实现生活垃圾的环保治理和资源化利用。通过近二十年的发展，三峰卡万塔已经跃居行业前沿，成为中国环保产业协会副会长单位，国家环保产业固废处理牵头单位，先后被评为国家优秀环保骨干企业、环境保护先进单位和重庆市高新技术企业。公司拥有国家住建部颁发的环境工程（固体废物处理处置工程）专业甲级资质、重庆市建委颁发的电力行业（新能源发电）设计资质、环境保护部颁发的环境污染治理设施运营（生活垃圾）甲级、国家发改委颁发的工程咨询（新能源）资质、电力调试，及国家商务部颁发的对外承包工程经营资格证书等多项资质证书。2009年6月1日，由重庆三峰卡万塔环境产业有限公司主编的《生活垃圾焚烧炉及余热锅炉》GB/T17850-2008国家标准正式实施，同时三峰卡万塔成为生活垃圾焚烧炉工作组召集单位，代表国家组织生活垃圾焚烧炉的国家、行业标准的制修订工作。三峰卡万塔正成为世界一流的垃圾焚烧发电技术及设备供应商、最好的垃圾焚烧发电EPC总承包商、最优秀的垃圾焚烧发电运营公司。

【重庆长征重工有限责任公司】 公司是一家重点大型中央在渝工业企业，系中国船舶重工集团公司（位列世界500强第281位）旗下中国船舶重工股份有限公司的全资子公司，是中国造船工业在西南地区的铸锻中心，中国铁路货车及配件的重要供应商，中国最大的船用集装箱绑扎件研制基地，中国唯一一家非客车厂生产地铁转向架企业，也是重庆本地唯一一家地铁转向架生产企业。公司有员工3000余人，其中，中、高级专业工程技术人员310余人，研究员级高级工程师6人，总资产近30亿元。该公司技术力量雄厚，专业门类齐全，是重庆市市级技术中心，国家模具CAD工程研究中心重庆C3P示范基地。企业具备年产铁路货车5000辆、地铁转向架500辆、模锻件2万吨、自由锻件5万吨、铸钢件5万吨的能力，其主要产品有铁路货车及配件、城铁转向架、卡特彼勒产品、风电主轴、机架、连杆、集装箱绑扎件、轻轨支座以及各类铸锻件等产品，广泛用于铁路、船舶、风电、城市轨道交通、石油、化工、冶金、汽车、航空、工程机械等领域。

新材料产业

【概况】 新材料产业有企业8家，2018年实现产值36.1亿元，占全区规上工业产值比重20%。其中，重庆国际复合材料有限公司是新材料产业的代表企业。

【重庆国际复合材料有限公司】 公司是一家集玻纤产品研发、生产、销售为一体的大型国有企业，专注于高性能新材料，致力于研制品质稳定、持续创新的高性能产品，为客户提供有价值的服务和应用解决方案。企业成立于1991年，前身是1971年成立的重庆玻璃纤维厂，1999年被云天化收购，现由云天化集团有限责任公司主要控股，是云天化集团新材料产业的重要支柱。CPIC拥有总资产超过110亿元，分别在重庆（有大渡口和长寿两个生产基地）、珠海、常州以及海外的巴西、巴林建有生产基地，玻纤年产能突破60万吨，玻纤布年产能达到1.5亿米。公司下设北美公司、欧洲公司、俄罗斯公司和香港公司4家销售子公司。企业拥有世界一流的生产设备和工艺技术、更具有训练有素的专业员工和忠诚的供应商。提供的玻璃纤维产品从纺织细纱、膨体纱，到增强材料产品，如粗纱、毡（乳液/粉末）、方格布、多轴向织物、热塑性塑料用短切纤维、热塑性塑料用直接粗纱，产品质量一直领先于同行。通过多年的探索和努力，企业已拥有世界一流的自主核心技术，拥有包括ECT、TM、TM+等发明和实用型专利96项。无捻粗纱产品荣获“中国名牌”称号，主要产品通过德国船级社（GL）、英国劳氏（LR）、美国FDA认证。产品畅销亚洲、欧洲、美洲、中东等多个国家、地区，与GE、杜邦、LM等国际知名企业建立了稳定的合作关系。产品被广泛应用于城市建筑、室内装饰、汽车工业、机械电子、风力发电、航空航天、海洋、轨道交通等领域。

2018年，企业投资4.1亿元，完成国际复合F05线高性能玻璃纤维生产线技术改造项目，对原生产线进行智能化升级改造，形成了一条年产10万吨高性能玻璃纤维TM Ⅱ生产线。

建材制造产业

【概况】 建材制造产业有企业12家，2018年实现产值24.5亿元，占全区规上工业产值比重13%。其中，重庆小南海水泥厂是建材制造产业的代表企业。

【重庆小南海水泥厂】 重庆小南海水泥厂是区重点工业企业之一，也是纳税大户之一。该企业为个人独资民营企业，始建于1970年，改制于1998年，主要经营范围为水泥制造、预制构件、建筑材料、露天采掘、装卸搬运等；主导产品有“南海牌”32.5级、32.5R、42.5级、42.5R、52.5级、52.5R普通硅酸盐水泥和复合硅酸盐水泥，“南海牌水泥”为重庆市名牌产品。

汽车、摩托车及配件制造业

【概况】 汽摩和摩配制造业是大渡口传统支柱产业，有企业20家，2018年实现产值22.5亿元，占全区规上工业产值比重12%。处于行业领先地位的企业有重庆秋田齿轮有限责任公司、重庆三木华瑞机电有限公司、重庆太仓科技有限公司和重庆利德工业制造有限公司等。

【重庆秋田齿轮有限责任公司】 公司创建于1993年，位于重庆大渡口区建桥工业园区，占地10万余平方米，有职工2700人。为一家集研发、制造、销售为一体的现代化民营企业。与日本本田及其国内外合资企业、铃木、大长江、隆鑫、力帆、广东海利、中国长安汽车集团青山变速器分公司、淮柴动力集团株洲齿轮以及美国SPX、美国中西公司、意大利比亚乔、德国宝马、印度马恒达、印度百佳吉等国际国内数十家知名企业建立了广泛的合作关系。截至年底，秋田公司各型汽车、摩托车齿轮的产销量均超过了1亿件/年。

公司是重庆市高新技术企业，连续多年被重庆市大渡口区人民政府评为“工业十强企业”“十佳纳税企业”，连续多年被重庆市政府评为“重庆市民营企业五十强”，被市政府授予“重庆市百户就业先进民营企业”“重庆市用户满意企业”“重庆市用户满意产品”等称号，公司还获得了“国家免检产品”“重庆名牌产品”“重庆市著名商标”“重庆市产业振兴重点扶持骨干企业”“重庆市企业技术中心”“市级工程技术中心”“企业技术创新工作先进单位”“标准化良好行为AA级”“全国先进基层党组织”等诸多荣誉。

【重庆三木华瑞机电有限公司】 公司成立于1994年，是一家集研制、开发、生产、销售汽车覆盖件、摩托车、通用机器、汽车电装品的企业。主要产品包括：汽车覆盖件、汽车电器件、电子点火器、点火线圈、调压整流器、启动继电器、防盗报警器、电子闪光器以及汽油发电机组一体化点火器、调压器，还有磁电机和启动电机等系列产品。公司具有年产20万套汽车覆盖件、700万套电装品、300万套磁电机和500万套启动电机的生产能力，总资产2亿元以上。公司有员工1500余人，其中，高级工程师22人，工程师45人，各类专业技术人员80余人，管理人员100余人，全公司员工中大专及以上学历占18%，中专学历占45%。

【重庆太仓科技有限公司】 公司是一家专业从事汽车，摩托车发动机汽缸体和汽缸盖研发制造的民营企业，拥有压铸、机加工、表面处理一体化的生产设备。有员工1500余人，其中技术人员60余人，公司技术力量雄厚、设备精良、检测手段齐全。拥有主要生产设备700余台套，其中有快速集中熔化炉、旋转除气精炼机、全自动压铸机、通过式热处理流水线、表面钝化、表面处理流水线、加工中心、数控珩磨机、数控专用机床、镗床等；拥有8条先进的机加工生产流水线和全自动三坐标测量仪、圆柱度仪、光谱仪、粗糙度仪、布氏、洛氏硬度仪、理化检测中央实验台等先进的计量设备和精密测量手段。公司具有年产摩托车汽缸体1000万件、汽缸盖100万件的生产能力，在全国双金属汽缸体行业中，产能名列前茅。公司生产的汽缸体，汽缸盖品种齐全，有CB系列、CG系列、CL系列、泰本田系列、双缸系列、水冷系列、GY6系列、GS系列、GN系列等，共300余种品种，1000余种状态。公司有很强的新产品设计和开发能力，平均每年自主开发新产品达到20余种。

【重庆利德工业制造有限公司】 公司是专业从事摩托车离合器研制、生产、销售和服务的民营企业。公司质保体系完善，通过ISO9001：2008质量体系认证，是中国外贸企业信用指定示范单位。离合器产品是中国行业内首家通过CQC产品自愿认证，年产量达到800万套。公司不断凝聚行业高端人才，创新行业尖端技术，持续推进精益文化，向着“打造离合器第一品牌”的公司愿景高速迈进。

食品医药及消费品产业

【概况】 食品医药及消费品产业是大渡口区主要的轻工业行业，有14家，2018年实现产值20.5亿元，占全区规上工业产值比重11%。其中，重庆红九九食品有限公司、重庆嘉威啤酒有限公司、重庆华伦医疗器械有限公司是食品医药及消费品产业的代表企业。

【重庆红九九食品有限公司】 公司品牌“红99”始建于1993年，是生产多用途“浓缩火锅底料”的专业生产厂家，公司采用国际先进的管理体系ISO9001：2008及ISO22000：2005食品安全管理体系确保公众健康，恪守100%高品质的承诺。历经二十年辉煌发展，拥有近4万平方米的生产经营场地，绿化面积近2万平方米的全覆盖花园式工厂，年生产能力可达到10万余吨，并配有齐备的检验设施，自主创新设计能力极强，现拥有自主开发创新的世界唯一的全自动化、智能化的火锅底料机械化生产线11条。专业化程度极高，做到科学合理、安全可靠。公司是全国火锅底料生产行业中享有盛誉的专业化、产业化、现代化、科学化的龙头企业。2018年11月，企业计划投资6.3亿元，开工建设了重庆红九九食品深加工基地项目。

【重庆嘉威啤酒有限公司】 公司地处建桥工业园A区。公司原系大渡口区八桥镇集体企业，于1998年1月经大渡口区体制改革办公室、八桥镇政府批准，实施了产权制度改革，并于1999年实行了资产重组，现为股份制企业，属重庆钰鑫实业集团控股子公司，同时为重庆啤酒成员企业，是大渡口区重点企业。公司占地面积近14万平方米，员工500余人，其中高中级管理工程技术人员及大专以上学历的员工占公司总人数的22%。生产规模为年生产啤酒15万千升。

多年来，公司先后荣获重庆市民营企业50强，重庆市最佳文明单位，重庆市市级园林单位，重庆市质量效益型企业，大渡口区民营企业10强，大渡口区重点纳税大户，大渡口区十强纳税企业、大渡口区重合同守信用企业、大渡口区森林式企业等称号。

公司于1998年3月通过了ISO9002国际标准产品质量认证；2003年1月通过了ISO9001：2008质量管理体系认证；2005年6月通过了QS食品安全市场准入认证；2011年12月通过安全生产标准化三级企业认证；2013年11月取得企业标准化良好行为AAA级证书；2015年5月通过危害分析与关键控制点（HACCP）体系认证；公司生产山城系列啤酒，主要产品有重庆国宾啤酒、560ml重庆啤酒、清爽山城、山城冰花金帽啤酒、山城新清爽啤酒等5个品种。公司设备先进、工艺配方科学、检测手段完善、技术管理严格，以绿色环保为主题，先后多次组织实施大规模的技术改造，完善污水处理工程、煤改气工程、厂区环境改善工程，形成了观光式、花园式的企业格局。

2018年11月，企业投资7800万元，开工建设了18万千升技改扩能项目，升级改造啤酒制造生产线，形成18万千升/年生产线。

【重庆华伦医疗器械有限公司】 公司创建于1993年3月，主要致力于医疗器械、机电、仪表、生物技术产品的科研、开发、销售、服务，是重庆市“高新技术企业”和“重庆市精神文明单位”，是国内生产高频医用诊断X射线机和康复设备的主要企业之一。公司拥有高频医用诊断X射线机系列、多克自热式柔性TDP灸疗贴系列、华伦药灸系列、特定电磁波（TDP）治疗器等康复设备系列、消毒产品系列产品。高频医用诊断X射线机系列和多克自热式柔性TDP灸疗贴系列产品是重庆市高新技术产品。开发、研制、生产的多克自热式柔性TDP灸疗贴系列产品、移动储能式高频医用诊断X射机系列产品均具自主知识产权，其中GPX200C储能式高频医用诊断X线机的储能技术填补了国内空白，获国家科学技术部、国家商务部、国家质量监督检验检疫总局、环境保护局“国家重点新产品”证书。公司2004年通过了医疗器械CMD国际质量体系认证，部分产品通过了CMD产品质量认证、CCC强制性安全认证、欧洲CE认证、韩国的KFDA认证等。企业有国家发明专利3件、实用新型专利39件。各类产品销售网络覆盖全国各省市、并销往欧美、东南亚、港澳台等30多个国家和地区。

（区经信委）

信息网络 邮政通信

【通信及信息网络基础设施】 加快“光网 无线重庆”建设，推进“光纤到户”建设，推广三网融合，形成多业务、多功能的信息服务网络，在已实现全光网的基础上，全光网络更深更透更全，全区光端口46.2万个，99.99%可达千兆速率，另新建260个4G基站，200个NB-IOT基站，光纤网络和通信信号均已覆盖到全区所有街镇以及重点园区，形成多业务、多功能的信息服务网络。

至年底，4G网络基站约1906个，2G基站约550个，AP站1070余个，NB-IOT基站约260个，并在大渡口区域完成5G试商用基站开通，管道资源2440多管程千米，杆路690余杆程千米，光缆线路约10600余千米。无线网络方面，建成750个800M基站，C网基站280余个（含室分基站）。

【邮政】 大渡口区邮政业务主要是国内和国际邮件寄递业务，国内报刊发行业务，依法经营邮票和集邮品销售业务，机要通信业务和义务兵通信业务，各类邮政代理业务，邮政物流，化肥，农药（不含危险化学品）、种子、农膜等农资连锁配送经营，固定形式印刷品广告投递（以上经营范围限有资质的分支机构经营）；与邮政业务相关的销售、咨询服务项目，销售：电子产品（不含电子出版物）、日用百货；自有房屋出租；设计、制作、代理、发布；国内广告；展览会议会务服务。

2018年，大渡口区邮政分公司实现收入5333.96万元，有从业人员228人，下设综合办公室（党委办公室）、市场营销部（服务质量部）、财务部、党委党建工作部、金融业务部、集邮与文化传媒部、寄递事业部综合部、寄递事业部市场部、寄递事业部运管部9个部室。辖区内邮政网点14个，其中金融网点9个、纯邮政网点2个、代办所3个；服务面积为103平方千米，服务人口为34万人。村邮站33个，智能包裹柜15个，代收代投点116个，ATM自动取款机9台，CRS16台，存折存取款机2台；有公务车辆4台，生产车辆28台（含寄递事业部），有邮路4条，邮路总长147千米。

（区经信委）

城乡建设与环境保护

城乡规划

【概况】 2018年，大渡口区规划分局（简称区规划分局）落实市委“兴调研、转作风、促落实”部署，围绕大渡口区转型发展要求，在新总规编制、“四山”保护提升、“两江四岸”治理提升、“多规合一”等重大专项和建设项目审批等方面取得了一定的成绩，同时综合交通优化、钓鱼嘴功能定位、跳磴功能定位、伏牛溪山水绿文体系研究、党校选址论证等工作取得重大进展。

【规划编制】 2018年是新一轮总体规划的编制年，也是空间规划编制改革的起步年，市规划自然资源局全局上下都参与到新总规编制中。区规划分局配合完成了现版总体规划实施评估，深刻总结过去的发展特点和不足问题，精心提出钓鱼嘴—龙洲湾城市副中心、钓鱼嘴音乐岛和钓鱼嘴片区规划建设轨道交通等功能定位和重大基础设施规划建议，为新总规编制提供了指引和支撑。

【规划保护】 突出空间规划对资源的保护职能。规划在宏观层面，本质是对自然地理、生态环境、历史人文资源等各类要素的保护。区规划分局配合市规划自然资源局加强对山、水和岛的保护，形成《主城区“四山”保护提升规划方案》和《主城区“两江四岸”治理提升统筹规划》。同时加强保护整改，抓好中梁山生态环境综合整治，全面开展存量违建摸排核实，同步启动违法建设专项整治。

【“多规合一”改革】 将规划改革作为提升规划服务效能和精准治理水平的方向，直面矛盾、解决问题，取得了一些突破。深化“多规合一”改革，是市委的重大改革专项，列入市委专项改革要点。按照市规划自然资源局的统一安排，区规划分局划定了城镇、农业、生态三类空间和生态保护、永久基本农田、城镇开发边界红线三条控制线，扎实推进“多规合一”工作，配合完成主城区“多规合一”成果入库，利用新总规编制的契机，加快实现“多规合一”一张图、一套规程、一个审批平台。

【规划审批】 全区建筑项目核发选址意见书11件，用地面积约21万平方米，同比增长70.29%；规划条件函18件，用地面积约92万平方米，同比下降43.19%；用地规划许可证22件，用地面积约144万平方米，同比下降32.9%；建设工程规划许可证64件，建筑面积约532万平方米，同比增长65.95%。市政项目共办理了选址意见书24件、用地规划许可证13件、建设工程规划许可证21件。全年核发竣工规划核实确认书37件，核实建筑面积约237万平方米，同比下降43.65%。

（区规划分局）

城乡建设

【概况】 2018年，大渡口区道路交通基础设施建设投资约20亿元，新增城市道路约16千米，使大渡口区城市道路总里程达到183千米。“七纵七横”骨架路网基本成型，钓鱼嘴片区、八桥互助片区、跳磴片区路网建设全面推进。轨道5号线南段及延伸段江跳线工程顺利推进。加强管网建设，建成污水管网7千米，雨水管网11千米。房地产业持续快速发展，出让土地413亩，完成房地产开发投资169亿元、增长15%，商品房新开工260万平方米、销售192万平方米，分别增长25%和6.7%。

实施民生工程，启动新一轮棚户区改造，完成1950户。建成步行街公共停车场，新增公共停车位40个，金桥大楼机械停车库正实施主体安装。双山路与袁茄路地通改造建成投用，半岛逸景人行天桥、平安站人行天桥开工建设，缓解当地居民过街难问题。强化文明施工管理，守住安全生产底线，工地文明施工水平明显提高。

【城区建设】 完成大滨路三期、滨江路南端隧道、重钢片区南大干道、工博馆至南大干道连接线综合整治工程、八桥储备地道路、跳磴储备地道路、跳磴公租房北侧市政道路、跳石路与跳陶路连接道、钓鱼嘴9号路等项目，继续推进中坝路、二纵线华岩至跳磴段、钓鱼嘴1号路中段、跳红路、湾塘片区道路等项目，开工金家湾立交改造、新九中路、白居寺长江大桥（水上部分）、新华路、桥梓塘3号路、石林大道改造、岩头湾路、钓鱼嘴1号路南段二标、钓鱼嘴6号路等项目。

【轨道交通】 轨道5号线南段及延伸段江跳线工程顺利推进，轨道交通5A线征地摸排工作正式启动。

【建筑业】 2018年，全区办理企业新申请资质10家、企业资质升级2家、企业资质增项12家、企业资质证书变更申请28家。至年底，全区有建筑企业142家，其中总承包企业50家，专业承包企业90家，劳务企业2家。加强建造师注册管理，完成一级建造师初始注册21人、二级建造师初始注册29人、一、二级建造师变更注册134人、二级建造师注销注册38人。2018年，完成建筑业总产值179.2亿元，下降5.9%。

【业务培训】 全年完成建筑业十一大员培训考试145人。

【施工许可管理】 强化建筑施工许可管理，开展不定期检查，核查建设工程施工项目经理，关键岗位人员上岗证书，并逐步规范建设工程施工现场从业人员持证上岗制度，防止发生恶意逃避建设工程施工许可管理现象和超越建设工程施工许可的范围进行建筑施工现象，对违法违规的工程项目进行严肃的处理并责令改正。全年核发建设工程施工许可证74件。

【工资拖欠处理】 及时妥善解决建筑行业农民工工资拖欠投诉问题，设置了接待室，建立日常接待制度。对每一项农民工投诉都详细备案记录并限时处理。全年处理农民工工资拖欠投诉66起，涉及金额1550万元。

【诚信综合评价】 按照市建委关于施工企业诚信综合评价体系建设工作要求，实施建筑施工企业合同履约评价。对全区纳入质监提前介入和已办理施工许可证的80多个在建项目施工企业实施合同履约现场评分，规范施工现场管理。

【房地产业】 全面贯彻新发展理念，深化供给侧结构性改革，坚持科学分类调控，全区房地产市场呈现总体稳定的新局面。开发企业实力增强，旭辉、荣盛、金地、卓越、联发、新城等全国性知名企业均在区注册了子公司。开发规模上台阶，全年商品房新办理施工许可面积467.03万平方米，同比增加92.1%，创下历年来新高。房地产业的不断发展壮大为经济社会的发展提供了强有力的动力支撑，全区完成房地产固定投资169亿元，同比增长15%，房地产固定投资占全区固定投资的82.8%；房地产行业配套费返还4.48亿元，同比增长119.6%；房地产行业相关税收累计19.32亿元。高品质楼盘配比增多，多个楼盘开盘即售罄，群众改善性需求日益增长，全年完成商品房销售192.1万平方米，同比增长6.7%。

【移民工作】 按照三峡后续工作实施规划项目申报原则和申报要求，结合全区整体规划及片区移民项目实施情况，移民办会商区财政局，经区政府研究同意及市移民局项目合规性审查批复，拟将大渡口区“十三五”农村公路路网新建改建工程（一期）——沙石路工程、大渡口区跳磴镇农村移民精准帮扶项目移民村文化休闲广场项目共2个项目作为2019年三峡后续实施规划项目上报，申请三峡后续专项资金共计3725万元。市水利局联合市财政局已批复下达大渡口区2019年实施项目一个：大渡口区跳磴镇农村移民精准帮扶项目移民村文化休闲广场项目，下达第一批资金预算600万元。

【移民后期扶持】 区移民局联合区财政局完成2018年农村移民后期扶持资金计划上报，安排2018年三峡水库农村移民后期扶持项目资金计划52.98万元，其中村组摊薄资金12.78万元，城镇移民困难补助资金2.2万元，使用2017年后扶结余资金38万元用于跳磴镇红胜村金竹林山坪塘建设项目。

市下达大渡口区2018年三峡水库库区基金27万元，按照库区基金项目申报要求，结合辖区移民项目建设情况，经区政府批复同意，将跳磴镇石盘—金鳌登山步道建设项目作为申请上报。

2018年，扶助城镇困难移民54人，发放补助资金21600元。

【消落区调查】 根据最终确认的《三峡水库消落区综合治理实施方案》，大渡口区本次规划项目共9个，估算总投资约12亿元、专项补助资金约10.3亿元。经区政府研究，同意先行实施鱼鳅浩至鱼洞长江大桥段，与"两江四岸"一期实施范围一致。消落区整治工程与"两江四岸"整治作为一个整体项目统一实施。剩余鱼洞长江大桥至小南海段，参照主城区两江四岸整治标准先行启动前期工作。

【小南海水电站封库影响调查工作】 4月，移民办配合长江委小南海电站后续影响调查组，联合跳磴镇、区发改委等有关部门，从辖区经济社会规划发展、基础设施建设和环境保护、文化遗存保护、城集镇迁建、移民信访等方面开展影响调查，提出有关工作建议，申请资金支持125994万元。

（区建委）

城市管理

【市政设施建设】 全年实施主次干道隔离设施改造28千米，城市桥梁容貌整治25座、8.33万平方米，城市隧道及下穿道等涂装改造10座、2.2万平方米。涂装城市桥梁、人行天桥、隧道等36座，面积11.2万平方米。完成春晖路、袁茄路、文体路等14条道路的隔离设施安装28.9千米，规范26处裸露管线、架空管线、地面设备及通信井盖走向，解决了城区人行护栏等隔离设施颜色各异、大小规格不一、材质样式繁多，桥梁以及隧道装饰涂装陈旧、色系杂乱无章、缺乏整体美感等问题。

【园林绿化】 按照点、线、面相结合，在点上做精、线上出彩、面上成景的工作思路，通过栽植大量的开花植物、色叶植物、闻香植物和季相变化植物，以及加强乔灌草的修剪造型，营造出有视觉冲击和嗅觉感知的良好效果。通过开花乔木、草花和整形的搭配提升景观，还在立交、主要干道匝道、绿岛内设置景石，利用堆山叠石手法，展现园林艺术。

全年改造绿地面积21.5万平方米，栽植美人梅、红枫、樱花等开花观叶乔木3300余株。与市政隔离设施改造相结合，在区行政中心、春晖路设置花器，种植西洋鹃1万余株，利用夏季改造间隙，在西城大道中分隔离带播撒花种1.2万平方米，取得较好景观效果。

【民生实事】 实施"增绿添园"行动，重点在老旧社区、安置房和公租房周边新建改建社区公园和小游园16个，面积21万平方米，提升群众居住环境品质；实施公厕建设，建成15座公共厕所（其中新建7座、改建6座，灵活设置2座移动公厕），已完成设计，正在报财政审计。完成3座移动公厕建设，推动临街社会单位对外开放13座；完成直饮水点建设，在步行街、公园、广场、社区等公共区域布点建设39个直饮点（50套饮水设备）；完成水质提升工程，完成申佳子溪宛和茄子溪焦化一村居民用水提质工程改造1588户；新建环卫爱心驿站8座，已完成4座环卫爱心驿站；安装人车行道隔离设施，与品质提升同步实施5条道路人行护栏约13.8千米。

实行生活垃圾强制分类，在公共机构的区级党政机关、学校、医院基本实现全覆盖。在新山村街道开展垃圾分类试点，完成垃圾分类收集桶采购、分类微信管理平台开发；完成农村生活垃圾治理验收，开展"百日清扫大行动"活动，清理房前屋后、河塘沟渠、公路沿线等垃圾860吨、"牛皮癣"600余处、违规张贴物200余处，悬挂宣传标语120幅、提示牌500余块，张贴宣传海报和喷绘400余张，11月底完成市级迎检工作。

结合中央环保督察整改，完成大坪山污水排查、截流工作；5月底大九污水处理厂二期扩建通水试运行，提前达到环保督查污水处理设施整改要求；完成整改四胜村九社直排口一体化泵站建设和436处直排口的截污提升泵站工程；污水治理与管网建设，完成3号路临时污水管道工程，解决茄子溪P1安置房片区污水排放问题。开工建设大渡口区雨污水管网整治工程，一标段完成80%，二标段完成30%，三标段第三次挂网招标。

【城市管理】 环卫精细化作业上推进“以克论净”，划分11个网格管理，实行“定线路、定车、定人、定职责”管理模式，双班作业与人工清扫保洁同步，道路机扫率92%。绿化管理上推行绿化向园林景观转变，在增花、增色、增香上狠下功夫，实施对钢花路、春晖路、古渡春色广场和山海路绿化景观提升。完成黄桷大楼垃圾站、基建村垃圾站2座垃圾站立体绿化。

市政设施管理上推进快进快出维护，保障设施完好率。新改建路灯2882盏、新安（改造）社区路灯57盏，维护路灯2641盏、更换路灯灯具1121盏，路灯井盖345个、涂装路灯灯杆579根，路灯完好率98.34%以上、亮灯率98.65%以上。对全区24座桥梁进行检测，整治窨井盖337个、水篦子350个，暴雨积水点11处，清掏疏通排水管网31千米。

推进数字城管向智慧城管转变，运用物联网技术，对74个危险源（化粪池、下水道）实施气体在线监控。将700余个公安视频监控点接入数字终端平台、配备城管通采集员，发现7起违法倾倒建筑垃圾并交办执法部门实施处罚，提高数字城管发现问题、精准派遣、快速处置的能力。建立微信公众号，设置群众发现问题上报平台，提供找公厕、停车场、垃圾站等便民服务功能。

全面推进“马路办公”和“五长制”工作机制，成立了以区委书记、区长为组长的城市综合管理工作领导小组。区委、区政府主要负责人率队开展“马路办公”30余次；区政府分管负责人坚持每周“马路办公”。全年发现问题606件，已处置597件，销号率98.5%。建立城市管理QQ群、微信群，加快发现城市问题、派遣、处置的“三位一体”城市管理机制。

（区城管局）

综合行政执法

【市容执法】 推行行政执法三项制度（行政执法公示、执法全过程记录、重大执法决定法制审核制度），出台《重大行政执法决定法制审核制度》《关于自由裁量权的监督执行规则》等，不断提升依法执法、规范执法水平。开展内部执法案卷评查工作，提高执法案卷制作、管理能力。实行执法安全每日报告制度，竭力避免产生执法冲突，绝对禁止引发群体性事件。严格执行罚缴分离，通过重庆市财政票据电子化管理系统实行罚款收缴，并积极解答受处罚人的各类问题。

全年处罚案件299件，一般程序84件，简易程序215件，其中市容秩序类33件，处罚金额27448元，扬尘控制类224件，处罚金额282900元，违法建设类42件，没收违法所得2762222.45元。

【拆违控违】 由区违法建筑整治工作指挥部办公室负责考核、督导、培训，镇街按照辖区负责制，明确属地管理责任。多次协调各部门开展专题研究会，推进诸如机关事业单位、国企、华生园等整治重难点问题；通过对比核查，给予相应的违整补助经费和奖励经费，以督查倒逼主体责任落实；针对重庆市人民政府令第282号、《重庆市城乡规划条例》、在建违法建筑认定处置流程等内容开展培训指导，提升队伍法治意识、执法水平和业务能力。

全年整治各类违法建筑3435处，面积85.72万平方米。其中整治存量违法建筑3428处，面积85.6万平方米，完成全年目标任务的104.44%。及时发现并及时消除新增违法建筑7处，面积1151平方米。

【生态环保】 开展江河、湖泊生态环境保护执法。纳入整治范围的8处砂石加工厂及砂石堆场违法建筑全部整治完毕，整治面积1.1万平方米，复绿约11万平方米。加强对水域、湿地的检查力度，重点加强对长江沿线、伏牛溪沿线、跳磴河沿线的巡查力度。发现在湖库、水塘、河滩、洼地，违法倾倒垃圾、乱搭乱建等违法行为，按照法律法规规定从严从重查处；加强扬尘管理及密闭运输整治。

严管土石施工和土石方外运工地，督促施工工地严格做到车辆冲洗干净、渣土密闭运输、保持周边环境清洁。加大对未保持车身整洁，车身、车轮有明显污迹尘土的上路车辆的查处力度。加大绿化带种植覆土污染道路及绿化裸土覆盖情况的检查。加大对非法收纳建筑渣土的打击力度，加强对建筑垃圾运输车辆监管力度。

【园林绿化】 协助配合各镇街派驻大队开展城市园林行政执法工作，尤其是跨区、跨镇街的重大城市园林行政执法案件的查处工作。加强各类园林绿地保护，严厉打击涉绿违法行为。严格核实许可内容，防止超范围、超时间占用绿地，对未批先占、不完成有关补偿措施等违法行为予以严厉惩处。加大城市公园、广场等城市绿色空间的执法巡查力度，维护良好游览秩序和园容园貌。

【文化执法】 按照“政治过硬、本领高强、忠诚干净、奋发有为”的要求，打造法制、素质、信仰、政治教育一脉相承的执法文化，使执法队伍更加健康，更具活力。牢牢把握新时代党的建设总要求，切实担负起全面从严治党主体责任，营造风清气正的良好政治生态；坚持干什么学什么、缺什么补什么，切实加强学习，深入调查研究，不断提升自我革新的能力，提高运用专业思维、专业素养、专业方法推动改革发展的能力；持之以恒正风肃纪，巩固拓展落实中央八项规定精神成果，持续整治“四风”突出问题，推动全局党风政风全面好转；从具体行动上抓好落实，对照中央精神，坚定不移贯彻党的十九大重要部署，坚定不移落实新发展理念，努力实现“高质量产业之区，高品质宜居之城”的奋斗目标。

【党建活动】 全面贯彻党的十九大和十九届二中、三中全会精神，以习近平新时代中国特色社会主义思想为指导，深化“四个意识”，坚定“四个自信”。按照全面从严治党的要求，深入开展市委巡视反馈意见整改落实工作，列出整改措施和时间表，制订追责制度。高度重视干部涉权事项清理，涉黑自查等工作，彻底肃清孙政才恶劣影响和薄熙来、王立军流毒，不断坚定理想信念。加强政府部门网站及微博等网络媒体的管理、使用、监督，实时跟进 12319 及网络舆情，落实信息层层审批、专人 24 小时管控。

（区执法局）

环境保护

【生态文明建设】 全区划定生态保护红线区域面积 9.27 平方千米，完成“三线一单”（生态保护红线、环境质量底线、资源利用上线和生态环境准入清单）编制工作并通过技术方案评审。印发了《大渡口区实施生态优先绿色发展行动计划（2018—2020 年）》和《大渡口区污染防治攻坚战实施方案（2018—2020 年）》，全面推进重点目标任务的落实，加大重大污染防治项目的统筹协调，确保全面完成生态优先绿色发展行动计划 14 项重点年度任务和污染防治攻坚战 20 项年度任务。

【污染防治攻坚战】 全面落实“双总河长”工作要求，完成长江沿线 8 处砂石加工厂及砂石堆场的专项整治。关停 3 家码头，完成 2 艘餐饮船舶整治，开展长江 9 处直排口整治，新建城市污水管网 4.66 千米。建桥园区 B、C 组团污水处理厂建成，大九污水处理厂、大渡口污水处理厂二期扩建主体工程完工并投入使用。长江丰收坝水厂断面水质达到或优于地表水Ⅲ类标准，丰收坝饮用水水源地水质达标率 100%，伏牛溪和跳磴河水质保持消除黑臭，全区水环境质量持续保持稳定。

全区空气环境质量优良天数 307 天，同比增加 24 天，$PM_{2.5}$、NO_2 浓度同比分别下降 19.3%、9.8%，达到实施空气质量自动监测以来历史最好水平。全年完成 20 个扬尘控制示范工地和 20 条扬尘控制示范道路的巩固或建设；完成机动车排气路检 10014 辆，完成 70 家餐饮油烟污染治理，对全区 102.3 平方千米高污染燃料禁燃区进行了巩固。

完成全国污染地块土壤环境管理系统信息填报，建立疑似污染地块名单。印发《大渡口区土壤污染综合防治示范区方案》，建立污染地块名录及其开发利用的负面清单，公布全区土壤环境重点监管企业名单。启动重钢集团原址场地治理修复工程，完成重钢集团葛老溪地块原址场地治理修复工程，完成 2819 余亩约 30 万立方米污染土壤的修复。

全年新增绿地面积 40.41 公顷，人均公园绿地面积达 22.53 平方米。区域噪声、交通环境噪声均值分别为 52.7 分贝和 65.4 分贝，均优于国家标准，成功创建市级安静居住小区 1 个，噪声达标区面积 36.59 平方千米，覆盖率 100%，声环境质量总体保持较好水平。

【环保督察】 完成中央环保督察问题整改年度任务，中央第五环保督察组入驻期间涉及大渡口区的 30 个交办案件全部整改完成，反馈的 22 个问题已整改完成 20 个，重庆市环保集中督察反馈问题顺利推进，重庆市环保集中督察反馈的 26 个问题完成整改 18 个，余下 8 个推进顺利。

【环境监管】 全年指导完善环评手续 31 件，办理排污权交易核定企业 12 家，核发国家排污许可 3 个、简化手续许可证 32 个。严格落实双随机抽查制度，开展长江经济带化工污染整治专项执法检查等 8 项专项执法行动。全年出动执法人员 2100 余人次，检查企业 1600 余家次，与公安开展联合执法 10 余次，立案处罚环境违法行为 83 件，处罚金额 378.3 万元，限产停产案件 2 件，移送公安机关行政拘留 1 件，刑事立案侦查 1 件。

强化环境风险防范，新备案和重新备案突发环境事件应急预案 22 个、突发环境事件风险评估报告 16 个，修订（新编）4 个区级应急预案、新编 3 个区域风评。开展 2 次环境风险排查专项行动，现场检查环境风险源单位 300 家次，查找出企业存在一般环境安全隐患 25 处，均整改到位。完成风险评估备案的企业 15 家，应急预案备案的企业 20 家。全年开展 3 次应急响应，未发生 1 起一般及以上突发环境应急事件。

全年受理办结各类环境污染投诉 1466 件，环境信访满意度 99.6%，全年无因处理不当引发群体事件的情况发生。

【污染普查】 全面开展第二次全国污染源普查工作，完成污染源普查年度任务 1007 个。其中：工业源 924 个、集中式污染治理设施 5 个、生活源 61 个（入河排污口 28 个、生活源锅炉 1 个、行政村 32 个）、移动源报表 17 个。入户完成调查的表单填报工作以及质量审核工作。

【环保宣传】 围绕中央环保督察、重庆市第二批环保集中督察及区生态文明建设成效等内容，不断加大媒体报道，发挥利用环保“双微”宣传作用，全年开展环保新闻媒体报道 108 篇，双微矩阵发布微博 2482 条、微信 658 条。以世界环境日、环保工作开放周等活动为重要抓手，结合“美丽中国、我是行动者”等环保主题，在全区范围开展包括现场宣讲、发放宣传资料、环保知识问答等形式的环保宣传活动 30 余次，发放宣传资料及宣传品 2 万余份，并将生态环保教育纳入教育体系建设，实现环保课堂进党校、进学校、进社区，提高公众生态环境保护意识。

建立大渡口区生态环境保护志愿服务队和生态环境通讯员队伍，夯实环保宣传队伍建设。对环保督察、区域环境质量等信息进行及时公开，完成环评项目 85 条公示，并定期组织“两代表、一委员”、社区居民、媒体代表参观了污水处理厂、垃圾中转站等环保设施，构建双向互动的公众参与格局，营造良好宣传舆论氛围。

（区环保局）

社会事业

科学技术

概　述

【概况】　大渡口区科学技术局（简称区科技局）是负责管理全区科学技术工作的行政机构，内设办公室、科技企业发展科、科技创新统计与服务科3个职能科室，下设区生产力促进中心（事业单位），同时挂大渡口区创新创业服务中心牌子。区科技局机关有行政编制7人，实际在编6人，其中局长1人，副局长2人，调研员1人，办公室负责人1人，科技企业发展科负责人1人，办公室主任、科技企业发展科科长、科技创新统计与服务科科长空缺。区生产力促进中心有事业编制3人，实际在编2人，其中主任（六级职员）1人、八级职员1人。

【科技管理与服务】　实施创新主体培育计划，培育入库科技型企业54家，累计185家；培育认定国家高新技术企业20家，累计57家，其中规模以上高新技术企业32家；培育认定“牛羚”“瞪羚”企业12家、新三板挂牌科技企业2家、科创板挂牌企业16家；指导天安T+SPACE众创空间招引创新创业企业（团队）24个，累计41个。

实施创新绩效激励计划，指导企业投入R&D（研究开发）经费超过10亿元，占GDP比重超过4%，位居全市前列；指导企业新获得发明专利139件，万人发明专利拥有量达18.28件，同比增长26.5%；指导企业开发认定市级高新技术产品93件，累计280件；培育市级新型研发机构2个，累计40个。

实施创新发展服务计划，开展2018年双创活动周、义渡赛创会、高企申报培训会、生物医药行业学术交流会等活动50余场；组织15家企业参加第13届中国重庆高交会暨第九届国际军博会；启动组建知识价值信用贷款补偿基金，运用创业种子基金累计为6家企业提供了240万元免息贷款；开展“雷霆执法”专项行动，严厉打击知识产权侵权行为。

培育壮大生物医药产业，聚焦体外诊断领域，打造以体外诊断全产业链为核心、以先进治疗设备和植介入生物材料为拓展的大健康生物医药产业。新签约引进瑞康医药、美康生物等项目25个，已聚集生物医药相关企业81家，2018年全口径营收15.3亿元，同比增长30.7%，全产业实现入库税收9500万余元，同比增长196%。

【重庆钢铁研究所有限公司】　位于大渡口区建桥工业园A区镁桥路2号，属重钢集团全资子公司，注册资本1830.7507万元，至2018年底，总资产17309.45万元。公司始建于1960年，原名为重庆市钢铁研究所，2002年由事业单位转制为科技开发型企业，2010年由企业法人改制为公司制法人，更名为重庆钢铁研究所有限公司，同年被认定为高新技术企业和“重庆市第一批创新型企业试点单位”。2012年，公司承接了原重庆东华特殊钢有限责任公司的相关人员、技术、设备、资质和产品，2014年被人社部和中国钢铁工业协会评为全国钢铁工业先进集体，2015年组建“重庆市高性能钢铁材料工程技术研究中心”，2016年建立“重研新材众创空间”平台。

公司设4个职能科室（综合部、财务部、运营协调部、科技质量部），5个事业部（特钢、管材、冷材、铸件、板材事业部）。至2018年，在册职工135人，各类专业技术人员59人，其中高级技术职称24人。

公司主要从事航天、航空、兵工、新能源、环保设施等领域特殊条件下服役的特殊钢材料的研发和生产，以及提供相应的技术服务，其中军品占总量的80%。重点研发和生产的产品包括高品质的超级不锈钢、高温耐蚀合金、精密合金、高强度合金结构钢热锻（轧）棒、航空航天用不锈钢管、合金结构钢管、特殊钢及合金冷材、丝材、磁性材料及制品、高强度中板、薄板、垃圾焚烧炉排特殊铸件。主要应用于航天领域、兵器工业领域。

公司坚持走“高、精、尖”的发展道路，致力于发展高新技术及产品，建所以来，先后取得了200多项科技成果，获得国家、部省、市级重大科技成果30多项，完成军工新材料试制项目600余项。近5年获得市区级科技进步奖8项，授权发明专利88项。

【高新技术企业及产品】 2018年，认定国家高新技术企业20家，全区高新技术企业达57家。市级及以上高新技术产品开发达93件，有效期内市级高新技术产品总数280件。

2018年大渡口区有效高新技术企业名单

序号	企业名称
1	重庆众和网星信息技术有限公司
2	重庆西野电器制造有限公司
3	重庆四森科技有限公司
4	重庆易建科技有限公司
5	重庆环纽信息科技有限公司
6	重庆乾威科技有限公司
7	重庆霆鸿汽车配件有限公司
8	重庆观度科技有限公司
9	重庆怡佳机械制造有限公司
10	重庆市控能净化设备有限公司
11	中冶建工集团有限公司
12	重庆奥雄机械制造有限公司
13	重庆必安必恒科技股份有限公司
14	重庆市热岛科技有限公司
15	重庆恒中能源装备有限公司
16	重庆特瑞电池材料股份有限公司
17	重庆诚本科技有限公司
18	重庆九洲星熠导航设备有限公司
19	重庆恒博机械制造有限公司
20	重庆华伦弘力实业有限公司
21	重庆精耕企业管理咨询有限公司
22	重庆万美机电有限公司
23	重庆钢铁集团电子有限责任公司
24	重庆钢铁集团设计院有限公司
25	重庆清禧环保科技有限公司
26	重庆社平科技有限公司
27	重庆威畅信息技术有限公司
28	重庆恒创汽车零部件制造有限公司

续表

序号	企业名称
29	重庆聚能粉末冶金股份有限公司
30	重庆上联青电科技有限公司
31	重庆长征重工有限责任公司
32	重庆树青科技有限公司
33	重庆太仓科技有限公司
34	重庆华美电力设备有限责任公司
35	重庆博巨玻璃钢有限公司
36	重庆钢铁集团建设工程有限公司
37	重庆云停智连科技有限公司
38	重庆久远银海软件有限公司
39	重庆芝诺大数据分析有限公司
40	重庆迪安医学检验中心有限公司
41	重庆迪威纳迪亚医学检验所有限公司
42	重庆云旅科技股份有限公司
43	重庆锦声科技有限公司
44	重庆宏美科技有限公司
45	重庆优乃特医疗器械有限责任公司
46	重庆秋田齿轮有限责任公司
47	重庆渝能滤油机制造有限公司
48	重庆数码模车身模具有限公司
49	重庆恒悍机电设备有限公司
50	重庆朗润机电有限公司
51	重庆兴勇实业有限公司
52	重庆镪镔实业股份有限公司
53	重庆朝阳气体有限公司
54	重庆国际复合材料股份有限公司
55	重庆三峰卡万塔环境产业有限公司
56	重庆科蓝环保实业有限公司
57	重庆盎瑞悦科技有限公司

2018 年大渡口区新认定高新技术产品（服务）名单

序号	产品名称	所属企业名称
1	KT431-F 矿用本安型基站	重庆必安必恒科技股份有限公司
2	病历通医院管理信息系统 V3.0.0	重庆病历通科技有限公司
3	GPS 定位器（LK710）	重庆常建科技有限公司
4	GPS 定位器终端（LK210-3G）	重庆常建科技有限公司
5	诚本安讯备份软件	重庆诚本科技有限公司

续表

序号	产品名称	所属企业名称
6	诚本网络监控管理软件	重庆诚本科技有限公司
7	楚雅天行智 OA 系统	重庆楚雅科技有限责任公司
8	基于超敏数字 PCR 技术的分子诊断特检服务	重庆迪安医学检验中心有限公司
9	基于大数据的血液肿瘤精准智能诊断系统服务	重庆迪安医学检验中心有限公司
10	慢性肠炎综合鉴定服务	重庆迪安医学检验中心有限公司
11	实体瘤患者动态监测服务	重庆迪安医学检验中心有限公司
12	主件总成	重庆风驰机械制造有限公司
13	重钢电子流程工业生产过程综合控制系统软件 V2.0	重庆钢铁集团电子有限责任公司
14	1200t/d 生活垃圾焚烧处理发电工程设计	重庆钢铁集团设计院有限公司
15	一种新型道路路面结构的运用	重庆钢铁集团设计院有限公司
16	高品质不锈钢棒 0Cr20Ni24Si4Ti	重庆钢铁研究所有限公司
17	高品质特殊双相不锈钢 1Cr18Ni11Si4AlTi	重庆钢铁研究所有限公司
18	航天锻件 30CrMnSiA	重庆钢铁研究所有限公司
19	航天特殊零部件用高温合金 4169 棒材	重庆钢铁研究所有限公司
20	特殊车辆用 DF1600A 超高强度钢板	重庆钢铁研究所有限公司
21	风电叶片用高模量玻璃纤维 TM+468GE	重庆国际复合材料股份有限公司
22	高端汽车消音器专用纱 Z-TEX	重庆国际复合材料股份有限公司
23	高性能汽车轻量化用玻璃纤维 4305G	重庆国际复合材料股份有限公司
24	高性能热塑用短切纤维 ECS301HP-3-H	重庆国际复合材料股份有限公司
25	双壁罐用高性能喷射纱 ECT10K	重庆国际复合材料股份有限公司
26	海登思企业信息服务平台 V1.0	重庆海登思企业管理咨询有限公司
27	4g15 汽缸盖	重庆恒创汽车零部件制造有限公司
28	4ZE1 汽缸盖	重庆恒创汽车零部件制造有限公司
29	4ZE3 汽缸盖	重庆恒创汽车零部件制造有限公司
30	DA 汽缸盖	重庆恒创汽车零部件制造有限公司
31	一种吊轨装置	重庆恒悍机电设备有限公司
32	1WG4.5-105SC-DL 型微耕机	重庆宏美科技有限公司
33	HM6.5GF 型发电机组	重庆宏美科技有限公司
34	半自动湿法成套系统设备	重庆虹南机械有限公司
35	耦合流畅三维液态 FLUENT 计算软件 V1.0	重庆环纽信息科技有限公司
36	锦声基于 MBT 智能制造的工艺流程管理系统软件 V1.0	重庆锦声科技有限公司
37	锦声基于工业 4.0 技术的生产执行管理系统软件 V1.0	重庆锦声科技有限公司
38	高性能红蓝光治疗仪	重庆京渝激光生物研究所有限公司
39	GNSS 位移监测终端（JZ-BD-R600）	重庆九洲星熠导航设备有限公司
40	OBD 智能终端（XY-GGB-114-O）	重庆九洲星熠导航设备有限公司
41	数字监测终端（XY-M/G-118D）	重庆九洲星熠导航设备有限公司
42	振弦监测终端（XY-M/G-118V8）	重庆九洲星熠导航设备有限公司

续表

序号	产品名称	所属企业名称
43	久远方联电子病历管理系统 V5.0	重庆久远银海软件有限公司
44	久远方联检验信息系统 V2.0	重庆久远银海软件有限公司
45	久远方联临床路径信息管理系统 V2.0	重庆久远银海软件有限公司
46	久远方联区域卫生协同平台系统 V1.0	重庆久远银海软件有限公司
47	久远方联医院信息系统 V5.0	重庆久远银海软件有限公司
48	新一代医院数字化信息平台 V1.0	重庆久远银海软件有限公司
49	BKC 偏心棘轮	重庆聚能粉末冶金股份有限公司
50	右棘爪	重庆聚能粉末冶金股份有限公司
51	KL-RCCO1500VOCs 废气净化设备	重庆科蓝环保实业有限公司
52	空滤器 2.50.11	重庆朗润机电有限公司
53	空滤器总成 17100	重庆朗润机电有限公司
54	空气滤清器组件 DJ-2 系	重庆朗润机电有限公司
55	空气滤清器组件 DJ-3 系	重庆朗润机电有限公司
56	雨水回收系统	重庆利迪现代水技术设备有限公司
57	内外涂塑钢管 DN100	重庆铭浩管业有限公司
58	机器人自动化焊接成型钢筋桁架楼承板	重庆镪镔实业股份有限公司
59	智能数控焊接成型钢筋焊接网	重庆镪镔实业股份有限公司
60	智能数控热处理高性能两面肋钢筋	重庆镪镔实业股份有限公司
61	DF515 型自动变速器传动轴	重庆秋田齿轮有限责任公司
62	EF130 系列汽车减速器齿轮	重庆秋田齿轮有限责任公司
63	电动越野自行车 48V	重庆虬龙科技有限公司
64	电动越野自行车 60V	重庆虬龙科技有限公司
65	电动自行车 60V	重庆虬龙科技有限公司
66	SZ450 型生活垃圾焚烧炉	重庆三峰卡万塔环境产业有限公司
67	机器人智能立体仓库四自由度巷道码垛机	重庆社平科技有限公司
68	整车下线检测设备	重庆市弘鼎圣科技有限公司
69	E 施工项目管理 App	重庆树青科技有限公司
70	HC-DV 型具有快速拆换功能的五金冲压模具	重庆数码模车身模具有限公司
71	具有废料收集功能的后地板加强件模具	重庆数码模车身模具有限公司
72	制造汽车前围上外板的废料防回跳模具	重庆数码模车身模具有限公司
73	彤星汽车诊断测试软件	重庆彤星科技有限公司
74	定制化 qPCR 服务	重庆微浪生物科技有限公司
75	五海业务流程引擎系统	重庆五海科技发展有限公司
76	A002906200 前连接杆总成	重庆新工汽车零部件有限公司
77	A002916200 后连接杆总成	重庆新工汽车零部件有限公司
78	CK300310J2 左右横摆臂总成	重庆新工汽车零部件有限公司
79	SC00-3401130-MS 左右外球头总成	重庆新工汽车零部件有限公司

续表

序号	产品名称	所属企业名称
80	SC00-3401150-MS 内拉杆总成	重庆新工汽车零部件有限公司
81	前保险杠	重庆兴勇实业有限公司
82	手榴弹包装箱	重庆兴勇实业有限公司
83	车载多媒体机（多媒体头枕）	重庆伊洛特科技有限公司
84	易建企业信息管理平台	重庆易建科技有限公司
85	易建在线培训系统	重庆易建科技有限公司
86	理疗电极片	重庆优乃特医疗器械有限责任公司
87	高清后视镜行车记录仪（NT96655）	重庆优擎科技有限公司
88	ZJC 系列润滑油真空滤油机	重庆渝能滤油机制造有限公司
89	车位飞门禁控制系统 V1.0	重庆云停智连科技有限公司
90	推力杆支座	重庆正燃机械制造有限公司
91	芝诺大数据 BI 系统	重庆芝诺大数据分析有限公司
92	芝诺大数据集群可视化管理平台	重庆芝诺大数据分析有限公司
93	免疫定量分析仪	重庆中元汇吉生物技术有限公司

【科技成果转化及应用】 支持中元汇吉、必安必恒等开展贯彻企业知识产权管理规范、技术创新专利导航等项目，特瑞电池公司承担的项目获2018年度重庆市企业技术创新专利导航立项，九洲星熠公司获2018年专利风险防控示范市级项目立项。鼓励中冶建工、国际复合等企业申请、运用发明专利，中冶建工被认定为重庆市知识产权优势企业并获第19届中国专利奖。推动三十七中成为首批重庆市中小学知识产权教育试点学校。指导企业开展技术合同登记15项，技术市场成交合同额118853.76万元。

（区科委）

科学技术普及

【概况】 大渡口区科学技术协会（简称大渡口区科协）自1978年组建后一直与区科委合署办公，现有基层组织26个，其中街（镇）科协8个，学（协）会9个，企业、园区科协9个，会员3500余人。有编制2人，主席（正处）1人，副主席（副处）1人，兼职副主席2人，聘用工作人员2人。

【思想建设】 召开区科协四届十次全委（扩大）会，深入学习贯彻习近平新时代中国特色社会主义思想，牢固树立“四个意识”，坚定“四个自信”，做到“四个服务”，深入学习《章程》《条例》等党纪党规及习近平系列重要讲话共12次，落实“三会一课”、组织生活会、民主评议党员、谈心谈话等制度，通过支部主题党日等形式开展学习教育活动，全年召开支委会12次，党员大会12次，讲授专题党课2次，支部书记与委员、委员与党员等开展谈心谈话8次，召开支委会专题研究发展党员事宜1次。开展形式多样的党员主题活动和义工活动共7次，开展主题廉政教育10次，区科委（科协）党支部被区直机关党工委评为“三会一课”示范点。

【科技服务】 主动深入国际复合、迪安医药、盎瑞悦、聚能粉末等5家民营企业开展调研，开展科技工作者日创新创业分享活动，慰问9家企业、园区科协组织，开展“科协科技信息数据库”应用培训，组织部分企业（园区）科技工作者约20人赴江津区开展学习交流活动，组织20余家企业约200人参加高新技术交易会暨第九届中国国际军民两用技术博览会。组织开展全国双创活动周等系列创新创业活动。

【科普惠民】 创建大渡口区首个市级院士专家工作站、市级科普基地、乡村科普馆各1个，建立区级科技创新平台1个、示范型社区科普活动室2个，挂牌重庆市科普中国e站示范点5个。成功推荐“重庆市科普专家”2人，“最美科普志愿者”1人，“大渡口区突出贡献人才奖”3人。

举办重庆市公民科学素质大赛并获三等奖；组队参加重庆市第五届科普讲解大赛并获优秀组织奖。开办社区科普大学教学点15个。开展2018年科技活动周系列活动15余场，展示企业科技展品1500余件，发放宣传资料8000份，惠及群众10000人。参加第十一届青少年创新科技大赛，1名学生荣获市长奖提名奖；参加第33届重庆市青少年科技创新大赛，12名同学荣获奖项。开展“爱心传递、知识传承、送智扶志”对口援助忠县留守儿童志愿活动、青少年科技发明讲座活动。开展青少年暑期科普活动10余场，参与青少年8000余人。开展全国科普日系列活动20余场，发放科普宣传资料5000余份，接受现场咨询4000余次，惠及上万人。结合乡村振兴战略行动，会同市生态学会专家先后到石盘村调研3次，开展了农业技术培训、健康义诊等活动5次，发放宣传品1500余份，惠及村民1500余人。开展纪念“中国科协成立60周年美术书法大赛”荣获“优秀组织单位”称号。全年开展科普大篷车渝州行，进乡村、进学校进行巡展活动6次，累计惠及群众、学生近3万人。联合农工党大渡口区委、区卫计委共同组织大渡口区乡村医生培训活动。

投资支持学会能力提升和农技协（合作社）转型升级，开展农业技术培训会等科普惠民活动3次，惠及村民2000余人。开展“反邪教防范宣传月”“反邪教文艺会演”“中小学反邪教征文漫画大赛”等宣传活动，参与群众和学生1500余人，开展“世界艾滋病日”“ACS患者120急救”等专题科普活动5次，增强基层医疗机构服务能力防范健康知识，活动惠及群众上万人，开展“教育创造人的价值”讲座、“现代插花艺术培训”等活动4次。

【科学决策】 组织科技界别的政协委员参与科技活动周、全国科普日、科普进乡村入农户等系列活动，开展科普宣传和服务工作。

（区科协）

教　育

【概况】 2018年，大渡口区委教育工委、区教委坚持全区教育一盘棋工作思路，以“高中引领、初中护航、小学奠基”为工作路径，以“保品牌，树形象，着力提升教育教学质量”为工作目标，坚持立德树人，坚持教育高质量发展。推进学前教育普惠发展，义务教育优质发展，普通高中特色发展，职业教育内涵发展。大渡口区教委荣获重庆市教育信息技术与装备工作一等奖，重庆市中小学研学旅行先进区县。旅游学校成功获评国家旅游职业教育校企合作示范基地，37中成功创建全国公共机构节能示范单位。人民网、华龙网、《重庆日报》《重庆晨报》等专题报道大渡口区教育工作30余次。

2018年，全区有中小学、幼儿园111所，比上年增加8所，增长7.76%；在校学生54338人，增加1365人，增长25.76%；公办学校教职员工4805人，总数比上年减少56人，减少1.19 %；教育经费总收入8.45亿元，比上年减少0.05亿元，减少0.59%；总支出8.71亿元，比上年减少0.57亿元，减少6.14%。

【师资建设】 2018年，全区公办学校有教职工4643人，2018年招聘教师87人，新增重庆市特级教师2人、第二批教育家型教师和校长培养对象1人、市级中职双师型教师12人、区级中职双师型教师23人。新增正高级职称教师5人，副高级职称教师38人，中级职称教师97人。全区现有重庆市特级教师12人，市级骨干教师167人，中职双师型教师248人，正高级职称教师15人，副高级职称教师444人，中级职称教师1186人。加大“三名”工作室主持人及学员培训力度，先后组织名校园长、名班主任、名师工作室主持人和学员赴市外研修学习，参训152人。区内学校之间交流轮岗教师231人，忠县支教教师5人。

【学前教育】 全区有幼儿园72所，在园幼儿12948人，其中公办园在园幼儿4121人，公办园在园幼儿人数占比31.8%。全区现有普惠园35所，普惠园在园幼儿7772人，在园幼儿普惠率60%。全区公、民办幼儿园教职工1848人，专任教师942

人。其中在编教职工 82 人，在编专任教师 75 人。增设 3 所独立建制公办园，依托大渡口幼儿园、钢城实验幼儿园、育才幼儿园、跳磴幼儿园 4 所公办园组建了四大幼教集团，采取“名园＋弱园”“名园＋新园”的集团化办园模式。承办了重庆市幼儿园“聚焦游戏化课程，推进区域保教质量均衡发展”现场研讨活动。

【义务教育】 全区有义务教育学校 29 所，其中九年一贯制学校 3 所，民办学校 3 所，2018 年在校学生 29684 人。制订了《大渡口区义务教育控辍保学工作实施方案》，无学生辍学。持续推进集团化办学，组建钰鑫小学教育集团，公民小学、跳磴小学成为钰鑫小学教育集团分校。三个教育集团运行良好，优质资源逐步扩大，区域教育水平持续提升。推进了中小学课外阅读，学生阅读素养明显提高。贯彻教育部《义务教育学校管理标准》，开展标准的培训工作，启动对标研判工作，逐步推进标准的校级评估。

【普通高中教育】 全区有高中 2 所，分别是重庆市三十七中和茄子溪中学，在校学生 4038 人。全年三十七中新增市级精品课程 2 门，茄子溪中学新增市级精品课程 1 门。高考成绩取得历史性突破。三十七中重本上线 321 人，首次突破 300 大关，重本上线率 41.4%。茄子溪中学高考重本上线 123 人，首次突破百人大关，两所高中高考重本上线创下新纪录。制订新高考综合改革实施方案、实施新高考综合改革基础条件保障工作。初步建立起协同推进机制，逐步加强考试机构能力建设，全面改进高中学校的基础设施条件和师资队伍建设，推行选课走班制教学。积极推进选修课程、学生综合素质、学生生涯规划教育和学校教育教学管理体系实验研究，助力推动新高考综合改革。

【职业教育】 中职学校主动深入区内企业，对接用人需求，加强与区内企业在专业建设、课程开发、师资与技术、实习实训等方面的融通与合作。商务学校与海康威视建立深度校企合作关系，2 所中职学校向区内各民办幼儿园、餐饮服务企业输送毕业学生 120 余人，中职学校服务区域经济能力在逐步凸显。“3+4”“三•二分段制”人才培养机制日渐成熟。旅游学校首届“3+4”毕业生全部通过转段考试进入本科院校。全区中职学生 657 名学生参加对口高职考试，246 人上本科线，本科上线率 37%，远远高于全市本科平均上线率。旅游学校成功申报国家旅游局旅游职业教育校企合作示范基地，两所中职学校参加全国教师教学能力大赛，获教学设计三等奖 2 项，课堂教学比赛二等奖 1 项。师生参加中职技能大赛获全国三等奖 4 项，全市一等奖 5 项。

【民办教育】 全区有民办幼儿园 62 所，在园幼儿 8827 人。民办中小学 3 所，小学、初级中学、九年一贯制学校各 1 所，在校学生 3949 人。经区教委审批的文化教育类培训机构 17 家，经工商登记教委前置审核的 3 家，另有新东方学校为未经大渡口区教委审批的跨区经营。2018 年，出台《关于大渡口区开展校外培训机构专项治理行动工作方案的通知》，建立了由各部门组成的民办培训机构监管工作部门联席会议制度，建立了校外培训机构最低余额保障金动态监管机制，督促最低余额缴纳不足的机构补缴最低余额保障金，汇总整理了全区 107 家校外培训机构基本信息，实地走访校外培训机构 70 余家，下达整改通知书 20 余份，指导 4 家培训机构获办学许可证。

【集团化办学】 大渡口区先后于 2016 年、2017 年和 2018 年成立了大渡口区实验小学教育集团、大渡口区育才小学教育集团和大渡口区钰鑫小学教育集团。至年底，3 个教育集团运行良好，有 8 所学校参与了集团化办学。2018 年，3 个教育集团的集团内部在教育教学、管理方法、教学理念、课程建设等方面加深交流合作，集团总校和集团分校举办共同教研 30 余次，相互听课 60 余次，领导干部和教师交流轮岗 15 人。

【成人教育、社区教育】 大渡口区成人教育形成了学历教育、非学历教育、社区教育协调发展，办学质量稳步提升、服务社会能力显著提高的办学新格局。完善合作办学模式与保障机制，加强技术开发，发挥信息技术在办学、教学、管理、服务中的应用，打造“互联网＋”的信息技术应用特色，拓展成人学历教育招生渠道，使在读学员常年保持在 3200 人左右。开展职业技能培训，建筑“九大员”

培训与会计师培训等项目彰显非学历教育的办学特色，实现服务“新区品城”发展的人才目标。以大渡口区经济、社会发展和人民群众终身学习的需求为突破点，开展家庭教育、就业创业技能、娱乐休闲等课程，打造社区教育特色。

【教育科研】 参加“基于高中历史课程培养学生家国情怀的实践研究”“部编本小学语文教材语文要素梳理及教学策略实践研究”等30项市、区级课题开题论证会，指导“新课程背景下初中物理微课程开发和利用研究”等12个课题组整理结题资料和提炼研究成果。19项课题被立为市级以上规划课题，其中“国家级示范中职学校教育精准扶贫行动研究”被全国教育科学规划办立为规划课题。全区各中小学303个小课题参加区级成果评选，最后评选出优秀成果116项。举办讲座及学术交流活动10次，编辑出版《大渡口教研》内刊2期及《大渡口研训动态》4期，编印《大渡口区2017年教师小课题研究优秀成果集》2册。

【信息技术】 全区3所学校被评为重庆市中小学科技教育先进集体，2所学校被评为重庆市教育信息化先进单位，1所学校创建为重庆市首批智慧校园建设示范校。13所学校更新多媒体教学设备230套，课堂教学智能化、无尘化环境实现100%全覆盖。推进“一师一优课、一课一名师”活动，其中，75堂课入选市级优课，14堂课入选部级优课，入选率名列全市前列。4所学校完成慕课市级课题结题工作，2所学校4个市级创客课题通过结题评审。全年组织学校参加电脑制作活动、校园影视评选活动、青少年科技创新大赛等市级以上赛事活动10项，共获市级以上奖项356个，其中市级一等奖72个，国家级奖项67个。三十七中学生汪泓潺获第五届大渡口区青少年科技创新区长奖。

【德育工作】 成立大渡口区中小学班主任工作室联盟，完成4个区级班主任工作室年度评审和28个校级班主任工作室督查工作，表彰5个优秀工作室。举办第二届区班主任工作室主持人培训班，38名老师参培。莫能芳名班主任工作室被评为市中小学班主任工作室，参加第八届市中小学班主任基本功竞赛和首届市中职学校班主任基本功大赛，获一等奖7个、二等奖6个、三等奖2个。举行5次区级研究性展示活动、3次专家研讨会和1次专题培训会。深化“爱祖国、爱家乡、爱家庭”“我们的中国节”“绿色在校园”主题教育活动，举行4次区级观摩交流活动，开展1055次校级活动，评出优秀班会32节，评出61条优秀家训。开展区中小学毒品预防教育校园集中宣传活动，茄子溪中学被评为全国“6•27”毒品预防教育先进学校，5所学校被评为区中小学毒品预防教育示范校。区教委获市中小学环境教育课件征集活动优秀组织奖，1所学校被评为市绿色学校。

【体育美育实践】 增设微型马拉松、主题登山，增强体质、发展运动竞技能力。市大中小学武术比赛，区实武术套路队荣获小学男子组和女子组两个团体第一名，三十七中荣获中学男子组团体第一名。市中小学生跳绳比赛，钰鑫小学获男子单人单摇第一名、混合花样跳绳表演团体二等奖。市中小学生田径运动会，获个人金牌2枚。组织区级艺术展演，近2000名师生参赛。举行大渡口区校园文化艺术展演，2000余名师生参展，近20000名市民现场观演。参加市第八届中小学生艺术展演获表演类6个一等奖、1个二等奖，书画类5个一等奖、9个二等奖，教师案例类1个一等奖、7个二等奖，校长书画摄影类2个一等奖、7个二等奖。区教委获行政单位优秀组织奖。大渡口区“36312”研学旅行实践经验作为优秀案例在全市推广。

【基础建设】 全年完成38项校舍维修改造任务项目现场方案核实确认、申报环节的采购审批、项目后期的资金支付审批等工作，涉及资金756.6万元。代政府拟订《委托建设框架协议》《大渡口区中小学建设标准》等文件。制订学前教育三年行动计划，其中2018年公办幼儿园建设任务8个，投入资金约为1280万元。制订完善了幼儿园近期建设项目26个，中长期建设项目68个。完成民生实事项目年度目标任务。三十七中成功创建全国公共机构节能示范单位。配合代建单位，继续推进民族中学、庹家坳小学改扩建，N31地块新建小学等9所新建学校前期手续办理工作。指导公民小学加快实施钓鱼嘴公租房小学二次装修，化解工程推进过程中的各类问题，实现了秋季开学顺利投用。

【安全稳定】 制发《区教委安全稳定、食品卫生、信访工作法规及文件选编》《关于加强中小学幼儿园安全风险防控体系建设的实施意见》等指导性文件。开展“全国校园安全管理”“公共卫生应急技能”等专题培训，覆盖各层级安全管理人员200余人。落实专项经费1000万余元，为全区各校（园）配备专职保安232名，增设或更新视频监控设备300余个，补充橡胶警棍、防刺手套、钢叉等安防器械60余件，全面提升校园安防能力。积极协调相关部门，出动车辆325台次、人员600余人次，查处校园周边乱停乱放车辆50余辆，劝离游摊商贩68家，盘查可疑人员15人，取缔非法盗版图书游商地摊2家，收缴非法书刊100余册，取缔“黑网吧”3家。全年共受理人民群众来信、来访、主任公开电话135件次。区教委荣获2018年度安全生产目标考核一类单位，第五届重庆市消防示范课、2018年学校结核病防治宣传优秀组织奖。

【招生考试】 2018年普通高校招生考试有2189名考生报名，比上年增长13.71%。高职分类考试录取985人，全国统考录取1030人，两次录取2015人，录取率92.05%。成考全区报考1384人，录取1069人，录取率77.24%。全年投入近60万元对三十七中考点的总监控室、防作弊设备和时钟进行升级改造，监控室内添置了15块拼接屏，更换70套手机信号屏蔽仪和金属探测器，安装了电子时钟，投入65万元增置面试所需设施设备，确保教师资格考试面试工作。

【民生工程】 继续加强对农村建档立卡贫困户子女的资助工作，开展拉网式排查，排查出未申请资助的农村建卡贫困户学生75人，及时落实资助金额14.56万元。逐生发放《重庆市大渡口区教委致家长的一封信》《大渡口区学生资助政策告知卡》等宣传资料。实施逐生身份证号码上网（市扶贫信息网）比对，对建卡贫困户学生进行排查，确保市内建卡贫困户子女资助一个不漏。全年落实资助资金2015万元，惠及贫困学生15846人次。发放生源地信用助学贷款194.58万元，惠及家庭经济困难大学生245人。回收贷款本息118万元，涉及贷款学生354人次。落实社会捐助5万元，惠及家庭经济困难学生36人。

（区教委）

文化 体育

文 化

概 述

【概述】 区文化委挂旅游局牌子，内设办公室、公共文化科、旅游管理科和产业市场科；委属事业单位6个，分别为文化旅游行政执法大队、文化产业发展中心、旅游营销中心、文管所（非遗中心、博物馆）、图书馆和文化馆；区文联与区文化委合署办公，内设综合科。全委核定编制81人，其中机关行编9人，工勤1人，主任1人，文联主席1人，副主任3人，文化旅游行政执法大队队长（副处级）1人，调研员及副调研员共2人；文旅执法大队为副处级参公事业单位，核定参公事业编制8人，实际在编8人；文化产业发展中心核定事业编制5名，实际在编5人；旅游营销中心核定事业编制2人，实际在编2人；文管所挂非遗中心、博物馆牌子，共核定事业编制4名，实际在编3人；文化馆核定事业编制35人，实际在编31人；图书馆核定事业编制13人，实际在编10人。区文联核定事业编制4人，实际在编1人。

文化艺术

【文艺创作】 代表重庆市进京参加全国广场舞展演活动，表演唱《唱起歌来上大梁》、群舞《重庆小面》荣获第八届重庆市乡村文艺会演一等奖；小品《睡在上铺的兄弟》、故事《一封表扬信》夺得第六届重庆市戏剧曲艺大赛荣获戏剧类、曲艺类头魁；广场舞《社区梨园春》荣获“欢跃四季·舞动巴渝”全国广场舞展演活动重庆市赛区“优胜队伍奖”；音乐、舞蹈、戏剧、曲艺4门类5件作品入围重庆市庆祝改革开放四十周年优秀群众文艺节目展演暨第十八届全国群星奖重庆选拔活动；书法作品5件入展第三届“深入生活·扎根人民”文质兼美优秀基层书法家创作成果展、“龙腾盛世·弘扬经典”2018全国书法名家系列展；合唱《龙凤呈祥》和《壮丽航程》参加全国部分文化馆联盟优秀合唱团展演暨第二十五届“缙云之声”合唱节，荣获金奖；“红岩少年”读书系列活动荣获奖项5个；完成剧本《马桑花开》创作和《义渡影像》摄影精品集编印。

【文化活动】 大型活动。举办重庆市2017年度优秀原创歌曲征集评选颁奖晚会、大渡口区2018年春节联欢晚会、首届乡村文艺会演、第二届总分馆成果展演、重庆市广场舞第一片区展演、庆祝重庆改革开放40周年职工文艺会演、世界读书日全民阅读活动、七月故事杯朗诵大赛等大型文化活动20余场次。

主题活动。以“拥抱新时代•践行新思想•实现新作为”“翰墨颂盛世•丹青绘廉图”“扫黑除恶保安定•整治乱象育新人”“不忘初心跟党走•共驻共建促和谐”等为主题举办活动20余场，开展戏曲进校园专题活动22场次。

惠民活动。开展全民艺术普及、全民阅读活动等200余场次，送图书2000余册，送春联5000余副，送电影600余场；物联网点单配送775次、惠及28万人次；指导组织镇街开展形式多样、内容丰富的文化活动700余场次。

特色活动。举办“艺术普及•广场有约”——“到人民中去”文艺展演季活动8场，把广场变教室，把舞台变讲台；并与新华书店合作，探索开展“你购书我买单”服务。

培训辅导。开展职工艺术培训，“义渡文化讲座”“星火闪耀”讲座、“我爱歌唱”音乐沙龙、“义渡砚语”书法沙龙等100余期，服务3万余人次。

【大渡口区文化馆】 始建于1979年，位于钢花路744号。总面积5520平方米，并创建为国家一级文化馆。馆内文化设施布局合理、配套完善，建有非物质文化遗产展厅、开放式展厅、合唱排练厅、多功能厅、培训教室、舞蹈排练厅等30余个文化活动厅室，拥有活动舞台、灯光音响、展架等一流的展览、演出及艺术教学设备，成为大渡口区文艺演出、艺术培训、展览等文化活动的主阵地，年接待群众20余万人次。全馆编制35人，组建馆办文艺团队8支。大渡口区文化馆位于大渡口区九宫庙商圈核心地带，经两次改扩建和装修升级，馆舍环境优雅、功能完备、陈设精致、特色突出，既具时代审美气息，亦集传统文化氛围。馆内建有十处“文化看点”、三个“艺术沙龙”和三个“文创空间”、一个“艺术书吧”，以及八个功能厅室，拥有风雨舞台、灯光音响、展墙展架等一流的设施设备，设有综合办公室、辅导培训部、群文活动部、创作研究部、数字信息部、书画摄影部6个部室。

全馆编制35人，在岗职工31人，其中高级职称5人，中级职称11人；研究生学历3人，本科学历22人。拥有一支包括中国作协会员、中国书协会员，中央音乐学院音乐学系、四川音乐学院作曲系、重庆大学舞蹈系等专业院校优秀毕业生及“中国书法进万家先进个人”“重庆市五一巾帼标兵”“五四红旗团支部”“重庆市文化系统青年岗位能手”“大渡口区优秀团干部”等专业人才在内的业务精专、素养全面的文化工作团队，为全区文化事业的繁荣发展和持续推进提供有力的人才保障。

举办大渡口区2018年春节联欢晚会、重庆市“曲艺名家闹元宵”文艺志愿服务走进大渡口、第二届大渡口区文化馆总分馆成果展演季、大渡口区隆重庆祝改革开放40周年职工文艺会演、第四届大渡口区群众书法艺术节、大渡口区隆重庆祝改革开放40周年美术书法摄影作品联展、重庆市2017年度优秀原创歌曲征集评选颁奖晚会、重庆市广场舞第一片区展演等品牌活动。

区文化馆先后被评为“国家一级文化馆”“国家公共文化服务体系建设示范项目”“中国书法进万家先进集体”、重庆市文化系统“先进集体”、重庆市“巾帼文明岗”“五四红旗团支部”等。

【大渡口区图书馆】 位于松青路98号，馆内设有书刊借阅、盲文阅读、电子资源阅读等各类阅览室等17个服务窗口，有纸质藏书29.2万余册，年订报刊1250多种，提供50兆宽带及Wi-Fi无线上网服务，于2011年6月实现常年（含双休日、节假日）免费对读者开放，每周开放时间76小时。大渡口区图书馆是一家财政全额拨款事业单位，有工作人员28人（其中在编人员11人、临聘人员17人，本科以上学历占90%），总建筑面积13624平方米。

馆内设有书刊借阅、经典阅览、盲文阅读、电子资源阅读等17个服务窗口，现有纸质藏书31.1万余册，全部纳入重庆市“一卡通”通借通还服务，年订报刊1250多种，提供50兆宽带及Wi-Fi无线上网服务，于2011年6月实现常年（含双休日、节假日）免费对读者开放，周开放时间达 76 小时。

电子阅览室分成人阅览区、少儿阅览区和盲文阅览区三个部分。

报刊阅览室设置了老年人阅览区，配置了阅读工具，便于老年读者阅览，日均接待读者 582 人次。

过刊阅览室提供过期杂志借阅服务，对报纸进行收藏保存，供读者查询。

国学经典阅览室藏有历史、国学经典等各类书籍 4050 余册，供读者就地查阅。

基藏书库是主要用于收藏保存文献资料以及基础藏书。

图书外借室实行借阅一体化服务，供读者自行借阅。

少儿阅览室设有 86 个阅览座位，有儿童文学、绘本等少儿读物，少儿期刊供读者借阅。

文化信息资源共享工程支中心，是大渡口区文化信息共享工程服务支中心，主要负责全区文化信息资源共享工程工作及基层服务点业务指导。

区图书馆还为读者提供数字资源阅读，一楼有电子图书借阅机、电子报刊阅读机，为读者提供电子书刊借阅服务。在半岛逸景公租房小区新建城市书房——24 小时图书馆，读者在图书馆闭馆后可到自助图书馆借还纸质图书、办理借书证。

2018 年，图书馆举办内容丰富的讲座、展览，开展“插画艺术知识讲座”“老年人数字阅读”系列讲座、“让阅读变成一种习惯”等讲座 22 场，将讲座送进社区、老年大学和校园。开展“翰墨颂盛世 丹青绘廉图”廉政书画展览、“奋斗的历程 辉煌的成就——纪念改革开放 40 周年”图片展等展览 20 场。开展全民阅读活动 44 场次。开展“两节”活动：“网络书香过大年”系列活动、“喜迎狗年颂新春”有奖猜谜活动等及“全民阅读 与法同行”世界读书日、图书馆服务宣传周等主题鲜明的系列活动；开展少儿阅读活动：“名家进校园”名家分享会、大渡口区首届“七月故事杯”朗诵大赛、第十届“红岩少年”系列主题活动等。全年接待读者 35 万人次，图书流通 34.1 万余册次。

2018 年，区图书馆先后荣获“全国首届图书馆杯海报设计创意大赛”“全国少年儿童英语配音大赛”优秀组织奖以及市级“红岩少年”读书活动、“常青 e 路 幸福夕阳”老年人数字阅读培训优秀组织单位、优秀宣传单位等称号。

【文化设施】 完成常嘉社区“24 小时自助图书馆”建设；加快推进基层综合文化服务中心建设，建成 8 个镇街综合文化服务中心和 48 个村（社区）综合文化服务中心；不断拓展分馆和基层服务点领域，探索建设行业分馆、学校、体制外分馆，建成重庆市三十七中学、区育才小学、大渡口区消防支队、农村商业银行等文化分馆 10 个，创新探索“总分直管”模式，启动融城文化分馆和百佳园文化分馆、图书分管直管运行；加大数字馆建设，做好重庆市文化馆数字文化网大渡口区平台建设。

【文化市场】 开展“扫黄打非”工作，严厉打击各类非法出版物违法违规经营行为，坚决查处各类政治性有害出版物，三年收缴各类非法出版物 5000 余册，消除网上有害信息 2000 余条。开展“扫黄打非”进基层工作。2017 年，大渡口区已实现所有村社区“扫黄打非”工作点全覆盖，九宫庙街道的锦霞社区被全国扫黄办评为首批国家级“示范点”，全重庆仅 2 个村（社区）入选。

严格行政审批。2018 年，区文化市场有企业（场所）62 家，其中网吧 38 家，娱乐场所 24 家。62 家市场主体从业人员 147 人，资产 1821.75 万元，年度总产值 1273.5 万元，营业利润 102.5 万元。

【文化产业】 2018 年，全国第四次经济普查初步认定，全区有文化企业 915 家，规上企业 16 家（含新增 3 家待国家认定），全年实现营业收入 43 亿元。

【行政执法】 2018 年，出动执法人员 1536 人次，检查文化市场经营单位 763 家次，收缴各类非法出版物 1041 余张册，印制发放法律法规宣传手册 1000 余册，办理各类投诉 35 起，其中涉旅投诉 15 起，办理群众满意率 100%，联合公安、工商、环保、消防等部门开展执法检查 21 次，依法取缔黑网吧 13 家次、无证照游戏厅 2 家、无证卡厅 27 家次，立案查处 11 件，净化文化旅游市场经营环境。

推进区级“扫黄打非”进基层示范点创建评比工作，九宫庙街道锦霞社区被评为国家级“扫黄打非”进基层示范点、春晖路街道锦城社区被评为重庆市“扫黄打非”进基层标兵。开展行业安全监督检查工作，全年检查文化旅游单位 418 家次，排查出一般安全隐患 76 处，挂牌整改 2 家，行政处罚 9

家，其中关闭2家，罚款7家。有效地防范了文化旅游行业安全事故的发生。

【政策扶持】 修订并印发《大渡口区重点产业培育和扶持办法》，明确了文旅产业九个扶持方向，突出了其中对新兴产业、文创载体、龙头企业的政策扶持，新政策实用性强、操作性强，优化区文化产业政策环境与氛围。

【载体建设】 艺度创文化创意园入驻企业48家，新引进企业4家，园区涉及工艺美术、雕塑、广告设计、摄影摄像、儿童体验等类别。完成产值1.8亿元，带动就业150余人。

【重点项目】 重庆工业文化博览园：招商中心已建成开业，2018年引进31家企业；遗址公园部分已基本建成，具备开放条件。

【招商引资】 促成了一批有特色的文化休闲旅游项目落户。“爸爸的山坡”建成并通过“重庆市中小学社会实践教育基地”评审、龙湖长租品牌“冠寓”首次布局大渡口区、旅投集团旗下致力于“乡村振兴”战略的“美丽田园文化旅游发展有限公司”落户、首家优质民营设计院“渝浩”选址等等。全年“请进”企业162家企业，考察走访16家企业，接洽客商178家，新引进文化休闲旅游企业14家。

【资金补贴】 区级：艺度创文化创意园2018年补贴物业租金253.8万元，累计补贴物业租金618万元。

市级：何苦传媒获得重庆市电影扶持计划补助150万元；市委宣传部、市文联对《最后的棒棒》作品文创资助70万元；市委宣传部对《我的兄弟是城管》作品文创资助20万元。

文物博物

【概况】 大渡口区文物管理所成立于2007年12月，系区文化委下属财政拨款全额事业单位，是全区文物保护管理专门机构，也是政府文物工作的职能管理部门。区文物管理所与区博物馆和区非物质文化遗产保护中心合署办公，其职责是贯彻、宣传、执行国家文化遗产保护的有关法律、法规，为社会公众提供城市历史文化的服务；主要收藏、展示和研究大渡口的自然物产、历史文化、城市发展、非遗民俗等方面的实物与标本，对辖区范围内文物和非物质文化遗产的保护利用工作实行业务指导和监督检查。博物馆馆址位于大渡口区钢花路302号附1号，于2017年5月正式开馆投入使用，展陈面积1100平方米，包括“溯源探踪 巴地撷珍”“水埠流韵 义渡扬名”“壮烈西迁 十里钢城”“设区建制、蝶变新生”4个常设展厅和1个专题展厅。

有事业编制4人，派遣类专职人员12人。全区有全国重点文物保护单位1处、市级文物保护单位2处、区级文物保护单位17处，不可移动文物点73处。重庆市市级非物质文化遗产代表性项目15项，区级非物质文化遗产代表性项目57项。

【博物馆】 区博物馆自2017年2月正式挂牌成立以来，先后荣获“2017年度重庆市博物馆展览项目优秀奖”和“重庆市科普基地”称号。

2018年，入藏有馆藏文物455件（套），全年接待观众10万人次，免费讲解1500场次。举办了“义渡往事影像展”“大渡口传统民间工艺展”“老巴县匾额碑刻文物拓片展”“重庆开埠摄影文献展”各类专题展览4个。完成23件（套）馆藏重要出土陶瓷器文物修复保护工作。成功参展第八届中国博物馆及相关产品与技术博览会，其中文创精品为首次参加对外展出，在公共文化服务方面发挥了应有的职能和作用。

（区博物馆）

【文物保护】 2018年，区委、区政府高度重视文物保护工作，将文物安全工作纳入政府考核，建立公安、消防等联合检查机制，组织对辖区内博物馆和文物建筑消防安全、打击文物犯罪进行专项大检查，建立了检查台账和整改落实情况台账。

重庆抗战兵器工业旧址群——钢铁厂迁建委员会生产车间旧址修缮工程、秦家院子民居修缮工程完成并通过竣工验收。完成新山村防空警报台修缮设计方案、白居寺保护围墙设计方案的编制工作。

开展文物保护单位文物本体核定、基础信息表备案和第二批区级文物保护单位的申报工作。完成对后河院子墓地抢救性考古发掘工作，发掘明清墓葬4座。完成《重庆市文物志》《重庆区县特色文化》（大渡口区部分）、《大渡口博物馆》和《大渡口历史文化溯源》4本书的编撰工作。

做好乡村文化遗产和革命文物资源调查并上报市文物局。自重庆市文物安全综合管理平台使用以来，开展全区文物安全巡查员培训80人次，共录入平台日常巡查数据205条，集中约谈责任人1次。

（区文物管理所）

【非物质文化遗产保护】 开展第六批市级非物质文化遗产代表性项目申报工作，“马桑溪民间故事”“渝派连环画”“川剧（大渡口）”“灯谜”等4个项目成功入选；制订《大渡口区非物质文化遗产代表性传承人管理办法》和《大渡口区非遗征集工作实施办法（试行）》；以生产性保护示范基地以及相关企业为依托开展非遗培训试点，为毕业生及学徒免费提供职业培训1500余人次，实习实训就业岗位80余个，学员回家创业3家；培育非遗小微企业3家；推荐大渡口区钢花小学为川剧（大渡口）培训特色单位；推荐参加市级非遗研修2人次，参加编织染绣科普活动1人次；推动老氏静卧养生法与重庆市第一社会福利院和西南大学成立“三养基地”和“三养研究所”；开展“我们的节日”和“二十四节气养生”主题讲座活动，受众3000余人次；完成非遗项目专题拍摄4项；合作完成非遗项目数字化档案拍摄3项；完成优秀非遗实物征集60件，连环画手稿捐赠68张；成功申报《马桑溪老街印象画》版权2幅；联合重庆市第一社会福利院编写《老氏睡眠调养》教材。

（区非遗保护中心）

新闻出版

【印刷】 2018年，通过年审的印刷企业有21家，其中包装印刷企业10家，其他印刷企业11家。印刷企业数量较上年大幅减少，其主要原因为场地搬迁自行注销、广告公司并未实际开展相关业务等。

从统计情况看，21家印刷企业总资产6732.27万元，年度工业总产值6180.33万元，增加值1020.39万元，实现利润95.28万元。印刷企业的从业人员共计250人，管理人员48人，技术人员59人，其他人员143人。

【出版零售】 2018年，有出版物零售单位40家。40家出版物零售单位，其中外资1家，国营性质2家，民营企业10家，个体性质27家。40家出版物零售单位，从业人员85人，资产总额3914.7万元，年度销售总额202.4万元，利润总额29.7万元。

【电影】 2018年，有电影院5家，即重庆万达影院大渡口店、重庆市名汇金逸电影城有限公司大渡口分公司、重庆半岛太平洋影业有限公司、重庆欢乐小马电影城有限公司、重庆乐柯影院有限公司。其中，重庆欢乐小马电影城有限公司因总公司原因，之前停业了一段时间，2018年8月9日完成了相关变更手续后于年底重新开业；重庆乐柯影院有限公司2018年12月27日在原橙天嘉禾影院处重新装修后开业。

5家电影院共有银幕37块，其中IMAX屏幕1块，座位5093个，资产总计逾6000万元。2018年度共放映电影741部（次），接待观众625627人次，票房总收入2042万元，其中IMAX票房收入272万元。

旅游

【旅游经济】 全年接待游客487.67万人次，同比增长7.74%，其中：过夜游客41.89万人次，同比增长3.52%；旅游总收入6.82亿元，同比增长17.58%。旅游投入超500万元的涉旅项目23个，全年累计投资17.38亿元，同比增长245.53%。旅游宣传和营销投入454.4万元，同比增长313.09%；新建旅游厕所17座，改建9座，投入资金690万元，同比增长116.17%。

【旅游宣传营销】 举办大渡口区首届夏季旅游节，组织辖区20家旅游企业参展。组织辖区旅游企业参加2018重庆旅游新春推广月活动、2018年重庆都市旅游节暨城际旅游交易会、2018重庆国际旅游狂欢节、2018西安丝绸之路国际旅游博览会等推广活动。开展大渡口区旅游资源普查，启动大渡口区旅游画册、旅游攻略设计编制工作。向进入大渡口的外地游客发送旅游欢迎短信100万条。利用“义渡文旅”微信公众号推送旅游资讯。打造旅游线路。加大与都市旅游联盟合作，将大渡口区纳入全市都市温泉、乡村休闲、古镇游等旅游线路进行推广。

【旅游配套完善】 完成旅游厕所建设任务。2018年完成新建改建旅游厕所共26座，面积为1941.83平方米。实现A级景区免费Wi-Fi全覆盖。义渡古镇立体停车场，智慧旅游建设等配套基础设施不断完善；南海温泉接待中心大厅顺利完成改造。

【旅游行业监管】 强化旅游行业质量监管。组织2名市级景评专家对辖区两个AAA级景区开展质量等级复核工作。主动做好日常安全监管工作，全年深入景区、星级饭店、旅行社共开展安全检查活动120家次，出动安全检查人员270人次，排查安全隐患22处，全年未发生安全责任事故。

（区文化委）

档案 方志

【概况】 1981年2月，大渡口区档案馆成立，1988年1月大渡口区档案局成立。2001年12月，大渡口区档案局、大渡口区档案馆，与大渡口区地方志办公室合署办公，为区政府的参公直属正处级事业单位。在2006年机构改革中，区委、区政府将大渡口区档案局、大渡口区档案馆、大渡口区地方志办公室、中共大渡口区委党史研究室合并，成立了四合一机构，实行一套班子，四块牌子管理体制。2018年，区史志档案部门内设办公室、法规业务科、史志科、宣教中心，编制10人，在编人员9人，其中7人纳入公务员或参照公务员管理，2人为事业编制，主要负责全区地方党史、档案行政执法、档案管理和地方历史编纂等工作。

2002年，大渡口区档案馆被评定为重庆市三级档案馆；2007年动工修建图书档案综合大楼，2010年6月竣工并投入使用。2011年6月，建成区级爱国主义教育基地，同年8月被评定为国家二级档案馆。区档案馆保存有行政区域内党和国家机关、群众团体及部分国有企业、事业单位（含撤销机关、事业单位）形成的各类永久、长期保存的档案。馆藏全宗94个，以纸质档案为主，有文书、科技、会计、婚姻、照片、声像、审计、修志、人口普查等门类72118卷、189434件。有7家区属国有破产企业、解体集体企业的共15230卷档案寄存在区档案馆，其中文书档案5261卷，会计凭证、报表和工资册9969卷。

馆藏有以图书为主的各种资料2150册，图书主要有《习近平论中国共产党历史》《习近平新时代中国特色社会主义思想三十讲》《习近平在正定》等政论书籍，有《红楼梦》《红与黑》《悲惨世界》等中外文学名著，有《史记》《辞源》《辞海》《中共党史大全》《中共党史人物传》《国家地方志集成》《重庆年鉴》《中国共产党重庆历史·大渡口区卷》《大渡口区年鉴》《中国共产党重庆历史大事记·大渡口区卷（1929—2006）》《重庆市九龙坡区志（1989—2005）》等典籍和工具书。

【民生档案工作】 拓展民生档案服务领域，配合农业、民政等单位对土地承包经营权确权颁证、救助、地名普查等民生档案管理工作进行专题研究部署，加强对民生档案收集整理工作的指导和服务，接收婚姻、火化、救助等民生档案53卷9022件；做好市属国有企业退休人员档案接收工作，采取分类指导、因地制宜的有效措施，稳步推进国企退休人员档案移交工作，全年完成9家国有企业退休人员人事档案33024卷的接收，实体档案尽管任务全面完成；继续深化惠民举措，通过改善查阅室条件、简化档案审批利用流程等措施，做好档案查阅利用工作，提升为民服务办事效率，全年为3000余人次查阅，调阅档案近15000卷次，复印资料6482页，其中婚姻档案异地查档成功查询36例。

【档案安全】 维持安全工作的高压态势，全局干部参加各类安全培训12人次，全年实现安全大检查11次，邀请专业消防教官进行专业消防专业知识的培训；完善档案保管安全制度，严格按照规范控制进馆档案的质量，严格执行并完善档案进出库房登记制度，严格保证数字档案载体的安全，同时在机房加装监控系统和烟感一套；加强档案数字化方面的管理，落实专人负责档案信息安全工作，建立健全《计算机信息数据安全管理制度》，与区保密局联合开展档案保密安全专项执法检查，对全区40余家镇街、机关、企事业单位的档案保密和档案数字化保密工作进行重点检查，覆盖面100%，抽查率60%；建立完善档案利用安全制度，加强档案查询人员的培训，在档案查阅大厅安装实时监控设备，建立完善档案利用审批制度，对档案查阅实行登记，对涉密档案利用实行立档单位和主管领导双重审批，实现无纸化查询，保护档案纸质原件。

【档案服务】 发挥资政作用，精心编撰《整合滨江历史文化资源，打造文化休闲旅游湾区》等数十篇调研文章，汇编《探源溯流，以古鉴今——大渡口区档案局干部职工论文集》，编研成果及时报送给区委区政府领导参阅；服务机构改革，提前思考谋划机构改革中档案工作，形成《大渡口区关于机构改革中加强档案工作的建议》，向区委、区政府建言献策。

【档案基础业务】 档案资源接收，以多元化馆藏资源体系为目标，按9号令要求，不断拓展档案接收渠道，严把进馆档案质量关，丰富馆藏资源。全年新增包括文书、会计、音像、实物等多门类、多载体形式档案，接68家单位、38228卷、14325件，馆藏数量达到72118卷、189434件，增幅77%；强化档案业务指导，采取集中培训、实地指导等方式，提高区内各单位档案人员业务技能；抓好档案开放鉴定，开展档案开放鉴定工作，强化馆藏档案开放鉴定责任，严格审查程序，配备2名专职工作人员，逐卷逐件地对档案的内容、成分、完整程度、利用价值等进行具体分析和详细审查，全年召开专题会议3次，完成16个全宗、1548卷、36676件的开放鉴定。

【依法治档】 规范行政权力和政务服务事项，完善网审平台建设，编制办事流程图和办事指南，优化审批流程，有行政审批事项4项，政务服务事项3项，及时在区政府门户网站和网审平台上进行公布和更新，方便社会公众；拓宽渠道全面开展法治宣传，坚持“七五”普法与提高干部职工普法能力相结合，以6月9日国际档案日、12•4全国法制宣传日等重要日子为契机，采用发放宣传资料、摆放展板、设置咨询台、送书进社区等形式，集中宣传《中华人民共和国档案法》等法律法规和档案查询相关知识。

【区志编修】 《重庆市大渡口区志（1989—2008）》于2018年底由重庆出版社、重庆出版集团公开出版发行。全书120万字，28篇，篇内设章、节、目3个层次，以现代社会分工为依据，以类系事，全面、系统、翔实地记述了1989—2008年间大渡口区在经济、政治、文化、社会、生态文明等方面发生的巨大变化和取得的成就。着重记述了重庆行政区划调整、重钢环保搬迁、经济建设、经济体制改革、城市建设等大渡口二十年波澜壮阔的发展变迁，为后人保存了一段真实可信的历史记忆。该书2013年正式启动，历时4年，2018年底实现公开出版，是大渡口区地方志编纂委员会编纂的权威性地方文献和综合性地方工具书，为区委、区政府资政决策提供参考，为经济社会发展、科学研究提供依据，为青少年教育提供素材，是人民群众了解大渡口区的一个窗口。

【年鉴编修】 11月，《大渡口年鉴（2018）》正式出版发行。这是大渡口区编纂的第九部综合年鉴，也是大渡口区首次公开出版发行的区级综合年刊。《大渡口年鉴（2018）》收录100余个单位资料，共50万字，采用16开装帧，印数1000册。全书利用分类编辑法，主体内容为类目、分目、条目3个层次，设特载、大渡口概况、政治、法制与军事、经济、城市建设、社会事业等12个类目，系统、客观、翔实地记录了大渡口区2017年度政治、经济和社会各项事业发展状况，全面地展示了大渡口区新发展、新变化、新面貌，为各级领导把握区情、科学决策提供参考，为经济工作提供信息，为科学研究提供依据，也是各界社会人士了解和研究大渡口区的一部百科全书。

【方志馆筹建】 响应国家建设方志馆的号召，筹建大渡口区方志馆。2016年分类整理原有方志类书籍、统计馆藏数量，2017年全面统计全国各级别的地方志办公室联系方式和联系地址，开展地区志书交换的试点工作，收集各类藏书2000余册，为面向全国各地广泛收集方志类书籍打下基础。2018年，先后到江北区方志馆和四川省成都方志馆实地考察，学习借鉴其建馆思路、展览格局以及对未来方志馆的发展方向，吸收借鉴优秀成果，结合大渡口区地方志办公室面积和馆藏资源等实际情况，制订详细的建设方案，向区委、区政府专题汇报，筹备建设区方志馆。

【方志事业】 搜集整理2017年所有大渡口区

的大事记条目，搜集整理大渡口区各类遗址遗迹、寺庙、古墓、历史故事、典故传说、革命抗战史、改革建设史、历史人物传略等24条、3万余字；深度挖掘大渡口区文化资源，撰写“品文化内涵 育城市精神——推进大渡口文化发展、塑造大渡口文化品牌”的调研文章，为区委、区政府打造大渡口区文化品牌、弘扬义渡文化建言献策；统计全区部门志、街镇志、行业志等志书数量，初步实现地方志资料数字化扫描，达到规范有序、方便利用的目的；指导、协助区旅游局、区农委等部门志书的编纂工作，提供原始素材，指导和建议部门志书纲目设置，核实数据和文字内容，严格按照志书要求修改完善，全面达到志书内容标准规范。

（区档案局）

体　育

【概况】 重庆市大渡口区体育局（简称区体育局）是区政府主管全区体育工作的职能部门，内设办公室，辖区体育运动场和区重点体育运动学校2个事业单位。2018年底，核定编制21人，其中行政编制4人，事业编制17人（区体育运动场4人，区重点体育运动学校13人）。

【体育赛事与活动】 举办区妇女趣味比赛、区拔河比赛、区春季网球比赛、区太极拳比赛、区职工春季羽毛球比赛、区秋季网球比赛、区秋季羽毛球比赛、区乒乓球争霸赛、区游泳比赛、区气排球比赛等全区性群众体育活动，较好地满足了广大人民群众的健身需求。同时组队参加了重庆市全民健身运动会各项赛事，区体育总会也组织各体育协会举办了各种协会体育赛事活动。

【体育设施建设】 全区新增社区健身点10个，分别是九宫庙街道百花社区、跃进村街道大堰社区、八桥镇双林社区、建胜镇回龙园社区、八桥镇逸景社区B区等5个市级社区健身点；建胜镇百佳园社区、跳磴镇新一小区、八桥凤阳社区、春晖路街道柏华社区和新华社区健身点等5个区级社区健身点，并已完工投放使用，更好地满足了群众就近健身的需求。

为更好地开展全民健身活动，区体育局还对全区的健身设施进行了大渡口区健身设施安全大检查，检查完全区209个社区健身点，1800余件健身设施，并通知街镇加强日常安全检查，对整改情况进行报送，确保群众健身安全。

【体育惠民】 区体育局以《全民健身条例》与争做群众身边的好体育人为服务主线，组织好体育人为民惠民活动，体育社会指导员利用业余时间走进社区、村，逐步解决体育服务群众的问题，全年好体育人现场指导开展羽毛球、太极拳、网球、游泳、乒乓球、气排球等项目，受益者5万人次，举办科学健身知识讲座40余次，参与群众3000余人。

【社会体育指导员培训】 举办三级社会体育指导员培训班。至年底，全区有社会体育指导员521人。

【国民体质监测】 区体育局在区党员活动中心开展了国民体质监测活动。对群众进行了现场监测，并现场安排体育专业人员就群众的监测结果进行指标解释，针对被监测人员具体情况，给予科学健身方面的建议，使参加监测的市民都能满意而归，提高市民的健康、健身意识。2018年，国民体质监测人数2000人，国民体质监测合格率95%以上。

【羽毛球比赛】 12月15日至16日，重庆市第六届“李雪芮杯”业余羽毛球公开赛在区体育馆举行，来自重庆、广东、四川等全国各地近300名羽毛球爱好者参赛。

【大渡口区重点体育运动学校】 大渡口区重点体育运动学校有运动项12个目，分别是羽毛球、拳击、游泳、射击、网球、乒乓球、跆拳道、武术散打、武术套路、国际象棋、田径、足球等。有基础训练运动员2000余人，一线运动120余人。新增游泳基地学校一所。

【项目基地布局】 大渡口区小学是羽毛球基地，实验小学是武术基地，育才小学是乒乓球基地，钰鑫小学是羽毛球基地，茄子溪小学是拳击基地，马王乡小学是足球基地，重庆九十四中是乒乓球基地，重庆三十七中是足球、射击基地，茄子溪中学是拳击基地，重庆民族中学是跆拳道基地，旅游学校是足球、田径基地，巴渝学校是游泳基地。

【参赛情况】 各项目运动员参加全国、全市各级各类比赛60余次，有全国体校U系列比赛、全国田径锦标赛、全国羽毛球后备人才基地东北赛区、全国羽毛球后备人才基地总决赛、全国拳击锦标赛、全国东西南北中羽毛球大赛以及全市各项目精英赛、锦标赛和冠军赛。全年度各项比赛获得金牌65枚、银牌54枚、铜牌57枚。输送到国家队2人，市级训练单位6人、达到国家健将1人、一级12人、二级49人。被重庆市体育局评为“全市优秀重点区县体校”。

雷佳仪获全国体校U系列田径锦标赛（13～14岁）女子400米栏第一名；成思忆、唐雅涵获全国东西南北中羽毛球市选拔赛女子双打第一名；陈宜获市首届智力运动会国际象棋公开组第一名；谯韵宇和张琳雪获市首届智力运动会桥牌青少年MP双人赛第一名；张雷获市首届智力运动会国际跳棋公开组第一名。刘思源获中国业余高尔夫球巡回赛（江西站）第一名。刘润宇入选中国国家拳击队。

【体育交流】 体校与九十四中乒乓球基地联合成立科研团体，研究论文《中小学乒乓球基地建设运动现状及对策》荣获市中小学体育优秀论文一等奖；在冬季奥运项目跨界跨项选材中，大渡口区有11人优秀运动员被选入国家冰雪项目试训队，列全市第一；前八一队女队主教练陈伟华和全国羽毛球亚洲A级裁判员朱卫雄为全市羽毛球教练员进行授课；重庆市重竞技系副主任李同建和拳击队主教练祝恒海为区拳击队的运动员进行授课；区体校射击队激光枪队伍成立；李响获“全国体育事业突出贡献奖”。

【体育名人】 李雪芮获中国陵水羽毛球大师赛、美国公开赛、加拿大公开赛、韩国大师赛女子单打冠军。汤露获雅加达亚运会武术套路比赛南拳南刀全能冠军。李影代表中国女足参加雅加达亚运会女足获得亚军并获得金靴奖。冉静蓉获雅加达亚运会桥牌女子双人冠军，是唯一重庆籍世界桥牌国际大师，也是中国桥牌五星终身大师。

【体育竞赛】 举办市级、区级各项赛事20余项，参赛人数2.5万人。首次承办的区中小学首届定向越野比赛和市首届智力运动会五子棋比赛，赢得社会各界的广泛好评。

【大渡口区体育馆】 建于1992年，由政府出资300多万元修建，坐落于大渡口区文体支路18号，该馆占地面积6576.08平方米，建筑面积：4900平方米，场地面积831.6平方米。能容纳观众3100人。该馆内设羽毛球馆、乒乓球馆、搏击馆、棋类馆等场地，向市民及团体免费和低收费开放。

【体育总会】 区体育总会举办“体彩杯羽毛球争霸赛”全区性全民健身活动18个项目；举办健身气功“百城千村交流展示”等其他展示活动13个项次；20余个单项体育协会举办了展示活动、健身交流、学术讲座活动200余项次；全年参加体育健身活动的会员人数达5万余人次；参加国家级，市级各类群众体育赛事活动超过100场次，获得各种奖牌总数超过200枚。

【体育产业】 围绕管理、宣传、服务、销售、培训等工作重点，立足服务，强化管理，强化体彩办公室工作，做到承上启下。全年开展网点培训24次，在售网点62个完成体彩销量1.07亿元。区体育局参加了重庆市首届国际体育产业博览会。

（区体育局）

卫生 计生

概　述

【概况】 大渡口区卫生和计划生育委员会（简称区卫生计生委）是主管全区卫生和计生工作的区政府工作部门，区爱国卫生运动委员会、区红十字会、区计划生育协会与区卫生计生委合署办公。区卫生计生委内设科室7个：办公室、组织人事科、财务审计科、医政医管科（挂中医科牌子）、公共卫生科（挂应急办、社区卫生服务管理中心、政策法规科、行政审批科、爱卫科牌子）、计划生育服务指导科、计划生育家庭发展科（挂出生人口性别比综合治理办公室牌子）；直属参公卫生计生单位2个：大渡口区药品器械管理站、大渡口区卫生计生监督执法局；直属医疗卫生事业单位7个：大渡口区人民医院、大渡口区疾病预防控制中心、大渡口区妇幼保健院、大渡口区第二人民医院（挂茄子溪街道社区卫生服务中心、建胜镇卫生院牌子）、大渡口区中医院（挂春晖路街道社区卫生服务中心牌子）、新山村街道社区卫生服务中心（挂八桥镇卫生院牌子）、跳磴镇卫生院。

2018年，辖区有医疗卫生机构270个，开放床位3004张，执业（助理）医师1125人，注册护士1464人，每千人床位数8.46张、医生3.16人、护士4.12人。医院30个，其中政府办医院1个、企业办医院2个、民营医院20个；社区卫生服务中心6家，社区卫生服务站25个、村卫生室20个，门诊部和诊所（卫生所、医务室）168个；其中卫生计生监督执法局1个，疾控中心1个，妇幼保健院1个，职业病防治院1个。

【医药卫生体制综合改革】 完善区域医疗机构规划格局。区政府与化医集团签订战略协议，拟投资8亿元，推进重钢总医院创建三甲医院。争取老工业基地中央资金1003万元，区政府配套1200万元，启动区人民医院改扩建工程。区妇幼保健所升级为院，完成2500平方米的装修改造工程。

加强医疗服务能力建设。建立胸痛、卒中等5个救治中心，畅通急危重症救治绿色通道，开展联合会诊74例。加强医疗行业监管。开展处方集中点评1859份，对全区医疗机构开展专项检查，下达整改通知书90余份；“双随机”抽查113家，监督完成率、完结率100%，处罚案件83件。

公立医院改革取得阶段性成效。公立医院改革取得“四升四降三满意”。区人民医院、重钢总医院和万家燕鸿源医院建立现代医院管理制度。完成区人民医院薪酬制度改革，完善基层医疗机构和公共卫生单位绩效工资政策。落实12项医改便民长效机制，开展预约和自助挂号服务，实现25个常规项目检验结果互认。

医联体建设及分级诊疗取得进展性成效。制订《大渡口区医联体双向转诊流程》，规范双向转诊制度化。至年底，区人民医院下派医生坐诊102人次，查房620余人次，带教80人次，基层医疗机构医生到区人民医院进修17人次。上转病人962人，下转病人352人。推进远程诊疗信息化，跳磴镇卫生院与重医附一院、儿童医院建立远程诊疗服务协作，开展远程会诊5例、心电诊断300余例、X线检查3400余例；医联体与重医附一院、附二院、大坪医院组建呼吸、胸痛、重症、肝胆外科等跨区域专科联盟，实现专科联盟常态化；完善区医联体内部双向转诊制度，明确50个病种基层首诊，实现双向转诊制度化。

【基本公共卫生服务】 为全区2万名65岁以上老年人、4000余名孕产妇、2.4万名0～6岁儿童、691名优抚对象开展免费体检和健康管理工作。高血压规范管理率71%、糖尿病规范管理率70.23%。组建68个家庭医生团队，在全区推广“周孃孃家庭医生工作室”先进经验，吸引9万群众签订家庭医生服务，特殊人群签约率60%。打造“玲玲姐讲健康”品牌，开展讲座407次，居民基本公共卫生服务知晓率达到53%以上，居民健康素养水平24.6%。

【民生实事】 出台《“病有所医”专项方案（2018—2020年）》，启动实施九大提升工程和四项改革，推进病有所医落地落实。巩固国家卫生区创建成果，建立长效机制，开展万户城乡家庭灭蟑灭鼠。孕产妇死亡率0，婴儿死亡率4.71‰，早孕建册率95.21%、产后访视率94.84%、新生儿访视率96%、孕产妇健康管理率94.25%、儿童健康管理率93.46%。顺利通过国家慢性病综合防控示范区复审。全区重点公共场所新建改建母婴室15间，配置率86.66%。

【疾病防控】 推进疾病“三位一体”防治工作，全区未发生重大突发公共卫生事件。规范结核病和艾滋病管理。结核病人管理率100%；加强艾滋病患者管理，区中医院获得美莎酮维持治疗“全国优秀门诊”称号。健全精神病管理联席会议机制。对卫生库1060名重性精神病障碍患者重新进行危险度评估，联合服务管理率100%，规律服药率72.34%。强化免疫规划管理。严格疫苗采购、运输、管理，确保疫苗全程冷链和追溯；妥善处置长春长生疫苗事件。

【卫生计生监督】 落实监督执法体制改革工作，印发《关于在大渡口区卫生计生领域实施综合执法的意见》。集合环保大督查，对全区医疗机构废物废水管理进行了全面检查，规范医疗废物废水处置工作。制订《大渡口区五小行业长效管理工作机制》，巩固全区“创卫”成果。编制行政审批事项74项，编制行政服务指南74份，精简审批流程，审批时限压缩率53.8%。至年底，全区被监督单位877户，监督1282户次，人均监督户次143户次，监督覆盖率99%。

【人才队伍建设】 选派20余名骨干到三级医院进修，参加住院医师规范化和全科医生转岗培训。制订《大渡口区全科医生培养规划（2018—2020年）》，按年度计划安排培养80名合格全科医生，每万名居民拥有2～3名合格的全科医生。注重外引。招录优秀专技人员17人，柔性引进11名市级知名专家长期在基层医疗机构坐诊。

【爱国卫生】 加快城乡环境卫生整治，推进农村无害化卫生厕所改造，组织开展病媒生物防制，万户城乡居民免费灭鼠，开展城市饮用水水龙头水质监测及水质安全状况信息公开专项工作，着力营造健康防病环境，提升城乡环境品质。全年开展4次巩固国家卫生区成果工作评测，进行了16场病媒生物防制讲堂活动，改建新建544户，农村改厕率91%。

【中医】 巩固全国基层中医药工作先进单位创建成果，提高中医药健康管理服务率，全区中医药服务占比31.8%，开展中医体质辨识服务，推行住院病人中医查房、中医会诊制度。夯实基层中医药服务网络，推进国家基层医疗机构中医馆健康信息平台建设。加大中医药人才队伍建设，加强中医药高层次及骨干人才队伍建设，开展基层中医药实用型人才培养20人。

【红十字会】 开展“三救”及“三献”宣传工作、开展红十字志愿服务活动、开展博爱助学活动、开展应急救援知识培训，配备“三救三献”宣传资料、备灾救灾基础设施设备。全年救助困难学生20人，发放助学金1万元。在全区开展了进机关、进企业、进社区、进农村、进校园的“五进”工作，举办培训班51个，培训学员3000余人次。为市民发放《逃生手册》《应急知识手册》3000余本，普及自救互救知识的同时，提高市民自救互救意识和能力。

【卫生应急】 加强卫生应急队伍能力建设，举办卫生应急队伍系列培训，创新开展传染病疫情桌面推演，探索开展无脚本实战应急演练。健全卫生应急组织体系，全面修订完善卫生应急预案，规范卫生应急物资储备。强化突发事件风险管理，每季度开展突发事件公共卫生风险评估。建立卫生应急保障快速响应机制，做好全区重点项目、大型活动、重大会议等现场医疗保障，及时有效处置突发公共卫生事件，2018年全区未发生一般及以上级别传染病类突发公共卫生事件。

【安全稳定】 贯彻区委、区政府和区领导关于安全生产方面的指示要求，落实“党政同责、一岗双责”和“管行业管安全”责任，对33家重点医疗卫生单位定期或不定期进行检查，开展“安全生产月”和安全生产“渝州行”、深化大排查大整治大执法、春夏火灾防控、今冬明春火灾防控、人员密集场所消防安全专项整治等专项活动，完成了2018年安全生产重点任务指标，确保卫生计生系统“零死亡”“零事故”“零疫情”“零事件”。

【基层党建】 坚持把党的政治建设摆在首位。深学笃用习近平新时代中国特色社会主义思想系统，坚决维护以习近平同志为核心的党中央权威和集中统一领导，确保在思想上行动上与习近平同志为核心的党中央保持一致，以高度的政治自觉全面彻底干净肃清孙政才恶劣影响和薄熙来、王立军流毒，积极营造风清气正的政治生态。加强公立医院党的建设，公立医院制订了党组织与行政领导班子议事决策制度，贯彻落实好党委领导下的院长负责制。

坚持压紧压实意识形态主体责任。将意识形态纳入医疗卫生单位绩效考核，党组重视舆情管控，定期召开专题会进行研判，针对公立医院综合改革等特殊节点切实做好应急维稳工作，应对疫苗事件等社会热点问题，全系统未出现到市进京集访的情况和负面舆情。获得大渡口区优质微党课教案2个、机关十佳党建名嘴1个、获得“不忘初心牢记使命”为民服务展示党建先锋奖。

坚持从严管党治党。坚决扛起管党治党主体责任，落实“一岗双责”；严格落实中央八项规定，修订完善了《公务接待管理办法》等各项制度；狠抓党风廉政建设和行业作风建设，出台《区卫计委“五个专项整治”活动工作方案》和《区卫计委贯彻落实中央八项规定精神坚决整治“四风”的工作方案》，开展过度诊疗等五个专项整治行动，紧盯重点环节，为实现全区卫生计生事业持续健康发展提供坚强政治保证。

计划生育

【全面两孩】 持续落实全面两孩政策，计划生育服务管理扎实推进，全区户籍人口出生 1969 人，符合政策生育率 99.59 %，出生人口性别比 105.66，常住人口登记办理生育服务证 2317 个，生育登记服务目标人群覆盖率 100%，全面两孩政策稳妥实施。

【计生家庭发展】 全年发放奖特扶金 3365 人次，1030 万元；奖扶及时率 89%。为 1024 名计生特殊群体购买计生特别扶助保险和意外伤害保险，为 645 名计生特殊家庭发放特别扶助金，为全区 713 名失独家庭进行免费健康体检。巩固计划生育特殊家庭联系人制度，计生特殊家庭就医绿色通道和家庭医生签约服务实现全覆盖。

【医养结合】 全区 14 家养老机构与医疗机构签订合作协议，签约率 100%，医院老年人就医绿色通道开通率达 100%，医养结合机构医疗卫生服务质量专项检查覆盖率 100%。

【计生优质服务】 科学构建 323 个免费药具网点和定点服务机构的 5 ～ 10 分钟免费药具发放服务圈，全区药具网点管理实行“三统一”，药具发放率达 100%。针对产后、人工流产等重点人群，开展“三送”服务，发放药具礼包 2000 多份。开展药具宣传服务“三进”活动 63 场，发放免费药具 1.3 万盒。将药具服务融入家庭医生签约、艾滋病预防以及妇女全生命周期服务内容，推进药具服务常态化。

（区卫生计生委）

社会生活

城乡居民收入

【概况】 2018 年，全区常住居民人均可支配收入为 37443 元，同比增长 8.2%，分城乡来看，城镇常住居民人均可支配收入 37911 元，增加 2873 元，增长 8.2%；农村常住居民人均可支配收入 19847 元，增加 1504 元，增长 8.2%。全区居民收入继续保持增长态势，但是增长速度逐步放缓。

全区经济发展良好，奠定了坚实基础。2018 年以来，按照高质量发展要求，区委、区府以供给侧结构性改革为主线，以大数据智能化引领创新发展为路径，加快产业转型步伐，着力构建智能化、绿色化、集约化、特色化的现代产业体系，不断提高经济发展的质量和效益。全年全区地区生产总值达到 228 亿元，同比增长 2.7%，一般公共预算收入 21.4 亿元，增长 10.6%，区级实得税收 17.5 亿元，增长 12.8%，社会消费品零售总额增长 2.6%；完成固定资产投资 204.1 亿元，增长 9.5%，经济的发展为居民增收和改善生活奠定了坚实的基础。

创业环境趋好，带动收入增长。区委、区政府继续营造宽松的创业环境，采取多种措施，推动大众创业。针对小微企业出台了成长扶持贷款、会展补助、商业贷款贴息等政策；开展“大手牵小手”帮扶活动，带动更多微型企业发展壮大，引领企业发展；积极清理成长型微型企业，并纳入培育库，给企业提供优质服务，促进企业健康快速发展。全年全区新注册企业和个体经营户 4458 户，增加了居民的就业机会，全年新增城镇就业 1.3 万人，城镇登记失业率 2.4%，就业人数的增加为城乡居民收入增长提供了充足动力。

不断加大民生投入，转移净收入增长迅速。2018 年，全区加大转移支付力度，着力解决群众最关切的利益问题，社保体系覆盖城乡，保障水平持续提高，社会救助体系基本建成，困难群众生活得到更好保障，普通群众获得感逐步提高。一是提高退休人员基本养老金。从 2018 年 1 月 1 日起上调退休人员基本养老金标准，每人每月增加 45 元，对企业退休人员本人缴费年限每满 1 年，每人每月增加 3 元，对于机关事业单位退休人员，按同类人员2017年12月平均养老金为基数每人每月增加3%。二是上调城乡居民基础养老金标准。2018年1月1日起城乡居民基本养老保险基础养老金每人每月增加20元，即由原来的每人每月95元提高至115元，上调幅度高达21.1%。三是上调城乡低保标准。2018年1月1日起，提高城乡低保对象保障标准，城镇和农村居民最低生活保障标准由每人每月500元提高到546元，增幅达9.2%。相关民生政策的落实，为全区居民增收带来新的助力。

（区统计局）

人民生活

【社会保险】 不断推进重点改革任务。做好民营企业社保服务，全年为企业社保降费减负2.88亿元。全面落实全区3家公改医院医保药品带量采购工作；指导落实全区37家医疗机构贯彻全市统一实施2017版国家医疗工伤生育保险药品目录工作；全面实施落实国家谈判药品手工报销工作；9家二级医疗机构单病种结算种类从50种增加至100种，执行到位率100%；全市跨省异地就医联网结算医疗机构从93家增加到132家，全区联网结算医院2家。争取长期护理保险制度试点工作在全市先行试点。全面落实全区特困、低保人员等扶贫帮困对象2351人参加城乡居民基本养老保险，4063人参加城乡居民基本医疗保险个人缴费资助工作，实现扶贫帮困对象基本养老和医疗保险参保率100%。深化“同舟计划”工作，全区新增28个建设项目参加工伤保险，缴保费301.36万元，涉及项目金额30.13亿，实名制参保14555人，完成新建项目100%参保。大渡口区市属国企退休人员社会化移交已进入常态化，指导跃进村街道革新社区创建退休人员社会化管理市级示范社区建设。

推进扩面征收工作。开展全民参保登记工作，全区城乡居民基本养老保险和基本医疗保险参保率巩固在95%以上。全年稽核参保单位78家，查处违规人数365人，补缴金额345万元。城镇企业职工养老保险、城镇职工医疗保险、工伤保险、城乡居民养老保险、城乡居民合作医疗保险超额完成全市2018年度社会保险扩面、征缴计划目标考核任务。

保障各项待遇应发尽发。全面完成2114人城乡居民基本养老保险基础养老金调整工作，标准由95元提高至115元。截至年底，为全区退休人员84494人发放各类养老待遇及补贴26.36亿元；为参保职工医保结算33.7万人次、医保基金支付3.21亿元；居民医保结算58.31万人次，基金支付9684.07万元；为2977人（次）支付工伤待遇3417.29万元；为4114人（次）支付生育保险待遇2187.7万元。

【社保基金监管】 2018年，全年检查377家医药协议机构，处罚134家，查处违规费用96.97万元，处罚违约金233.79万元，解除1家违规协议医疗机构。共查处不具备领取养老金人员135人，月减少支付养老金21.4万元；清退重复、违规领取社保待遇24人，涉及金额15万元。开展全区加强社保基金征收节支工作，出台《大渡口区加强社会保险基金增收节支工作方案》，严格落实信息传递共享、联合监管和信用惩戒工作机制，保障基金平稳可持续运行和群众社会保险权益。

（区人社局）

民　政

【概况】 重庆市大渡口区民政局（简称区民政局）是负责管理全区民政工作的政府工作部门。2018年，局机关内设办公室、行政审批科、社会福利救济科、区划地名社团科、社会事务基层政权科5个正科级职能科室（2018年11月26日成立区退役军人事务局，优抚安置科所有业务整体划转）。下属区最低生活保障事务中心、区殡葬管理所、区救助管理站、区婚姻登记处、区社会工作管理服务中心和区社会救助家庭经济状况核查认定中心等6个正科级事业单位（区军队离休退休干部服务管理中心单位职能于2018年11月26日划转至区退役军人事务局）。其中，区救助管理站和区婚姻登记处分别于2009年和2010年参照公务员管理法管理。全局在编人员25人，其中行政编制人员9人，参公编制人员5人，事业编制人员11人。

【社区建设】 出台《加强镇政府服务能力建设的实施方案》《加强和完善城乡社区治理的实施意见》，构建城乡社区治理新格局。印发《加强村（社区）组织运转经费保障工作的通知》《进一步完善村（社区）干部激励成长机制的四条措施》，村（社区）“两委”正职月补贴标准，分别按上年度农村（城镇常住）居民人均可支配收入2倍（1.2倍）标准核定，副职和委员分别按正职补贴的87%、82%核定。对年满40周岁在职在岗“两委”成员发放工作年限补贴，在区村（社区）工作年限10～14年每月500元，15～19年每月700元，20～24年每月800元，25年及以上的每月900元。按照“基数+因素”的原则由区财政全额保障社区办公经费，每个社区每年办公费20～25万元封顶。清理不适宜留任的村（居）“两委”班子成员18人，研判处置80名有前科劣迹的其他工作人员。对村（居）委会主任、成员进行培训，培训村（居）委会主任84人，村（居）委会成员1200人次。2018年新成立2个社区，分别为华庭社区、幸福社区，全区共有62个社区，32个村。

【社会工作】 2018年全区考取社会工作师24人，助理社会工作师33人。截至年底，全区有持证社工381人。建成社区社工室60个，实现社区社工室全覆盖。实施市级社工项目29个，区级社工项目13个。评选产生10个社会工作优秀案例。在全市率先启动本地社工督导人才培训计划，培养4名督导人才。2018年，举办社会工作考前公益培训1次，培训720人次。社会组织实践园2018年组织沙龙、论坛20次，开设各类培训课程15次，参与社工、社区工作者和志愿者上千人。

【优待与抚恤】 8月1日起，根据《重庆市民政局重庆市财政局关于调整部分优抚对象等人员抚恤和生活优待补助标准的通知》（渝民〔2018〕127号）文件规定，提高烈属、牺牲军人家属、病故军人家属、残疾军人（含伤残人民警察、伤残国家机关工作人员、参战伤残民兵民工）抚恤金标准，提高在乡复员军人、带病回乡退伍军人、在农村的和城镇无工作单位且家庭生活困难的参战退役人员生活补助标准，及时划拨各镇街在乡老复员军人、带病回乡退伍军人、“两参”人员、“三属”、60岁以上农村籍退役士兵等抚恤和生活优待金360.2万元，发放残疾军人抚恤及一至四级残疾军人护理费361.1万元，确保资金发放到位。接收部队移交大渡口区1名病故军人遗属，发放一次性抚恤补助金139425.3元。

按照国务院和市政府工作要求，经区政府同意，于9月28日召集相关部门，镇街召开工作动员及业务培训会，从10月1日起，启动全区退役军人和其他优抚对象第一阶段信息采集工作，由区民政局采购9套设备，分发8个镇街各一套，分别开展区、镇街采集工作，该项工作按照每采集1人补助10元的标准发放工作经费。为解决部分退役士兵诉求，经区政府同意形成17条解决措施，包括：在现有医疗巡诊的基础上，增加组织优抚对象每两年到重钢医院体检一次，体检标准为500元/人；同意按照现行模式，每年按照9类人员类别占比分配名额和年龄大小排序的原则，组织四个批次100人的短期疗养，标准为3000元/人，疗养地点在重庆市革命伤残军人康复疗养院，疗养时间为10天。

以政策清理提升精准度。按照全市的统一部署，对照政策规定，针对性抓好全区已纳入定期补助的60岁农村籍退役士兵的清退工作，平稳清退251名不符合享受条件的人员，清退率85%，未发生群访集访事件。

以政策优待提升服务。按照文件规定，及时发放重点优抚对象医疗补助金45.7万元；加强医疗救助工作力度，及时审核各镇街上报的优抚医疗救助资料，为150名重点优抚对象报销优抚医疗救助金9.8万元；落实重点优抚对象疗养政策，增加疗养人数、增加疗养时间，组织53名重点优抚对象开展短期疗养活动。

建机制，工作有序开展。成立领导机构。成立以区政府区长姚斌为组长的大渡口区退役军人服务管理工作领导小组，负责统筹全区退役军人服务管理工作；成立以副区长舒莉为组长的优抚安置对象帮扶解困工作组，协调解决他们的实际困难。落实困难优抚对象帮扶资金。建立了大渡口区困难优抚对象帮扶基金，筹集资金87万元。草拟了大渡口区困难优抚对象帮扶基金管理办法，拟通过帮扶基金，帮助优抚对象解决生活、医疗等方面的困难。

搭平台，规范服务水平。落实（渝委发〔2017〕35号）和重庆市民政局《关于印发新时代大爱民政建设行动计划实施方案的通知》文件精神，组织召开全区优抚工作会议，安排部署各镇街开展两级服务平台建设，在各镇街、村（社区）设置优抚对象工作服务站（点），并利用镇街、村（社区）服务中心（平台）功能室，为优抚对象提供服务。

开展烈士褒扬活动，开展清明祭扫活动，14个单位组织开展“铭记•2018清明祭英烈活动”；9月30日，在全国第五个烈士纪念日到来之际，在重钢护厂烈士陵园举行了以“缅怀先烈、不忘初心”为主题的烈士纪念日公祭仪式。区委、区政府、区人大、区政协、驻区部队领导以及来自社会各界群众代表、工商联和无党派人士、学校师生代表、驻区部队官兵代表等110余人参加了公祭仪式。区领导陈中举、李青、毛伟、刘安东、程超旗出席纪念活动。

11月26日，区委、区政府分别下文《中共大渡口区委大渡口区人民政府关于组建大渡口区退役军人事务局的通知》（大渡口委发〔2018〕35号）、《中共大渡口区委关于设立中共大渡口区退役军人事务局党组的通知》（大渡口委发〔2018〕36号），成立大渡口区退役军人事务局，11月27日正式对外挂牌。双拥优抚安置及军休等业务工作划转到区退役军人事务局，12月初，优抚安置科3名工作人员工作随之调整至退役军人事务局。

烈属、因公牺牲军人遗属、病故军人遗属定期抚恤金标准

（从2018年8月1日起执行）　　单位：元/月

三属类别	定期抚恤补助金标准			
	定期抚恤金	地方优待金		合计
烈士遗属	2120	11•27烈士遗属	3011	5131
		重庆解放前牺牲烈士遗属	2167	4287
		重庆解放后牺牲烈士遗属	1447	3567
因公牺牲军人遗属	1821	837		2658
病故军人军人遗属	1713	559		2272

残疾军人残疾抚恤金标准

（从2018年8月1日起执行）　　单位：元/年

残疾等级		残疾抚恤优待金标准		
		残疾抚恤金标准	地方优待金标准	合计
一级	因战	80104	3360	83464
	因公	77610	3292	80902
	因病	75060	3223	78283
二级	因战	72520	3155	75675
	因公	68710	3052	71762
	因病	66140	2983	69123
三级	因战	63640	2915	66555
	因公	59800	2812	62612
	因病	56010	2710	58720
四级	因战	52150	2606	54756
	因公	47080	2469	49549
	因病	43260	2366	45626
五级	因战	40740	1606	42346
	因公	35620	1555	37175
	因病	33080	1529	34609

续表

残疾等级		残疾抚恤优待金标准		
		残疾抚恤金标准	地方优待金标准	合计
六级	因战	31830	1517	33347
	因公	30120	1500	31620
	因病	25440	1453	26893
七级	因战	24190	1430	25620
	因公	21650	1406	23056
八级	因战	15270	1345	16615
	因公	13980	1333	15313
九级	因战	12680	1285	13965
	因公	10190	1268	11458
十级	因战	8910	1260	10170
	因公	7620	1200	8820

说明：伤残人民警察、伤残国家机关工作人员按残疾抚恤金标准执行。

【退役军人安置】 2018年，大渡口区安置退役士兵80余人，安置率100%。发放一次性就业补助金308.6万元，鼓励支持18名士兵参加高等教育学习，36名短期技能培训学习。2018年未接收安置军队离退休干部、无军籍职工；未接收安置一至四级伤残退役士兵。落实军队离退休干部两个待遇，及时组织开展各类活动。

【“双拥”工作】 大渡口区委、区政府高度重视拥军优属拥政爱民工作，开展“八一”期间走访慰问驻区部队和优抚对象活动，统筹各方力量，围绕激发爱国情怀，关爱部队建设和精准帮扶服务，实施了区、镇街、村（社区）三级建军节系列走访慰问活动。区委书记王俊、区长姚斌分别率四大班子领导走访慰问驻区部队及部分重点优抚对象，与重庆警备区开展走访、军事日等双拥活动，走访慰问7个驻区部队，购买慰问品价值12万余元。镇街、村（社区）分别组织开展重点优抚对象走访慰问活动，走访慰问重点优抚对象547人，发放慰问金及慰问品17.78万元，走访驻区部队，发放慰问金、慰问品7.3万元；相关部门、镇街走访困难退役军人等优抚对象105人，发放慰问金及慰问品2万元。

7月19日，邀请中央军委政治工作部特聘教授、原国防大学战役教研部主任张玉良少将为辖区党政领导干部讲解中国周边安全形势及军民融合发展战略，400余人参会。区民政局联合区文联、区协摄影家协会，到驻区部队开展走进军营摄影活动，摄制照片近300幅，全视角展示官兵训练、生活情况，并为摄影部队赠送照片60张。区图书馆与区政协文艺界别联组开展文化进军营活动，为武警巡逻中队送科技、军事、历史等书籍350余册。八桥镇融城社区联合武警巡逻中队开展国防教育，社区孩子们用画卷描绘出自己心中“最可爱的人”，向解放军致敬，表达对军人的尊敬与爱戴。

八一前夕，区涉军群体联席会研究解决部分自述参试经历人员、旧病复发残疾军人帮扶解困问题。建立大渡口区困难优抚对象帮扶工作机制，针对优抚对象存在的实际困难开展帮扶。按照上级要求，完成各镇街、村（社区）设置优抚对象工作服务站（点）两级服务平台“优抚之家”设立工作，为开展服务与沟通搭建桥梁；设立大渡口区优抚对象信息登记台账，组织各镇街优抚联络员、网格员通过入户方式收集优抚安置对象个人、家庭基本信息和家庭困难情况，夯实关爱帮扶工作基础。

7月12日，召开专题议军会议，助推驻区部队建设。（1）区人武部要发挥好牵头协调作用，对军队驻区相关情况要做到情况清、底数明，主动协调解决好军属随军随调、军人子女入学入托、退役士兵就业安置、设备物资配备等问题，保障军人军属合法权益。（2）区政府、组织、人社、民政、教委等相关部门要认真贯彻落实各项政策，及时研究新情况、解决新问题，采取各种有效措施，对符合政策条件规定的该安置安置、该随调随调、该推荐推荐，当好后盾、排忧解难，以实实在在的举措，更好地解决好部队官兵的后顾之忧。（3）定期召开区委常委会议军会，原则上每上下半年各召开一次，将议军会作为解决难题、健全机制的有效抓手，多为武装工作办实事、解难事，着力解决国防建设和党管武装工作中的困难和问题。（4）要把功夫下在平时，除了“八一”、春节等慰问活动外，相关部门也要在平时多走访关心驻区部队，帮助解决驻区部队战备、训练、工作、生活中的实际问题，把拥军爱军体现在日常平常经常、落细落小落实，努力营造爱党爱军、军人光荣的浓厚社会氛围，让大渡口区军民鱼水情更浓。

【特困人员供养】 2018年，全区有供养特困人员115人。其中，集中供养41人，供养标准为820元/月；分散供养74人，供养标准为710元/月。发放生活补贴103万元。

【孤儿供养】 2018年，全区有供养散居孤儿4人，供养标准为1160元/月，发放生活补贴7.19万元。

【福利事业】 2018年，全区有各类养老服务机构31家。其中，区级敬老院1家；社会办养老机构30家。共设置床位1749张，每千名老人拥有床位数34.54张。全年投入150万元，新建沪汉社区、大堰社区、申佳子溪苑小区等3所社区养老服务站；投入1160万元，新建春晖路街道市级示范社区养老服务中心。截至目前，全区累计投入资金1000万余元，改造社区办公用房9400余平方米，建成市级示范社区养老服务中心1所、“老吾老”居家养老服务中心30所，初步构建了社区居家养老服务“十五分钟”生活服务圈。全面落实“三项补贴”制度，其中为67名高龄、失能困难老年人发放养老服务补贴147000元，为2258人次残疾人发放残疾人“两项补贴”140.417万元。加强养老机构消防安全监管，全年5家养老机构完成消防整改，取得养老机构设立许可。全年福彩销量15696.367778万元，较2017年同期提升9.94%。

【殡葬改革】 全区有农村公益性公墓3个，分别是金鳌山公墓、金龙山公墓和大宝山公墓。2018年，贯彻惠民殡葬政策，指导各公墓、陵园开辟生态安葬“爱心园”，免费安葬区内城乡低保对象、重点优抚对象、特困人员骨灰。全区共免除51名城乡困难群众的基本丧葬服务费59577元。通过减免区内公墓墓位费等方式，对辖区内80余户其他困难群众给予殡葬救助20万余元，全区殡葬救助优惠政策全面落实。鼓励和引导辖区群众采取不占或少占土地、少耗资源、少使用不可降解材料的方式安葬骨灰，指导辖区3个公墓开辟壁墓葬、草坪葬、花台葬、树葬等节地生态安葬方式，全年实施节地生态安葬168起。

开展“平安清明、优质服务、文明祭扫、生态安葬”主题宣传活动，通过设置宣传展板和发放宣传资料的方式，向广大市民讲解惠民殡葬政策，宣传文明祭祀。有序推进文明治丧工作，区宝山堂殡仪服务中心全年治丧180起。出台《重庆市大渡口区民政局关于转发重庆市民政局关于修订完善村规民约和居民公约的通知的通知》，对全区村（居）民委员会的“村规民约”“居民公约”进行修订完善。全区25个村（居）民委员会建立了“红白理事会”，并将革除陈规陋习、促进移风易俗、文明治丧等内容纳入“村规民约”“居民公约”中。

【社会救助】 利用宣传栏、标语、村村响广播、院坝会、村（居）民代表大会及联系走访困难群众等多种方式，向群众宣传流浪乞讨人员救助管理政策。各镇街建立了“劝导救助队”，夏季开展“送清凉”活动，冬季开展“送温暖”活动，以车站码头、繁华地区、地下通道、桥梁涵洞等生活无着人员集中活动和露宿区域为重点，加大街头主动救助力度，变“自愿求助”为“主动劝导”，及时发现并为街头流浪乞讨生活无着人员提供救助服务。全年开展街面主动劝导400余次，救助流浪乞讨人员74人（其中滞留人员9人），全部按照市民政局要求录入信息管理系统和寻亲网，支出救助资金24.1万元。流浪乞讨滞留人员全部按照规定交由有资质的机构托管，其中重钢总医院7人，重庆市第一社会福利院2人。

【婚姻与收养】 区民政局婚姻登记处是参照

公务员法管理的事业单位，负责全区婚姻、收养登记工作。机关有工作人员 4 人。

2018 年，婚姻登记处全年办理结婚登记 3142 对、离婚登记 2563 对、补发婚姻证件 1032 件，收养登记 1 件。登记合格率 100%。无有效投诉和行政诉讼案件，无违法、违规事件发生。婚姻登记处由市民政局指定为全市婚姻登记机关唯一政务考察接待点。

婚姻收养登记规范管理。（1）严格依法登记。贯彻《中华人民共和国婚姻法》《中华人民共和国收养法》《中华人民共和国婚姻登记暂行规范》等法律法规及其他规范性文件，严格按规定程序办理各项业务，确保登记合格率 100%。（2）规范档案管理。全年整理档案 6738 卷，做到档案资料无丢失、无损毁、安全使用。严格落实档案数字化处理要求，对 2015 年婚姻档案共 9022 卷进行数字化处理，移交至大渡口区档案馆保存。协调接收建胜镇留存 1991—1995 年婚姻档案进行数字化处理。严格执行档案查阅利用制度，维护婚姻当事人的合法权益。（3）不断提高服务质量。坚持微笑服务、便民服务、人性化服务。工作中长期坚持执行延时服务、预约服务、加班服务等便民服务制度，全年共受理网上预约登记 44 对，坚持每周六 9：00 ～ 12：00 时正常上班，全年周六加班 44 次，办理登记 139 对。

实施婚姻家庭“家和计划”社工项目。成功申报市婚姻登记管理中心婚姻家庭社会工作 2019 年“家庭和谐计划”项目，获项目资金 10 万元。联合妇联、社区、律师事务所、社工组织等单位力量，为广大群众提供多样化、专业化的婚姻家庭相关服务。全年开展社区宣传倡导活动 8 场，走访社区困境家庭 6 户，组织婚姻情感成长活动小组 4 个，为 180 余对夫妻提供离婚调解服务。律师每周三坐班接受法律咨询调解服务 46 天。与区法院成立婚姻家庭巡回法庭，由民一庭法官随时电话接待群众咨询。发放宣传资料 1000 余份，媒体报道 35 篇。开展“抵制婚嫁恶俗，提倡喜事新办”宣传活动 3 场。使婚姻登记工作在促进婚姻和谐、家庭和谐、社会和谐、倡导文明婚俗方面发挥积极作用。

【城乡低保】 城乡居民最低生活保障标准不断提高，按照渝民发〔2018〕135 号文件要求，城乡低保标准提高到每人每月 546 元。截至年底，全区有城乡低保对象 2520 人，全年发放低保资金 1839.1 万元，城乡低保人均补差水平分别为 554.51 元、542.42 元。

【临时救助】 及时实施临时救助。全年临时救助 311 户次，支出 79.38 万元。依托区社会救助家庭经济状况核查认定中心和镇街的核查工作站，所有社会救助家庭纳入部门联动核查，核查工作站全年联动 8495 人次。

【医疗救助】 健全工作机制。制订《关于印发重庆市大渡口区城乡医疗救助实施办法的通知》（大渡口府发〔2018〕8 号）文件，全面提高医疗救助水平。2018 年全年实施医疗救助 15518 人次，使用救助金 446 万余元；困难家庭资助参保 4510 人，支出 95.71 万元。为 4 户困难家庭申请了 14 万元的市级“困难救助基金”。

按照《重庆市大渡口区财政局 重庆市大渡口区民政局关于印发〈大渡口区扶贫济困医疗基金管理办法〉的通知》（渡财发〔2017〕76 号）文件要求，同步建立扶贫济困医疗救助基金，对困难群众医保报销以外的医疗费用实施分段分档救助，全年救助 294 人次，支出 73.6 万元。

为辖区低保对象、孤儿等 4 类 3792 名困难群众购买“惠民济困”保险，减轻困难群众因意外和疾病而造成的负担。

【民政建档】 全年清理 400 余户民政困难建档家庭，清理工作结束后及时返回要件缺失或者材料信息不准确的资料到镇街并督促整改。

【灾害救助】 2018 年，倒房和严重损房需重建 4 户、13 间，一般损坏房屋 4 户、12 间，于 11 月底全部修缮完毕；2018 年度无冬春救助人数。

【社会行政事务管理】 2018 年，贯彻《社会团体登记管理条例》和《民办非企业单位登记管理暂行条例》，全年登记社会团体 3 家，对 44 家社会团体进行了年检；登记核准成立民办非企业单位 16 家，对 114 家民办非企业单位进行了年检；注销 2 家社会团体和 10 家民办非企业单位。

对大渡口区与九龙坡区行政区域界线进行了联

合检查，界线走向明确清晰，未发生地理变化，边界群众和睦共处，未发生边界争议和纠纷。贯彻《重庆市地名管理条例》，依法命名美渡路、燕安路、福田路、铜鼓路、江畔路、四胜路、雨栏山路、江韵路、观舟路、碧江路、景汇路、巴韵路、宝源路、山月路、景灿路、王家溪路、景然路、清澜路、园林路、宝鼎路、江岛路、兴苑路、湾塘路、山溪路等32条道路。

2018年大渡口区社会团体情况

序号	社会团体名称	成立时间
1	重庆市大渡口区园林协会	1991-3-5
2	重庆市大渡口区汽车维修行业协会	1991-9-10
3	重庆市大渡口区建筑业协会	1991-10-31
4	重庆市大渡口区医药卫生学会	1991-10-17
5	重庆市大渡口区个体劳动者协会	1991-12-13
6	重庆市大渡口区退休科技工作者协会	1991-12-13
7	重庆市大渡口区退休教师协会	1991-12-13
8	重庆市大渡口区青少年科技辅导员协会	1991-12-13
9	重庆市大渡口区集邮协会	1991-12-13
10	重庆市大渡口区税务学会	1992-9-25
11	重庆市大渡口区球迷协会	1996-8-13
12	重庆市大渡口区体育总会	1996-11-5
13	重庆市大渡口区私营企业协会	1997-4-2
14	重庆市大渡口区赛马会	1998-9-25
15	重庆市大渡口区山城啤酒联合会	2001-8-28
16	重庆市大渡口区商业联合会	2001-8-31
17	重庆市大渡口区道路运输协会	2002-11-25
18	重庆市大渡口区网球协会	2003-12-12
19	重庆市大渡口区强联花椒农民专业合作社	2003-12-12
20	重庆市大渡口区跳磴镇蔬菜专业合作协会	2004-5-26
21	重庆市大渡口区社会福利企业协会	2005-1-19
22	重庆市大渡口区网吧行业协会	2005-4-8
23	重庆市大渡口区食品药品行业协会	2005-4-29
24	重庆市大渡口区慈善会	2005-5-19
25	重庆市大渡口区汽车运动协会	2005-11-26
26	重庆市大渡口区摄影家协会	2006-4-7
27	重庆市大渡口区教育学会	2007-8-9
28	重庆市大渡口区文化音像协会	2008-3-9
29	重庆市大渡口区警察协会	2008-5-9
30	大渡口区党外知识分子联谊会	2008-5-15
31	重庆市大渡口区反邪教协会	2009-2-18

续表

序号	社会团体名称	成立时间
32	重庆市大渡口区物业管理协会	2009-8-26
33	重庆市大渡口区国际税收研究会	2009-11-16
34	重庆市大渡口区微型企业协会	2011-3-29
35	重庆市大渡口区金融业协会	2011-9-23
36	重庆市大渡口区社会工作者协会	2011-11-30
37	重庆市大渡口区统一战线理论研究会	2012-11-19
38	大渡口区义渡志愿者协会	2012-12-12
39	重庆市大渡口区建胜镇商会	2013-5-2
40	重庆市大渡口区检察学研究学会	2013-5-2
41	大渡口区作家协会	2013-5-2
42	重庆市大渡口区书法家协会	2013-12-10
43	重庆市大渡口区餐饮商会	2014-1-13
44	重庆市大渡口区国际标准舞协会	2014-1-13
45	重庆市大渡口区音乐家协会	2014-2-18
46	重庆市大渡口区舞蹈家协会	2014-2-18
47	重庆市大渡口区晋愉梦想联盟	2014-2-6
48	重庆市大渡口区教育红十字会	2014-4-16
49	重庆市大渡口区机电商会	2014-6-10
50	重庆市大渡口区国学研究会	2014-9-2
51	重庆市大渡口区老氏养生文化研究会	2015-5-19
52	重庆市第三十七中学校校友会	2015-6-19
53	重庆市大渡口区楹联学会	2016-2-3
54	重庆市大渡口区建桥工业园区企业联合会	2016-4-29
55	重庆市大渡口区浙江（东阳）商会	2016-5-27
56	重庆市大渡口区互联网商会	2016-7-13
57	重庆市大渡口区美术家协会	2016-7-13
58	重庆市大渡口区关爱青少年儿童协会	2016-9-18
59	重庆市大渡口区老年人体育协会	2017-4-12
60	重庆市大渡口区收藏协会	2017-8-14
61	重庆市大渡口区门球协会	2017-11-8
62	重庆市大渡口区信鸽协会	2017-11-8
63	重庆市大渡口区环境保护联合会	2017-11-28
64	重庆市大渡口区棋类协会	2017-12-12
65	重庆大渡口区浙江商会	2018-1-21
66	重庆市大渡口区互联网界联合会	2018-7-19
67	重庆市大渡口区中医康复服务商会	2018-11-19

2018年大渡口区民办非企业单位情况

序号	民办非企业单位名称	成立时间
1	重庆海天艺术学校	2001-4-1
2	重庆市大渡口区育人职业培训学校	2001-8-1
3	重庆康立中医康复职业培训学校	2002-1-1
4	重庆市大渡口区运翔青少年体育俱乐部	2003-2-1
5	重庆市大渡口区中小企业创业技术服务中心	2005-4-28
6	重庆市大渡口区华威外国语培训学校	2006-6-18
7	重庆市大渡口区雏鹰幼儿园	2006-8-13
8	大渡口区绿岛大地幼儿园	2007-8-2
9	重庆市大渡口区新山村街道稻草援助中心	2007-12-6
10	重庆市大渡口区跃进村街道稻草援助中心	2007-12-6
11	重庆市大渡口区九宫庙街道稻草援助中心	2007-12-6
12	重庆市大渡口区八桥镇稻草援助中心	2007-12-6
13	重庆市大渡口区建胜镇稻草援助中心	2007-12-6
14	重庆市大渡口区跳磴镇稻草援助中心	2007-12-6
15	大渡口区实验小学幼儿园	2008-10-30
16	大渡口区恒悦职业培训学校	2009-2-26
17	大渡口区民乐苗苗幼儿园	2009-7-9
18	重庆市大渡口区博雅香港城幼儿园	2009-7-9
19	重庆市大渡口区蓝天齐爱幼儿园	2009-7-13
20	重庆市大渡口区公民村育苗幼儿园	2009-8-15
21	大渡口区迁禧育才幼儿园	2009-8-5
22	大渡口区迎春幼儿园	2009-8-5
23	大渡口区小太阳幼儿园	2009-8-5
24	大渡口区群渝幼儿园	2009-10-19
25	大渡口区更欣学前幼儿园	2009-10-19
26	大渡口区玉兰剑桥培训学校	2009-12-15
27	重庆市大渡口区启慧青少年体育俱乐部	2009-12-15
28	大渡口区七彩艺术培训学校	2009-12-15
29	大渡口区灵灵思维培训中心	2009-12-15
30	重庆市大渡口区国瑞城洄龙幼儿园	2009-12-15
31	重庆市大渡口区春晖路街道锦城社区卫生服务站	2010-2-20
32	大渡口区天辰阳光幼儿园	2010-2-26
33	重庆市大渡口区安安幼儿园	2009-3-26
34	重庆市大渡口区园丁子炫幼儿园	2010-2-26
35	重庆市大渡口区锦天德艾幼儿园	2010-4-15
36	大渡口区希望园幼儿园	2010-6-7

续表

序号	民办非企业单位名称	成立时间
37	重庆市大渡口区三星幼儿园	2010-6-7
38	大渡口区金果幼稚园	2010-8-19
39	重庆市大渡口区红太阳幼儿园	2010-8-19
40	重庆市大渡口区阳光宝贝壹街区幼儿园	2010-8-19
41	重庆市大渡口区睿星教育培训学校	2010-9-29
42	重庆市大渡口区云岭天城幼儿园	2010-12-20
43	重庆市大渡口区启蒙幼儿园	2010-12-20
44	重庆市大渡口区南海幼儿园	2011-2-16
45	重庆市大渡口区天辰美苑洄龙幼儿园	2011-3-28
46	大渡口区绿茵青少年体育俱乐部	2011-3-28
47	重庆市大渡口区茄子溪街道稻草援助中心	2011-8-1
48	大渡口区绿手指培训学校	2011-8-1
49	重庆市大渡口区锦绣星宇幼儿园	2011-8-1
50	重庆市大渡口区娃娃国幼儿园	2011-8-1
51	重庆市大渡口区耀星第一幼儿园	2011-11-9
52	大渡口区启慧培训学校	2011-11-9
53	重庆市大渡口区世纪英才培训学校	2011-11-9
54	重庆市大渡口区波士顿之路 - 哈佛英语培训学校	2011-11-9
55	重庆他她少儿艺术培训学校	2012-3-19
56	重庆市大渡口区启慧幼儿园	2012-3-19
57	重庆市大渡口区尚礼三人行教育培训学校	2012-4-10
58	大正幼儿园	2012-6-19
59	重庆市大渡口区清华教鸿幼儿园	2012-6-19
60	重庆市大渡口区四季童话幼儿园	2012-6-19
61	重庆市大渡口区哆来咪幼儿园	2012-6-19
62	重庆市大渡口区迪乐贝儿幼儿园	2014-8 29
63	重庆市大渡口区东方学堂幼儿园	2013-1-23
64	重庆市大渡口区春晖路街道稻草援助中心	2013-1-23
65	重庆市大渡口区蓓蕾幼儿园	2013-2-1
66	大渡口区跃兴学前班	2013-2-1
67	重庆市大渡口区山城社会工作服务中心	2013-3-19
68	重庆市大渡口区冯军艺术教育培训学校	2013-5-2
69	重庆市大渡口区维维幼儿园	2013-5-27
70	重庆市大渡口区东海幼儿园	2013-7-9
71	重庆市大渡口区壹心壹教育培训学校	2013-7-9
72	重庆大渡口旭东医院	2013-7-31
73	重庆市大渡口区奥搏青少年体育俱乐部	2013-7-31

续表

序号	民办非企业单位名称	成立时间
74	重庆市大渡口区启明社会工作服务中心	2013-10-14
75	重庆市大渡口区金港湾幼儿园	2013-10-14
76	重庆市大渡口区金贝贝幼儿园	2013-11-6
77	重庆市大渡口区御景天都三色幼儿园	2013-11-20
78	重庆市大渡口区联心公益发展中心	2013-12-12
79	重庆市大渡口区健博青少年体育俱乐部	2013-12-12
80	重庆市大渡口区鑫鹏康苗幼儿园	2013-12-12
81	重庆市大渡口区朵儿艺术教育培训学校	2013-12-12
82	重庆市大渡口区梅明社会工作服务中心	2014-1-13
83	重庆市大渡口区百禾星宿哆来咪幼儿园	2014-3-18
84	重庆市巴渝学校	2014-3-31
85	重庆市大渡口区广仁颐和老年公寓	2014-6-18
86	重庆市大渡口区金鳌幼儿园	2014-6-18
87	重庆市大渡口区康乐养老院	2014-8-5
88	重庆市大渡口区成田公益服务中心	2014-9-3
89	重庆市大渡口区三昇幼儿园	2014-12-16
90	重庆市大渡口区智慧星幼儿园	2014-12-16
91	重庆市大渡口区家群社会工作服务室	2015-2-27
92	重庆市大渡口区维多利亚幼儿园	2015-6-30
93	重庆市大渡口区竹园大地幼儿园	2015-9-15
94	重庆市大渡口区茄子溪文创空间服务中心	2015-9-17
95	重庆市大渡口区茄子溪四叶草社工服务中心	2015-12-7
96	重庆市大渡口区维多利亚儿童之家幼儿园	2016-1-6
97	重庆市大渡口区宝贝树幼儿园	2016-1-13
98	重庆市大渡口区建桥职业培训学校	2016-1-16
99	重庆市大渡口区实验小学佳兆业学校	2016-4-13
100	重庆市大渡口区九十五中佳兆业中学校	2016-4-14
101	重庆市大渡口区破壳文化交流中心	2016-4-26
102	重庆市大渡口区爱萌幼儿园	2016-5-6
103	重庆大渡口杜氏中医医院	2016-5-26
104	重庆市大渡口区伟才幼儿园	2016-6-20
105	重庆市大渡口区至品职业培训学校	2016-7-20
106	重庆市大渡口区海贝幼儿园	2016-7-21
107	重庆市大渡口区奇特乐幼儿园	2016-8-24
108	重庆大渡口同仁肛肠医院	2016-9-5
109	重庆市大渡口区育人幼儿园	2016-9-18
110	重庆市大渡口区艾书教育青少年儿童课外活动中心	2016-10-21

续表

序号	民办非企业单位名称	成立时间
111	重庆市大渡口区八桥镇融城社区卫生服务站	2017-1-10
112	重庆市大渡口区千载青少年发展研究中心	2017-1-12
113	重庆市大渡口区八桥镇逸景社区卫生服务站	2017-1-25
114	重庆市大渡口区新山村街道平安社区卫生服务站	2017-2-23
115	重庆市大渡口区慧雅蓝精灵幼儿园	2017-4-27
116	重庆市大渡口区九宫庙街道九怡社区卫生服务站	2017-5-24
117	重庆市大渡口区城邦幼儿园	2017-6-19
118	重庆市大渡口区凯尔心怡老年公寓	2017-7-12
119	重庆市大渡口区杨渡路三色幼儿园	2017-7-12
120	重庆市大渡口区中交丽景奇特乐幼儿园	2017-9-4
121	重庆市大渡口区七月故事青少年俱乐部	2017-10-31
122	重庆市大渡口区八桥镇双城社区卫生服务站	2017-12-5
123	重庆市大渡口区新山村街道新一社区卫生服务站	2018-1-5
124	重庆市大渡口区八桥镇双林社区卫生服务站	2018-1-5
125	重庆市大渡口区八桥镇丽景社区卫生服务站	2018-1-9
126	重庆市大渡口区童梦幼儿园	2018-2-27
127	重庆市大渡口区春晖路街道柏华社区卫生服务站	2018-3-26
128	重庆市大渡口区爱与山三之三幼儿园	2018-4-11
129	重庆市大渡口区跃进村街道钢堰社区卫生服务站	2018-5-10
130	重庆市大渡口区创翔青少年体育俱乐部	2018-6-7
131	重庆市大渡口区八桥镇凤阳社区卫生服务站	2018-7-4
132	重庆市大渡口区义渡艺术团	2018-8-16
133	重庆市大渡口区八桥镇万有社区卫生服务站	2018-8-16
134	重庆市大渡口区黄桷树青少年课外活动俱乐部	2018-9-17
135	重庆市大渡口区黑石青少年体育俱乐部	2018-9-29
136	重庆市大渡口区博弈青少年体育俱乐部	2018-9-30
137	重庆市大渡口区孝诚社会工作服务中心	2018-12-14
138	重庆市大渡口区跳磴镇白沙沱村卫生室	2018-12-19

（区民政局）

老龄事业

【概况】 大渡口区老龄工作委员会办公室（简称区老龄委办），核定行政编制3人，有正处级领导1人，副处级领导1人，调研员1人。下设事业单位老年服务中心，编制2人。

区老龄委办的主要职责是：研究制订老龄事业发展战略和重大政策，协调和推动有关部门实施老龄事业发展规划；协调和推动有关部门做好维护老年人合法权益的保障工作；协调和推动有关部门加强对老龄工作的宏观指导和综合管理，推动开展有利于老年人身心健康的各项活动；指导督促和检查各街镇有关部门的老龄工作；组织、协调全区有关老龄问题的重大活动；管理区老年大学，推动全区老年教育健康发展等。

【慰问】 坚持发放90岁以上老年人高龄津贴

（每月发放标准：90～99岁100元/人，100岁以上300元/人）。结合区级财力，争取对80～89岁高龄老人发放高龄津贴（每月发放标准：25元/人），拟于2019年开始实行。逢老人百岁寿宴之时，区老龄委办到场祝贺并送上慰问金1000元；重阳节和春节，对百岁老人每人送去900元慰问金，为部分困难老人送去300元慰问金。

为民生服务对象钢堰社区部分楼幢单元门的梯坎安装栏杆，给老年人出入楼栋的安全提供保障；赠送35台旧台式电脑，为社区开展老年教育提供设备支持；与区经信委、交巡警支队共同解决社区新建老年活动广场的安全隐患问题和道路球机更换安装问题，并为广场增添户外桌椅、垃圾桶、舞台演出设备等物资，切实解决实际困难和问题。

【关爱老人】 配合区文明办等部门开展“十佳孝善之星”评选活动。在母亲节来临之际，开展“馨怀感恩 幸福印记”摄影展示活动。在全区8个镇街16个社区开展“关爱空巢老人心理慰藉”大型公益活动。在社区开展《重庆市老年人权益保障条例》系列文艺宣传活动，宣扬最新惠老政策。以“营造敬老爱老氛围，纪念改革开放40周年”为主题，开展老年大学教学成果展示、老年书画作品展示、“见证大渡口蝶变之美”摄影大赛、“享幸福晚年 赞美好时代”摄影慰问、“防范金融诈骗”知识讲座、老年人太极拳（剑）和老年健身操舞比赛等2018年“敬老月”系列活动。联合社区和银行开展老年人防范金融诈骗知识讲座；联合有关医院开展义诊，同时对65岁以上老人开展了免费体检，建立健康档案。联合民政局，用福彩基金为辖区70岁以上老年人购买意外伤害险，26000余名老年人受益。

【老年教育】 区老年大学开设了舞蹈、书法等40个专业，108个班级，聘请36名教师，招收3100多名学员。新开辟老年大学第二、第三校区，与青少年活动中心、广播电视大学、旅游学校共享教学资源。对老年大学本部厕所、天花板等室内设施进行维修改造，改善学习环境。在本部和青少年活动中心校区专门为老年人安装直饮水机。制订《老年大学任课教师聘用管理制度》，加强教师队伍的管理。安装报名系统，规范报名秩序。建立14个老年远程网络教育试验点，将教育资源免费提供到各个社区。

【老年协会】 举办基层老年协会干部素质能力提升培训班，85余名协会骨干人员参加了培训。通过老年协会，开展了系列培训、文体比赛活动20余场次。各老年协会举办集体生日宴、集体旅游、文艺会演等有声有色的活动。邀请法律、医学专家到各老年协会开展讲座。

（老龄委办）

道德风尚

【文明创建】 文明创建工作全方面展开。加强对文明创建工作的指导，推荐大渡口区建胜镇四民村和跳磴镇鳌山村等2个村、大渡口区发展与改革委员会等4个单位、韩光耀家庭等3组家庭、重庆市第三十七中学校等4所学校、邓伟明等5人参评重庆市文明村镇、文明单位、文明家庭、文明校园、道德模范。会同区妇联等单位，开展区级文明个人、好婆婆、好儿媳、最美庭院等评选活动80余场，丰富创建内涵，提高文明创建质量。

文明风尚行动全域化开展。围绕“文明在行动•满意在重庆”“德法相伴•文明出行”等专项行动，印发《大渡口区“山水重庆•文明同行”实施方案》等文件，开展“文明餐桌”“文明旅游”“文明出行”“文明邻里”等主题活动390余场，发放绿色环保、勤俭节约、文明交通、文明旅游等文明礼仪宣传资料46000余份，引导人们养成良好文明礼仪新风。推进“乡村文化振兴”，开展“文明生活进农村”等系列活动，利用梦想课堂等平台，开展文明礼仪规范、卫生健康常识等普及活动510余次，引导建立村规民约、红白理事会制度等，设置“十抵制十提倡”等移风易俗公益广告580余处，实施农村精神扶贫，推动农村社会风气持续好转。

文明共建活动全民化参与。动员各级文明单位履行社会责任，依托130余支结对帮扶队伍，开展“爱心进农家”“我们一起奔小康”等系列结对帮扶行动750余次，受益群众5万余人。围绕“文明在行动•重庆更洁净”专项行动，开展村容村貌整治、植绿护绿志愿服务活动420余场次，整治城市“牛皮癣”8.83万平方米、卫生死角7000余处、农贸市场49个，改善城乡环境面貌、社会公共秩序、公共服务水平、居民生活质量。完成《着力打造“五品家园”推进环境卫生“整治”变“自治”》工作专报，获市委常委、宣传部部长张鸣肯定性批示，重庆日报、重庆晚报、重庆新闻联播等市级媒体相继进行专题报道。

【公民道德宣传】 开展先进典型推荐评选活动。组织各镇街、各部门开展“中国好人”线索推荐工作和“重庆好人”推荐工作。推荐何颜、王小燕、邓伟明、易敦科、陈光孝、欧贵祥、黄德蓉、杨芝模、李世相、何光成、杨登文等11名“重庆好人”候选人，其中邓伟明荣登2018年5月“中国好人榜”，中国文明网刊登邓伟明“好人365”事迹；舒成林、王小燕、邓伟明、陈光孝、欧贵祥等5人获评“重庆好人”。评选表彰区级道德模范20人、“优秀志愿者”20人。

开展先进典型学习宣传活动。利用大渡口电视台、大渡口报、“大渡口发布”微信公众号等媒体资源，宣传报道评选出各级各类先进典型优秀事迹2400余次。充分利用道德讲堂、乡村夜话、社区宣传栏等品牌文化阵地，开展“好人微访谈”“榜样面对面”等道德典型学习宣传活动50余场。

开展先进典型礼遇关爱活动。持续完善先进典型回馈激励机制，建立完善道德典型基本信息库，切实做到及时掌握道德典型职业变动、居住地变化等基本情况，健全心理辅导、思想教育等保障。完成《大渡口区五措并举推进公民道德建设》专报，获市委宣传部领导肯定批示。

【志愿服务】 持续推进“志愿服务之区”创建。落实《志愿服务条例》和《关于支持和发展志愿服务组织的实施意见》，壮大志愿服务队伍，全区注册志愿者人数83790人，占常住人口27.5%，注册志愿团体647个，开展志愿服务项目1326项，登记志愿项目总数5646个，培育和发展建胜“168”“敲门有爱、晴暖万家”“蚁家”等优秀志愿服务组织，加强“莎姐”品牌在全区的推广力度。提升志愿服务质量，利用“互联网+志愿服务”工作方式，通过专题辅导、座谈交流等形式，开展志愿服务信息系统等培训1200余人次，推动志愿服务制度化发展和信息化管理水平。

深化“四大行动”“八大项目”行动。重视志愿服务系列品牌打造，持续深化“春兰”“夏荷”“秋菊”“冬梅”系列志愿行动和“爱心驿站”“衣旧情深”、文明劝导、“学雷锋志愿服务岗亭”“红樱桃”“四点半课堂”“夕阳红”、牵手残疾人“八大项目”。结合“莎姐”、建胜“168”等志愿服务品牌，积极开展卫生清洁、扶贫救灾、敬老救孤、文明劝导、节用惜福、环境保护、法律咨询等各类志愿服务活动2200余次，发动志愿者37000余人次参与。

志愿服务工作全国全市有影响。参与“重庆志愿服务季”“志愿服务先进典型评选”等系列活动，山城社会工作服务中心和梅明社工“益”起来筑梦—残障人士社会康复志愿服务项目入选推荐全国学雷锋志愿服务“四个100”先进典型候选名单；山城社会工作服务中心和梅明社工“益”起来筑梦—残障人士社会康复志愿服务项目、新山村街道沪汉社区入选重庆市学雷锋志愿服务先进典型候选名单；山城社工主任高雪入选重庆市“最美扶贫志愿者”称号候选名单。接待全国政协卢展工副主席一行来区调研建胜镇回龙桥社区和区检察院志愿服务工作情况，对大渡口区社区志愿服务和“莎姐”法律志愿服务工作给予肯定；接待中宣部办公厅副主任夏光明等领导来区调研八桥镇融城社区，对社区志愿服务站和德分宝工作模式给予肯定；接待广西南宁市文明办来区学习交流社区志愿服务。

【未成年人思想道德建设】 参与“九童圆梦”行动。推动社会主义核心价值观在家庭生根，组织动员辖区中小学生和家庭参加第三届“寻根乡愁·记住年味——九童圆梦狗年春节行动”，其中大渡口区互助小学的蒋思捷等10名小朋友分获相关项目的不同奖项，这引导了青少年了解感悟中华民族的风俗习惯和传统美德。

开展主题活动。利用重要时间节点，充分挖掘节日蕴含的传统文化内涵和爱国主义情感，深化开展“我的中国梦”“清明祭英烈”等主题教育实践活动190余场。参加全国第七届优秀童谣进行编排制作和开展传唱活动，征集报送优秀童谣100余首，其中推荐的童谣《节日歌》获评重庆市优秀童谣二等奖，并推送参评全国优秀童谣。积极组织参加2018年重庆市乡村学校少年宫培训及述职考评工作会议、乡村学校少年宫书画大赛、乡村学校少年宫书画大赛作品巡展等活动。

强化开展典型引领教育实践活动。积极参加“寻找最美教师”活动，大渡口区幼儿园园长赖天利等7名教师获评“最美校长”“最美教师”“最美班主任”“最佳校外辅导员”等荣誉称号。积极参加“寻找‘书香校园、书香班级、书香少年、书香美文’”展示活动，寻找和推荐书香校长2人、书香教师3人、书香家长10人、书香少年10人、书香社区2个，协调光明日报出版社、区教委开展书香漂书活动、书香悦读活动、书香领读活动和寻找最美家书活动。参加重庆市“新时代好少年”学习宣传活动，钰鑫小学钟雨含和三十七中李敏获评重庆市“新时代好少年”称号，评选表彰区级“新时代好少年”10人。

【文明传播行动】 推进“我们的节日”主题活动。围绕春节、清明、端午、中秋、重阳等民族传统节点，开展“追思先人•感恩幸福”“孝行重阳•情暖山城”等“我们的节日”系列主题民俗文化活动290余场，举办爱国卫生、传统文化、绿色低碳、移风易俗等主题知识讲座610场次，开展慰问空巢老人、留守儿童、残疾家庭活动370余次，受益群众62000余人。其中，成功承办“我们的节日•重阳”市级示范主题实践活动，吸引1000余名市民和游客参与，新华网、人民网、重庆日报等中央及市级媒体相继进行报道；“我们的节日•端午”“我们的节日•中秋”主题实践活动被列为市级重点示范活动，人民网、重庆日报等中央、市级媒体进行报道。

推进文明公益广告宣传。利用各级各类资源平台，以提高内容品质为重点，刊播“讲文明树新风”“图说我们的价值观”和“文明礼仪我带头•争做重庆好市民”系列公益广告。平面广告刊载120个整版，电视广告播放4200余条次，电台播出5900条次，电子显示屏、楼宇电视、户外广告牌等媒介以及大型商场、宾馆饭店等各类店堂广告设施开展宣传32500余次，并在大渡口网等区级各新闻网站长期公开展示，不断扩大文明传播效应。

推进网络文明传播活动。加强与各镇（街道）、部门的协调联动，推动社会主义核心价值观网上传播，充分利用大渡口网、政务微博、微信公众号、大渡口手机报等区内新兴媒体，陆续开展“网上祭英烈”“道德模范”“优秀志愿者”“我和国旗合个影”“传承红色基因”等主题网络宣传，全年发布各类文明信息13800余条，弘扬真善美、传播正能量，积极营造健康向上的网络文化；充分利用重庆市精神文明网等市级平台，网传“环境卫生整治”重大文明活动以及“春兰”“夏荷”“秋菊”“冬梅”系列志愿行动。重庆文明网首屏展播要闻要图30余条，区县频道展播信息60余条。

（区文明办）

街　　镇

新山村街道

【**概况**】 新山村街道位于全区的政治、文化中心。辖区面积2.7平方千米，有8个社区（其中光明、冶建两个社区因旧城改造人口迁走较多而合署办公）。辖区户籍人口34065人，常住人口44363人，流入人口4883人，流出人口3240人。有中学1所，小学1所，在校学生3700多人，适龄儿童入学率100%，在职教师341人；幼儿园（含托儿所）6处，入园幼儿682人，入园率100%。有医院4所。

【**民生保障**】 棚户区改造。对新山村零星量（猫鼻梁）片区开展调查摸底，涉及楼房10栋、平房1处，共167户，面积约10357平方米。通过摸底调查，有144户同意征收补偿方案，占被征收总户数的86.2%。

危旧改征收及遗留问题。涉及危旧房改造拆迁遗留问题4个片区、13户。截至年底，已化解签约2户，化解率15.38%；对未签约的3个征收片区严格政策标准，采取法与情结合方式做未签户工作，截至年底，已签约2户，攻坚成功率50%。

社会救助。元旦、春节及其他节日慰问辖区困难群众860余人次，发放慰问金和物资20万余元。全年新增低保38户，停发34户，发放低保金183.8027万元。稻草援助中心救助15人、金额4500元，对38人进行临时救助5.0506万元，发放廉租房租金补贴2.7150万元，实物分配2户。为762名困难残疾人申请各类补贴、救助金额12.0246万余元，实行“残疾人组织＋社区＋志愿者”工作模式，为残疾人开展就业培训、精神提升、社会融入等各项活动5场次，受助人数100余人次。为1693人次发放失业救济金203万元，为488人次发放大龄生活费21万元，为22人次发放就业补助金额1.7万元，为130人次发放社保补贴49万元。发放小额担保贷款175万元。新增城镇就业1757人，城镇失业人员就业608人，困难人员就业152人。办理城乡居民养老保险709人，参保金额61090元；受理以个人身份参加职工基本养老保险710人，办理个人退休214人；城乡合作医疗保险参保13215人，参加职工医疗保险305人，发放医保卡875张。

社会事务。全年发放各类证件510个；特扶金163人、1263360元；完成孕优检查目标任务150人，发放“吉祥三宝”200套、宣传资料4000份、避孕药具4800份。对新婚、产后、病残儿等人员随访服务率100%。

【**社区建设**】 规范社区协商听证会、协调会、评议会工作程序。完成沪汉社区“老吾老”老年人居家养老服务中心装修项目。对翠园社区、光冶社区、锁口丘社区的便民服务阵地建设拟报三年行动计划方案。修复街道公共服务中心大厅门头，修复社区办公用房和托老所烟道、漏水等问题6处。对社区5处用房出租进行评估、报审、挂网、招标。委托专业机构对沪汉社区“老吾老”居家养老服务中心进行运营管理。4月，组织开展社区“两委”换届后社区工作者培训会。组织动员49名社区工作人员报考全国社会工作者职业水平考试，办理社工证书中级2个、初级4个。

【**社会治理**】 推进以奉献爱、感知爱、传递爱为主题的“爱心行动”。全年新增“爱心使者”208人，“爱心使者”总数11779人，达到辖区常住人口的29%，有9413人参与爱心活动，参与率

79.9%，新增“爱心商户”6家，捐赠爱心资金8730元、爱心物资2282件，做好事、善事17633件，兑换爱心券36040元。与区医院、重庆理工大学、新世纪百货等区内外爱心单位进行合作，为辖区居民提供就医体检、课后辅导等爱心便民服务100余次，组织13名“爱心大使”进行免费体检；开展“爱心靓城”“文明在行动·洁净大渡口”等“春兰”“夏荷”“秋菊”“冬梅”系列爱心活动100余场次，对210名“爱心使者”进行清凉慰问，受益群众2000余人次。与重庆红楼医院签订爱心合作协议，对积极参加爱心活动的“爱心使者”提供免挂号费、免费体检、医疗费资助等优待服务。

光冶社区罗昌碧、翠园社区蒲茵荣获区级“十佳优秀志愿者”称号。“爱心行动”项目被推选参加全市志愿服务项目集中展示活动，被重庆日报、重庆电视台进行专题报道。

【安全信访】 创新构建“1234”工作模式，推进安全信访工作，即采取“1”个方式。通过网格化定位的工作方式，完成18594户居民的信息采集工作，完成率98%。

坚持“2”个同步。整治工作、宣传工作同步进行，开展“春夏攻势”专项行动，辖区刑事案件发生率同比下降2.53%；做好普法宣传工作，发放宣传资料25000余份，提升居民法律意识。

推进“3”项工作。推进平安安全建设工作，开展重点地区排查整治，重点地区刑事案件发生率同比下降21.8%，对老旧居住建筑、学校（幼儿园）、养老院、酒楼、超市等人口密集场所消防设施进行检查1724次，发现隐患166处，整改率100%，开展“打非治违”等专项执法检查活动1248次，排查一般隐患407条，整改率100%，实现“零责任事故、零死亡目标”；推进人民调解工作，调解各类矛盾纠纷366件，调解率100%；推进信访接待矛盾化解工作，办理网上信访案件93件，办结率100%，排查各类矛盾80件，化解率100%。

严管“4”类人群。实施“一人一档”，对刑释解教人员、社区矫正人员、社区戒毒人员及涉疆人员进行重点管理，稳控率100%，无脱管、漏管现象。

【城市管理】 国卫复审。疏通排水沟300余米，修理路灯10盏，修补地面200平方米，清掏化粪池4座，补种绿化麦麦冬620平方米，清理危树树木60余棵，栽种新树20余棵。下发垃圾桶100余个、垃圾袋1000余个，集中清理崖线边坡20余吨。彻底清运各类固体垃圾451车，580多吨。发动群众参与全民动手活动上千人次，清理清运崖线、边坡暴露垃圾60余处，约90吨。处理群众投诉解决民生实事等各类问题120余个。

城市管护。整治违法建筑214处、9083.05平方米，完成全年任务的101.59%。完成铺金昊城小区物业公司选聘，完成铺金丽城、君悦天下业委会换届，启动翠湖龙庭、美德佳园、金色家园、御景龙庭、平安怡和园业委会选举工作。协调处理了顺祥壹街区分区问题等物业矛盾纠纷。

环保攻坚。制止露天焚烧30余起，整治熏制腊肉灶台6起。组织居民开展宣传活动8次，积极配合环保局做好第二次全国污染源普查工作，创建1个安静小区。积极应对中央督查组检查，协调处理完成中央环保督察情况反馈单10件，整改问题60余处。

【服务型党组织建设】 党建引领社区治理。配齐配强社区党委书记，更新党务工作者后备人才库8人次。运用党建智慧云服务平台，共注册1200余人，受理居民反映问题48件，录入风险点59个，安全巡逻点88个，安全巡逻记录1091次，党建联席会和民情分析会录入318条；做好业委会选举，在沪汉社区开展试点工作，先后有5个社区相继开展业委会选举。

扫黑除恶专项斗争。发放宣传资料25000余份，张贴宣传海报600余张，悬挂横幅50余条，制作宣传橱窗7个。加强重点人群管理，对社区“两委”成员、社区工作者及1600余名党员进行了排查，排查出有前科劣迹13人，分别按要求向区人社局、街道纪工委进行了报备。

基层党内组织生活。推进45个基层党组织按时开展支部主题党日，通过送学、补学、QQ学、微信学等方式实现学习教育全覆盖，组织生活党员参与率和质量不断提升。2个基层党组织被区委组织部评为区级优质组织生活基层党支部。

党员教育管理。对新转入的600余名重钢退休党员进行分类管理；推进“两学一做”学习教育常态化制度化，召开院坝会、座谈会172次，开展党员义工活动100余次，落实党员教育保障经费8.69万元；新发展党员8人，预备党员转正9人；设立了党费专用账户，实行“专人收缴、专人管理、专人存入”。

基层党组织服务功能。为辖区357个楼栋制作了公示栏，打通了“服务的最后一米”；依托民生服务团和群工系统收集意见与问题，全年收集群众意见近900件，办结率99.7%，满意率95%以上。

【作风建设】 落实全面从严治党责任，压实党风廉政建设“两个责任”，与科室和社区签订《党风廉政建设及思想政治工作责任书》，建立完善干部职工岗位责任制，推行干部职工日常表现月记实制和领导干部履行全面从严治党责任记实月报制度。开展廉政教育宣传50余次，筑牢干部职工思想防线。坚持问题导向，敢于碰硬较真，全年围绕作风纪律、经费使用等开展督查22次，对2名工作人员分别做出提醒谈话、通报批评处理。《重庆日报》采用监督执纪信息2篇。

（新山村街道）

九宫庙街道

【概况】 九宫庙街道位于大渡口区中部，面积3.24平方千米。2018年，九宫庙街道辖7个社区；有10238户，22151人；其中男11181人，女10970人；非农业人口18905人，人口出生率5‰，人口计划生育率98%。有中学2所，小学5所，幼儿园5处，医院5所。

2018年，九宫庙街道辖区企事业单位538家，个体经营户1381家；规上工业企业实现产值6482万元，同比减少38.8%；限上商业企业实现销售额4.01亿元，同比减少35.9%；有金融机构网点5个。街道财政收入1942.54万元，比上年增长0.3%。

【民生改善】 办好民生实事，投入93万余元，完成实事142件。多措并举推进精准帮困，各类慰问、帮扶4200余人次，金额100万余元。辖区全年新增就业1906人，失业人员再就业903人，困难人员就业220人。全年大型文艺活动开展12场，小型分散、入社区入院坝文化活动300余场。曲艺、书法、广场舞等作品在市区各类大赛中荣获奖项14项。

【城市管理】 改善城市面貌，打造宜居之地。投入40万余元，开展城中村、老旧楼栋、崖线边坡等区域清洁卫生专项整治。落实城市管理“五长制”工作，坚持马路办公，解决市政问题57个。按时完成辖区年度存量违法建筑整治工作任务（94处、10127.02平方米），并确保违建“零新增”。推进创新城中村和庹家坳片区征收拆迁。

【安全稳定】 落实属地责任，全力确保辖区安全稳定局面。持班子成员带头接访下访，强化基层矛盾纠纷排查，扎实做好特殊重点群体、重点领域的稳定工作，“涉军”“经济受骗”等重点群体总体稳定，无一脱管失控。坚持守土有责、守土尽责，落实“党政同责、一岗双责”，履行属地监管责任，未发生安全生产事故。

【基层党建】 学习宣传党的十九大精神和习近平新时代中国特色社会主义思想。切实抓好管党治党责任落实，扎实推动城市社区党建各项措施落地落实，切实加强基础党务工作，扎实推进党风廉政建设，认真推进巡视、巡察整改落实工作。

（九宫庙街道）

跃进村街道

【概况】 跃进村街道地处大渡口区东北角，与新山村街道、八桥镇相邻，与九龙坡区九龙镇接壤。辖区面积4.99平方千米，江岸线约3千米，有地质灾害滑坡及危岩监测点10个，码头1个。辖区有跃进、跃新、大堰、堰兴、钢堰、革新、马王街、东正、渝钢、钢铁10个社区（其中革新和马王街社区、渝钢和钢铁社区合署办公）。辖区有户籍人口3.51万人，常住人口4.31万：其中男性21866人，女性21184人，常住人口出生率为7.11‰。辖区人口老龄化严重，户籍人口60岁以上老年人1.1万人，占户籍人口的31.5%。有中学2所，小学3所，在校学生5600多人，在职教师500多人，幼儿园（含托儿所）10处。医院（含社区服务中心）7所。

【民生保障】落实各项政策，保障居民老有所养、病有所医、劳有所得、弱有所扶。全年居民养老保险参保337人，个人基本养老保险参保355人，退休人员指纹认证新增483人；受理职工医保参保324人，城乡合作医疗保险参保14170人。新增城镇就业1677人，登记失业人员就业453人，就业困难人员就业161人；微托帮众创空间实现收入近1000万元，解决就业260人。发放城乡低保、困难群众临时救助、失业金、大龄职工生活费、稻草救助金等惠民帮扶资金643万余元，新增低保68人，办理低保廉租房申请86户。发放残疾人重度护理补贴270人，发放重点优抚对象各类补助金76万余元，医疗救助金4.5万余元。投入资金300万余元，重点围绕城市环境改善、文体设施建设、便民服务设施建设等方面办理落实民生实事95件。

推进“互联网+政务服务”工作试点，梳理明确街道公共服务中心服务项目49个、社区便民服务中心服务项目28个，形成“就近办”“网上办”“马上办”“一次办”“四办”服务清单，整合优化现有服务事项办理审批流程，合并设置综合服务窗口5个，实现服务事项“一窗办理”“一事一单”，加强“互联网+政务服务”建设，平台上线公共服务事项40个，开通网上办事项6项，推行公共服务事项线上线下同步办理，办理办结23项。

【城市管理】巩固创卫成果，完成辖区硬化、道路整治3000余平方米，崖线边坡整治2000余平方米，清理垃圾杂物600余吨；投入200万余元规范辖区清扫保洁工作。加强城市综合执法，全年出动执法人员8000余人次，车辆2000余台次，拆除不规范的广告牌650余块，处理广告灯箱330余个；推行“五长制”工作和“马路办公”，强化门前三包，签订“门前三包责任书”656份；加强信访投诉案件处理，全年处理各类城市管理类投诉310余次，回复率100%，办案率100%，满意度99%。

编制辖区交通组织优化三年实施方案，投入经费100万余元，安装违停抓拍设施8套、礼让行人标志标线8处、人车隔离墩约430米，钢制警示柱20根，清除不规范标线约100平方米，规范划线约900平方米，拆除标志4套，拆除门型护栏56米，道路拥堵状况得到明显改善。

【棚改拆违】完成马王街15栋共27户签约安置工作；渝钢村62栋、临江村7栋、临江村157号共53户及大坪山二期项目共计123户已全面启动签约，签约率96%；重钢6栋D级危房294户全面启动签约，签约率97%。推进拆违工作，完成违法建筑整治771户，整治面积46309平方米。

【安全维稳】全年安排安全生产工作100余次，开展安全检查89次，检查单位（场所）1497家，查出并整改隐患238条。加强安全重点监管，全年开展烟花爆竹、危险化学品、工贸行业有限空间作业、高温汛期安全生产等专项整治排查工作，排查并整改隐患116条，依法查处非法储存烟花爆竹案件1起，拘留1人。加强消防安全防控工作，发现处理消防安全隐患174条，对辖区老旧居民楼及养老、残疾人服务场所安装独立式感烟火灾探测报警器120个。全年无安全生产事故发生。

开展信访稳定工作，加强矛盾纠纷源头控制，建立信访积案化解专项工作机制，对信访重点人群开展政策宣传、思想疏导和教育转化，确保上访老户总体可控。遏制耗儿山非法宗教场所拆除、长江沿岸环保综合整治、云岭天城物业（车库）矛盾纠纷等重大事件不稳定因素。发挥人民调解作用，聚焦重钢家属楼拆迁、土地征用、低保、劳资纠纷等社会突出问题，全年调解各类纠纷260起，调解成功255起，纠纷受理率100%，调处成功率98%。

开展扫黑除恶工作。全年召开扫黑除恶专项斗争工作推进会12次、专题会议8次，排查治乱线索51条，已全部完成。加强社会治安乱点整治，挂牌社区治安案件同比下降17.39%。开展校园周边安全、成品油、精神障碍患者、防邪等重点区域、重点领域专项整治工作，发现问题及时处置，基本保障基层安全。

【生态保护】落实“河长制”工作要求，探索制订“11417”工作机制，强化日常巡查和问题处置，全年开展河长巡查74次。推进长江沿线砂石厂关停及复绿工作，关停砂石加工厂2家，塑料加工厂5家，家具厂10家。栽种绿植黄桷树200余棵，麦冬20余吨，播撒草籽1700公斤，完成裸土复绿100余亩。加强消落区治理，清理垃圾612余吨，出动1042人次，车辆100余次，清理面积6000平方米。

【文化建设】 丰富居民文化生活。依托堰兴剪纸非遗文化，开展剪纸培训1次；修建2个社区舞台广场，结合群众文化需求，开展大型公益性群众文化演出30次，读书活动92次，培训讲座81次，宣传活动56余次；推送民间舞蹈、歌曲、文化作品等参加竞赛活动，获奖6次。

【基层党建】 加强基层党支部规范化建设，健全街道—社区—社会组织三级联动组织体系，建立党建形势分析会议、联席会议、重大事项协商等工作制度，先后组织基层党建集中培训3次，召开党工委会27次、党建形势分析调度会9次、现场会1次，研究解决老旧社区各类民生实事。

推进社区党建引领社会治理智慧云服务平台建设运用，完成795个组织机构、849个公共设施等基础信息的核实录入，依托平台处理设施排危8起，记录社情民意15件，监控风险隐患17个。

注重党建引领基层治理实效，社区党委指导并参与开展老旧居民楼开放式物业自治管理工作及小区业委会选举等相关工作。组织社区两委干部开展专题培训，提升政治业务水平；明确支部书记工作职责，结合国有企业离退休党员转接，开展党员“一对一”走访联系。

加强党风廉政建设，开展违反中央八项规定精神专项整治，整治群众举报的腐败和作风问题；强化监督执纪，全年办理问题线索5件，运用“第一种形态”开展提醒谈话2人。

（跃进村街道）

茄子溪街道

【概况】 茄子溪街道位于大渡口区西南部，是典型的工矿贸易老城区、城乡接合部，面积9.25平方千米。2018年，辖有社区居委会9个，户籍人口19599人，男10185人，女9414人，人口出生率2.7‰，有中学2所（茄子溪中学和九十五中佳兆业中学），小学3所（陈家坝小学、茄子溪小学、区实验小学佳兆业学校），在校学生共6578人，适龄儿童入学率100%，在职教师392人，幼儿园（含托儿所）4处（茄子溪小学幼儿园、陈家坝小学幼儿园、大渡口区钢城实验幼儿园英才分园、清华•教鸿幼儿园），入园幼儿1080人，入园率100%，有医院1所（大渡口区二院）。

2018年，街道辖区有法人企业452家，产业活动单位69家。

【民生改善】 全年新增就业1734人，登记失业人员就业365人，帮助176名困难人员就业，新增创业人员146人，离校未就业高校毕业生就业率100%，解决困难群体就业问题。慰问辖区困难群众600余人次，发放慰问金和物资4.99万元，街道稻草援助中心临时救助21人、金额7.1万元，临时生活救助201人、金额5.45万元，对68名优抚对象发放优抚金、医疗补助金58.1万元，为辖区老年人购买老年人意外伤害保险876人，资助参保金额2.91万元，对442名残疾人进行基本状况及需求专项调查，为610人次申请各类残疾人补贴、救助26.56万元。

【房屋征收】 全年启动新项目4个，涉及585户居民，征收（收购）面积2.57万余平方米。其中石棉村旧城改建项目，涉及石棉村男工、女工宿舍94户居民，征收面积3300平方米，经过一个半月通力合作，签约率100%；茄子溪后街危房避险搬迁项目（收购），涉及永丰社区39户居民，面积1200平方米，签约率100%，房屋已拆除；制材村片区旧城改建项目，涉及新港社区350户居民，征收面积18000平方米，已签约342户，签约率98%；丰收二村危房避险搬迁项目（收购），涉及陈滨社区102户居民，面积3220平方米，已签约90户，签约率88%。

在启动新项目的同时，对前期各拆迁项目的未签约户进行再次梳理，制订攻坚方案，将任务层层分解、具体细化，把攻坚任务具体落实到责任人身上，确保每户攻坚工作都要有人抓、有人管、有人落实，全年完成攻坚扫尾6户。

【社区建设】 申报推进市级社工项目4个，项目实施覆盖率57%，每月对社工项目的过程督查，召开推进会，规范项目资金使用管理、专业服务开展、项目效益等内容。

强化优抚对象管理和服务工作。结合“八一”、春节等节假日，对优抚对象实现全覆盖上门走访慰问，并建立“一户一档”分类管理，每日报送重点优抚对象动态，对优抚对象的诉求及时进行报告和协调，推进完善社区服务。

开展退役军人和其他优抚对象的信息采集工作。严格遵守保密规定，采集退役军人和其他优抚对象信息，采集528人次并全部录入全国优抚信息管理系统。

加强社区服务阵地建设，投入资金33.9万元推进兴盛社区办公用房装修项目及永丰、伏牛溪、刘家坝、园林、惠丰等社区便民服务中心的防水、排危整治工程。

【城市管理】 推进市容环境卫生、园林绿化、市政设施整治提升改造，落实“五长制”和“门前三包”，推行生活垃圾分类工作。整治暴露垃圾343次、卫生死角330处。制作市容环境卫生整治“三乱”宣传单1000张，为辖区补绿500余平方米，打造舒适宜居环境。

强化危房监管，组建16人的专职监测员队伍，对CD级危房落实日常巡查；对平房3、4栋等4处47户D级危房实施棚改拆迁，消除隐患。

在辖区内长江、伏牛溪河段3.4千米河道全面实施“河长制”，通过实行分级管理、分段包干、“一河一长”工作机制，加大辖区内河道治理，“清河一号”专项行动初见成效。

采取加大巡查力度、坚持值班蹲守等方式，制止新增违法建筑1608平方米，整治存量违法建筑面积7946.97平方米，实现违建全方位无死角管控。

【社会治理】 围绕“七个坚决防止”目标，做好迎接重要节点安全维稳各项工作，把安全维稳责任落实到人、把问效问责抓严抓实。落实“党政同责、一岗双责、各司其责、严格问责”体系，通过领导带队、聘请专家、联合执法等方式对辖区单位场所开展安全检查。

督促各社区调委会开展人民调解工作，强化对调委会调解卷宗的检查和指导。全年调解矛盾纠纷450件，成功化解450件。推进“黄大妈”工作室建设，建立健全工作机制，逐步实现规范化管理。制订街道年度监督检查计划，每次检查前科学编制监督检查方案，坚持“检查诊断、行政处罚、整改复查”闭环执法。全年出动检查390人次，查出安全隐患266个，已整改263个，整改率98%。

【基层党建】 引导各社区党组织以切实解决辖区党建等方面问题为导向，要求各社区党组织建立“三项清单”，建立党建形势分析调度会和党建联席会的问题整改台账，及时跟踪问题整改落实情况。全年街道、社区两级会议推动整改、解决了组织生活参与率不高、组织生活形式单一等党建方面的问题27个，环境卫生、交通出行等方面的民生问题56个。

把推广运用基层党建智慧云服务平台作为街道党建重要工作，结合日常工作，依托两项会议，及时了解民情民意，收集群众反映的关于城市房屋征收、交通出行等方面的意见建议138条，梳理重难点问题36个；对在会议上提出的危房、拆迁区域、油库、学校等安全隐患高发点张贴平台二维码，通过扫描二维码方式收集并排查化解涉及安全、稳定、环境卫生等方面风险点236多个；结合“背包服务”，组织党员干部入户走访居民12900人次，及时更新居民基本信息，了解人民群众生活诉求；利用平台短信功能，向居民发送扫黑除恶、社保办理、退役军人登记等宣传信息10000余条；通过平台“网上办事大厅”，为社区居民办理适龄儿童入学报名、老年证办理等群众服务事项300余件。

推进各项专项整治，注重警示教育，组织专职纪检干部21人次参加区纪委组织的“中华人民共和国监察法”“监察体制改革和学习贯彻监察法”“违纪行为与职务犯罪的界限”等专题讲座学习。街道纪工委强化日常监督，在辖区各基层党组织对872名党员开展违纪违法的排查，同时，开展对2018年“送温暖 惠民生”慰问活动督查，均已慰问到家到户。坚持监督检查、查处、追责、曝光“四管齐下”，坚持纠“四风”，巩固提升专项整治工作成效。

【文化宣传】 壮大服务发展正能量，开展社科活动7次，参与群众300余人。围绕学习贯彻党的十九大精神、民生实事、创新工作、重点工作等，挖掘新闻素材，市级和中央媒体报道86篇次，区级媒体报道241篇次。推送新媒体稿件，手机报采用146条。推动大渡口发布微信公众号关注和义渡热爱App下载使用，扩大新媒体传播力。

丰富宣教活动，促进社会主义核心价值观落实。

做好梦想课堂教学，以习近平总书记系列重要讲话精神、法律知识为主要内容，覆盖群众3000余人次。制作公益广告6幅、围挡广告5000余平方米、宣传标语500余条，宣传习近平新时代中国特色社会主义思想、扫黑除恶、智博会、庆祝改革开放40周年等。参与人生规划大赛，在全区决赛中荣获三等奖。

加强精神文明建设，提升市民文明素质，主动培育先进典型，永丰社区党委书记欧贵祥被评为第73期爱岗敬业重庆好人。举办“青春相约·缘来是你”“我们的节日——七夕”相亲活动。围绕四大主题志愿行动，开展学雷锋、洁净母亲河等系列志愿活动463场，参与志愿者10000余人次，为彭水县困难学生捐赠手套、围巾和帽子200套。常态化开展文明在行动·洁净大渡口、文明劝导系列行动。

建立网络舆情应急机制，做好每日舆情监控和研判，加强网络内容建设，完成主题网评采用33篇，跟帖转发5000余条，完成舆情市级采用220篇，中宣部采用7篇，名列全区前茅。

（茄子溪街道）

春晖路街道

【概况】 地处大渡口区中东部，面积4.5平方千米，东临新山村街道、九宫庙街道，南与建桥工业园接壤，西北、西南与八桥镇相连，距重庆市渝中区14.2千米，与九龙坡区商贸中心杨家坪仅5千米。地理条件优越，交通便利，春晖路、袁茄路、松青路、陈庹路、西城大道、迎宾大道横贯其中，轻轨二号线直通境内。2018年，辖9个社区居委会，常住人口超12万人。职高1所，小学3所，幼儿园（含托儿所）26处，医院（含诊所）44所。

【社会民生】 按照网格化管理原则，实施连心工程，开展“我与居民交朋友”主题活动，社区工作者每人每周开展入户不少于2天半，建立交友台账，主动回应、解决居民利益诉求。全年走访98288人次，开展民生宣讲77次，收集民生需求613件，解决民生问题1260件，开展民生慰问1576次。发布招聘信息241条，提供就业岗位1000余个；为41名辖区应届高校毕业生开展实名登记和定制服务，就业率97.6%；帮助辖区农民工447人实现就业；成功介绍540人到辖区企业入职。

全年发放扶持创业贷款120万元，精准就业帮扶91人。加快推进以家庭服务业为主要内容的创业就业基地建设，累计吸引80余户企业入驻，提供就业培训200余人次。采取政府购买服务方式规范经营“老吾老”活动中心，阵地面积约450平方米，服务人群约2.5万人；全年争取市级社区社工室项目2个，直接受益1万余人，间接受益2万余人。

城乡医保集中参保12995人，金额408.023万元；2018年中途参保1655人，金额44.39万元，办理特病申请170人，发放低保就业补贴44430元，“4050”社保补贴141.0572万元；临时救助人数61人，救助金额10.9152万元；为355户低保家庭544人发放低保金额359.4865万元，为辖区1008名残疾人办理了小额意外伤害险，发放90岁老人营养补助金26.78万元。

坚持实施“小区流动办公”2079次，公布民生实事月报8000余张，开展社区延时服务、流动办公和错时上下班制度。公共服务中心接待服务居民70981人次，延时服务1632人次，通过群工系统接受群众反映事项990件，同比增长18.2%，办结率100%。

实地入户核查，为普查工作打好坚实基础。对底册中的5327个单位，4634个个体户，进行逐一清查核实，至11月底，清查核实并上报的单位4021家，底册核实率75.48%；个体户4272家，上报率92.18%。

【社会管理】 在街道9个社区、61个小区全面推广门庭自治工作，选拔门庭自治成员300余人。发展志愿者21288人，开展“家在社区·幸福春晖”志愿者主题日活动108次；开展全国“两会”精神理论讲座30余场，“改革开放四十周年”文艺演出2场，开展群众睦邻活动230余次，举办书画展3场，活动参与1.5万人。街道文化作品在重庆市群众文化艺术馆组织的2018年优秀春联作品网络征集活动中荣获一等奖、三等奖和网络人气奖，《廉政文化艺术家园》被评为全市文联系统十佳特色品牌。

【平安建设】 依托网格化管理平台和群防群治力量，收集社情民意，规范线索管理，确保收到的每条线索都形成闭环。全年摸排乱点线索17条，已整治 7 条，其余 10 条正在跟踪处理中，办结区扫黑办移交的线索 1 条。

将基层组织建设与扫黑除恶专项斗争融合结合，对社区工作人员、居务监督委员会成员、党支部书记、党小组长、居民小组长以及非公党组织班子成员等 258 人进行排查，上报基层党组织治乱问题线索 10 条。

街道 2 个 A 类挂牌整治地区，结合“一管四会”工作机制，健全街道与派出所、社区与派出所、社区民警、物管的联席会议机制，加强对重点区域重点行业的共同管理。与派出所协助建立巡防网络制度，重点针对治安复杂场所、案件高发地、背街小巷等开展 24 小时实时监控。

落实“一岗双责”制度，检查企业（门店）1517 家（次），发现安全隐患 360 处，整改完成 299 处，做出行政处罚 10 次，总金额 1400 元，完成挂牌重大隐患整治项目 2 个。全年未发生安全生产事故。

按照“分级分类”原则，以“行知去向、动知轨迹”为基本要求，针对辖区内的肇事肇祸精神病人员、社区戒毒（康复）人员、“法轮功”人员、民运分子等不同群体量身定制稳控方案，对重点对象实行 24 小时“三班倒”轮班值守，严防脱管失控。

通过街道法律服务工作站（室）调处矛盾纠纷 1190 件。指导成功组建和换届的业主委员会 8 个，指导和监督选（续）聘物业服务企业的小区 10 个。柏华社区被国家司法部、民政部评为“全国民主法治示范村（社区）。

【城市管理】 全年整治计划总量 18740.02 平方米，完成存量违法建筑整治 18768.42 平方米。整治新增违法建筑 40 件，完成率 100%。通过无人机核实街道新增违法建筑数量为零。开展市容集中整治 50 余次，制止占道经营 12000 余起，引导商户入店经营 37 家。持续推行“五长制”和门前三包工作，整治卫生死角 701 处，处理暴露垃圾 191.435 吨，拆除违规户外广告、店招店牌 145 处，办理“12319”投诉案卷 100 件，城管舆情及媒体投诉 18 件，办理数字城管案卷 26405 起，处置结案率 99.06%。

【基层建设】 党工委中心组学习 14 次，完成学习内容 37 项，下属 62 个党支部，开展专题学习，组织集中讨论 29 场次，讲授专题党课 9 次。

利用支部主题党日、“三会一课”及党员冬训等，传达学习区委十二届四次全会精神，全区党建工作会议精神和组织工作会议精神。75 个下属党组织分层、分类制订“两学一做”学习教育和主题党日计划。

利用党性教育一刻钟，开展“榜样在身边”系列活动，拍摄党员教育宣传片，丰富党员党性教育形式和内容。召开党建形势分析调度会 8 次，党建联席会议 3 次，协调解决群众关注的热点难点问题。

强化社区党组织对业委会和业主大会的政治引领，在社区党组织的指导帮助下，辖区新成立或换届选举业主委员会 5 个，正在成立过程中的 7 个，其中党员占 64%。摸排非公企业 508 家，定向摸排党员 100 人，新建党支部 4 个；遴选推荐优质组织生活党支部 3 个。

加强党员队伍建设，全年按照计划发展党员 14 人，预备党员转正 18 人。突出组织建设，新发展商会会员 7 家，走访企业 150 余次，深化实践创新，与党外人士联合开展活动 13 次。

推进楼宇统战工作有序开展，依托产业园党委、天安数码城党委培养新社会阶层人士，推选党外代表 3 人。对辖区 5.5 万户群众进行走访，走访到户率 100%，入户率 95%；及时整合非公党建、统计、工商、消防等数据资源，录入并核实 6000 余家经济组织信息；办理居民反映问题 108 件次；强化辖区社情民意和风险点管控，录入风险点 68 个，已排除 29 个。

（春晖路街道）

八 桥 镇

【概况】 八桥镇位于大渡口区西北部，1952 年 1 月建乡，1992 年 10 月建镇，1995 年 3 月从九龙坡区划入大渡口区，2002 年 1 月与春晖路街道办事处合署办公。2010 年 7 月，八桥镇与春晖路街道办事处分设。

八桥镇有辖区面积 18.17 平方千米，下辖 11 个村，9 个社区，分别与大渡口区的 7 个镇街和九龙坡区的九龙镇、华岩镇、二郎街道、中梁山街道相邻。全镇常住人口12万人，户籍人口36948人，其中农村人口1465人。

【经济发展】 支持和服务全镇“三上”单位75家，其中规模以上工业企业35家，批发零售企业19家，住宿餐饮企业4家，重点服务企业17家。贯彻“五证合一”，做好基本单位名录库工作，开展对315家新增单位的信息收集、核实、录入和1365家名录库企业信息变更的管理维护工作。支持民营企业发展，开展宣讲走访调研活动31场；举行3场专场招聘会，为122家企业输送人才512人；完成第四次全国经济普查单位清查工作，全镇清查单位1438家，个体经营户2946家，为普查登记工作奠定坚实的基础。

【民生保障】 完成15项区级民生实事和96项镇级民生实事项目。完成龙都社区B区“一户一表”自来水改造，1513户居民用上自来水。完善社会保障体系，全年办理城乡居民医保2.9万人次，金额782万元；开展创业技能培训382人次；实现城镇新增就业1785人、城镇登记失业人员再就业520人、困难人员就业200人，发放创业担保贷款130万元。完成1038名退役军人信息登记及优抚保障工作。

【文化惠民】 八桥镇文化分馆以“文化兴镇，康乐八桥”为目标，在公租房片区建立综合文化服务中心和24小时图书馆，在双山片区建立融城社区书画分馆和青少年文化宫。开展送文化下乡80场、送图书800余册、展览12场、宣讲23场。辖区内文化氛围日益浓厚，文艺精品层出不穷，歌曲《你我的梦》获得重庆市第八届乡村文艺会演选拔赛暨大渡口区首届乡村文艺会演声乐类决赛二等奖；舞蹈《鸡场欢歌》获得重庆市第八届乡村文艺会演选拔赛暨大渡口区首届乡村文艺会演舞蹈类决赛二等奖；八桥镇在大渡口区庆祝改革开放40周年职工文艺会演中荣获“最佳风采奖”。融城社区获得重庆市人文社会科学普及工作示范点。

【城市建管】 2018年，完成新增征地项目7个，续征项目9个，新签订农房补偿安置协议538户，涉及安置人员1245人，签订企业拆迁补偿协议182家。及时交付区级重点基础道路金凤南路建设用地、民族中学用地、市城投公司储备地配套管网用地。投入259.08万元，完成口袋沟水库至公民村九社、公民村村委会至公民小学等路段公路路面改造工程。先后投入402万元改善保障性住房和老旧居住小区住宅环境。在郭伏路、凤祥路沿线安装了防撞栏、警示标牌、减速带等交通安全设施。

【社会治理】 成立八桥镇扫黑除恶专项斗争领导小组，制订了宣传发动、线索排查、乱象整治等工作方案，并将扫黑除恶专项斗争纳入平安建设考核体系，与辖区20个村（社区）签订责任书，层层压实责任。全镇悬挂“扫黑除恶”宣传标语横幅760条；张贴宣传海报3000余张；在辖区核心路段发布扫黑除恶专项斗争户外公益广告1549平方米；发放宣传资料9.5万份。高度重视成品油综合整治“百日攻坚”专项行动，全镇出动702人次，排查45辆（次）正常停放运输成品油罐车，非正常停放运输成品油罐车2辆（次），成品独立油罐体2个，甲醇非法存储点1处。全面落实《全区冷冻肉品综合整治“百日攻坚”专项行动方案》，切实保障群众“舌尖上的安全”。

强化“人民调解＋司法确认”新模式，排查矛盾纠纷591件，成功调处591件，调处率100%。常态化做好领导干部接访下访群众工作，全年到村（社区）下访445次，接待群众920人次，收集问题445件，解决439件，问题化解率98.7%。办理辖区信访案件，受理信访案件253件（含网上信访件），办结242件，办结率98%。

监督检查生产经营企业167家次，发现隐患578处，整改隐患559处。开展“打非治违”行动，没收非法销售烟花爆竹811件，查处并取缔非法倒卖汽油点5处。高度重视动物防疫及非洲猪瘟防控工作，开展非洲猪瘟防控及禁止餐厨剩余物饲喂生猪检查155次。完成“创建国家食品安全示范城市”中期评估工作。制订了《八桥镇校园及周边治安乱象整治专项方案》。强化特种设备检查，做好森林防火、地质灾害、防汛抗旱、渔业船舶安全生产等工作，全年未发生较大安全事故。

【生态环保】 以“五长制”为抓手，贯彻“大城智管、大城细管、大城众管”要求，延伸城市管理“马路办公”，将城市综合管理责任压实到“最后一米”、落实到“最后一人”。落实“河长制”“湖长制”，开展河道“清四乱”专项行动，全面摸排河道“四乱”突出问题；实施口袋沟水库旁临时排污管网建设工程。开展“大棚房”问题专项清理整治工作，对辖区内违法违规建设情况进行全面清理。结合乡村振兴战略，开展农村垃圾综合整治，全年清运垃圾332吨，清理各类垃圾195处，整治违规户外广告389处、占道经营969起，巩固国家卫生城区创建成果。

【依法行政】 办理行政应诉案件2件；全年公开政务信息62条。完善政府工作规则、议事规则、内控制度建设和决策程序。落实规范性文件备案审查制度，健全镇机关部门规范性文件管理机制。办理区人大代表建议12件、镇人大代表建议17件，办理区政协提案10件，满意率100%。

【基层党建】 坚持以学习贯彻习近平新时代中国特色社会主义思想为主要内容，以镇领导班子为重点，以党委会、党委中心组学习会、“三会一课”等为载体，开展党的十九大专题培训173场，引导党员干部深入学习贯彻习近平新时代中国特色社会主义思想，增强“四个意识”、坚定“四个自信”、落实“两个维护”、实现“三个确保”。按照“十破十立”要求，坚决肃清孙政才恶劣影响和薄熙来、王立军流毒。

落实意识形态工作责任制，不断巩固壮大主流思想舆论，刊发市级以上媒体宣传报道91篇，被重庆电视台报道14次，上传网络舆情264篇，中宣部综合采用13篇，荣获“重庆市优秀舆情工作单位”。

配齐配强3个基层党组织班子成员；打造双城社区党建示范点；在双林社区试点，加强党组织对业主大会和业主委员会的政治引领。创新党建活动，积极开展微视频拍摄、游学红色革命基地、十九大知识竞赛等特色党建活动；创建1个优质组织生活党支部，6个创新党建活动被主流媒体报道。

贯彻中央八项规定精神，持之以恒反对“四风”。发挥巡视巡察利剑作用，建立作风督查长效机制。建立完善内控管理、财务管理、政府采购、固定资产以及合同管理等制度18项。建立作风督查长效机制，推进机关作风建设，改善政务环境。

坚持问题导向，常态化民生大走访，全年走访53695人次，开展民生宣讲115场次，收集民生需求807件，解决民生问题736件。群工系统办理事项1462件，办结率和满意率均100%。巩固拓展群团改革成果，成立重庆太平洋影业有限公司基层工会，开展“八桥蚁家”“向日葵爱心帮扶队”等志愿者队伍服务12场。开展涉权事项公开，确保各项政策不折不扣落到实处，增强群众获得感。

（八桥镇）

跳磴镇

【概况】 跳磴镇位于大渡口区西南部，距区政府10千米，地处长江北岸，拥有江岸线7.5千米，总面积49.48平方千米。2018年，辖白沙沱、蓝沁苑2个社区，跳磴、双河、石林、拱桥、新合、沟口、红胜、南海、沙沱、石盘、金敖、敖山、湾塘、山溪、蜂窝坝15个行政村，新成立1个公租房社区，即华庭社区。常住人口32117人，有11899户，26018人；其中男12845人，女13173人；非农业人口19308人，人口出生率为8.6‰，人口计划生育率为100%。有中学1所，小学1所，在职教师201人；幼儿园（含托儿所）4处。有医院2所。

镇政府内设党政办公室、财政办公室、经济发展办公室、社会事务办公室、社会治安综合治理委员会办公室、规划建设管理环保办公室、食品药品监督管理办公室、安全生产监督管理办公室等8个机关科室，下设农业服务中心、文化服务中心、就业与社会保障服务所3个事业单位。

【民生保障】 推动农村“厕所革命”，基本完成农村409户改厕工作，撬动乡村面貌升级。开展扶贫帮困农村土坯房改造的前期调查摸底工作，完善辖区近30名低保户的土坯房上报手续。全年开展招聘会5场，发布招聘信息1300余条，城镇新增就业2040人，新市民培训250人。以“乡村夜话＋农技服务进农家”为载体，培训农技人员600余人次。扶持小微企业贷款195万。为全镇低保户203户301人发放低保金169.55万元；为计生特殊家庭临时困难户、三无人员、高龄失能老人发放近200万元救助费；为失业人员发放失业金121

万元。受理城乡合作医疗保险参保近 2 万人，征缴医保金 430 万元。

【乡村振兴】 产业快速发展。农业龙头企业、合作社增至 26 家。建成乡村旅游厕所 5 座，全年接待游客近 50 万人次。完成南海村“重庆市特色景观旅游名村示范”的申报工作。一批“产业 + 文化 + 旅游”田园综合体等新业态迅速成长，初步形成一条高品质的滨江旅游线路——前有钓鱼嘴滨江湾区资源，中有环金鳌山片区农旅资源和宗教文化资源，后有南海温泉、南海地球村等大型旅游项目，其间还点缀有众多森林、民宿资源等。

以金鳌村为试点，有步骤分阶段开展“三变”改革工作，初步完成前期清产核资工作。开展“大棚房”清理整治工作，清理农业种植大棚 122 处，整治违法违规行为 8 起。推进双违管控工作，全年整治存量违法建筑 777 件、24 万平方米，完成年度目标任务 120%。开展长江沿线砂石加工厂专项整治工作，清运砂石 6.2 万余吨，拆除建筑 1000 平方米，植绿补绿 19 亩。持续抓好非洲猪瘟防控工作，严格落实行政首长负责制，巡查防控 50 余次。

【城市建设】 以场镇、湾塘片区为圆心的商业地产经济加速形成，跳磴镇城市化进程正处于第一个飞跃式发展时期。预计入驻 4 万人的公租房社区，已处于入住准备工作的冲刺阶段。金科、金地等 4 家房地产商落户跳磴，辐射带动周边地价浮动上涨。

推进重点工程。12 月，大滨路三期于全线通车，与北上市中心的西城大道、南下巴南区的鱼洞长江大桥、沿江东进的大滨路一期，完全贯通。轨道交通 5 号线基本建成，新郭伏路部、中坝路建设有序推进。实施征地项目 12 个，完成征地 566.4 亩，超额完成征地工作任务，保障了重点项目进度。

【基础设施】 场镇设施提质升级。拆除危旧农贸市场，科学选址近 2000 平方米的新农贸市场。投资 100 万余元改善硬化场镇破损道路，铺设污水管网管道 100 余米。完成欣怡小区、国学文化广场绿化整治等工程，整治绿化带约 5000 平方米。

农村基础设施不断完善。完成跳南支路（跳磴村段）、红福路附属项目、沙沱路及移民村组路改造工程。争取上级资金 320 万余元修建蓄水池、山坪塘，已完成勘测和设计工作。投资 30 万余元，修缮了排洪沟 2 处、蓄水池 5 口。

【生态保护】 推进国土绿化提升项目工作，在南海、沙沱、红胜等村长久性农地栽植柑橘（春见）、枇杷等适宜经济苗木 4400 亩。开展全国第二次污染源普查工作，完成 561 家工业企业和产业活动单位污染源普查与复核工作。全面推行河长制，建立“一河一策”管理实施方案，全年巡河 1300 余次。巩固次级河流整治成果，拆除跳磴河沿线非法修理厂 3 家。加强农村生活垃圾治理工作，全面建立城乡环卫一体化运转体系，通过农村生活垃圾治理国家验收迎检工作。投资 57 万元，完成西石路生态长廊物联网节水灌溉工程。

【社会治理】 开展扫黑除恶专项斗争。落实分片包干，发动群众主动举报，建立健全线索信息收集、办理、反馈工作机制，收到并办结各类问题线索 33 件，办结率 100%，成功摘牌市级 A 类社会治安重点地区和蓝沁苑社区治安乱点。深化大接访大下访工作机制，将每月 18 日定为领导接待日。

开展安全生产大排查、大整治、大执法，全年排查安全隐患 831 家次，排查各类安全隐患 402 处，整改完成率 100%。整顿非法储油和非法改装成品油运输车辆，全部整改完毕。以“创建国家食品安全示范城区”为抓手，检查各类食品经营单位 295 家次。开展森林防火百天大会战，安装新型材料特色岗亭 14 个，实现全年“零事故”。做好数字城管和 12319 投诉平台日常管理工作，采集近 8000 条人地物信息，处理案件 2680 件。搭建“律师赶场”平台，为群众提供专业的咨询服务，接待群众 400 余人次。

【文化建设】 免费开放农家书屋，开展主题读书活动近 70 余次，群众借阅图书 1000 余册。完成拱桥村“五品家园”二期宣传氛围营造工作，建成大渡口区首座农业科普馆——石盘村科普馆。组织文化专干下村开展声乐、舞蹈等活动指导 18 次；流动文化进社区活动 130 场次。《唱起歌来上大梁》荣获重庆市第八届乡村文艺会演音乐类一等奖，《睡在上铺的兄弟》荣获第六届重庆市戏剧曲艺大赛一等奖。

【基层党建】 学习习近平新时代中国特色社会主义思想，落实“两学一做”学习教育常态化制度化。开展学习《习近平谈治国理政》、习近平总书记参加重庆代表团审议时重要讲话精神等中心组专题18次。联合区检察院党组开展专题讲座，赴巴南区二圣集体村、忠县新立镇学习乡村振兴及田园综合体建设等方面的先进经验及运行模式。利用机关、村（社区）支部主题党日，建立驻村（社区）干部每周一下沉村（社区）参加村支两委例会制度，强化对村（社区）党建督查和业务指导，集中对全镇群众进行走访，收集民生问题300余件。

（跳磴镇）

建胜镇

【概况】 建胜镇面积20.65平方千米，位于大渡口区境中南部，与巴南区鱼洞街道隔长江相望，西与跳磴镇接壤。北与八桥镇毗邻，距城区23千米。辖建路、四胜、新建、群胜、四民、民胜6个村和新雨、回龙桥、建新、百佳园4个社区，其中户籍人口11264户、21857人。全镇共有党员756人，镇党委下属25个直属党组织（2个机关党支部、1个流动党员党支部、4个村党委、1个村党总支、1个村党支部、4个社区党支部、11个非公党组织、1个综合市场党支部）。有企业160余户，其中规模以上工业企业7家（中石化、国际复合、红九九、升光印务、载君舟鞋业、明德门窗、源广气体），2018年实现工农业总产值57.8亿元。

【民生保障】 关怀困难群众。实施精准扶贫帮困，建立台账，动态管理，采取一户一策，帮扶困难群众166户。完成城乡医保参保13913人次、缴费347.82万元；开展职业培训72人次，实现城镇新增就业1679人、城镇登记失业人员再就业492人，困难人员就业207人，发放创业扶持贷款105万元；严格落实低保、救助等惠民政策，发放款物146万元，惠及群众3103人次。

丰富文化生活。打造百佳园社区综合文化服务中心，建设一批文化阵地。开展文化讲座、舞蹈培训等195次，送图书进村、社区700余册，送惠民电影102场次，送演出23场次，开展物联网点单服务96场次。开展“悦读书香”“快乐悦读”等全民阅读活动，四胜村农家书屋被评为全国示范农家书屋。培育和创作一批优秀文艺作品，声乐节目“小小的幺妹俏起来”等文艺精品节目入围第十八届群星奖重庆选拔赛，群舞“小面”荣获重庆市第八届乡村文艺会演一等奖。2018年文艺节目及作品获市级奖项3个，区级奖项11个。

【城市建设】 征地拆迁。新签约农房139户，企业15家，拆除农房155户39853.59平方米，企业7户41765.42平方米。面对复杂矛盾和疑难问题，采取分片负责、责任到人、倒排时序，以拆促签、以法促签、以建促签等措施推进。2018年在滨江板块、建桥园区、伏牛溪板块完成征地拆迁交净地任务878亩、交地任务744亩。顺利实施龙桥花苑、西城佳园3020套安置房分房工作，超期过渡人员搬入新居。

重点项目建设。拆除影响钓鱼嘴大道、5号路、白居寺长江大桥、白居寺公园等基础设施建设用地疑难户，辖区所有在建项目均消除建设疑难户障碍。主动协调公安、建委等单位，落实村社区责任，提前防范、主动服务、及时化解，妥善处理建设工地存在施工扬尘污染、放炮扰民、渣土转运等各类施工矛盾。

【城市管理】 拆违控违。严控新增、消化存量，从严落实镇、村社区巡查监管责任，建立健全严防死守网络。2018年及时阻止新增违法建筑10起，拆除新增违法建筑近2000平方米，无新增违法建筑斑点；圆满完成整治和拆除存量违法建筑16.5万平方米；开展“大棚房”清理，严防新增“大棚房”问题。

市容环境。落实城市管理“五长制”，完善城乡基础设施，持续开展环境综合整治，全覆盖清扫保洁，严格店招店牌管理，严控占道经营，落实“三包”责任制，消除卫生死角，落实病媒生物防治，城乡环境不断改善。实施“五大环保行动”，严查严管施工扬尘、渣土运输、乱排污水、垃圾倾倒、杂物焚烧等，查处违法行为45起。处置环保督察主办件3起，关停润娜建筑挖机修理厂，协助区环保局查处5家环保污染企业。

河长制工作。坚持“点守线管面联动”工作机制，加大河库巡查、管护和治理力度，镇村河长开展巡查519次，清理河岸垃圾36吨、打捞漂浮物17.5吨，发现整改问题12项，强力拆除长江沿线4家砂石加工厂及堆场，植绿补绿60000余平方米，初步实现“水清、流畅、岸绿、景美”的目标。

【社会治理】 平安建设。建立村社区平安志愿者队伍，强化社会化专门监管网络。不断优化群防群治、人防技防、专项整治等综合治理措施，扫黑除恶专项斗争工作坚持“八个常态”，上报线索4条，坚持排查涉油违法行为，拘留4人；成品油综合整治“百日攻坚”专项行动，排查发现非法储存销售成品油改装车27辆。

矛盾化解。坚持每月开展一次排查、一次研判和一次信访稳定工作联席会议，及时研究解决信访稳定问题，共受理各类矛盾纠纷347件，调解成功346件，调解成功率99.7%；其中疑难案件4件，涉及金额21.45万元。

安全监管。与辖区156家企业签订安全生产责任书，与村社区签订安全监管责任书，连续保持安全生产“零死亡”目标。开展安全大排查大整治，排查安全隐患290个，整改253个，取缔无证敬老院2家。开展冷冻肉品“百日攻坚”专项行动，对辖区冷冻肉品存储经营单位全覆盖常态排查，查获涉嫌未经检验检疫和无海关报关手续的问题冷冻肉品3批次共计48吨。开展食品药品专项检查83次，检查各类经营主体356户次，连续5年未发生食品药品安全事故。

【基层党建】 党的十九大等精神学习贯彻。持续深入学习宣传贯彻党的十九大精神，迅速掀起学习宣传全国“两会”精神，尤其是习近平总书记在重庆代表团审议时的重要讲话精神热潮。同时，认真学习领会和宣传贯彻陈敏尔书记调研大渡口的指示、市委五届四次全会、区委十二届四次全会等精神。各级党组织开展学习、讲党课和宣讲等80余场次。

落实从严治党责任。镇党委切实履行主体责任，党委书记认真履行第一责任，班子成员落实“一岗双责”，建立村社区全面从严治党责任清单，层层压实基层党组织责任。大力支持镇纪委履行专责。召开党委会45次，研究党建议题161项。按照6个方面制订《村社区党组织落实全面从严治党责任清单》，并每季度开展一次专项督查。从3月开始，每月召开一次党建形势分析调度会，每季度召开一次城市基层党建联席会，推动管党治党责任落实。

党风廉政。落实中央八项规定精神，继续推进违规吃喝、收受礼金、违规发放津补贴等专项整治，开展专项督查2次。强化宣传教育。利用微信群、QQ群向党员干部发送提醒信息，利用职工大会、中心组学习、党建形势分析会、村社区干部会等通报典型案例29次170余起，观看警示教育片4次、开展集体谈话2次。举办监察法等专题讲座和宣讲20余次。

“两学一做”学习教育。利用镇中心组学习、党员组织生活会等方式学习党的十九大精神、习近平总书记在重庆代表团审议时的重要讲话精神、市委五届四次全会、区委十二届四次全会等精神。落实“六学”制度，教育和引导党员干部牢固树立“四个意识”，特别是核心意识和看齐意识。坚持“两学一做”学习教育制度化常态化，落实组织生活五项基本规范和五项保障措施，试行组织生活标准化，开展主题党日、“三会一课”，镇党委成员随机列席村社区党组织组织生活、带头落实双重组织生活和讲党课。

组织建设。试点研发基层党建智慧云服务平台，已在全区推广运用。在建新、新雨社区试点党组织引领业主委员会选举和换届，做法在全区推广，率先推行市场主体网格化管理，在全市交流发言。注重村社区干部队伍建设，配齐配强村社区书记，建立村社区后备干部队伍，规范村社区干部补贴。扎实推进扫黑除恶专项斗争，排查处置有前科劣迹的村“两委”成员2名、其他人员4名。高度重视党支部建设，严格执行党员发展和教育管理、党费收缴、组织关系转接等规定，试点探索党员有关事项报告制度。推进后进党组织整顿工作。深入民营企业宣讲习近平总书记重要讲话精神，推进非公党建工作。

思想建设和精神文明建设。落实“六•三”工作法，压实意识形态工作责任，每季度专题研究一次意识形态工作。注重舆论引导，各级宣传部门采用报舆情信息380篇次，市级媒体报道76篇次、区级媒体报道204篇次。抓亮精神文明建设，建胜168志愿服务成为全市品牌，2018年有3人被评为大渡口区“孝道之星”，回龙桥社区被评为“孝亲敬老先进单位”，推选重庆“诚实守信”“助人为乐”好人各 1 人。持续推进“五品家园”建设，4 个社区均有明确的文化主题，回龙桥社区作为全市现场教学点。

统战、人大、武装和群团等。推进统战工作，取缔 3 个非法宗教点，注重商会建设，获得“2018 年度‘创新中国’最佳案例”“重庆市四好商会”。高度重视政法、人大、武装、群团等工作。以党的建设为统领，基本完成重点板块建设、民生保障、安全稳定、扫黑除恶等重点任务。落实城中村党组织作用发挥十六项工作机制，召开农转非党员见面会，完成 18 名党员组织关系转接。

（建胜镇）

人物与光荣榜

人　物

大渡口区四大班子领导人员名单

区委

姓　名　现任职务
王　俊　区委书记（2018 年 1 月任职）
姚　斌　区委副书记，区政府党组书记、区长
陈中举　区委副书记
汪　建　区委常委、纪委书记、监委主任
韩瑞碧　区委常委、区委办公室主任
孟德华　区委常委、政法委书记
郭诏彬　区委常委、宣传部部长
徐晓勇　区委常委，区政府党组副书记、常务副区长
王　涛　区委常委、统战部部长
江永昌　区委常委、组织部部长
邱晓宁　区委常委、区人民武装部政委（2018 年 3 月任职）

区人大

姓　名　现任职务
马　春　区人大常委会党组书记、主任
罗　雨　区人大常委会党组副书记、副主任
先大友　区人大常委会党组成员、副主任，区总工会主席
李　青　区人大常委会副主任，民建区委主委
常永官　区人大常委会党组成员、副主任
罗先德　区人大常委会党组成员、副主任

区政府

姓　名　现任职务
姚　斌　区委副书记，区政府党组书记、区长
徐晓勇　区委常委，区政府党组副书记、常务副区长
刘正光　区政府党组成员、副区长，区公安分局党委书记、局长督察长（兼）
舒　莉　区政府党组成员、副区长
毛　伟　区政府副区长，九三学社区委主委
钟　渝　区政府党组成员、副区长
唐　勇　区政府党组成员、副区长

区政协

姓　名　现任职务
张　琼　区政协党组书记、主席
刘安东　区政协党组副书记、副主席
袁凯明　区政协副主席，民革市委常委、区委主委
邹文炬　区政协党组成员、副主席
周进源　区政协副主席，区卫生计生委主任、农工党区委主委
黄万秋　区政协党组成员、副主席
杨金胜　区政协副主席，区信访办主任
胡　军　区政协副主席，民盟区委主委

其他

姓　名　现任职务
伍　星　区法院党组书记、院长、二级高级法官
李荣辰　区检察院党组书记、检察长、二级高级检察官
郭尔特　区公安分局党委副书记、政委

大渡口区管领导干部名册

纪委监委

姓　名	职　务
杨红梅	区纪委常务副书记 区监委副主任 区委巡察工作领导小组办公室主任（兼）
李国伟	区纪委副书记 区监委副主任
刘厚成	区纪委副书记 区监委副主任
喻　成	区纪委常委 区监委委员（正处级）
彭　利	区纪委常委（正处级） 区监委委员
周建碧	区纪委常委 区监委委员
王颖秋	区纪委常委
蒋安辉	区纪委常委
颜　军	区纪委监委第五纪检监察室主任
余钱岗	区纪委监委党风政风监督室主任
蒋梦茵	区纪委监委民生监督室(第七纪检监察室)主任
汪新波	区纪委监委第二纪检监察室主任
王友声	区纪委监委办公室主任
刘冬一	区纪委监委纪检监察干部监督室主任
王传松	区纪委监委第一纪检监察室主任
陈　玲	区纪委监委组织部部长
唐　洲	区纪委监委第三纪检监察室主任
张　轴	区纪委监委第四纪检监察室主任
吴树洪	区纪委监委信访室主任
杜桂栎	区纪委监委第六纪检监察室主任
王莉英	区纪委监委案件监督管理室主任
邱　艳	区纪委监委案件审理室主任
蒋治中	区党风廉政宣传教育中心主任

区委巡察办

姓　名	职　务
唐永清	区委巡察工作领导小组办公室专职副主任
匡宗春	区委巡察组副组长
陈永明	区委巡察组副组长
邓隆泽	区委巡察组副组长
罗　毅	区委巡察组巡察专员
任晓琴	区委巡察组巡察专员
蒲爱华	区委巡察组巡察专员

区监委派出监察室

姓　名	职　务
王　德	区监委派出第一监察室主任（正处级）
王　静	区监委派出第二监察室主任

区委办公室

姓　名	职　务
徐佑矛	区委研究室主任
聂永红	区委督查室主任
刘　利	区委机要局副局长 区国家保密局副局长
冯　琼	区纪委监委驻区委办公室纪检监察组组长
曾　健	区委办公室副主任
杨　闯	区委研究室副主任 区委机要局密码督查员（兼）
丁　竹	区委办公室副主任
卢天程	区委办公室副主任

人大机关

姓　名	职　务
蒋家文	区人大常委会党组成员 区人大常委会机关党组书记 区人大常委会办公室主任
刁　勇	区人大常委会机关党组成员 区人大法制委员会办公室（区人大常委会信访办公室）主任
李再富	区人大常委会机关党组成员 区人大城乡建设环境保护委员会办公室主任

宋文玲　区人大常委会机关党组副书记
　　　　区人大常委会人代工委主任
裘　苹　区人大常委会机关党组成员
　　　　区人大常委会预算工委主任
梁文荣　区人大常委会机关党组成员
　　　　区人大财政经济委员会办公室主任
喻　悦　区人大常委会机关党组成员
　　　　区人大常委会教科文卫工委主任
金　熙　区人大财政经济委员会办公室副主任
周　煜　区人大城乡建设环境保护委员会办公室副主任
黄婷婷　区人大法制委员会办公室（区人大常委会信访办公室）副主任
葛　意　区人大常委会办公室副主任
闵英华　区人大常委会教科文卫工委副主任

政府办公室

姓　名　职　务
李新路　区政府党组成员
　　　　区政府办公室党组书记
　　　　区政府办公室主任
王　玲　区政府办公室党组成员
　　　　区对口办主任
黄永东　区政府办公室党组成员
　　　　区政府应急办主任
　　　　区政府法制办主任（兼）
潘红林　区政府办公室党组成员
　　　　区政府督查室主任
王　亮　区政府办公室党组成员
　　　　区政府办公室副主任

政协机关

姓　名　职　务
李贤敏　区政协党组成员
　　　　区政协机关党组书记
　　　　区政协秘书长
赵世强　区政协机关党组成员
　　　　区政协社法祖统专委会主任
黄　勤　区政协机关党组成员
　　　　区政协委员联络办主任
王晓萍　区政协机关党组成员
　　　　区政协提案专委会主任
申　敏　区政协机关党组副书记
　　　　区政协科教文卫体专委会主任
郝　巧　区政协机关党组成员
　　　　区政协经济城环专委会主任
潘方国　区政协经济城环专委会副主任
吕　琳　区政协科教文卫体专委会副主任
鲜　明　区政协副秘书长

组织部

姓　名　职　务
姜　卓　区委组织部副部长
　　　　区委非公经济和社会组织工委书记（兼）
刘　磊　区纪委监委驻区委组织部纪检监察组组长
刘远林　区委组织部副部长
林受彦　区委非公经济和社会组织工委副书记
黄权杰　区委组织员
黄　平　区委党群服务中心副主任

宣传部

姓　名　职　务
吕佩泽　区委宣传部副部长
　　　　区外宣办主任
江　春　区社科联主席
王　丹　区网信办主任
邹　凤　区纪委监委驻区委宣传部纪检监察组组长
连　城　区文明办副主任
黎洪银　区网信办副主任

统战部

姓　名　职　务
童筱渝　区侨联主席
郭　嫣　区工商联党组书记
　　　　区工商联常务副主席
　　　　区委统战部副部长

姓 名	职 务
张 勇	区委统战部副部长 区民宗侨台办主任
熊文财	区纪委监委驻区委统战部纪检监察组组长
尹 瑜	区民宗侨台办副主任
唐贵云	民革区委专职副主委（副处级）
李 萍	农工党区委专职副主委（副处级）
唐 瑜	民盟区委专职副主委（副处级）
刘 俊	九三学社区委专职副主委（副处级）

政法委

姓 名	职 务
杨华强	区委政法委常务副书记
姚 伟	区委政法委副书记 区综治办主任
余建军	区委政法委副书记 区委防范处理邪教办主任
胡文琼	区纪委监委驻区委政法委纪检监察组组长
贾晓玲	区委政法委政治处主任
赵晓鹏	区综治办副主任

编办

姓 名	职 务
胡 敏	区编办主任
曹庆雷	区事登局局长（副处级）
黄贞臻	区编办副主任

区直机关党工委

姓 名	职 务
方 薇	区直机关党工委书记
安 莉	区直机关党工委副书记

老干局

姓 名	职 务
何光瑜	区委老干局局长 区委组织部副部长(兼)
张荣艳	区委老干局副局长

工商联

姓 名	职 务
刘 红	区工商联党组成员 区工商联主席（非公人士，享受正处级政治待遇）
黄居华	区工商联党组成员 区工商联副主席（正处级）

团委

姓 名	职 务
黄宗华	团区委党组书记 团区委书记
刘 婷	团区委党组成员 团区委副书记

妇联

姓 名	职 务
贺红鹰	区妇联党组书记 区妇联主席
曾清利	区妇联党组成员 区妇联副主席

残联

姓 名	职 务
李红红	区残联理事长

党校

姓 名	职 务
毛 勇	区委党校常务副校长 区行政学校常务副校长 区社会主义学院副院长（正处级）
潘 宇	区委党校副校长 区行政学校副校长 区社会主义学院副院长
任艳芳	区委党校专职校务委员（副处级）

新闻中心

姓 名	职 务
刘文娅	区新闻中心主任

姜　海　区新闻中心副主任

发展改革委

姓　名	职　务
刘　振	区发展改革委党组书记 区发展改革委主任
周　英	区统筹办副主任（正处级）
钟　英	区发展改革委党组成员 区发展改革委副主任
陈俊谋	区发展改革委副主任

财政局

姓　名	职　务
杜元淦	区财政局党组书记 区财政局局长
张　瑜	区财政局党组成员 区纪委监委驻区财政局纪检监察组组长
刘从国	区财政局党组成员 区财政局副局长
黄　菊	区财政局党组成员 区财政局副局长
李　茜	区财政局党组成员 区财政局副局长

经济信息委

姓　名	职　务
詹永胜	区经济信息委党组书记 区经济信息委主任
谷春国	区经济信息委党组成员 建桥园区办主任
王　涛	区经济信息委党组成员 区经济信息委副主任
杜　平	区经济信息委党组成员 区中小企业局局长（副处级）
蒋文勇	区经济信息委党组成员 区经济信息委副主任
秦　学	区经济信息委党组成员 区经济信息委副主任

教委

姓　名	职　务
杨建明	区委教育工委副书记 区教委主任
沈维安	区委教育工委委员 区教委副主任 (正处级)
王　琳	区教育考试中心主任（正处级）
陈　鹏	区委教育工委委员 区教委副主任
李　茜	区委教育工委委员 区纪委监委驻区教委纪检监察组组长
张　宁	区委教育工委委员 区教委副主任

科委科协

姓　名	职　务
吴淑皇	区科委党组书记 区科委主任 区知识产权局局长
江文平	区科委党组成员 区科协主席
姜　勇	区科委副主任 区知识产权局副局长
冉雯嘉	区科委党组成员 区生产力促进中心主任（副处级）
谢芳丽	区科委党组成员 区科委副主任
周建平	区科委党组成员 区科协副主席

城乡建委

姓　名	职　务
杜位彬	区城乡建委党组书记 区城乡建委主任
李　锐	区城乡建委党组成员 区城乡建委副主任
段兴华	区城乡建委副主任
耿鸿宾	区城乡建委党组成员 区城乡建委副主任

秦伟彬　区城乡建委党组成员
　　　　区移民局局长（副处级）

交委

姓　名　职　务
杨伟鸣　区交委党组书记
　　　　区交委主任
谭晓幸　区交委党组成员
　　　　区交委副主任（正处级）
刘　锐　区交委党组成员
　　　　区交委副主任
邓海平　区交委副主任

农委

姓　名　职　务
杜锦兴　区委农工委书记
胡桂泉　区农委主任
　　　　民进区委主委
熊承勇　区委农工委委员
　　　　区农委副主任
唐华伦　区委农工委委员
　　　　区农委副主任

商务局、商圈办、供销社

姓　名　职　务
蒋　波　区商务局党组书记
　　　　区商务局局长
龙华伦　区商务局党组成员
　　　　区供销合作社主任
杨莉苹　区商务局党组成员
　　　　区商圈办主任
曾　葵　区商圈办副主任（正处级）
李玉福　区商务局党组成员
　　　　区商圈办副主任
曹　敏　区商务局副局长
黄媛梅　区商务局党组成员
　　　　区供销合作社副主任
孙　林　区商务局党组成员
　　　　区商圈办副主任

投资促进办

姓　名　职　务
龙　蓓　区投资促进办党组书记
　　　　区投资促进办主任
潘俊峰　区投资促进办党组成员
　　　　区投资促进办副主任
李晓丹　区投资促进办党组成员
　　　　区投资促进办副主任

民政局

姓　名　职　务
颜裕杰　区民政局党组书记
　　　　区民政局局长
柳卫东　区民政局副局长
叶　青　区民政局党组成员
　　　　区民政局副局长

司法局

姓　名　职　务
钟　灿　区司法局党组书记
　　　　区司法局局长
罗宣涛　区司法局党组成员
　　　　区司法局副局长
叶　岚　区司法局副局长
何东学　区司法局党组成员
　　　　区司法局副局长

人力社保局

姓　名　职　务
何晓萍　区人力社保局党组书记
　　　　区人力社保局局长
赖　晖　区人力社保局党组成员
　　　　区人力社保局副局长
秦德彪　区人力社保局党组成员
　　　　区就业局局长
王　玮　区人力社保局党组成员
　　　　区人力社保局副局长

房管局

姓 名　职 务

贾云杰　区房管局党组书记
　　　　区房管局局长

胡廷亮　区房管局党组成员
　　　　区房管局副局长（正处级）

吴 涛　区房管局党组成员
　　　　区房管局副局长

张宗伟　区房管局党组成员
　　　　区房管局副局长

环保局

姓 名　职 务

李建华　区环保局党组书记
　　　　区环保局局长

张 伟　区环保局党组成员
　　　　区环保局副局长

梁 红　区环保局副局长

刘 宁　区环保局党组成员
　　　　区环保执法大队队长

城市管理局（原市政园林局）

姓 名　职 务

谭述明　区市政园林局党组书记
　　　　区市政园林局局长

陈 伟　区市政园林局党组成员
　　　　区市政园林局副局长（正处级）

邹文娱　区市政园林局党组成员
　　　　区市政园林局副局长

胡 宾　区市政园林局党组成员
　　　　区市政园林局副局长

文化委、文联

姓 名　职 务

江存彬　区文化委党组书记
　　　　区文化委主任
　　　　区旅游局局长

黄渝媚　区文化委党组成员
　　　　区文联主席

王春江　区文化委党组成员
　　　　区文化委副主任
　　　　区旅游局副局长（正处级）

陈 炼　区文化委党组成员
　　　　区文化旅游执法大队队长

陈昌进　区文化委党组成员
　　　　区文化委副主任

范永利　区文化委副主任

卫生计生委

姓 名　职 务

田 兵　区卫生计生委党组书记

邓海霞　区卫生计生委党组成员
　　　　区爱卫办主任

陈松涛　区卫生计生委党组成员
　　　　区卫生计生委副主任
　　　　区红十字会常务副会长（正处级）

程长芳　区卫生计生委党组成员
　　　　区纪委监委驻区卫生计生委纪检监察组组长

杨适阶　区卫生计生委党组成员
　　　　区卫生计生委副主任

田 云　区卫生计生委党组成员
　　　　区卫生计生监督执法局局长（副处级）

张 勇　区卫生计生委党组成员
　　　　区红十字会副会长

区退役军人事务局

姓 名　职 务

刘武云　区退役军人事务局党组书记
　　　　区退役军人事务局局长

鲁 钢　区退役军人事务局党组成员
　　　　区退役军人事务局副局长

叶陆卿　区退役军人事务局党组成员
　　　　区退役军人事务局副局长

审计局

姓　名	职　务
吴蔚翔	区审计局党组成员 区审计局副局长 区审计局纪检组长
单　珺	区审计局党组成员 区审计局副局长
武如清	区审计局党组成员 区审计局副局长

综合执法局

姓　名	职　务
肖瑞俭	区综合执法局党组书记 区综合执法局局长
高　磊	区综合执法局党组成员 区综合执法局副局长
娄　勇	区综合执法局党组成员 区综合执法局副局长

安监局

姓　名	职　务
付　骏	区安监局党组书记 区安监局局长
黎　平	区安监局副局长
金　毅	区安监局党组成员 区安监局副局长
周建国	区安监局党组成员 区安监局副局长

体育局

姓　名	职　务
谢　伟	区体育局党组书记 区体育局局长
李　响	区体育局党组成员 区体育局副局长
裴　培	区体育局党组成员 区体育局副局长

统计局

姓　名	职　务
黄　敏	区统计局党组书记 区统计局局长
郑文胜	区统计局副局长
周鸿森	区统计局党组成员 区统计局副局长
高孝娥	区统计局党组成员 区统计局副局长

机关事务局

姓　名	职　务
周　娟	区机关事务局党组书记 区机关事务局局长
李万红	区机关事务局党组成员 区机关事务局副局长
张存松	区机关事务局党组成员 区机关事务局副局长
何航军	区机关事务局党组成员 区机关事务局副局长

信访办

姓　名	职　务
冯学焦	区信访办党组书记
杨跃东	区信访办党组成员 区信访办副主任
刘阳阳	区信访办党组成员 区信访办副主任
吴　庆	区信访办副主任

民防办

姓　名	职　务
蒲仕斌	区民防办党组成员 区民防办（区人防办）副主任（正处级）
卢旭东	区民防办党组成员 区民防办（区人防办）副主任

行管办

姓　名	职　务
周发祥	区行管办党组书记 区行管办主任
刘　欢	区行管办党组成员 区行管办副主任
李　硕	区行管办党组成员 区行管办副主任

经协办

姓　名	职　务
晏家昕	区政府办公室党组成员 区经协办主任

老龄委办

姓　名	职　务
袁颂华	区老龄委办主任
金代伟	区老龄委办副主任

党史研究室、档案局、档案馆

姓　名	职　务
刘　强	区委党史研究室主任 区档案局局长 区档案馆馆长 区地方志办主任
陈　怡	区档案局副局长 区档案馆副馆长 区地方志办副主任

土储中心

姓　名	职　务
张毅成	区土储中心党组书记 区土储中心主任
戴　文	区土储中心党组成员 区土储中心副主任

征地办

姓　名	职　务
王兴箭	区征地办党组书记 区征地办主任
陈华正	区征地办党组成员 区征地办副主任
朱家林	区征地办党组成员 区征地办副主任

国资办、金融办

姓　名	职　务
李才文	区国资办（区金融办）党组书记 区国资办（区金融办）主任
李　锐	区国资办（区金融办）党组成员 区国资办（区金融办）副主任
张　强	区国资办（区金融办）党组成员 区国资办（区金融办）副主任

社保局

姓　名	职　务
刘继红	区人力社保局党组成员 区社保局局长
王中强	区社保局副局长
周　赤	区社保局副局长

八桥镇

姓　名	职　务
周均益	八桥镇党委书记
雷　松	八桥镇党委副书记 八桥镇镇长
李国英	八桥镇党委委员 八桥镇人大主席
贺加成	八桥镇人大副主席
刘义贵	八桥镇党委委员 八桥镇纪委书记 区监委派出第一监察室兼职副主任

刘　寅　八桥镇党委委员
　　　　八桥镇政法书记
郑　勇　八桥镇党委委员
　　　　八桥镇副镇长
徐国英　八桥镇党委委员
　　　　八桥镇副镇长
廖小斌　八桥镇党委委员
　　　　八桥镇副镇长
　　　　八桥镇人武部长
周　萍　八桥镇党委委员
　　　　八桥镇组织委员
江　凤　八桥镇党委委员
　　　　八桥镇宣传委员
　　　　八桥镇统战委员

建胜镇

姓　名　职　务
刘理国　建胜镇党委书记
左　立　建胜镇党委副书记
　　　　建胜镇镇长
廖富全　建胜镇党委委员
　　　　建胜镇人大主席
雷　荣　建胜镇党委副书记
彭　亮　建胜镇人大副主席
周　渝　建胜镇党委委员
　　　　建胜镇副镇长
余林涛　建胜镇党委委员
　　　　建胜镇副镇长
付红梅　建胜镇党委委员
　　　　建胜镇纪委书记
　　　　区监委派出第一监察室兼职副主任
赵庭银　建胜镇党委委员
　　　　建胜镇组织委员
张发永　建胜镇党委委员
　　　　建胜镇政法书记
何中银　建胜镇党委委员
　　　　建胜镇副镇长
　　　　建胜镇人武部长
张　琳　建胜镇党委委员
　　　　建胜镇宣传委员
　　　　建胜镇统战委员

跳磴镇

姓　名　职　务
付绍云　跳磴镇党委书记
胡　玮　跳磴镇党委副书记
　　　　跳磴镇镇长
刘均乾　跳磴镇党委委员
　　　　跳磴镇人大主席
张　春　跳磴镇党委副书记
曾洪良　跳磴镇人大副主席
熊秀琴　跳磴镇党委委员
　　　　跳磴镇副镇长
伍生华　跳磴镇党委委员
　　　　跳磴镇纪委书记
　　　　区监委派出第一监察室兼职副主任
冷朝霞　跳磴镇党委委员
　　　　跳磴镇政法书记
赵　奇　跳磴镇党委委员
　　　　跳磴镇组织委员
张贵梅　跳磴镇副镇长
杨建平　跳磴镇党委委员
　　　　跳磴镇副镇长
　　　　跳磴镇人武部长
胡　晓　跳磴镇党委委员
　　　　跳磴镇宣传委员
　　　　跳磴镇统战委员

新山村街道

姓　名　职　务
李泽军　新山村街道党工委书记
李　翔　新山村街道党工委副书记
　　　　新山村街道办事处主任
张　亮　新山村街道党工委委员
　　　　新山村街道人大工委主任

杨长勇　新山村街道党工委委员
新山村街道纪工委书记
区监委派出第二监察室兼职副主任

苟中俐　新山村街道党工委委员
新山村街道办事处副主任

刘　源　新山村街道党工委委员
新山村街道办事处副主任

伯剑锋　新山村街道党工委委员
新山村街道办事处副主任
新山村街道政法书记

肖莉颖　新山村街道党工委委员
新山村街道组织委员
区人大新山村街道工委副主任（兼）

熊　刚　新山村街道党工委委员
新山村街道办事处副主任
新山村街道人武部长

刘小琨　新山村街道党工委委员
新山村街道宣传委员
新山村街道统战委员

跃进村街道

姓　名　职　务

李　瑜　跃进村街道党工委书记

林山东　跃进村街道党工委副书记
跃进村街道办事处主任

张远奎　跃进村街道党工委委员
跃进村街道人大工委主任

刘崇远　跃进村街道党工委副书记（正处级）

宋丽平　跃进村街道党工委委员
跃进村街道纪工委书记
区监委派出第二监察室兼职副主任

赵　毅　跃进村街道党工委委员
跃进村街道宣传委员
跃进村街道统战委员

赵世勇　跃进村街道党工委委员
跃进村街道办事处副主任

汪　静　跃进村街道党工委委员
跃进村街道组织委员
区人大跃进村街道工委副主任（兼）

司昊明　跃进村街道党工委委员
跃进村街道办事处副主任
跃进村街道政法书记

九宫庙街道

姓　名　职　务

曹　玮　九宫庙街道党工委书记

张　韬　九宫庙街道党工委副书记
九宫庙街道办事处主任

陈正刚　九宫庙街道党工委委员
九宫庙街道人大工委主任

王立敏　九宫庙街道党工委委员
九宫庙街道办事处副主任

赵世建　九宫庙街道党工委委员
九宫庙街道办事处副主任
九宫庙街道政法书记

李文超　九宫庙街道党工委委员
九宫庙街道办事处副主任

赖心强　九宫庙街道党工委委员
九宫庙街道人武部长
九宫庙街道办事处副主任

刘　君　九宫庙街道党工委委员
九宫庙街道纪工委书记
区监委派出第二监察室兼职副主任

刘圣红　九宫庙街道党工委委员
九宫庙街道宣传委员
九宫庙街道统战委员
区人大九宫庙街道工委副主任（兼）

李　创　九宫庙街道党工委委员
九宫庙街道组织委员

春晖路街道

姓　名　职　务

张智勇　春晖路街道党工委书记

黄　波　春晖路街道党工委副书记
春晖路街道办事处主任

任山玲　春晖路街道党工委委员
春晖路街道人大工委主任

曾　俊　春晖路街道党工委委员
　　　　春晖路街道纪工委书记（正处级）
　　　　区监委派出第二监察室兼职副主任
刘　焰　春晖路街道党工委委员
　　　　春晖路街道办事处副主任
杨名炼　春晖路街道党工委委员
　　　　春晖路街道宣传委员
　　　　春晖路街道统战委员
　　　　区人大春晖路街道工委副主任（兼）
胡一波　春晖路街道党工委委员
　　　　春晖路街道办事处副主任
　　　　春晖路街道政法书记
吕海波　春晖路街道党工委委员
　　　　春晖路街道办事处副主任
　　　　春晖路街道人武部长

茄子溪街道

姓　名　职　务
毕　伟　茄子溪街道党工委书记
但宁伟　茄子溪街道党工委副书记
　　　　茄子溪街道办事处主任
王渝海　茄子溪街道党工委委员
　　　　茄子溪街道人大工委主任
赖　勇　茄子溪街道党工委副书记
张红英　茄子溪街道党工委委员
　　　　茄子溪街道纪工委书记
　　　　区监委派出第二监察室兼职副主任
付雄伟　茄子溪街道党工委委员
　　　　茄子溪街道办事处副主任
杨世莉　茄子溪街道党工委委员
　　　　茄子溪街道办事处副主任
夏　畅　茄子溪街道党工委委员
　　　　茄子溪街道办事处副主任
　　　　茄子溪街道政法书记
刘敏晞　茄子溪街道党工委委员
　　　　茄子溪街道宣传委员
　　　　茄子溪街道统战委员
袁　勇　茄子溪街道党工委委员
　　　　茄子溪街道办事处副主任
　　　　茄子溪街道人武部长
钟　静　茄子溪街道党工委委员
　　　　茄子溪街道组织委员
　　　　区人大茄子溪街道工委副主任（兼）

大晟（集团）公司

姓　名　职　务
张　毅　大晟（集团）公司董事长
白占军　大晟（集团）公司董事
　　　　大晟（集团）公司总经理
詹学军　大晟（集团）公司董事
　　　　大晟（集团）公司副总经理
周　颖　大晟（集团）公司董事
　　　　大晟（集团）公司副总经理

建桥公司

姓　名　职　务
袁　利　建桥公司董事长
熊　波　建桥公司董事
　　　　建桥公司总经理
刘纯涛　建桥公司董事
　　　　建桥公司副总经理
汪胜航　建桥公司董事
　　　　建桥公司副总经理
赵　星　建桥公司董事
　　　　建桥公司副总经理
杨雨雨　建桥公司董事
　　　　建桥公司副总经理

光荣榜

2018 年大渡口区获省部级以上表彰的集体

获奖单位	获奖名称	颁奖单位
区工商联	2018 年度民营企业调查点工作先进基层单位	全国工商联
春晖路街道柏华社区	全国民主法治示范村（社区）	司法部、民政部
“爱心惠残”众创空间	国家级残疾人职业培训基地	中国残联
茄子溪街道新港社区心怡舞蹈队	“欢跃四季 舞动巴渝”全国广场舞展演活动重庆市第一片区优秀组织队伍	全国广场舞展演活动重庆市第一片区展演组委会
茄子溪街道祥康太极队	第八届全民健身运动会太极拳比赛 42 式太极拳第 7 名	市体育局、市总工会
茄子溪街道祥康太极队	第八届全民健身运动会太极拳比赛陈氏 56 式太极拳第 5 名	市体育局、市总工会
区科委	重庆市科技系统先进集体	市人社局、市科技局
赓家坳社区	巾帼文明岗	市妇联
锦霞社区	扫黄打非进基层示范标兵	市扫黄打非办
锦霞社区市民学校	2017 年度青年之家•城乡社区市民学校市级示范点	团市委

2018 年大渡口区获省部级以上表彰的个人

获奖人	获奖名称	颁奖单位
邓伟明	中国好人榜	中央文明委
梅　玫	全国模范检察官	人社部、最高检
甘志萍	全国五好文明家庭	全国妇联
韩光耀	全国五好文明家庭	全国妇联
张　烨	全国模范司法所长	司法部
李　响	全国体育事业突出贡献奖	国家体育总局
陈建桦	2017 年度重庆市最美团支书	团市委
欧贵祥	爱岗敬业重庆好人第 73 期	市委宣传部、市文明办
张香玲	大渡口区第三届道德模范（敬业奉献模范）	区委

2018 年立功集体和个人

姓名	单位及职务	立功等级
禁毒支队	大渡口区公安分局	集体二等功
王正宇	武警重庆市总队执勤第二支队十六中队中队长	三等功

商贸供销系统 2018 年获得市级部门奖项 3 项（2018 重庆商圈购物节组织奖、供销社考核二等奖、全市夜市文化节优秀组织奖。

统计资料

大渡口区 2018 年国民经济和社会发展统计公报

2018 年，面对复杂严峻的国际环境和艰巨繁重的改革发展稳定任务，在以习近平同志为核心的党中央坚强领导下，全区上下以习近平新时代中国特色社会主义思想为指导，深入贯彻新发展理念，落实高质量发展要求，认真贯彻落实区委区政府决策部署，以供给侧结构性改革为主线，有效应对外部环境的深刻变化，统筹做好稳增长、促改革、调结构、惠民生、防风险工作，经济运行总体平稳、稳中有进，质量效益稳步提升。

一、综合

初步核算，2018 年全区实现地区生产总值 228.1 亿元，比上年同比增长 2.7%（下同），其中：第一产业增加值 1.0 亿元，同比下降 1.0%，占 GDP 比重为 0.4%，下降 0.4 个百分点；第二产业增加值 76.8 亿元，下降 3.4%；占 GDP 比重为 33.7%，下降 5.2 个百分点；第三产业增加值 150.3 亿元，增长 6.2%；占 GDP 比重为 65.9%，提高 5.6 个百分点。按年平均常住人口计算，全区人均地区生产总值 64072 元。

图 1 2014—2018 年全区地区生产总值及增长速度

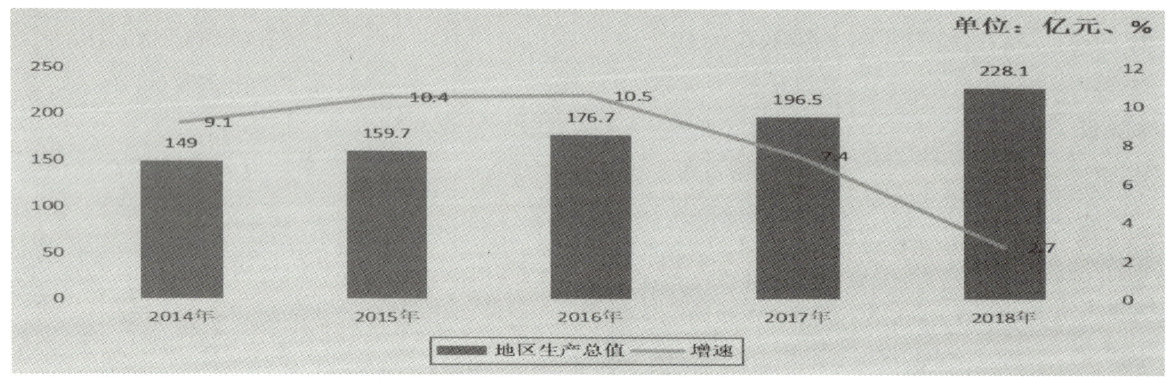

2018 年末，全区有户籍人口为 26.9 万人，比上年增加 2609 人，其中：男性 13.2 万人，女性 13.7 万人。全年出生人口 2715 人，出生率为 7.84‰；死亡人口 1740 人，死亡率为 6.93‰；人口自然增长率为 0.91‰。全区常住人口 35.7 万人，其中：城镇人口 34.83 万人，城镇化率 97.56%，比上年提高 0.15 个百分点。

2018 年，全区城镇新增就业人数 13044 人，期末实有城镇登记失业人数 1873 人[1]，城镇登记失业率 2.3%。

二、农业

2018 年，全区实现农业总产值 13715 万元，比上年增长 2.1%，其中：农业产值 9295 万元，下降 0.4%；林业产值 2780 万元，增长 14.6%；牧业产值 182 万元，下降 13.2%；渔业产值 450 万元，下降 10.1%；农林牧渔服务业产值 1007 万元，增长 4.6%。

1 此口径包括报告期末当地公共就业服务机构登记在册的结存失业人员总数。不包括农村进城务工人员和其他非本地户籍人员。

2018 年，全区蔬菜播种面积为 0.97 万亩，蔬菜总产量 1.65 万吨；生猪出栏 79 头；山羊出栏 271 头；家禽出栏 0.59 万只。

图 2 2014—2018 年全区农业总产值

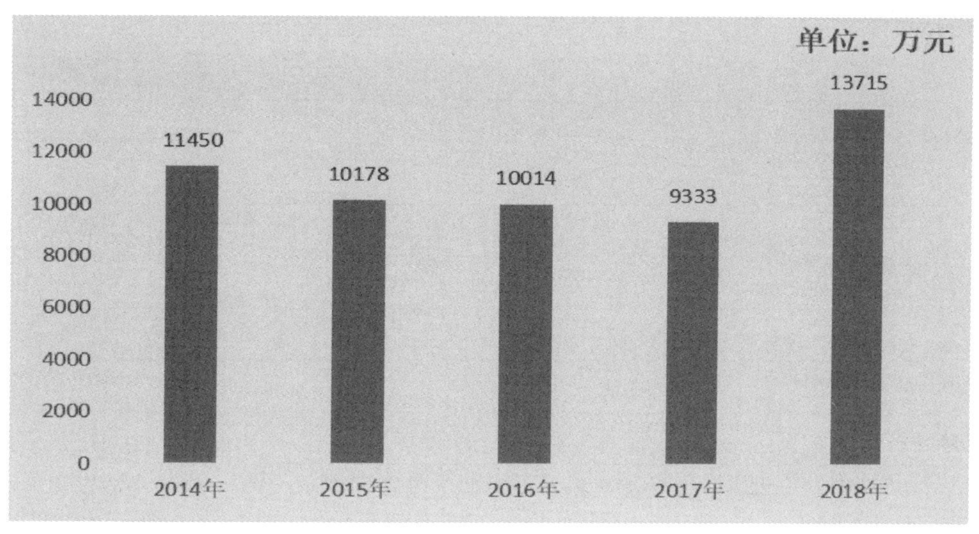

三、工业和建筑业

2018 年，全区实现工业增加值 49.6 亿元，同比下降 8.0%；其中：规模以上工业增加值下降 9.9%。规模以上工业总产值同比下降 2.0%，出口交货值同比下降 25.5%，营业收入同比增长 2.9%，营业成本同比增长 4.6%。

分行业看，行业发展呈现不同趋势，非金属矿物业受市场变暖影响，同比增长 0.4%；计算机通信和其他电子设备制造业受龙头企业强势带动，同比增长 71.8%；石油煤炭及其他燃料加工业表现稳定，同比增长 2.6%；专用设备制造业同比下降 14.0%；铁路船舶航空航天和其他运输设备制造业受全国汽车、摩托车销量下降影响，同比下降 25.8%；食品制造业同比下降 0.8%。

分产品看，传统产品呈普遍下滑态势，商品混凝土、硅酸盐水泥熟料、水泥分别下降 42.2%、7.3%、7.9%。新兴产品发展态势普遍表现优于传统产品，玻璃纤维纱、数字激光音视盘机、卫星导航定位接收机分别同比增长 14.4%、59.6%、335.4%。

2018 年，全区建筑业实现增加值 27.2 亿元，比上年增长 7.1%；建筑业企业全年完成总产值 179.2 亿元，下降 5.9%；建筑企业签订合同额 659.9 亿元，同比增长 17.9 %。其中，本年新签订合同额 347.4 亿元，增长 8.8%。

四、服务业

2018 年，全区批发和零售业增加值 20.1 亿元，增长 7.1%；交通运输、仓储和邮政业增加值 13.0 亿元，增长 4.2%；住宿和餐饮业增加值 7.4 亿元，增长 2.3%；金融业增加值 27.8 亿元，下降 0.4%；房地产业增加值 22.1 亿元，增长 5.0%；其他服务业增加值 60.0 亿元，增长 10.8%。全年规模以上服务业企业实现营业收入 43.5 亿元，比上年增长 14.7%。

2018 年末，全区拥有营运机动车辆 3730 辆；其中：载客汽车 20 辆，载货汽车 3710 辆。全年实现公路客运周转量 2322 万人千米，同比下降 10.2%；实现公路货运周转量 335521 万吨千米，增长 6.7%；全社会公路客货运输周转量 34.2 亿吨千米，增长 6.2%。

2018 年，全区完成邮政业务总量 5464 万元，比上年增长 4.4%。

五、国内贸易

2018 年，全区实现社会消费品零售总额比上年增长 2.6%。从商品销售情况看，全区批发和零售业销售额增长 13.9%，住宿和餐饮业营业额增长 6.3%。

六、固定资产投资

2018 年，全区固定资产投资比上年增长 9.5%。按投资用途分，基础设施投资同比下降 7.1%；工业投资同比增长 2.1%；房地产开发投资增长 15.1%

图 3 2014—2018 年全区固定资产投资增长速度

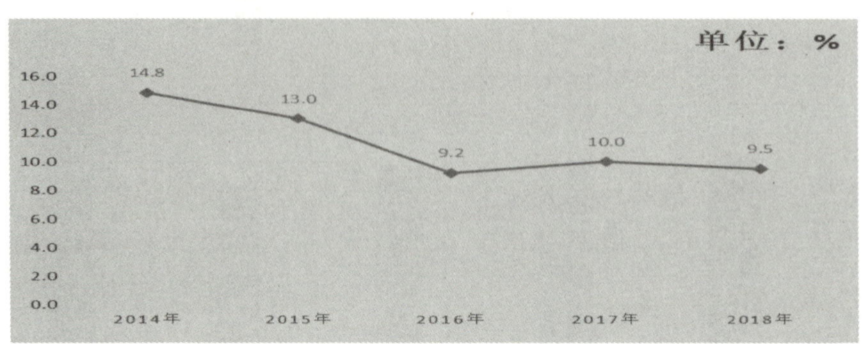

七、对外经济

2018 年，全区实现外贸进出口总额 20.4 亿元，比上年增长 13.1%。其中：出口 12.9 亿元，增长 8.3%；进口 7.5 亿元，增长 22.5%。

2018 年，全区实际利用外资总额 2259 万美元，比上年下降 90.9%。

八、财政金融

2018 年，全区实现一般公共预算收入 21.4 亿元，比上年增长 10.6%，其中：税收收入 17.4 亿元，增长 12.8%。完成一般公共预算支出 35.5 亿元，增长 2.3%，其中：教育支出 5.4 亿元，下降 12.5%；科学技术支出 0.4 亿元，下降 1.7%；社会保障和就业支出 3.6 亿元，增加 9.0%；医疗卫生和计划生育支出 2.5 亿元，增长 4.6%。

2018 年，全区有金融机构 40 家，其中：银行 21 家，小额贷款公司 6 家，担保公司 1 家，基金公司 7 家，保险公司 3 家，证券机构 2 家。有存贷业务的 27 家金融机构年末人民币各项存款余额为 486.4 亿元，增长 15.7%；各项贷款余额为 655.8 亿元，增长 24.7%。

图 4 2014—2018 年全区银行机构存贷款余额

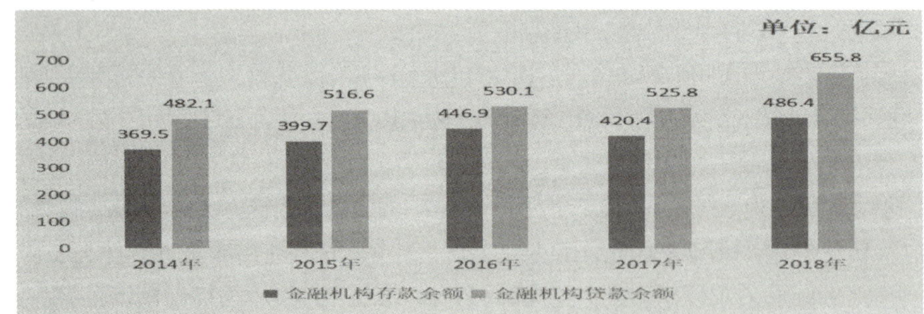

九、居民收入消费和社会保障

2018 年，全区城镇常住居民人均可支配收入 37443 元，比上年增长 8.2%；农村常住居民人均可支配收入 19847 元，增长 8.2%。城镇常住居民人均生活消费支出 26279 元，增长 3.6%；农村常住居民人均消费支出 17435 元，增长 13.4%。全区城镇常住居民恩格尔系数为 30.8%，农村常住居民恩格尔系数为 36.8%。

2018 年末，全区参加基本养老保险人数 20.9 万人，其中：参加城镇职工基本养老保险人数 14.4 万人，增长 2.0%；参加城乡居民社会养老保险人数 1.0 万人，增长 18.34%。参加基本医疗保险人数 28.6 万人，增长 5.9%，其中：参加城镇职工基本医疗保险人数 14.8 万人，增长 2.3%；参加城乡居民医疗保险人数 14 万人，增长 10.0%。全区为 2.8 万人次的城市居民和 0.3 万人次的农村居民分别发放最低生活保障金 1678.4 万元和 160.7 万元；

十、科学技术和教育

2018 年，全区受理 1178 项专利申请，其中：发明 315 项，实用新型 803 项，外观设计 60 项。848 项专利获得授权，其中：发明 130 项，实用新型 647 项，外观设计 71 项。

2018 年，全区共有 219 家企业获得质量管理体系认证，其中：15 家企业拥有当年认证的重庆名牌产品 23 个。

2018 年末，全区有各类学校 113 所。各类学校教职工 4811 人，其中：专任教师 3699 人。各类学校招生人数 16298 人，在校生 54338 人，毕业生 13254 人。2189 人参加高考，2015 人被各类大专院校录取。中小学学校占地面积 69.1 万平方米，校舍建筑面积 68 万平方米，其中：教学及辅助用房面积 20.3 万平方米，行政办公用房 6.4 万平方米，生活用房面积 22.6 万平方米，其他用房面积 18.3 万平方米。

十一、文化旅游、卫生健康和体育

2018 年，全区文化事业投入 2203.5 万元，年末拥有“三馆一站”公共文化设施建设面积 2.40 万平方米，公共图书馆藏书 27.5 万册。

2018 年，全区接待国内旅游人数 487.6 万人次，比上年增长 7.8%。

2018 年末，全区有医院（卫生院）30 个，其中：综合医院 19 个，专科医院 3 个。妇幼保健站 1 个，疾病预防控制中心 1 个。卫生机构床位 3004 张。卫生技术人员 3034 人，其中：执业医师 975 人，执业（助理）医师 1125 人，注册护师（护士）1464 人，药剂人员 176 人，检验人员 105 人。医院实现营业收入 8.2 亿元。全区传染病发病率 266.76 /10 万，计划免疫接种率 98.41%，孕产妇住院分娩率 100%，5 岁以下儿童死亡率 5.7‰。

2018 年末，全区体育运动场馆面积 30.5 万平方米。

十二、资源、环境和应急管理

2018 年，全区电力使用量 181097 万千瓦时，其中生活用电量 68125 万千瓦时，增长 3.42%。天然气生活使用量 14423 万立方米，同比增长 5.78%。

2018 年，全区空气质量在Ⅱ级以上天数 307 天，城区环境噪声平均值 52.7 分贝，道路交通噪声平均值 65.4 分贝，饮用水源水质达标率和地面水水质达标率均为 100%。

2018 年，全区公安机关破获刑事案件 819 件，比上年下降 9.5%；查处治安案件 2508 件 [2]，下降 12%。人民法院结案案件数 11064 件，案件结案率 90.65%，其中：刑事案件 366 件，行政案件 183 件，民事案件 7075 件；执行案件 3440 件。人民检察院决定直接立案侦查案件 0 件，查处贪污贿赂案件 0 件。年末全区有律师事务所 12 所，律师 74 人；提供法律援助案件 221 件；调解纠纷案件 4105 件；当年办理公证件数 14015 件。

2018 年，全区发生生产安全死亡事故 15 起，生产安全事故死亡人数 15 人，比上年减少 1 人；生产安全死亡事故造成直接经济损失 701.4 万元，比上年增长 96.7%。

注释：

[1] 本公报中数据均为初步统计数，部分数据因四舍五入的原因，存在着与分项合计不等的情况。

[2] 地区生产总值、各产业增加值绝对数按现价计算，增长速度按可比价计算。根据第三次全国农业普查结果，对地区生产总值、三次产业增加值比重等历史数据进行了修订。

[3] 三次产业是根据社会生产活动历史发展的顺序对产业结构的划分，产品直接取自自然界的部门称为第一产业，对初级产品进行再加工的部门称为第二产业，为生产和消费提供各种服务的部门称为第三产业。它是世界上通用的产业结构分类，但各国的划分不尽一致。

我国的三次产业划分是：

第一产业：农业（包括种植业、林业、牧业和渔业）。

第二产业：工业（包括采掘工业，制造业，电力、煤气及水的生产和供应业）和建筑业。

---

2 此口径包含“按照一般程序办理的治安案件”和“治安调解案件”两类。

第三产业：除第一、第二产业以外的其他各业。

[4] 行业统计标准：

规模以上工业：年主营业务收入 2000 万元及以上的工业法人单位。

有资质的建筑业：有总承包、专业承包和劳务分包资质的建筑业法人单位。

限额以上批发和零售业：年主营业务收入 2000 万元及以上的批发业、年主营业务收入 500 万元及以上的零售业法人单位。

限额以上住宿和餐饮业：年主营业务收入 200 万元及以上的住宿和餐饮业法人单位。

房地产开发经营业：全部房地产开发经营业法人单位。

规模以上服务业：年营业收入 1000 万元及以上，或年末从业人员 50 人及以上的服务业法人单位。包括：交通运输、仓储和邮政业，信息传输、软件和信息技术服务业，租赁和商务服务业，科学研究和技术服务业，水利、环境和公共设施管理业，教育，卫生和社会工作；以及物业管理、房地产中介服务、自有房地产经营活动和其他房地产业等行业。年营业收入 500 万元及以上，或年末从业人员 50 人及以上服务业法人单位。包括：居民服务、修理和其他服务业，文化、体育和娱乐业。

[5] 战略性新兴产业包括节能环保产业，新一代信息技术产业，生物产业，高端设备制造产业，新能源产业，新材料产业，新能源汽车产业等七大产业。

[6] 基础设施投资是指建造或购置为社会生产和生活提供基础性、大众性服务的工程和设施的支出。本文中的基础设施投资包括交通运输、邮政业，电信、广播电视和卫星传输服务业，互联网和相关服务业，水利、环境和公共设施管理业投资。

[7] 社会消费品零售总额是指各种经济类型的批发零售贸易业、餐饮业和其他行业对城乡居民和社会集团的消费品零售额总和。

[8] 货运周转量是指在一定时期内，由各种运输工具运送的货物（旅客）数量与其相应运输距离的乘积之总和。该指标可以反映运输业生产的总成果，也是编制和检查运输生产计划，计算运输效率、劳动生产率以及核算运输单位成本的主要基础资料。计算货物周转量通常按发出站与到达站之间的最短距离，也就是计费距离计算。计算公式为：

货物（旅客）周转量 = ∑（货物（旅客）运输量 × 运输距离）

[9] 常住人口是指在本乡镇（街道）居住半年以上的人口，或虽居住不满半年，但离开户口登记地半年以上人口以及户口待定人口。

资料来源：

本公报中就业、失业、社会保障数据来自区人力资源社保局；财政数据来自区财政局；部分金融数据来自区国资办；教育数据来自区教委；外贸进出口数据来自区商务局；交通数据来自区交委；科技数据来自区科委；质量检测数据来自区质监局；文化数据来自区文化委；卫生数据来自区卫计委；最低生活保障数据来自区民政局；户籍人口数据来自区公安分局；电力、燃气数据来自区经信委；案件办理数据来自区法院；噪声、空气监测数据来自区环保局；生产安全事故数据来自区安监局；其他数据来自区统计局。

文件索引

序号	文件名称	发布文号	发布机关
1	中共大渡口区委大渡口区人民政府关于对全区2017年度维稳安保工作先进集体和个人表彰奖励的决定	大渡口委发〔2018〕1号	区委 区府
2	中共大渡口区委印发《中共大渡口区委常委会贯彻落实中央八项规定精神实施办法》的通知	大渡口委发〔2018〕3号	区委
3	中共大渡口区委关于开展巡察工作的实施意见	大渡口委发〔2018〕5号	区委
4	中共大渡口区委大渡口区人民政府关于加强新形势下督促检查工作的实施意见	大渡口委发〔2018〕6号	区委 区府
5	中共大渡口区委大渡口区人民政府关于印发《大渡口区坚决打好防范化解重大风险攻坚战实施方案》的通知	大渡口委发〔2018〕7号	区委 区府
6	中共大渡口区委关于加强法治和德治工作的实施意见	大渡口委发〔2018〕9号	区委
7	中共大渡口区委关于全力建设“高质量产业之区、高品质宜居之城”的决定	大渡口委发〔2018〕10号	区委
8	中共大渡口区委大渡口区人民政府关于印发《大渡口区扫黑除恶专项斗争工作方案》的通知	大渡口委发〔2018〕11号	区委 区府
9	中共大渡口区委关于印发《大渡口区贯彻〈中国共产党党务公开条例（试行）〉实施办法》的通知	大渡口委发〔2018〕12号	区委
10	中共大渡口区委关于印发《中共大渡口区委巡察工作实施办法》的通知	大渡口委发〔2018〕13号	区委
11	中共大渡口区委大渡口区人民政府关于印发《大渡口区科教兴区和人才强区行动计划（2018—2020年）》的通知	大渡口委发〔2018〕14号	区委 区府
12	中共大渡口区委、大渡口区人民政府关于印发《大渡口区军民融合发展战略行动计划（2018—2020年）》的通知	大渡口委发〔2018〕15号	区委 区府
13	中共大渡口区委关于印发《大渡口区庆祝改革开放40周年活动方案》的通知	大渡口委发〔2018〕16号	区委
14	中共大渡口区委大渡口区人民政府关于印发《大渡口区实施生态优先绿色发展行动计划（2018—2020年）》的通知	大渡口委发〔2018〕17号	区委 区府
15	中共大渡口区委大渡口区人民政府关于印发《大渡口区污染防治攻坚战实施方案（2018－2020年）》的通知	大渡口委发〔2018〕18号	区委 区府
16	中共大渡口区委大渡口区人民政府关于印发《大渡口区实施乡村振兴战略行动计划》的通知	大渡口委发〔2018〕19号	区委 区府

续表

序号	文件名称	发布文号	发布机关
17	中共大渡口区委大渡口区人民政府关于印发《大渡口区坚决打好防范化解重大风险攻坚战实施方案》的通知	大渡口委发〔2018〕20 号	区委 区府
18	中共大渡口区委大渡口区人民政府关于印发《大渡口区精准扶贫帮困攻坚战实施方案》的通知	大渡口委发〔2018〕21 号	区委 区府
19	中共大渡口区委大渡口区人民政府关于印发《大渡口区以大数据智能化为引领的创新驱动发展战略行动计划（2018—2020 年）》的通知	大渡口委发〔2018〕22 号	区委 区府
20	中共大渡口区委大渡口区人民政府关于印发《大渡口区保障和改善民生行动计划（2018—2020 年）》的通知	大渡口委发〔2018〕23 号	区委 区府
21	中共大渡口区委、大渡口区人民政府关于全面优化营商环境促进民营经济发展的实施意见	大渡口委发〔2018〕24 号	区委 区府
22	中共大渡口区委大渡口区人民政府关于印发《进一步营造企业家健康成长环境弘扬优秀企业家精神更好发挥企业家作用的实施方案》的通知	大渡口委发〔2018〕25 号	区委 区府
23	中共大渡口区委大渡口区人民政府关于深入推动长江经济带发展加快建设山清水秀美丽之地的实施意见	大渡口委发〔2018〕26 号	区委 区府
24	中共大渡口区委大渡口区人民政府关于加快全域旅游发展的实施意见	大渡口委发〔2018〕28 号	区委 区府
25	中共大渡口区委关于印发《大渡口区贯彻〈中国共产党党内功勋荣誉表彰条例〉实施细则》的通知	大渡口委发〔2018〕31 号	区委
26	中共大渡口区委大渡口区人民政府关于授予黄万明等同志 2017 年度“大渡口区突出贡献人才”称号的决定	大渡口委发〔2018〕32 号	区委 区府
27	中共大渡口区委关于加强和改进新时代人大工作的意见	大渡口委发〔2018〕33 号	区委
28	中共大渡口区委印发《关于加强和改进党的新闻舆论工作的实施意见》的通知	大渡口委发〔2018〕34 号	区委
29	中共大渡口区委、大渡口区人民政府关于组建重庆市大渡口区退役军人事务局的通知	大渡口委发〔2018〕35 号	区委 区府
30	中共大渡口区委大渡口区人民政府关于印发《大渡口区党政领导干部安全生产责任制实施办法》的通知	大渡口委发〔2018〕36 号	区委 区府
31	中共大渡口区委大渡口区人民政府关于对区纪委监委和区公安分局先进集体和个人进行记功奖励的决定	大渡口委发〔2018〕37 号	区委 区府
32	中共大渡口区委关于加强和改进新时代人民政协工作的意见	大渡口委发〔2018〕38 号	区委
33	中共大渡口区委大渡口区人民政府关于加强和完善城乡社区治理的实施意见	大渡口委发〔2018〕39 号	区委 区府
34	中共大渡口区委大渡口区人民政府关于印发《中央扫黑除恶第 9 督导组反馈意见的整改落实方案》的通知	大渡口委发〔2018〕40 号	区委 区府
35	关于推荐市第五届人民代表大会代表候选人的通知	大渡口委〔2018〕2 号	区委

续表

序号	文件名称	发布文号	发布机关
36	关于重庆市大渡口区监察委员会副主任、委员提名人选的通知	大渡口委〔2018〕4号	区委
37	中共大渡口区委关于调整区委全面深化改革领导小组的通知	大渡口委〔2018〕5号	区委
38	关于大渡口区残疾人联合会第七届理事会领导成员人选的批复	大渡口委〔2018〕10号	区委
39	关于共青团大渡口区第十三届委员会书记、副书记候选人预备人选的批复	大渡口委〔2018〕11号	区委
40	关于大渡口区红十字会第十届理事会领导成员人选的批复	大渡口委〔2018〕12号	区委
41	关于设立中共大渡口区人大常委会机关党组、中共大渡口区政协机关党组的通知	大渡口委〔2018〕20号	区委
42	中共大渡口区委关于成立落实市委第一巡视组巡视大渡口区反馈意见整改工作领导小组的通知	大渡口委〔2018〕29号	区委
43	关于同意中共国家税务总局重庆市大渡口区国家税务局、地方税务局联合委员会改设为中共国家税务总局重庆市大渡口区税务局委员会的批复	大渡口委〔2018〕32号	区委
44	中共大渡口区委办公室、大渡口区人民政府办公室印发《关于进一步加强和改进离退休干部工作的实施意见》的通知	大渡口委办发〔2018〕1号	区委办 区府办
45	中共大渡口区委办公室、大渡口区人民政府办公室关于印发《大渡口区资源环境承载能力监测预警长效机制实施方案》的通知	大渡口委办发〔2018〕2号	区委办 区府办
46	中共大渡口区委办公室、大渡口区人民政府办公室关于印发《大渡口区基础设施建设提升行动计划（2018—2020年）》的通知	大渡口委办发〔2018〕3号	区委办 区府办
47	中共大渡口区委办公室、大渡口区人民政府办公室关于印发《大渡口区推进中华优秀传统文化传承发展工程实施方案》的通知	大渡口委办发〔2018〕4号	区委办 区府办
48	中共大渡口区委办公室关于印发《十二届区委巡察工作规划》的通知	大渡口委办发〔2018〕5号	区委办
49	中共大渡口区委办公室印发《关于加强干部法治素养建设的实施意见》的通知	大渡口委办发〔2018〕6号	区委办
50	中共大渡口区委办公室关于印发《中共大渡口区委国家安全领导小组工作规则》的通知	大渡口委办发〔2018〕7号	区委办
51	中共大渡口区委办公室、大渡口区人民政府办公室转发《大渡口区深化医药卫生体制改革领导小组关于进一步推广深化医药卫生体制改革经验的实施意见》的通知	大渡口委办发〔2018〕8号	区委办 区府办
52	中共大渡口区委办公室、大渡口区人民政府办公室关于印发《“高质量产业之区、高品质宜居之城”建设工作实施方案》的通知	大渡口委办发〔2018〕9号	区委办 区府办
53	中共大渡口区委办公室、大渡口区人民政府办公室关于印发《大渡口区支持检察机关提起公益诉讼工作的意见》的通知	大渡口委办发〔2018〕10号	区委办 区府办

续表

序号	文件名称	发布文号	发布机关
54	中共大渡口区委办公室、大渡口区人民政府办公室关于印发《大渡口区深化区属国有企业分类整合改革方案》的通知	大渡口委办发〔2018〕11 号	区委办 区府办
55	中共大渡口区委办公室、大渡口区人民政府办公室关于印发《重庆市扫黑除恶专项斗争第五检查指导组向大渡口区反馈情况的整改方案》的通知	大渡口委办发〔2018〕12 号	区委办 区府办
56	中共大渡口区委办公室大渡口区人民政府办公室关于印发《在大渡口区做大做亮“莎姐”品牌的实施方案》的通知	大渡口委办发〔2018〕13 号	区委办 区府办
57	中共大渡口区委办公室关于印发《关于进一步激励广大干部新时代新担当新作为的二十五项措施》的通知	大渡口委办发〔2018〕14 号	区委办
58	中共大渡口区委办公室、大渡口区人民政府办公室关于印发《大渡口区级领导联系服务重点民营企业工作制度》的通知	大渡口委办发〔2018〕15 号	区委办 区府办
59	中共大渡口区委办公室、大渡口区人民政府办公室关于印发《全区成品油综合整治“百日攻坚”专项行动方案》的通知	大渡口委办发〔2018〕16 号	区委办 区府办
60	中共大渡口区委办公室印发《关于大渡口区监察委员会向镇（街道）派出监察机构的实施方案（试行）》的通知	大渡口委办发〔2018〕17 号	区委办
61	中共大渡口区委办公室印发《关于大渡口区纪委监委派驻机构综合改革的实施方案（试行）》的通知	大渡口委办发〔2018〕18 号	区委办
62	中共大渡口区委办公室印发《关于建立村（居）监察监督员制度的实施方案（试行）》的通知	大渡口委办发〔2018〕19 号	区委办
63	中共大渡口区委办公室大渡口区人民政府办公室印发《关于聚焦乡村发展难题精准落实“五个振兴”的实施意见》的通知	大渡口委办发〔2018〕20 号	区委办 区府办
64	中共大渡口区委办公室关于印发《大渡口区关于加强各级党组织同级约谈监督的暂行办法（试行）》的通知	大渡口委办发〔2018〕21 号	区委办
65	中共大渡口区委办公室大渡口区人民政府办公室关于印发《大渡口区贯彻落实重庆市环境保护督察反馈意见整改实施方案》的通知	大渡口委办发〔2018〕22 号	区委办 区府办
66	中共大渡口区委办公室关于加强全区公立医院党的建设工作的实施意见	大渡口委办发〔2018〕23 号	区委办
67	中共大渡口区委办公室大渡口区人民政府办公室关于印发《大渡口区农村“三变”改革试点促进农民增收产业增效生态增值工作方案》的通知	大渡口委办发〔2018〕24 号	区委办 区府办
68	中共大渡口区委办公室印发《关于进一步加强党委联系服务专家工作的实施办法》的通知	大渡口委办发〔2018〕25 号	区委办
69	中共大渡口区委办公室、大渡口区人民政府办公室关于印发《大渡口区级领导联系服务辖区金融企业工作制度》的通知	大渡口委办发〔2018〕26 号	区委办 区府办

续表

序号	文件名称	发布文号	发布机关
70	中共大渡口区委办公室印发《关于健全人大讨论决定重大事项制度、区政府重大决策出台前向区人大报告的实施意见》的通知	大渡口委办发〔2018〕27号	区委办
71	中共大渡口区委办公室大渡口区人民政府办公室关于印发《大渡口区生态环境损害赔偿制度改革实施方案》的通知	大渡口委办发〔2018〕28号	区委办 区府办
72	中共大渡口区委办公室大渡口区人民政府办公室关于印发《大渡口区扫黑除恶专项斗争领导小组重点领域乱象整治专项工作组职责分工》的通知	大渡口委办发〔2018〕29号	区委办 区府办
73	中共大渡口区委办公室印发《关于加强新时代人民政协党的建设工作的实施意见》的通知	大渡口委办发〔2018〕30号	区委办
74	中共大渡口区委办公室印发《关于适应新时代要求大力发现培养选拔优秀年轻干部的实施意见》的通知	大渡口委办发〔2018〕31号	区委办
75	中共大渡口区委办公室大渡口区人民政府办公室关于建立区级领导联系服务中小学幼儿园工作制度的通知	大渡口委办发〔2018〕32号	区委办 区府办
76	中共大渡口区委办公室、大渡口区人民政府办公室关于做好《大渡口区年鉴（2018年）》公开出版工作的通知	大渡口委办〔2018〕1号	区委办 区府办
77	中共大渡口区委办公室、大渡口区人民政府办公室关于抽调机关干部加强燃放烟花爆竹安全管理工作的通知	大渡口委办〔2018〕2号	区委办 区府办
78	中共大渡口区委办公室、大渡口区人民政府办公室关于开展大渡口区2018年春季机关干部义务植树活动的通知	大渡口委办〔2018〕3号	区委办 区府办
79	中共大渡口区委办公室、大渡口区人大常委会办公室、大渡口区人民政府办公室、政协大渡口区委员会办公室关于认真做好2018年代表建议政协提案办理工作的通知	大渡口委办〔2018〕4号	区委办 区人大办 区府办 政协区委办
80	中共大渡口区委办公室、大渡口区人民政府办公室关于印发《区委近期重大课题研究方案》的通知	大渡口委办〔2018〕5号	区委办 区府办
81	中共大渡口区委办公室关于印发《中共大渡口区委巡察工作领导小组办公室主要职责内设机构和人员编制规定》的通知	大渡口委办〔2018〕6号	区委办
82	中共大渡口区委办公室、大渡口区人民政府办公室关于深入开展兴调研转作风促落实行动的通知	大渡口委办〔2018〕7号	区委办 区府办
83	中共大渡口区委办公室、大渡口区人民政府办公室关于印发《大渡口区2018年民生实事项目计划方案》的通知	大渡口委办〔2018〕8号	区委办 区府办
84	中共大渡口区委办公室关于印发《大渡口区委配合市委第一巡视组来区开展巡视工作方案》的通知	大渡口委办〔2018〕11号	区委办
85	中共大渡口区委办公室关于印发《陈杰、彭世斌同志在市委第一巡视组巡视大渡口区工作动员会上的讲话及王俊同志表态发言》的通知	大渡口委办〔2018〕12号	区委办

续表

序号	文件名称	发布文号	发布机关
86	中共大渡口区委办公室关于印发《中共大渡口区委全面深化改革领导小组工作规则》《中共大渡口区委全面深化改革领导小组专项小组工作规则》和《中共大渡口区委全面深化改革领导小组办公室工作细则》的通知	大渡口委办〔2018〕13 号	区委办
87	中共大渡口区委办公室、大渡口区人民政府办公室、政协大渡口区委员会办公室关于认真做好区政协九届二次会议重点提案办理工作的通知	大渡口委办〔2018〕14 号	区委办 区府办 区委办
88	中共大渡口区委办公室关于进一步深化民生服务团工作的通知	大渡口委办〔2018〕15 号	区委办
89	中共大渡口区委办公室关于印发《大渡口区 2018 年度政党协商计划》的通知	大渡口委办〔2018〕16 号	区委办
90	中共大渡口区委办公室关于印发《大渡口区 2018 年全面深化改革工作要点》的通知	大渡口委办〔2018〕17 号	区委办
91	中共大渡口区委办公室、大渡口区人民政府办公室关于成立大渡口区配合重庆市第二环境保护集中督察组来区开展督察工作领导小组的通知	大渡口委办〔2018〕18 号	区委办 区府办
92	中共大渡口区委办公室关于召开中国共产党大渡口区第十二届委员会第四次全体（扩大）会议的通知	大渡口委办〔2018〕19 号	区委办
93	中共大渡口区委办公室、大渡口区人民政府办公室关于印发《部分区级议事协调机构名单》的通知	大渡口委办〔2018〕20 号	区委办 区府办
94	中共大渡口区委办公室、中共大渡口区委研究室关于印发《各单位 2018 年重点调研课题安排表》的通知	大渡口委办〔2018〕21 号	区委办 区委研究室
95	中共大渡口区委办公室、大渡口区人民政府办公室关于进一步健全重点板块建设工作领导机制的通知	大渡口委办〔2018〕22 号	区委办 区府办
96	中共大渡口区委办公室、大渡口区人民政府办公室关于承接全市经济工作会议重点任务分工的通知	大渡口委办〔2018〕23 号	区委办 区府办
97	中共大渡口区委办公室、大渡口区人民政府办公室关于印发《何勇、曹巨辉同志在重庆市第二环境保护督察组集中督察大渡口区工作动员会上的讲话及王俊同志表态发言》的通知	大渡口委办〔2018〕24 号	区委办 区府办
98	中共大渡口区委办公室关于认真贯彻落实市委书记陈敏尔对信息工作重要批示精神的通知	大渡口委办〔2018〕27 号	区委办
99	中共大渡口区委办公室关于印发《2018 年区委规范性文件制订计划》的通知	大渡口委办〔2018〕28 号	区委办
100	中共大渡口区委办公室关于广泛开展向杨雪峰同志学习的通知	大渡口委办〔2018〕31 号	区委办
101	中共大渡口区委办公室关于印发《大渡口区学习宣传贯彻〈中华人民共和国监察法〉工作方案》的通知	大渡口委办〔2018〕32 号	区委办

续表

序号	文件名称	发布文号	发布机关
102	中共大渡口区委办公室、大渡口区人民政府办公室关于成立大渡口区贯彻落实陈敏尔书记来区调研指示精神工作领导小组的通知	大渡口委办〔2018〕34 号	区委办 区府办
103	中共大渡口区委办公室、大渡口区人民政府办公室关于印发《贯彻落实陈敏尔书记来区调研指示精神任务分解表》的通知	大渡口委办〔2018〕35 号	区委办 区府办
104	中共大渡口区委办公室关于成立大渡口区级领导基金及重大课题调研费清理整改工作领导小组的通知	大渡口委办〔2018〕36 号	区委办
105	中共大渡口区委办公室、大渡口区人民政府办公室关于成立大渡口区城市综合管理工作领导小组的通知	大渡口委办〔2018〕37 号	区委办 区府办
106	中共大渡口区委办公室关于印发《2018 年全区意识形态工作要点》的通知	大渡口委办〔2018〕39 号	区委办
107	中共大渡口区委办公室关于解密和公开一批区委规范性文件的通知	大渡口委办〔2018〕40 号	区委办
108	中共大渡口区委办公室、大渡口区人民政府办公室关于转发《中共大渡口区委宣传部、中共大渡口区委政法委、大渡口区“扫黄打非”工作领导小组办公室 2018 年大渡口区“扫黄打非”和文化市场管理行动方案》的通知	大渡口委办〔2018〕41 号	区委办 区府办
109	中共大渡口区委办公室、大渡口区人民政府办公室关于调整九宫庙商圈板块建设指挥部的通知	大渡口委办〔2018〕42 号	区委办 区府办
110	中共大渡口区委办公室、大渡口区人民政府办公室关于成立大渡口区旅游经济发展领导小组的通知	大渡口委办〔2018〕43 号	区委办 区府办
111	中共大渡口区委办公室关于开展党员干部亲属涉权事项公开工作的通知	大渡口委办〔2018〕46 号	区委办
112	中共大渡口区委办公室、大渡口区人民政府办公室关于表彰消除跳磴镇山溪村部分民房安全隐患工作的通报	大渡口委办〔2018〕47 号	区委办 区府办
113	中共大渡口区委办公室关于印发《大渡口区监察委员会向镇（街道）派出监察机构的试点方案》的通知	大渡口委办〔2018〕48 号	区委办
114	中共大渡口区委办公室、大渡口区人民政府办公室关于印发大渡口区扫黑除恶专项斗争领导小组组成人员的通知	大渡口委办〔2018〕49 号	区委办 区府办
115	中共大渡口区委办公室、大渡口区人民政府办公室关于印发《徐鲜华同志在市扫黑除恶专项斗争第五检查指导组检查指导大渡口区工作动员会上的讲话及王俊同志表态发言》的通知	大渡口委办〔2018〕50 号	区委办 区府办
116	中共大渡口区委办公室、大渡口区人民政府办公室关于进一步健全完善全区河长制组织体系的通知	大渡口委办〔2018〕52 号	区委办 区府办
117	中共大渡口区委办公室关于成立中共大渡口区委机构改革协调小组的通知	大渡口委办〔2018〕53 号	区委办

续表

序号	文件名称	发布文号	发布机关
118	中共大渡口区委办公室、大渡口区人民政府办公室关于成立重庆市大渡口区防范化解债务风险领导小组的通知	大渡口委办〔2018〕55 号	区委办 区府办
119	中共大渡口区委办公室转发《市委第一巡视组关于巡视大渡口区的反馈意见》的通知	大渡口委办〔2018〕56 号	区委办
120	中共大渡口区委办公室关于印发袁华权同志在市委第一巡视组巡视大渡口区情况反馈会议上的讲话及王俊同志表态发言的通知	大渡口委办〔2018〕57 号	区委办
121	中共大渡口区委办公室、大渡口区人民政府办公室关于印发《大渡口区实施乡村振兴战略行动计划重点工作目标任务责任分解方案》的通知	大渡口委办〔2018〕58 号	区委办 区府办
122	中共大渡口区委办公室、大渡口区人民政府办公室关于成立大渡口区深入推动长江经济带发展加快建设山清水秀美丽之地领导小组的通知	大渡口委办〔2018〕59 号	区委办 区府办
123	中共大渡口区委办公室、大渡口区人民政府办公室关于印发《大渡口区全面深入推进社会稳定风险评估工作实施办法》的通知	大渡口委办〔2018〕60 号	区委办 区府办
124	中共大渡口区委办公室大渡口区人民政府办公室关于印发《大渡口区扫黑除恶专项斗争督查工作实施方案》的通知	大渡口委办〔2018〕61 号	区委办 区府办
125	中共大渡口区委办公室关于完善中共党员区领导与党外及非公有制经济代表人士联谊交友制度的通知	大渡口委办〔2018〕62 号	区委办
126	中共大渡口区委办公室关于印发《市委第一巡视组巡视大渡口区反馈意见整改任务分工方案》的通知	大渡口委办〔2018〕63 号	区委办
127	中共大渡口区委办公室、大渡口区人民政府办公室关于印发《大渡口区环境保护集中督察反馈意见及王俊同志表态发言》的通知	大渡口委办〔2018〕64 号	区委办 区府办
128	中共大渡口区委办公室、大渡口区人民政府办公室关于印发大渡口区防范化解重大风险攻坚战总指挥部组成人员的通知	大渡口委办〔2018〕65 号	区委办 区府办
129	中共大渡口区委办公室、大渡口区人民政府办公室关于成立大渡口区落实重庆市环境保护集中督察反馈意见整改工作领导小组的通知	大渡口委办〔2018〕66 号	区委办 区府办
130	中共大渡口区委办公室、大渡口区人民政府办公室关于公布《2018—2019 年村（居）务公开目录》的通知	大渡口委办〔2018〕67 号	区委办 区府办
131	中共大渡口区委办公室、大渡口区人民政府办公室关于印发《大渡口区污染防治攻坚战重点工程补充清单》的通知	大渡口委办〔2018〕68 号	区委办 区府办
132	中共大渡口区委办公室、大渡口区人民政府办公室关于 2017 年承接市委综合目标考核情况的通报	大渡口委办〔2018〕69 号	区委办 区府办
133	中共大渡口区委办公室、大渡口区人民政府办公室关于印发《2018 年市对区政绩考核经济社会发展考核指标和全面从严治党考核指标任务分解表》的通知	大渡口委办〔2018〕70 号	区委办 区府办

续表

序号	文件名称	发布文号	发布机关
134	中共大渡口区委办公室、大渡口区人民政府办公室关于成立大渡口区推进“一带一路”建设工作领导小组的通知	大渡口委办〔2018〕71号	区委办 区府办
135	中共大渡口区委办公室、大渡口区人民政府办公室关于成立大渡口区推动长江经济带发展领导小组的通知	大渡口委办〔2018〕72号	区委办 区府办
136	中共大渡口区委办公室、大渡口区人民政府办公室关于印发《全区冷冻肉品综合整治“百日攻坚”专项行动方案》的通知	大渡口委办〔2018〕73号	区委办 区府办
137	中共大渡口区委办公室印发《大渡口区贯彻落实中共中央关于加强党内法规制度建设督查报告的整改方案》的通知	大渡口委办〔2018〕74号	区委办
138	中共大渡口区委办公室、大渡口区人民政府办公室关于印发《大渡口区贯彻落实全市安全稳定工作电视电话会议精神切实开展全区安全稳定工作大排查大整治大督查大执法行动实施方案》的通知	大渡口委办〔2018〕76号	区委办 区府办
139	中共大渡口区委办公室、大渡口区人民政府办公室关于印发《大渡口区2018年综合目标考核管理实施方案》的通知	大渡口委办〔2018〕77号	区委办 区府办
140	中共大渡口区委办公室、大渡口区人民政府办公室关于扎实开展集中走访精准服务民营企业活动的通知	大渡口委办〔2018〕78号	区委办 区府办
141	中共大渡口区委办公室、大渡口区人民政府办公室关于印发《加强镇政府服务能力建设实施方案》的通知	大渡口委办〔2018〕79号	区委办 区府办
142	中共大渡口区委办公室关于调整充实中共大渡口区委机构改革协调小组的通知	大渡口委办〔2018〕80号	区委办
143	中共大渡口区委办公室印发《关于做好贯彻落实习近平总书记对重庆所做重要讲话和系列重要指示批示精神“回头看”工作方案》的通知	大渡口委办〔2018〕81号	区委办
144	中共大渡口区委办公室关于召开中国共产党大渡口区第十二届委员会第五次全体会议的通知	大渡口委办〔2018〕82号	区委办
145	中共大渡口区委办公室大渡口区人民政府办公室关于做好2019年元旦春节期间有关工作的通知	大渡口委办〔2018〕83号	区委办 区府办
146	中共大渡口区委办公室大渡口区人民政府办公室关于调整大渡口区“大棚房”问题专项清理整治行动领导小组成员的通知	大渡口委办〔2018〕84号	区委办 区府办
147	中共大渡口区委办公室大渡口区人民政府办公室关于印发《大渡口区2019年元旦春节“送温暖•惠民生”慰问活动方案》的通知	大渡口委办〔2018〕85号	区委办 区府办
148	中共大渡口区委办公室大渡口区人民政府办公室关于做好2019年节假日期间值班工作的通知	大渡口委办〔2018〕86号	区委办 区府办
149	大渡口区人民代表大会常务委员会关于表彰2017年度优秀代表建议的通报	渡区人发〔2018〕1号	区人大办

续表

序号	文件名称	发布文号	发布机关
150	大渡口区人大常委会关于杨红梅等同志职务任命的通知	渡区人发〔2018〕2 号	区人大办
151	大渡口区人大常委会关于对大渡口区人民政府《关于 2017 年审计工作报告反映问题整改落实情况的报告》的审议意见	渡区人发〔2018〕3 号	区人大办
152	大渡口区人大常委会关于对大渡口区人民政府 2017 年度法治政府建设情况报告的审议意见	渡区人发〔2018〕4 号	区人大办
153	大渡口区人大常委会关于对大渡口区学前教育工作情况的评议意见	渡区人发〔2018〕5 号	区人大办
154	大渡口区人大常委会关于对大渡口区政府《落实放管服改革优化发展环境存在问题整改情况的报告》的审议意见	渡区人发〔2018〕7 号	区人大办
155	大渡口区人大常委会关于对大渡口区规划分局推进“放管服”改革工作情况的评议意见	渡区人发〔2018〕8 号	区人大办
156	大渡口区人大常委会关于对大渡口区不动产登记中心推进“放管服”改革工作情况的评议意见	渡区人发〔2018〕9 号	区人大办
157	大渡口区人大常委会关于对大渡口区交巡警支队推进“放管服”改革工作情况的评议意见	渡区人发〔2018〕10 号	区人大办
158	大渡口区人大常委会关于批准大渡口区 2018 年国民经济和社会发展计划报告中国有土地上房屋征收项目调整方案的决议	渡区人发〔2018〕11 号	区人大办
159	大渡口区人大常委会关于对《重庆市大渡口区人民政府关于大渡口区环境保护工作情况的报告》的审议意见	渡区人发〔2018〕12 号	区人大办
160	大渡口区人大常委会关于对大渡口区政府 2018 年 1—6 月国民经济和社会发展计划执行情况报告的审议意见	渡区人发〔2018〕13 号	区人大办
161	大渡口区人大常委会关于对大渡口区旅游产业发展工作的评议意见	渡区人发〔2018〕14 号	区人大办
162	大渡口区人大常委会关于陈武同志职务任命的通知	渡区人发〔2018〕15 号	区人大办
163	大渡口区人大常委会关于陈国璋同志职务任命的通知	渡区人发〔2018〕16 号	区人大办
164	重庆市大渡口区人民代表大会常务委员会关于进一步推进第七个五年法治宣传教育的决议	渡区人发〔2018〕17 号	区人大办
165	重庆市大渡口区人民代表大会常务委员会关于批准 2017 年大渡口区财政决算的决议	渡区人发〔2018〕18 号	区人大办
166	大渡口区人大常委会关于对大渡口区政府 2018 年 1—6 月财政预算执行情况报告的审议意见	渡区人发〔2018〕19 号	区人大办
167	大渡口区人大常委会关于对大渡口区政府 2017 年财政决算审计及专题询问情况的审议意见	渡区人发〔2018〕20 号	区人大办
168	大渡口区人大常委会关于对大渡口区政府贯彻实施《重庆市道路交通安全条例》情况的审议意见	渡区人发〔2018〕21 号	区人大办
169	大渡口区人大常委会关于对大渡口区区政府办理区第十三届人大二次会议代表建议、批评和意见情况报告的审议意见	渡区人发〔2018〕22 号	区人大办
170	大渡口区人大常委会关于刘武云同志职务任命的通知	渡区人发〔2018〕23 号	区人大办
171	大渡口区人大常委会关于批准大渡口区 2018 年国民经济和社会发展计划报告中国有土地上房屋征收项目调整方案的决议	渡区人发〔2018〕24 号	区人大办

续表

序号	文件名称	发布文号	发布机关
172	大渡口区人大常委会关于批准2018年大渡口区财政预算调整方案的决议	渡区人发〔2018〕25号	区人大办
173	大渡口区人大常委会关于对大渡口区人民法院刑事审判工作情况报告的审议意见	渡区人发〔2018〕26号	区人大办
174	大渡口区人大常委会关于对《区政府关于大渡口区国民经济和社会发展第十三个五年规划纲要中期评估报告》的审议意见	渡区人发〔2018〕27号	区人大办
175	大渡口区人大常委会关于葛意等同志职务任命的通知	渡区人发〔2018〕28号	区人大办
176	大渡口区人民代表大会常务委员会关于批准2018年大渡口区财政预算调整方案的决议	渡区人发〔2018〕29号	区人大办
177	大渡口区人大常委会关于对区政府2018年重点民生实事办理情况报告的审议意见	渡区人发〔2018〕30号	区人大办
178	大渡口区人大常委会关于区政府对《大渡口区人大常委会关于对大渡口区学前教育工作的评议意见》研究处理情况报告的审议意见	渡区人发〔2018〕31号	区人大办
179	大渡口区人大常委会关于对区政府贯彻执行《重庆市食品生产加工小作坊和食品摊贩管理条例》情况的审议意见	渡区人发〔2018〕32号	区人大办
180	大渡口区人大常委会办公室关于印发《大渡口区人大常委会关于2018年开展闭会期间代表履职活动的意见》的通知	渡区人办发〔2018〕4号	区人大办
181	大渡口区人大常委会办公室关于印发《大渡口区人大常委会2018年工作计划》的通知	渡区人办发〔2018〕5号	区人大办
182	大渡口区人大常委会办公室关于印发《大渡口区人大常委会评议区人民政府学前教育工作的方案》的通知	渡区人办发〔2018〕11号	区人大办
183	大渡口区人大常委会办公室关于印发《重庆市大渡口区人民代表大会代表建议、批评和意见工作办法》的通知	渡区人办发〔2018〕20号	区人大办
184	大渡口区人大常委会办公室关于印发《大渡口区人大常委会关于对区政府“放管服”改革问题整改情况调研及对部分单位开展专项评议实施方案》的通知	渡区人办发〔2018〕22号	区人大办
185	大渡口区人大常委会办公室关于印发《大渡口区人大常委会关于评议区人民政府旅游产业发展工作的方案》的通知	渡区人办发〔2018〕33号	区人大办
186	大渡口区人大常委会办公室关于印发《重庆市大渡口区组织实施宪法宣誓办法》的通知	渡区人办发〔2018〕60号	区人大办
187	大渡口区人大常委会办公室关于印发《重庆市大渡口区人民代表大会常务委员会讨论决定重大事项的规定》的通知	渡区人办发〔2018〕61号	区人大办
188	关于废止部分区政府规范性文件的决定	大渡口府发〔2018〕1号	区政府
189	关于印发2018年全区安全生产工作要点的通知	大渡口府发〔2018〕2号	区政府
190	关于公布第五批区级非物质文化遗产代表性项目名录的通知	大渡口府发〔2018〕3号	区政府
191	关于调整取消一批行政审批等管理事项的通知	大渡口府发〔2018〕4号	区政府

续表

序号	文件名称	发布文号	发布机关
192	关于印发重庆市大渡口区城乡医疗救助实施办法的通知	大渡口府发〔2018〕8 号	区政府
193	关于重庆卓力标准件制造有限公司项目国有土地上房屋征收的决定	大渡口府发〔2018〕9 号	区政府
194	关于印发大渡口区政府性债务风险应急处置预案的通知	大渡口府发〔2018〕10 号	区政府
195	关于做好第四次全国经济普查的通知	大渡口府发〔2018〕11 号	区政府
196	关于印发大渡口区创建“全国质量强市示范城市”工作实施方案的通知	大渡口府发〔2018〕13 号	区政府
197	关于印发大渡口区政府投资项目管理办法的通知	大渡口府发〔2018〕14 号	区政府
198	关于印发大渡口区村（社区）组织运转经费管理办法的通知	大渡口府发〔2018〕17 号	区政府
199	关于落实新时代新担当新作为提升行政执行力的实施意见	大渡口府发〔2018〕19 号	区政府
200	关于印发大渡口区防范化解债务风险工作方案的通知	大渡口府发〔2018〕20 号	区政府
201	关于茄子溪石棉一村旧城改建项目国有土地上房屋征收的决定	大渡口府发〔2018〕21 号	区政府
202	关于印发大渡口区盐业体制改革工作方案的通知	大渡口府发〔2018〕22 号	区政府
203	关于印发《重庆市大渡口区集团对口帮扶忠县三年实施规划（2018—2020 年）》的通知	大渡口府发〔2018〕23 号	区政府
204	关于修订高污染燃料禁燃区的通告	大渡口府发〔2018〕24 号	区政府
205	关于制材村片区旧城改建项目国有土地上房屋征收的决定	大渡口府发〔2018〕25 号	区政府
206	大渡口区关于开展退役军人和其他优抚对象信息采集工作的公告	大渡口府发〔2018〕26 号	区政府
207	关于赓家坳重钢六厂家属区片区旧城改建项目国有土地上房屋征收的决定	大渡口府发〔2018〕27 号	区政府
208	关于印发重庆市大渡口区工程建设项目审批制度改革试点实施方案的通知	大渡口府发〔2018〕28 号	区政府
209	关于印发大渡口区政府投资建设项目审计办法（修订）的通知	大渡口府发〔2018〕29 号	区政府
210	关于表彰大渡口区第一届区长质量管理奖及提名奖的通报	大渡口府发〔2018〕30 号	区政府
211	关于表彰 2017 年度荣获重庆名牌产品和标准化工作先进企业的通报	大渡口府发〔2018〕31 号	区政府
212	关于促进全区儿童事业持续健康发展的实施意见	大渡口府发〔2018〕32 号	区政府
213	关于印发重庆市大渡口区食品安全突发事件应急预案的通知	大渡口府办发〔2018〕2 号	区政府
214	关于印发大渡口区文化馆图书馆总分馆制纵深发展实施方案的通知	大渡口府办发〔2018〕4 号	区政府
215	关于优化行政审批流程促进行政审批提质增效的通知	大渡口府办发〔2018〕8 号	区政府
216	关于公布 2017 年大渡口区命名道路的通知	大渡口府办发〔2018〕10 号	区政府
217	关于印发重庆市大渡口区特种设备事故应急预案的通知	大渡口府办发〔2018〕18 号	区政府
218	关于印发大渡口区食品药品安全“十三五”规划（2016—2020）的通知	大渡口府办发〔2018〕19 号	区政府

续表

序号	文件名称	发布文号	发布机关
219	关于印发大渡口区规范土地出让成本实施方案（试行）的通知	大渡口府办发〔2018〕20 号	区政府
220	关于印发《大渡口区第二次全国污染源普查实施方案》的通知	大渡口府办发〔2018〕21 号	区政府
221	关于印发《大渡口区 2018 年不利气象条件空气污染应对专项工作方案》的通知	大渡口府办发〔2018〕22 号	区政府
222	关于印发大渡口区港口码头规范提升工作方案的通知	大渡口府办发〔2018〕23 号	区政府
223	关于印发大渡口区推动企业上市工作三年行动计划的通知	大渡口府办发〔2018〕24 号	区政府
224	关于印发大渡口区加强农产品品牌建设工作实施方案的通知	大渡口府办发〔2018〕26 号	区政府
225	关于印发大渡口区“菜篮子”区长负责制考核实施方案的通知	大渡口府办发〔2018〕28 号	区政府
226	关于印发大渡口区迎接重庆市环保集中督察迎检工作方案的通知	大渡口府办发〔2018〕29 号	区政府
227	关于印发重庆市大渡口区土壤污染治理与修复规划的通知	大渡口府办发〔2018〕30 号	区政府
228	关于印发重庆市大渡口区土壤污染综合防治示范区建设方案的通知	大渡口府办发〔2018〕31 号	区政府
229	关于开展 2017 年度行政执法责任制暨“两法衔接”工作专项检查的通知	大渡口府办发〔2018〕32 号	区政府
230	关于印发 2018 年区政府重要工作及目标任务分解方案的通知	大渡口府办发〔2018〕34 号	区政府
231	关于印发大渡口区餐饮船舶污染专项整治工作方案的通知	大渡口府办发〔2018〕36 号	区政府
232	关于印发大渡口区 2018 年度地质灾害防治方案的通知	大渡口府办发〔2018〕37 号	区政府
233	关于印发大渡口区绿色矿山建设规划的通知	大渡口府办发〔2018〕38 号	区政府
234	关于进一步加强工业企业原址污染场地治理修复工作的通知	大渡口府办发〔2018〕40 号	区政府
235	关于印发大渡口防汛抗旱应急预案的通知	大渡口府办发〔2018〕41 号	区政府
236	关于印发大渡口区 2018 年创新驱动工作要点的通知	大渡口府办发〔2018〕43 号	区政府
237	关于印发 2018 年全区应急管理工作要点的通知	大渡口府办发〔2018〕45 号	区政府
238	关于印发大渡口区 2018 年国土绿化提升行动工作方案的通知	大渡口府办发〔2018〕48 号	区政府
239	关于转发《重庆市人民政府办公厅关于进一步规范村（社区）证明事项的通知》的通知	大渡口府办发〔2018〕49 号	区政府
240	关于印发大渡口区水上交通事故应急预案的通知	大渡口府办发〔2018〕50 号	区政府
241	关于印发城市轨道交通运营突发事件应急预案的通知	大渡口府办发〔2018〕51 号	区政府
242	关于加强中小学幼儿园安全风险防控体系建设的通知	大渡口府办发〔2018〕52 号	区政府
243	关于印发大渡口区 2018 年利用综合标准依法依规推动落后产能退出工作实施方案的通知	大渡口府办发〔2018〕54 号	区政府
244	关于开展“十三五”规划纲要中期评估工作的通知	大渡口府办发〔2018〕55 号	区政府
245	关于印发大渡口区长江上游珍稀特有鱼类国家级自然保护区长效管理工作方案的通知	大渡口府办发〔2018〕56 号	区政府

续表

序号	文件名称	发布文号	发布机关
246	关于印发大渡口区关闭矿山地质环境治理恢复与土地复垦工作实施方案的通知	大渡口府办发〔2018〕57号	区政府
247	关于印发编制政务服务事项清单加快推进“互联网+政务服务”工作方案的通知	大渡口府办发〔2018〕58号	区政府
248	关于印发大渡口区第三期学前教育三年行动计划（2018—2020年）的通知	大渡口府办发〔2018〕59号	区政府
249	关于切实加强若干领域法制工作的通知	大渡口府办发〔2018〕60号	区政府
250	关于印发2018年全区深化供给侧结构性改革工作要点的通知	大渡口府办发〔2018〕61号	区政府
251	关于印发大渡口区开展校外培训机构专项治理行动工作方案的通知	大渡口府办发〔2018〕63号	区政府
252	关于成立大渡口区人民政府第四次全国经济普查领导小组的通知	大渡口府办发〔2018〕65号	区政府
253	关于印发大渡口区深入开展放心消费创建活动实施方案的通知	大渡口府办发〔2018〕66号	区政府
254	大渡口区城镇燃气事故灾难应急预案等四个应急预案	大渡口府办发〔2018〕67号	区政府
255	关于调整城镇土地使用税额标准的通知	大渡口府办发〔2018〕71号	区政府
256	转发重庆市人民政府法制办公室关于深化“双随机、一公开”监管改革开展抽查结果集中公示的通知	大渡口府办发〔2018〕72号	区政府
257	关于印发《大渡口区加强社会保险基金增收节支工作方案》的通知	大渡口府办发〔2018〕73号	区政府
258	关于印发大渡口区社会信用体系建设工作方案的通知	大渡口府办发〔2018〕74号	区政府
259	关于印发2018年大渡口区社会信用体系建设工作要点的通知	大渡口府办发〔2018〕75号	区政府
260	关于完善事业单位绩效工资政策的通知	大渡口府办发〔2018〕77号	区政府
261	关于印发大渡口区棚户区改造工作实施方案（2018—2020年）的通知	大渡口府办发〔2018〕78号	区政府
262	关于印发2018年全区政务信息系统整合共享工作要点的通知	大渡口府办发〔2018〕79号	区政府
263	关于印发大渡口区2018年剥离国有企业办社会职能和解决历史遗留问题工作方案的通知	大渡口府办发〔2018〕80号	区政府
264	关于印发大渡口区自然保护地大检查大整治工作方案的通知	大渡口府办发〔2018〕81号	区政府
265	关于印发大渡口区公共区域免费无线局域网建设实施方案的通知	大渡口府办发〔2018〕82号	区政府
266	关于印发大渡口区遏制炒房维护房地产市场平稳健康发展工作实施方案的通知	大渡口府办发〔2018〕83号	区政府
267	关于印发全面清理整治固体废物非法倾倒和堆存专项行动工作方案的通知	大渡口府办发〔2018〕84号	区政府
268	关于印发《大渡口区推进普惠金融发展工作方案》的通知	大渡口府办发〔2018〕85号	区政府
269	关于印发大渡口区政府议事协调机构和联席会议名单的通知	大渡口府办发〔2018〕87号	区政府

续表

序号	文件名称	发布文号	发布机关
270	关于印发证明事项清理工作方案的通知	大渡口府办发〔2018〕88 号	区政府
271	关于印发大渡口区耕地保护责任目标考核办法的通知	大渡口府办发〔2018〕89 号	区政府
272	关于印发推进行政事业单位出资企业改革工作指导意见的通知	大渡口府办发〔2018〕90 号	区政府
273	关于印发大渡口区“菜篮子”市场供求应急调控预案的通知	大渡口府办发〔2018〕91 号	区政府
274	关于成立大渡口区优抚安置对象帮扶解困工作组的通知	大渡口府办发〔2018〕92 号	区政府
275	关于进一步清理规范委托执法相关工作的通知	大渡口府办发〔2018〕93 号	区政府
276	关于印发重庆市大渡口区大面积停电事件应急预案的通知	大渡口府办发〔2018〕94 号	区政府
277	关于印发大渡口区 2018 年软件正版化工作推进实施方案的通知	大渡口府办发〔2018〕95 号	区政府
278	关于印发大渡口区第三次全国土地调查实施方案的通知	大渡口府办发〔2018〕96 号	区政府
279	关于印发大渡口区 2018 年环境保护目标任务分解的通知	大渡口府办发〔2018〕97 号	区政府
280	关于印发《大渡口区社会信用体系建设工作督查评价办法（试行）》的通知	大渡口府办发〔2018〕98 号	区政府
281	关于成立大渡口区推进辅助性就业机构建设工作组的通知	大渡口府办发〔2018〕99 号	区政府
282	关于成立大渡口区无障碍环境建设工作组的通知	大渡口府办发〔2018〕100 号	区政府
283	关于印发 2018 年大渡口区推进新型城镇化工作要点的通知	大渡口府办发〔2018〕101 号	区政府
284	关于 2018 年委托执法清理情况的通知	大渡口府办发〔2018〕102 号	区政府
285	关于取消一批区级证明事项的通知	大渡口府办发〔2018〕103 号	区政府
286	关于成立大渡口区非洲猪瘟等动物疫病防控工作组的通知	大渡口府办发〔2018〕104 号	区政府
287	关于在全区深入开展 2018 年“质量月”活动的通知	大渡口府办发〔2018〕105 号	区政府
288	关于成立大渡口区重大林业有害生物防控指挥部的通知	大渡口府办发〔2018〕106 号	区政府
289	关于调整大渡口区绿化委员会成员的通知	大渡口府办发〔2018〕107 号	区政府
290	关于印发大渡口区住宅小区电梯安全“保险 + 服务”试点实施方案的通知	大渡口府办发〔2018〕108 号	区政府
291	关于印发大渡口区长江干流和主要支流一千米范围内依法依规淘汰落后产能工作实施方案（2018—2019）的通知	大渡口府办发〔2018〕109 号	区政府
292	关于印发大渡口区加快推进排污治理工作专项方案的通知	大渡口府办发〔2018〕110 号	区政府
293	关于成立大渡口区退役军人和其他优抚对象信息采集工作组的通知	大渡口府办发〔2018〕111 号	区政府
294	关于印发大渡口区镇街、村（社区）便民服务阵地建设三年工作方案（2018—2020 年）的通知	大渡口府办发〔2018〕112 号	区政府
295	关于印发大渡口区湿地保护修复制度实施方案的通知	大渡口府办发〔2018〕113 号	区政府
296	关于成立普通高考综合改革基础条件保障工作领导小组的通知	大渡口府办发〔2018〕114 号	区政府
297	关于成立大渡口区生态环境损害赔偿制度改革工作领导小组的通知	大渡口府办发〔2018〕115 号	区政府
298	关于印发大渡口区进一步加强城市精细化管理实施方案的通知	大渡口府办发〔2018〕116 号	区政府

续表

序号	文件名称	发布文号	发布机关
299	关于取消一批行政许可等事项的通知	大渡口府办发〔2018〕117 号	区政府
300	关于印发大渡口区重点产业培育和扶持办法（试行）的通知	大渡口府办发〔2018〕118 号	区政府
301	关于印发大渡口区区级审批服务事项马上办网上办就近办一次办清单的通知	大渡口府办发〔2018〕119 号	区政府
302	关于转发《重庆市人民政府办公厅关于印发重庆市市级审批服务事项马上办网上办就近办一次办清单（第一批）通知》的通知	大渡口府办发〔2018〕120 号	区政府
303	关于成立推进伏牛溪油库搬迁工作小组的通知	大渡口府办发〔2018〕121 号	区政府
304	关于印发重庆市大渡口区贯彻落实深化“放管服”改革转变政府职能电视电话会议重点任务分工方案的通知	大渡口府办发〔2018〕122 号	区政府
305	关于成立大渡口区“大棚房”问题专项清理整治行动领导小组的通知	大渡口府办发〔2018〕123 号	区政府
306	关于利用信息化手段提升政务效能的通知	大渡口府办发〔2018〕124 号	区政府
307	进一步规范和加强九宫庙商圈公共区域地面物业管理工作方案的通知	大渡口府办发〔2018〕126 号	区政府
308	关于做好制订和实施老年人照顾服务项目工作重点任务责任分工的通知	大渡口府办发〔2018〕127 号	区政府
309	关于印发大渡口区深化医药卫生体制改革 2018 年下半年重点工作任务的通知	大渡口府办发〔2018〕128 号	区政府
310	关于印发《“五清”专项行动工作方案》的通知	大渡口府办发〔2018〕129 号	区政府
311	关于进一步加强自然灾害防治工作的通知	大渡口府办发〔2018〕130 号	区政府
312	关于印发重庆市大渡口区农民工工资欠薪突发事件应急预案的通知	大渡口府办发〔2018〕131 号	区政府
313	关于成立大渡口区“菜篮子”工作领导小组的通知	大渡口府办发〔2018〕133 号	区政府
314	关于印发大渡口区畜禽养殖废弃物资源化利用工作方案的通知	大渡口府办发〔2018〕134 号	区政府
315	关于印发进一步加强九宫庙商圈安全隐患突出风险点整治的工作方案的通知	大渡口府办发〔2018〕135 号	区政府
316	关于引导金融机构支持实体经济发展的实施意见	大渡口府办发〔2018〕136 号	区政府
317	关于印发长江三峡库区大渡口流域突发水环境污染事件应急预案的通知	大渡口府办发〔2018〕138 号	区政府
318	关于印发重庆市大渡口区行政区域环境污染和生态破坏事故灾难应急预案的通知	大渡口府办发〔2018〕139 号	区政府
319	关于印发重庆市大渡口区饮用水水源地突发环境事件应急预案的通知	大渡口府办发〔2018〕140 号	区政府
320	关于印发重庆市大渡口区核与辐射突发事件应急预案的通知	大渡口府办发〔2018〕141 号	区政府
321	关于进一步优化营商环境支持民营经济发展的通知	大渡口府办发〔2018〕142 号	区政府
322	关于印发大渡口九宫庙体验式商圈建设行动计划（2018—2021 年）的通知	大渡口府办发〔2018〕143 号	区政府

续表

序号	文件名称	发布文号	发布机关
323	关于转发方家岩危岩隐患点整治方案的通知	大渡口府办发〔2018〕144 号	区政府
324	关于印发重庆市大渡口区 2018 年度粮食安全行政首长责任制考核工作方案的通知	大渡口府办发〔2018〕145 号	区政府
325	关于成立大渡口区网络安全等级保护工作领导小组的通知	大渡口府办发〔2018〕146 号	区政府
326	关于印发《大渡口区节水型社会达标建设实施方案》的通知	大渡口府办发〔2018〕147 号	区政府
327	转发大渡口区工程建设项目审批制度改革试点工作考核细则的通知	大渡口府办发〔2018〕149 号	区政府
328	关于转发方家岩危岩地质灾害治理方案的通知	大渡口府办发〔2018〕151 号	区政府
329	关于印发大渡口区海绵城市建设管理办法（试行）的通知	大渡口府办发〔2018〕152 号	区政府
330	关于印发大渡口区保障农民工工资支付工作考核办法的通知	大渡口府办发〔2018〕153 号	区政府